2016年中國大陸地區投資環境與風險調查

十三五規劃躍商機

最新
TEEMA
報告出爐

BWE
商周編輯顧問

台灣區電機電子工業同業公會　著

台灣區電機電子工業同業公會
「2016年中國大陸地區投資環境與風險調查」
執行委員會暨審查委員會成員

理　事　長◆郭台強

大陸經貿委員會主任委員◆許介立

研究顧問◆許士軍

計畫主持人◆呂鴻德

執行委員◆王建彬、王美花、史芳銘、吳明機
呂榮海、李　鎂、李永然、李復甸
李麗珍、杜啟堯、林以專、林祖嘉
林崇傑、洪明洲、胡惠森、徐基生
徐鉦鑑、高　長、高孔廉、張致遠、
張銘斌、張寶誠、連玉蘋、陳文義、
陳向榮、陳信宏、陳德昇、傅偉祥
黃文榮、黃慶堂、楊珍妮、詹文男
廖桂隆、蔡豐賜、鄭富雄、賴文平
謝清福、羅懷家、蘇孟宗
（依姓氏筆劃排序）

研究人員◆吳家珮、李芸幸、張培軒、劉柏辰
蔡承勳、蔣政宏、賴渝涵

研究助理◆林妤濃

預應十三五規劃·妥擬布局新韜略

2016年對全球經濟而言，國際貨幣基金（IMF）以「全球經濟極度脆弱的一年」加以定調；經濟學人（The Economist）更用「全球貨幣戰爭之年」予以定位；而信評機構穆迪（Moody's）則語出「充滿驚嚇的一年」。至此2016驚濤駭浪、風雲詭譎的主基調已是不爭的事實。中國大陸是台商投資與貿易最多的地方，也是全球重要的生產地與消費成長地，自然為台商關注的焦點。而中國大陸經濟放緩、全球恐怖攻擊陰影、英國脫歐衝擊效應、美聯儲升息預期，都成為年度最受關注，也是最具震撼的黑天鵝（black swan）危機事件。

2016年對中國大陸而言，是「供給側改革」的肇始年，更是「十三五規劃」的開局年，時代意義非凡。「十三五規劃」的目標在於「全面建成小康社會」，核心在於「創新驅動」，從過去的「科教興國」主張到「建設創新型國家」行列的理念轉變；從「科學技術是第一生產力」到「創新是引領發展第一動力」的訴求轉向，換言之，過去中國大陸強調的人口紅利、製造中國、資源驅動將會轉向以人才紅利、智造中國、創新驅動為主的發展模式。因此，西進將近三十載的台商企業，面對中國大陸新局勢、新結構、新動力，必須思索未來、謀畫未來，方能贏得未來，而最重要的戰略舉措，更是在於經營模式、策略布局、管理思維的全面的「轉型、升級、創新、顛覆」。

2016《TEEMA調查報告》針對中國大陸揭櫫的「十三五規劃」政策內容深入剖析，歸納出「綠色環保」、「智能製造」、「新能源」、「互聯網+」、「生物醫藥」、「養老服務」、「母嬰用品」七大產業，做為十三五期間最具發展潛力的產業，也是台商未來重點布局的關鍵所在。如何透過精準的國際產業分工布局、透過供應鏈的價值整合綜效、透過消費者洞察和市場差異化策略研擬，掌握產業結構調整與創新驅動紅利，將是台商未來在中國大陸及世界持續成長的致勝不二法門。

2016《TEEMA調查報告》是第十七本的研究成果，多年來除瞭解中國大陸主要城市的投資環境、發展潛力及營運風險，最重要的是秉持與時俱進的精神，時刻掌握中國大陸政策的動態，提供台商最即時的政策資訊與產業變遷趨勢，希冀台商能妥擬投資決策，能永續經營、能可持續發展，此乃報告之初衷，堅持初心，繼續前行，是所至盼！

台灣區電機電子工業同業公會理事長

取得領先優勢．創造另一輝煌奇蹟

每當這個世界的環境或經濟面臨強大轉型的壓力時，狄更斯在雙城記中寫的名言:「這是一個最好的時代，也是最壞的時代」就更能引起眾多的共鳴。2015年全球經濟在低迷的氣氛中度過，而在2016年，各個重要經濟體的復甦程度與對未來展望不同，造成了全球經濟前景呈現發展不均與不安。但是從德國提出的「工業4.0」，美國政府推行的「再工業化政策」，中國大陸的「中國製造2025」，以及台灣的「生產力4.0」等多項刺激各國內部競爭力的政策看來，各個地區的領導國家對於當地的經濟發展透露出憂慮之餘，也紛紛提出重要的對策與方針。希望能藉由拓展新的發展模式與方向，除了提高當地經濟體復甦的可能性之外，也冀望藉由這些新的政策與計畫，有機會再度奪得世界經濟的領導地位，為下一個美好時代打下基礎。

中國大陸自從在第十八屆五中全會中，訂定了「十三五規劃」的基本架構和方向後，便再進一步的確認中國大陸對經濟改革的方針與決策。配合「一帶一路」的發展藍圖，讓中國大陸企業的影響力拓展到中亞，東歐，東南亞，印度，中東甚至非洲等地區。不僅能有效的依循「擴內需，調結構，減順差，促平衡」的基本原則，也能為產業升級，結構調整，創新發展，區域空間發展等議題提出解決方案。

台商在這一輪新的轉型升級的大洪潮中，對於大陸投資的策略應當要和金融海嘯前有所改變。如何配合區域性宏觀政策的推行，有效的結合跨界的優勢產生綜效，強化企業本身競爭力，跳脫傳統的經濟發展架構，創造出新的商業契機等，都將會是決定未來十年市場贏家的重要關鍵。

在全球經歷經濟緩慢復甦的同時，面對各項艱辛的挑戰之中，也許漸漸透露了隧道盡頭的淡淡曙光。希望透過這次調查報告的內容與分析，讓台商夥伴們除了充分了解各地政府的競爭力與優劣勢之外，更可以利用本調查報告中的前四篇內容，針對中國大陸投資環境新變遷、全球經貿環境發展新趨勢、中國大陸經濟環境新評析與大陸十三五規劃之新戰略等專家的分析結論，在經濟尚未完全復甦的階段，提供給台商夥伴們作為設定未來發展藍圖與投資方向的參考。讓台商有機會再次在新發展的浪潮中，取得領先優勢，創造另一輝煌奇蹟。

台灣區電機電子工業同業公會主任委員 許介立

發展經濟新模式·創造台灣新商機

全球經濟情勢變化劇烈，台灣長久以來以出口為導向的經濟型態也面臨嚴峻考驗。政府自520上任以來，致力打造以「創新、就業、分配」為核心價值，追求永續發展的新經濟模式，以帶動台灣全面的經濟轉軌。在兩岸經貿方面，政府亦將以新思維調整交流與合作方向，以民意為基礎，建構一套經濟安全機制，維護我民眾及台商的權益福祉。

台商長年在中國大陸打拚，因近期中國大陸經濟局勢及投資環境轉變，面臨經濟結構調整、土地及勞動成本提升、環保意識抬頭等問題，承受經營壓力。政府持續密切關注情勢變化，將盡最大努力協助台商解決問題、突破困境，給予台商支持，並做為台商堅實的後盾。政府也將繼續強化對台商的輔導及服務，協助台商從布局全球及回台投資的角度，尋求新的發展及投資機會。至於政府推動之「新南向政策」，是為台商創造多元、有活力的經貿網路，而非取代原有的兩岸經貿，二者實可相輔相成，均可作為台商布局的一環。

台灣現階段的經濟發展，和區域中許多國家具有高度關聯和互補。政府將基於發展經濟新模式的基礎，加強與區域成員的合作，積極融入重要的區域經貿體系，強化台灣經濟與亞太乃至於全球市場之聯結，為台灣與國際接軌及經濟發展創造有利的條件。政府也將致力確保兩岸關係和平穩定的現狀，維持現有聯繫機制，持續良性溝通對話，穩建推動兩岸經貿交流與發展，並願意和中國大陸，就共同參與區域發展的相關議題，交換意見，尋求各種合作與協力的可能性。

台灣區電機電子工業同業公會長期關注全球與中國大陸的經貿發展趨勢，逐年編纂「中國大陸地區投資與風險調查報告」提供台商參考，用心立意令人感佩。台商在中國大陸投資經營，是國家經濟實力的展現與國力的延伸，期盼經由民間與政府的共同努力，建立台灣經濟發展新模式，為業者開拓契機，為台灣再創嶄新未來！

行政院大陸委員會主任委員

以「創新突破」因應大陸和兩岸關係的變局

由電電公會所發表年度「中國大陸地區投資環境與風險調查」系列，迄今已達十七年，在同類報告中能延續這麼長的時間沒有中斷，可謂難得而珍貴。它所反映的，不僅是大陸地區在這段時期內的巨大變動，更重要的乃是台商在大陸崛起過程中的處境和角色的變化，這也符合本項報告定位在服務性和動態性的宗旨。

以本年2016《TEEMA調查報告》報告而言，主題是「十三五規劃躍商機」。對於台商而言，當前所面臨的，與前此各年相較，似乎是一個詭譎懸疑的狀態。一方面，大陸政府在追求產業升級、結構調整、創新發展、財富分配和環境保護的政策下，設法將這世界上第二大經濟體自「資源驅動」、「效率驅動」朝「創新驅動」轉型，這將對國內市場以及全球經濟帶來世紀性變化》；另一方面，隨著台灣選舉結果，政黨輪替，也帶來兩岸關係發生轉向性改變。這兩方面的重大變化，毫無疑問地對於台商，包括已在大陸投資者和可能前往大陸投資者，都帶來前所未有的衝擊。因此，本年度的調查報告，必須放在上述背景的基本變化下加以詮釋，才能掌握其特殊意義。這不僅是本報告首章所揭櫫的中國大陸「經營典範移轉」，也將帶動台商對於大陸這一重要經營地區的基本定位和策略的檢討和抉擇。

非常顯然地，台商在經營大陸地區的思維，必須採取重大的調整，甚至轉向。例如對於台商而言，自本報告第二十一章「現況」分析中所發現的趨勢，無論自「布局意願」、「經營績效」、「經營預期」或「經貿糾紛」以及「糾紛解決滿意度」各項指標，都呈現悲觀發展情勢，但這絕不代表台商應該自這重要市場退卻或放棄。依照中國傳統哲學「窮則變，變則通」的理念，或依照西方將企業視為「適應環境以求生存」的人類有機體，台商面臨這些不利情勢，都應該尋求突破之道。

企業最怕的，乃是不可預期和混亂的改變。如今我們所看到的，大陸乃是朝一定目標和進步的方向改變。就企業而言，這種改變是可預期的和可以掌握的。問題在於，我們自己是否仍然如諺語所談「將軍還在打上一場仗」，如二戰之初，西歐國家仍然依照一戰之慘痛教訓，依賴建造「馬奇諾防線」以因應希特勒空軍和飛彈，其結局當然是無濟於事。大陸採取「創新驅動」策略，台商同樣也要採取「創新突破」以為因應，不能悲觀，更不是棄守。事實上，我們仍然可以發現有這一方面成功事例，鼓舞我們，開創新機。

逢甲大學人言講座教授

掌握十三五政策紅利．擘畫兩岸合作新模式

隨著中國大陸經濟步入「新常態」，2016年肇始之「十三五規劃」揭示「創新、協調、綠色、開放、共享」的五大發展理念，並且提出「創新驅動」、「中國製造2025」、「供給側改革」、「一帶一路」等布局策略，充分顯示中國大陸昔日以人口、土地、勞動力為主的成本優勢、資源優勢、效率優勢即將式微，取而代之，將是以創意、科技、整合力為核心的創新優勢、智能優勢、平台優勢。面對中國大陸政策新局，調整經營思維、研擬轉升戰略，已是企業經營者刻不容緩的時代任務，「沒有成功的企業，只有時代的企業」，當轉型的時光列車靠站，企業若未及時上車，停留在原地觀望，恐錯失換軌時機而慘遭淘汰。

昔日「不識字的叫文盲」，而今「當外在環境變革的速度，超過你內心自省的速度，就是文盲」，隨著創新科技的顛覆、企業生命週期縮短，隨著知識結構的壓縮、知識半衰期加速，所謂：「重複過去，必失去未來」；「現在你不活在未來，未來你必然要活在過去」；「企業不能只看現在的市場佔有率，要看未來的機會佔有率」三箴言，都闡述著「思未來、謀未來、創未來」的重要性。台商西進逐鹿逾二十五載，如何掌握十三五規劃期間的政策紅利、前瞻思維，與政策共成長、共發展、共創勢，方能擺脫「核心僵固症」、「變革畏懼症」、「習慣領域症」、「主宰邏輯症」四大經營痼疾。

這是一個「合作」代替「對抗」；「競合」取代「競爭」；「理解」化解「誤解」的時代，2016《TEEMA調查報告》特別詳析「十三五規劃」的政策內涵，揭櫫兩岸政府在十三五期間推動合作五大新模式，即：「兩岸合作布局新興產業」、「兩岸合作驅動雙創發展」、「兩岸戰略投資策略聯盟」、「兩岸建立訊息分享平台」、「兩岸建立區對區貿易鏈」，亦倡言兩岸企業共謀合贏「兩岸合作自創共有品牌」、「兩岸合作開拓白地市場」以及「兩岸優勢整合文創復興」的三大主導模式。《TEEMA調查報告》推動十七載，2016付梓之際，乃後學第十四次濡墨行文，所謂「不忘初心，方得始終」，主持報告的初衷乃是期盼「兩岸合，利天下」；「兩岸合，創未來」；「兩岸合，耀華光」，冀此初心得以遂願。

計畫主持人 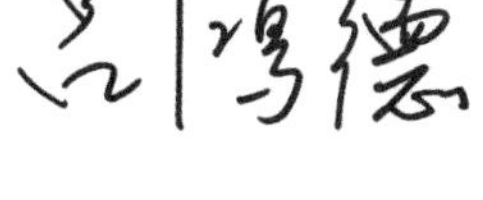

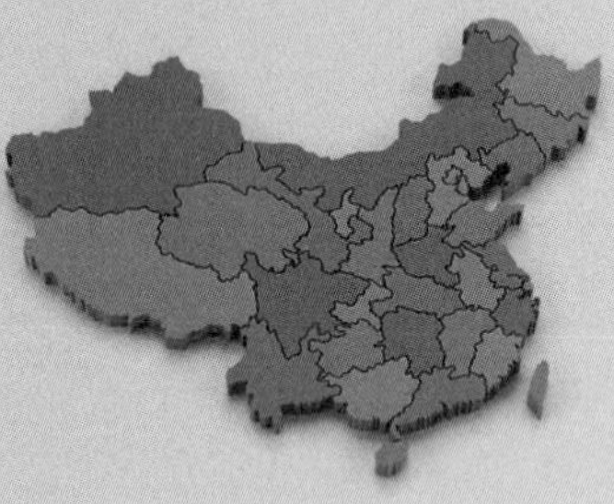

2016年中國大陸地區
投資環境與風險調查
｜目錄｜

【序】

CONTENTS

1

中國大陸投資環境新變遷

第 1 章

2016 中國大陸經營典範移轉

中國大陸自改革開放以來，經濟長年維持高度成長，然而近年伴隨中國大陸經濟步入「新常態」與進出口貿易表現疲弱，中國大陸過往依賴低廉生產要素和基礎建設的經濟結構已然面臨瓶頸，2015 年中國大陸經濟成長幅度僅有 6.9%，創下 25 年來的最低紀錄，並衝擊以大宗原物料商品為主要經濟動能的新興市場，影響全球經濟復甦態勢。此外，受到人口紅利消退、中等收入陷阱與環境問題日益加劇等內在問題逐漸浮現，亦為中國大陸的經濟前景增添變數。有鑒於此，中國大陸政府遂於第十八屆五中全會中，依循「四個全面」、「擴內需、調結構、減順差、促平衡」等方向擬定「十三五規劃」基本架構和方向，並於 2015 年 12 月 18 日至 21 日舉行的中國大陸中央經濟工作會議中總結提出：「2016 年五大任務即是『去產能』、『去庫存』、『去槓桿』、『降成本』及『補短板』。」凸顯中國大陸政府將著重於產業升級、結構調整、創新發展、人口政策、區域空間發展及醫療社保等議題，以確保中國大陸經濟轉型、財富分配和環境保護的均衡發展，達成「全面建成小康社會決勝階段」目標。

隨著中國大陸政府接連提出「中國製造 2025」、「創新驅動」、「供給側改革」等政策議題外，2016 年 5 月 30 日中國大陸國家主席習近平更於 38 年來首次召開的科技三會（即中國大陸全國科技創新大會、中國大陸兩院院士大會、中國科學技術協會第九次全國代表大會「三會合一」）指出：「未來中國大陸將側重科技創新，堅持中國大陸特色的自主創新途徑，針對全球前沿科技、主要經濟戰場、中國大陸重大需求等領域，加速科技創新，搶占科技競爭先機。」顯示中國大陸對於依憑科技創新帶動經濟轉型策略的重視，並透過夯實科技基礎、強化戰略導向、加強科技供給、深化改革創新和宣揚創新精神等作為，致力提高中國大陸核心競爭力，從根本改變中國大陸產品和技術的品質、特性和形象，以及科技發展遜於已開發經濟體的現狀，並藉由「一帶一路」為中國大陸企業勾勒下一步往全球擴展的新軌跡及擴大中國大陸於全球經濟的影響力。

有鑒於台商布局中國大陸需求漸增，台灣區電機電子工業同業公會（Taiwan Electrical and Electronic Manufacturers' Association；TEEMA）從 2000 年起即對中國大陸地區的投資環境及風險展開長期調查，且審時度勢制定報告之年度主題。2016《TEEMA 調查報告》即揭櫫中國大陸五大經營思維典範移轉，即：（1）從「資源驅動」向「創新驅動」；（2）從「製造經濟」到「共享經濟 」；（3）從「需求面刺激」到「供給側改革」；（4）從「引進來戰略」到「走出去戰略」；（5）從「供應鏈競爭」到「生態平台融合」，提供台商做為參考借鑒。

典範移轉一：從「資源驅動」向「創新驅動」

中國大陸自改革開放後，其長年仰賴境內低廉的生產要素吸引企業前進布局，以「資源驅動」做為經濟發展的基礎動能，而 1992 年後，中國大陸各界更奉行「發展才是硬道理」之理念，積極投入「效率驅動」發展，終使中國大陸整體於世界經濟中破繭而出。然隨著全球經濟復甦力道緩慢，部分已開發國家重新聚焦於可創造大量就業機會的製造業，欲藉其先進的科技重拾製造業優勢，而各新興經濟體亦挾以低廉和豐沛的勞動力搶攻勞力密集的低階產品領域，逐漸對中國大陸「大而不強」的傳統製造業形成夾擊態勢，預示著中國大陸製造業倚仗其生產要素、產能擴張為核心優勢的時代落幕。

有鑒於中國大陸傳統的經濟動能漸呈強弩末矢，中國大陸政府積極朝「創新驅動」經濟轉型，遂於 2015 年中國大陸全國兩會期間拋出的「中國製造 2025」議題，並於中國大陸第十八屆五中全會中提出「創新、協調、綠色、開放、共享」等五大發展理念，而中國大陸國家主席習近平（2016）亦表示：「創新是引領發展的核心動力，只有改革創新者能在競爭中勝出。」一語道出中國大陸政府對於創新和改革的決心，並計畫透過「大眾創業、萬眾創新」、深化高等教育創新改革與簡政放權等做為納入「十三五規劃」，致力從政策面和體制面改革，營造利於「雙創」的總體環境，並孕育「以企業為核心主體」、「以市場為方針導向」、「產、學、研相融」的創新體系。此外，根據中國大陸國家外匯管理局國際收支平衡表（Balance of Payment；BOP）數據顯示：「中國大陸近十年支付海外智慧財產權費用，平均每年支付 141 億美元，且呈上升趨勢。」而中國大陸全國人民代表大會常務委員會副委員長成思危更於 2016 年 5 月 27 日表示：「中國大陸目前技術對外依賴度仍超過 50%。」一語道出中國大陸距離成為科技大國仍有努力空間，因此中國大陸政府將針對基礎知識教育普及化進行改革，從科技和知識的根本面夯實產業發展基礎，強化中國大陸目前相對薄弱的基礎科學和科技原創力，以期提高中國大陸的科技自給率，從而深化「雙創」在中國大陸未來經濟結構中的重要性，漸進取代土地、勞力和資本等傳統生產要素，成為中國大陸未來經濟成長的原動力，最終由「中國製造」轉為「中國創造」。

根據世界知識產權組織（World Intellectual Property Organization；WIPO）於 2016 年 3 月 16 日指出：「2015 年亞洲專利申請量已達十年前的兩倍，占全球申請量 43%，其中，中國大陸 2015 年單年度總專利申請量為全球第三，僅次於美國和日本。」凸顯出中國大陸創新力和科技研發能量已非昔日吳下阿蒙，面對中國大陸商業環境和政策改變，台商不能再依循過往的「資源導向」投資模式，而應依循「創新驅動」思維進行調整，積極與互補性質的企業合作，整合兩岸的研發能力和資本實力，一面優化既有業態，一面提高企業團隊的創新意願和創新能力。此外，誠如諾貝爾經濟學獎得主 Schultz 提及：「經濟發展的核心在於人才，而非自然資源和資本累積。」凸顯出創新人才是知識經濟時代的關鍵核心，台商企業借勢中國大陸政策紅利之餘，亦應建立創新能力培養體系，透過延攬當地人才，以及挖掘參與具潛力的新創事業，從傳統資本的「融資」模式轉型為人力資源的「融智」模式，並透過有紀律的管理，在累積創新能量之餘仍維持風險控管，從而形塑適應商業環境的核心競爭力。

典範移轉二：從「製造經濟」到「共享經濟」

誠如 Google 大中華區總裁 Beaumont（2015）所述：「科技將使一切變得更好、更快、更便宜，並成為每個人的支點。」隨著資訊網路、交通運輸和物聯網等科技進步，大幅降低「用戶對用戶」（peer-to-peer；P2P）領域的應用障礙，以及傳統以製造業為基礎的市場經濟成長動能逐漸趨緩，促使人們開始思考如何有效運用有限資源，透過有效資源配置活化閒置資源創造超額價值。有鑑於此，基於大眾參與的供需市場互信平台，以 B2C 租賃模式衍生的新型「萬物皆可租」C2C 租賃模式的共享經濟（sharing economy）遂悄然成形，從而形成消費型態由「取得所有權」轉為「取得使用持有權」的典範移轉。

資誠聯合會計師事務所（PwC）（2014）提出：「共享經濟將於 2025 年創造全球 3,350 億美元效益，且高於 2013 年的 22 倍。」顯示共享經濟的發展性，而未來學大師 Rifkin 於 2015 年出版《物聯網革命》（The Zero Marginal Cost Society）亦指出：「隨著資訊和物聯網（IoT）科技進步，降低供需雙方的交易成本和生產者的邊際成本，削弱中間商的重要性，並促使消費者逐漸轉型為兼具生產與消費能力的『消費＋生產者』（prosumer）。」一語道出共享經濟模式雖將對現有產業造成顛覆性的衝擊，其蘊藏的精神卻與「大眾創業、萬眾創新」互相呼應。而隨著中國大陸各界對於新型網路應用模式的探索持續增溫，共享經濟模式逐漸在中國大陸興起，其政府更將共享經濟列為國家戰略規劃，不但意味著共享經濟將對中國大陸形成深層影響，更成為全球各國企業借鏡的模式和合作的對象，例如：蘋果公司（Apple）為使其 Apple Pay 支付體系能順利進軍中國大陸市場，積極尋覓、舖設良好的應用場域，而滴滴出行不但運用共享經濟模式成功建立良好的出行平台，更擁有的中國大陸城市內交通運輸 87.2% 市占率，遂成為蘋果公司（Apple）積極爭取的合作對象，並於 2016 年 5 月 13 日宣布展開其在中國大陸總金額高達十億美元的首筆投資案，創下蘋果公司（Apple）在軟體應用類別最大的投資案，凸顯出共享經濟已成為全球企業進軍中國大陸不能忽視的一環。

面對中國大陸依循共享經濟精神的商業模式崛起，台商企業應思索共享經濟造成的變革，審視中國大陸當前市場環境尚未被滿足的需求，以及透過共享經濟解決需求的可能性，從而預應布局避免遭到破壞式創新顛覆，並可考慮轉變非核心業務的營運模式，透過共享模式創造具互補性質的新價值。如同神州租車的快速崛起，即是中國大陸近年來自行開車旅行和出差的風氣漸興，而中國大陸政府卻因城市內部交通問題難以舒緩，而限制汽車購買總量，且傳統租車行之運作模式亦難以填補其需求空缺，導致形成整體社會的無謂損失（deadweight loss），神州租車抓住此商機，透過巨量數據建構安全且標準化的核心機制平台，有效吸引民眾將閒置的私有車短期出租，並結合「出租業」和「代駕業」形成協同效應，從而匯聚車輛和駕駛，提供效率更好、獲利方式清晰的共享經濟模式。惟台商企業在探索商機的同時，應留意規避因法律制定滯後性所形成的灰色地帶，從而立足於共享經濟時代。

典範移轉三：從「需求面刺激」到「供給側改革」

隨著中國大陸進出口衰退，投資漸趨保守，實體經濟面持續疲軟，以往透過增加財政支出、刺激需求的擴張性財政政策，以及利率調控貨幣政策的提振需求方針逐漸失靈，且中國大陸政府因過度的需求刺激政策，導致部分產業產能過剩、資源錯置，不但增加財政負擔，亦累積大量殭屍企業，滯礙中國大陸經濟發展。有鑒於此，習李執政團隊遂開始調整方針，一面維持財政政策和貨幣政策的控制，降低短期內的波動幅度，一面從供給面著手推動長期改革，依循供給經濟學派的理念，透過降低政府跟制度的干預，依循自由市場機制，淘汰不適企業，促使企業優化供給面的結構組成，加速庫存去化，從而提振有效需求和資源有效配置，提高整體經濟價值。

由於過去中國大陸政府側重投資、進出口和消費的「需求面刺激」，導致需求面隨經濟成長而提高之餘，在地化企業的供給面提升幅度卻有限，使各消費層級的供需失衡（例：低階產品供給過剩，高階產品卻難滿足需求，消費者轉而尋求從海外購入），從而陷入有效需求不足的窘境，滯礙中國大陸經濟發展。有鑒於此，中國大陸國家主席習近平（2015）即表示：「未來，在適度擴張總需求的同時，將加強供給側的結構性改革，提高供給品質和效率，強化經濟持續成長動力，推動中國大陸整體生產水準躍升。」瑞士信貸（Credit Suisse）亞洲區首席經濟家陶冬（2015）亦認為：「改革供給側將會形成新需求變化，是中國大陸經濟擺脱泥濘狀態的關鍵。」顯示即便「供給側改革」短期內可能造成中國大陸經濟暫時性衰退，卻是長期發展的必要改革。惟中國大陸的「供給側改革」並不完全等同於支撐美國雷根經濟、英國柴契爾主義的供給經濟學和自由主義，其並非僅針對「供給管理」和「自由市場機制」等方面改革，而是強調透過政府的力量推動改革，針對供給面和需求面同時著手，透過調控經濟結構、優化資源和資本配置、提振全要素生產率、降低市場交易成本和舒緩企業顯性成本，強化生產力和生產關係的優質供給，形成創造新供給和新需求的正向循環，漸進汰換不適用的經濟發展模式和產業結構，提升整體社會生產水準和有效的總體需求。

隨著中國大陸市場消費習性漸從「價格導向」轉為「品質導向」和「價值導向」，而中國大陸國務院總理李克強（2015）認為：「『改造傳統引擎』將與『打造新引擎』並列中國大陸達成經濟成長和發展水準『雙中高』的『雙引擎』。」亦凸顯中國大陸政府對於改善中國大陸製品的重視，台商企業除應思考「供給側改革」對於中國大陸短期內的經濟衝擊，以及對於自身既有的獲利模式和核心產業的影響，活化資源和整頓現有業態，預應調整企業供給面四大要素（資本、土地、勞動力和創新）配置，必要時應良性割捨雞肋業態，集中資源優化核心能力，提高企業現有資源運用效率和效能。此外，台商企業亦應秉持一流技術與一流人格的日本「職人精神」，針對相應的目標市場和定位區間，打造兼具服務、品質和價值的有形產品和無形用戶體驗，並提高對於品牌知名度、形象和定位的重視，在避開國際大廠的通路布局同時，深化次級戰區「接地氣」程度，以達到「鄉村包圍城市」的口碑行銷，從而搶食逐漸成長且具獲利空間的新興需求。

典範移轉四：從「引進來戰略」到「走出去戰略」

自1979年中國大陸推動改革開放至今已逾30年，積極吸引全球企業前往布局，透過吸引國際資金、引進先進技術、展開對外貿易和設立經濟特區等作為，帶動中國大陸整體經濟發展，從而累計大量資金和技術。時至今日，中國大陸已然成為全球第一大經濟體，中國大陸製造的產品遍布全球，然而中國大陸企業在全球市場中卻未具備相等的品牌形象和影響力，從而侷限中國大陸產品的利潤空間。有鑒於此，中國大陸政府遂積極推動改革，除階段性針對現有企業展開「官退民進」改革，對外亦從「引進來戰略」逐步轉為「走出去戰略」，希冀以民間企業為主，國家力量為輔，拓展中國大陸經貿活路，並使企業累積國際經驗，從而全面提升中國大陸品牌的國際地位。

隨著中國大陸經濟力量持續茁壯，產業結構逐漸轉變，為增強中國大陸企業在國際上的地位和影響力，其「走出去戰略」亦從初期針對資源取得領域投資，逐漸轉為收購中高端製造業、戰略性資源和無形資本，例如：吉利汽車收購Volvo以取得國際性品牌和技術、洛陽鉬業收購剛果民主共和國最大銅鈷礦以掌握軍事和航空工業的戰略性金屬、萬達集團收購傳奇影業Legendary Pictures以便進軍好萊塢，除預應國際產業趨勢變化，投入新興項目發展，亦針對各產業的國際標準進行布局與國際接軌，並透過投資國際合作項目，以及大量對外輸出基礎建設計劃，從而提高其對國際標準的影響力，甚至成為國際標準的主導者之一。此外，因中國大陸長年對亞洲和非洲諸多國家提供基礎建設援助和整廠輸出，不但逐年累積各國民眾對於中國大陸品牌和產品的接受度和知覺度，有利於中國大陸透過「一帶一路」規劃串聯各地市場，更因中國大陸積極推動產品價值導向的「中國製造2025」，預計將提高中國大陸企業競爭力的成長速度。而由於兩岸產業結構高度重疊，隨著中國大陸企業依循「走出去戰略」，持續加快國際化進程，台商勢必面臨在國際市場與中國大陸企業競合、既有產業群聚發生轉移與商業盟友間實力失衡等問題，兩岸企業過往的合作模式將面臨變化，台商企業應思考此項變化中的危機與轉機。

誠如《孫子兵法 ‧ 九變》：「無恃其不來，恃吾有以待之；無恃其不攻，恃吾有所不可攻也。」面對中國大陸鼓勵企業「走出去戰略」之國際化戰略，台商企業不能心存僥倖，應整頓業態並收攏戰線，審時度勢順應政策，集中資源延續和拓展優勢，搶占產業鏈關鍵核心位置，維持或增加外部企業對自身的依賴度，進而順勢搭上中國大陸企業「走出去戰略」的順風車，從中獲得直接或間接的利益。此外，台商亦應嘗試開發具發展潛力之項目，並參與策略聯盟挖掘適合自身利基市場，提高企業競爭優勢，從而強化企業面對動態競爭環境的核心競爭力。上緯企業於 2016 年 3 月 31 日與中國大陸風力發電產業龍頭新疆金風科技達成戰略合作，藉由新疆東部地區的風場做為產品的測試應用場域，一面引進金風的資金，一面與金風相關供應商協同開發新產品，除希冀提升上緯在中國大陸風電材料市場的市占率，亦藉此打入中國大陸「一帶一路」計劃的風力發電供應鏈，以期在發展漸趨逆勢的風力發電產業中，順勢搭上「走出去戰略」而突圍生存。

典範移轉五：從「供應鏈競爭」到「生態網融合」

隨著科技日新月異，外部商業競爭環境變動漸趨劇烈且快速，虛擬與實體的疆界亦漸模糊，共贏的動態競爭逐漸取代零和賽局的常態競爭，傳統涇渭分明的線性供應鏈競爭態勢已然破碎，根據陳威如教授（2013）出版《平台革命》提及：「平台戰略的關鍵即是創造共贏生態圈。」全球華人戰略巨擘陳明哲（2015）教授亦表示：「面對動態的虛實整合時代，單打獨鬥已難以適用，群體作戰的生態系統競爭將成常態。」一語道出生態思維主導的時代中，企業透過集體力量串聯匯集形成內容服務、整體解決方案與整合應用價值的生態價值網絡，將顛覆過往供應鏈所能創造的產品價值，形成企業價值躍升。

中國大陸近年因科技發展，逐漸打破商業環境的時間和空間限制，而行動裝置應用的範疇和規模迅速擴張，加快網路外部性（network externality）形成，釋放中國大陸市場的發展潛能，從而促使阿里巴巴、騰訊等虛擬網路平台企業崛起，以及小米、樂視等智慧裝置生態系統企業誕生，帶動中國大陸紅色供應鏈競爭力。面對跨界競爭、覆蓋策略席捲而來，不但導致產業間生態網絡的戰火蔓延，亦使兩岸產業生態系競合賽局面臨重構，且隨中國大陸推動「中國製造 2025」政策的排擠效應，單一台商企業或供應鏈無法再以贏者通吃、單打獨鬥的思維生存其中，台商應擬定屬於自身的兩岸供應鏈生態圈策略，避免核心利潤池（Profit pools）遭到覆蓋，誠如工研院知識經濟與競爭力研究中心主任杜紫宸於 2016 年 6 月 7 日表示：「台灣部分產業雖具優勢，然若不對中國大陸企業開放合作，將激化人才和市場爭奪戰，導致技術人才外移，危及台灣整體產業。」台積電董事長張忠謀亦於 2016 年 6 月 7 日指出：「在限制中國大陸投資者進入被投資者董事會和管理階層，確保被投資者商業機密和智慧財產受保護的情況下，應開放中國大陸資金投資台灣產業。」顯示面對兩岸變動的產業生態競合賽局，台商在保有自身智慧財產和商業機密的前提下，應思考自身於賽局中的處境和改變賽局的方式，透過互融共榮的競合布局，提高自身對兩岸產業網絡的互補價值，以避免如觸控大廠宸鴻因忽視整體賽局的改變，而遭紅色供應鏈的歐菲光逆襲受創。

誠如形式社會學創始人 Simmel 曾言：「最好的處世哲學，並非妥協而是適應。」有鑒於傳統供應鏈面臨平台生態顛覆危機，台商企業應順勢而為，審慎評估自身體質，一方面秉持「競技場競爭思維」而非「產業競爭思維」，擴大 AMC 模式（察覺—動機—能力）的應用範圍，及早預測潛在競爭者威脅，延長企業反應時間，一方面依循適合自身的模式，針對中國大陸商業環境進行生態系統布局，透過與紅色供應鏈企業交叉持股、策略聯盟等方式，分散利潤池與建構多環生態體系，整合強化既有垂直供應鏈和水平互補體系夥伴間的黏著度，預期布局終端的新應用，重塑既有生態系的核心獲利模式和核心競爭力。此外，企業亦應秉持以「創造價值」為主軸的競合思維，積極與尚未合作且具互補性質的企業（其本身亦可能是競爭者）策略合作，串聯形成生態價值網絡，並借力使力有效利用中國大陸既有生態平台，從而提高競合賽局的整體價值，鞏固自身企業在價值網絡中的地位，避免被潛在競爭者覆蓋和顛覆的危機。

第 2 章

中國大陸政經全球影響力

誠如前中國大陸國家主席鄧小平曾云：「不堅持社會主義，不改革開放，不發展經濟，不改善人民生活，只有死路一條。」一語道出中國大陸必須透過現有制度的革新，方能再現引領國際大國之風範。隨著中國大陸逐步改革開放，使其國家地位從世界舞台的邊緣走向核心。2015 年 12 月 26 日，根據中國大陸前駐法大使吳建民表示：「中國大陸正不斷崛起，來到世界舞台的中心，並將迎來更大的挑戰。」顯示中國大陸改革開放的成效顯著，並在政治、經濟、貿易與科技等層面不停的向外發展，亦提升中國大陸對世界事務的影響力。

一、中國大陸國際政治影響力

影響一：【國際政治地位提升】

中國大陸自古便以「東方強國」自居，儘管二戰後美國以「帝國主義」為對外發展理念，掌控全球政經版圖，但近年來隨著中國大陸經貿勢力逐漸擴張，對世界事務影響力亦有所提升，進而對美國世界霸權的地位有所威脅，而在舊有霸權與新霸權的競爭中，舊有霸權為維護領先地位必然產生許多摩擦。是故，各國亦紛紛預測中國大陸與美國是否會陷入「修昔底德陷阱」（Thucydides Trap）。根據中國大陸國家主席習近平（2015）於美國西雅圖演講時表示：「除非中國大陸與美國之間造成錯誤的戰略誤判，否則世界上並不存在『修昔底德陷阱』。」顯示儘管中國大陸國際地位的提升，並將與美國持續維持鬥而不破的局面，藉由表面上的和平避免雙方陷入「修昔底德陷阱」。

影響二：【軍事地位持續提升】

誠如英國歷史學家 Toynbee 博士所云：「20 世紀是美國的世紀，而 21 世紀將是中國大陸的世紀。」一語道出中國大陸快速發展的同時，將為 21 世紀的世界帶來新的衝擊。此外，2016 年 2 月 22 日，根據瑞典智庫斯德哥爾摩國際和平研究所（Stockholm International Peace Research Institute；SIPRI）發布《2015年國際武器轉移趨勢》（Trends International Arms Transfers 2015）指出：「在2011年至2015年期間，中國大陸武器出口成長88%，並僅次於美國及俄羅斯，成為全球武器第三大的出口國。」顯示中國大陸武器出口總值不斷成長，至今已為全球第三大武器供應國家，這更反映出中國大陸逐步擴張其軍事影響力，並將中國大陸的軍事裝備推廣全球。

影響三：【國際組織主導地位】

中國大陸於1971年成為聯合國（UN）安全理事會的常任理事國後，其對外發展快速，並陸續參與世界貿易組織（WTO）及G20峰會等國際組織，近年更籌辦上海合作組織（SCO）、絲路基金（Silk Road Fund）及亞洲基礎設施投資銀（AIIB）等組織，進而推升其國際地位，並從過往世界事務的參與者成為世界重要事務的決策者。而國際貨幣基金（IMF）亦於2015年11月30日宣布人民幣將於2016年納入「特別提款權」（Special Drawing Right；SDR）的行列，根據國際貨幣基金（IMF）副總裁朱民（2015）表示：「中國大陸的流通貨幣逐漸受到各國的認可，中國大陸加入SDR將更加強化對國際地位的影響。」一語道出中國大陸的影響力擴張全球，在人民幣加入SDR後將更深化與國際間的連結，並成為國際金融的引領者。

影響四：【外交版圖持續擴張】

1971年中國大陸開始與美國展開「乒乓外交」，為中國大陸外交發展開啟新的篇章，2012年中國大陸國家主席席近平首度提出「中美新型大國關係」以做為中國大陸與美國的外交關係，此外，其亦不斷與世界各國建立戰略夥伴關係以完善「中國特色外交」，發展至今已有172個國家成為中國大陸的邦交國。根據中國大陸國務院總理李克強（2015）表示：「中國大陸秉持『親誠惠容』實踐外交理念，強化與周邊國家的合作協調，建設共贏的大國關係。」顯示中國大陸在周邊外交中，以「親、誠、惠、容」做為理念方針，並藉由共享的合作機制，打造同舟共濟的命運共同體關係。

表 2-1　中國大陸對外夥伴關係彙整表

夥伴關係（依照層級排列）		國家
1	全面戰略協作夥伴關係	俄羅斯（2011）
2	全天候戰略合作夥伴關係	巴基斯坦（2015）
3	全面戰略合作夥伴關係	越南（2008）、寮國（2009）、柬埔寨（2010）、緬甸（2011）、泰國（2012）
4	戰略合作夥伴關係	印度（2005）、韓國（2008）、土耳其（2010）、阿富汗（2012）、斯里蘭卡（2013）
5	全方位戰略夥伴關係	德國（2014）
6	面戰略夥伴關係	歐盟（2003）、英國（2004）、法國（2004）、意大利（2004）、西班牙（2005）、葡萄牙（2005）、希臘（2006）、丹麥（2008）、南非（2010）、哈薩克（2011）、巴西（2012）、秘魯（2013）、墨西哥（2013）、馬來西亞（2013）、印尼（2013）、白俄羅斯（2013）、阿爾及利亞（2014）、阿根廷（2014）、委內瑞拉（2014）、澳洲（2014）、紐西蘭（2014）、蒙古（2014）、埃及（2016）、沙烏地阿拉伯（2016）、伊朗（2016）
7	戰略夥伴關係	東南亞國協（2003）、非盟（2004）、加拿大（2005）、奈及利亞（2006）、塞爾維亞（2009）、安哥拉（2010）、波蘭（2011）、愛爾蘭（2012）、阿拉伯聯合大公國（2012）、智利（2012）、烏茲別克（2012）、吉爾吉斯（2013）、塔吉克（2013）、土庫曼（2013）、烏克蘭（2013）、卡達（2014）、哥斯大黎加（2015）、厄瓜多（2015）、蘇丹（2015）、約旦（2015）、捷克（2016）
8	創新戰略夥伴關係	瑞士（2016）
9	更加緊密的全面合作夥伴關係	孟加拉（2010）
10	全方位友好合作夥伴關係	比利時（2014）
11	全方位合作夥伴關係	新加坡（2015）
12	全面友好合作夥伴關係	羅馬尼亞（2004）、保加利亞（2014）、馬爾地夫（2014）
13	全面合作夥伴關係	衣索比亞（2003）、克羅埃西亞（2005）、尼泊爾（2009）、坦尚尼亞（2013）、剛果（2013）、肯亞（2013）、荷蘭（2014）、東帝汶（2014）
14	友好合作夥伴關係	匈牙利（2004）、塞內加爾（2014）
15	合作夥伴關係	斐濟（2006）、阿爾巴尼亞（2009）、千里達及托巴哥（2013）、安地卡及巴布達（2013）、芬蘭（2013）
16	友好夥伴關係	牙買加（2005）

資料來源：本研究整理；註：括號為簽署時間

二、中國大陸經濟地位影響力

影響一：【全球經濟貢獻穩居第二】

美國彼德森國際經濟研究所（Peterson Institute for International Economics）印度籍經濟學家 Subramanian 於 2011 年出版《日蝕：生活在中國經濟主導的陰影下》（Eclipse：Living in the Shadow of China's Economic Dominance）一書中提及：「2030 年中國大陸的經濟地位將如同 19 世紀的英國或 20 世紀的美國。」此外，根據經濟學人智庫（EIU）（2015）指出：「中國大陸經濟總量將於 2026 年超越美國，成為世界最大的經濟體，且領先地位可維持至 2050 年。」綜上可知，中國大陸經濟不斷成長，2026 年將可超越美國晉升全球第一大經濟體，經濟地位將可比擬 20 世紀的美國，經濟話語權將逐漸提升。

表 2-2　中國大陸與美國歷年占全球 GDP 比重

年份	中國大陸	美國
2004	4.48%	28.13%
2005	4.85%	27.70%
2006	5.37%	27.06%
2007	6.13%	25.07%
2008	7.22%	23.27%
2009	8.46%	24.04%
2010	9.15%	22.80%
2011	10.22%	21.31%
2012	11.41%	21.77%
2013	12.50%	21.87%
2014	13.37%	22.23%
2015	15.50%	24.50%

資料來源：聯合國統計署（United Nations Statistics Division）（2016）、本研究整理

影響二：【外人投資位居全球前列】

中國大陸擁有龐大內需市場，伴隨著政策加持，吸引許多國外投資者爭相進駐，成為全球重要的 FDI 吸引國家。2016 年 1 月 20 日，根據聯合國貿易發展委員會（UNCTAD）發布《全球投資趨勢監測報告》（Global Investment Trends and Prospects）指出：「儘管中國大陸製造業放緩，但隨著政策推動，資金大多流向服務業，2015 年國外直接投資流入量較 2014 年上漲 6%，創下新高。」顯示受到全球經濟放緩之影響，雖然中國大陸國外直接投資流入量排名由原先的第一名下降至第三名，但 FDI 總量仍持續成長，並創下歷史新高。

表 2-3　最具國外直接投資吸引力國家排名

排名	2015		2014	2013	2012
	國　家	FDI 總額	國　家	國　家	國　家
1	美　國	3,840	中國大陸	美　國	美　國
2	香　港	1,630	香　港	中國大陸	中國大陸
3	中國大陸	1,360	美　國	俄 羅 斯	香　港
4	荷　蘭	900	新 加 坡	英屬維爾京群島	英屬維爾京群島
5	英　國	680	巴　西	香　港	巴　西
6	新 加 坡	650	英　國	加 拿 大	英　國
7	印　度	590	加 拿 大	巴　西	新 加 坡
8	巴　西	560	澳　洲	新 加 坡	澳　洲
9	加 拿 大	450	荷　蘭	英　國	俄 羅 斯
10	法　國	440	盧 森 堡	愛 爾 蘭	加 拿 大

資料來源：聯合國貿易發展委員會（UNCTAD）《全球投資趨勢監測報告》（Global Investment Trends and Prospects）

單　　位：億美元

影響三：【躋身世界五百強數增加】

世界品牌實驗室（World Brand Lab）於 2015 年 12 月 15 日發布《世界品牌 500 強》（The World's 500 Most Influential Brands）報告指出：「2015 年中國大陸品牌入選數量共計達 31 個，相較於 2014 年多入選兩個品牌，有關 2015 年入選品牌分別為，工商銀行、國家電網、CCTV、聯想、海爾、中國移動與騰訊。」而根據表 2-4 顯示，有關入選品牌數量最多之國家中，中國大陸雖位居第五名，然其趨勢卻是自 2011 年 21 個攀升至 2015 年的 31 個，凸顯中國大陸品牌價值成長不容小覷。此外，根據英國倫敦國際品牌金融公司（Brand Finance）（2016）發布《2016 年全球最有價值前 500 大品牌企業》（Global 500 2016）指出，在全球前 500 強品牌中，中國大陸品牌之中國移動於 2015 年及 2016 年皆名列第九名。

表 2-4　世界品牌 500 強國家別統計

排名	國家	2015	2014	2013	2012	2011	趨勢
❶	美　國	228	227	232	231	239	↑
❷	英　國	44	42	39	40	39	↑
❸	法　國	42	44	47	44	43	↓
❹	日　本	37	39	41	43	41	↓
❺	中國大陸	31	29	25	23	21	↑

表 2-4　世界品牌 500 強國家別統計（續）

排名	國家	2015	2014	2013	2012	2011	趨勢
❻	德　國	25	23	23	23	25	↑
❼	瑞　士	22	21	21	21	21	↑
❽	義大利	17	18	18	21	14	↓
❾	荷　蘭	8	8	9	9	10	→
❿	瑞　典	7	7	7	8	8	→

資料來源：世界品牌實驗室（World Brand Lab）《世界品牌 500 強》（The World's 500 Most Influential Brands）（2015）

影響四：【國際併購金額持續攀升】

隨著中國大陸祭出「走出去」之發展策略，中國大陸企業不斷向外發展，然企業走出去的形式眾多，其中不乏包括併購國外企業模式，以壯大企業本身之規模。2016 年 1 月 26 日，根據資誠（PwC）發布《2015 年中國企業併購市場回顧與 2016 年展望》指出：「中國大陸企業 2015 年海外併購交易數量為 382 家，成長幅度 40%。」另一方面，摩根大通（JPMorgan Chase）全球併購主管 Cristerna（2016）提及：「為滿足不斷成長的中產階級，中國大陸企業透過併購以獲得更多專業技術。」顯示中國大陸併購規模大幅成長，並藉由獲取專業技術以滿足內需需求。此外，中國大陸企業在併購後若經營有成，隨著口碑累積，將有助於中國大陸企業成為全球企業合作夥伴的首選。

表 2-5　中國大陸歷年企業併購情況

中國大陸	2015	2014	2013	2012	2011
併購企業數（家）	382	272	200	191	206
併購金額（億美元）	647	557	506	603	425

資料來源：資誠（PwC）《2015 年中國企業併購市場回顧與 2016 年展望》（2016）

三、中國大陸貿易地位影響力

影響一：【對外貿易總額全球居冠】

中國大陸自 1978 年首度實施開放政策，其中對外貿易發展轉變為貿易出口導向，爾後隨著經濟穩定成長，中國大陸自 2013 年首度超過美國成為全球第一大貿易進出口國。根據聯合國貿易暨發展會議（UNCTAD）（2016）指出：「中國大陸 2015 年貿易總額持續第一，其中出口占全球比重從 2014 年的 12.3% 上升至 2015 年的 13.8%，追平美國 1968 年的歷史紀錄。」顯示中國大陸貿易發展興盛，除蟬聯全球近出口貿易之龍頭寶座，在出口總額更達成美國於 1968 年所創下的出口貿易紀錄，而隨著中國大陸內部以創新做為發展動能，未來將有望再度推升新紀錄。

影響二：【出境旅遊消費全球居冠】

隨著中國大陸可支配所得的提升，中國大陸居民越來越享受生活，不僅帶動其國內銷售市場的蓬勃發展，出境旅遊人次亦有所提升，中國大陸於 2012 年首度成為全球第一出境旅遊消費大國並蟬聯至今。2016 年 1 月 18 日，根據聯合國世界旅遊組織（UNWTO）發布《世界旅遊晴雨表》（World Tourism Barometer）指出：「中國大陸出境人次連續 12 年達雙位數的成長率，2015 年中國大陸出境旅遊達 1.2 億人次，並帶來 1,045 億美元的旅遊消費，持續位列世界第一。」顯示隨著 2015 年大宗商品及國家匯率的影響，更促進全球出境旅遊消費的流動，而中國大陸擁有龐大的人口紅利，亦為出境旅遊帶來廣大的商機。

影響三：【服務貿易總額全球第二】

隨著中國大陸經濟體制逐步調整，從過往以工業為主要發動機，漸漸轉型為以服務業為主的高附加價值產業。根據中國大陸商務部部長高虎城（2016）表示：「中國大陸 2015 年服務貿易總額達 7,130 億美元，為世界服務貿易總額第二大國。」此外，2016 年 5 月 10 日，根據中國大陸商務部發布《中國服務貿易狀況報告》指出：「中國大陸 2016 年服務貿易總額將突破 7,500 億美元。」綜上可知，中國大陸將以創新為主要經濟驅動，並以服務業為主軸推動新一輪的對外開放，未來服務貿易總額將持續攀升，為全球各國服務相關企業提供龐大的市場與合作機遇。

影響四：【技術貿易出口顯著增長】

中國大陸於「十三五規劃」中以「創新」為發展主軸，因此未來技術貿易比重將更為提升。根據中國大陸科技部部長萬鋼（2016）表示：「2015 年中國大陸技術交易總額達 9,825 億人民幣，相較 2010 年成長 2.5 倍，未來中國大陸將融入世界創新的網絡，實施科技創新全球化策略。」另一方面，2016 年 4 月 21 日，根據中國（上海）國際技術進出口交易會發布《2016 年技術貿易發展報告》指出：「全球科技創新版圖將逐漸往印度及中國大陸移動，並在未來 20 年至 30 年主導全球創新格局。」綜上可知，中國大陸技術貿易成長快速，未來將結合政策朝向創新型大國邁進。

四、中國大陸科技地位影響力

影響一：【全球研發投入全球第二】

根據中國大陸國家知識產權局（2016）表示：「2015 年受理發明專利量為 110.2 萬件，同比成長 18.7% 並連續五年位居世界第一。」中國大陸擁有龐大的專利申請數量，且不斷成長並占據世界第一，顯示內部正擁抱創新浪潮，各企業不斷透過研發提升企業競爭力。根據《富比士》（Forbes）雜誌（2015）表示：「中國大陸訊息科技公司品牌競爭力逐步成長，不斷提供國外市場更多的創新產品，因而擴大中國大陸的科技影響力。」顯示中國大陸科技不斷成長，並逐漸步入世界各國的消費者市場，大幅提升中國大陸品牌知名度。

表 2-6　2015 年各國與各國企業專利權申請彙整表

國家名次	國　家	申請數量	申請占比	企業名次	企業名稱	申請數量
❶	美　國	57,385	26.3%	❶	華　為	3,898
❷	日　本	44,235	20.3%	❷	高　通	2,442
❸	中國大陸	29,846	13.7%	❸	中興通訊	2,155
❹	德　國	18,072	8.3%	❹	三　星	1,683
❺	南　韓	14,626	6.7%	❺	三菱汽車	1,593
❻	法　國	8,476	3.9%	❻	愛立信	1,481
❼	英　國	5,313	2.4%	❼	LG	1,457
❽	荷　蘭	4,357	2.0%	❽	Sony	1,381
❾	瑞　士	4,280	2.0%	❾	飛利浦	1,378
❿	瑞　典	3,858	1.8%	❿	HP	1,310

資料來源：世界知識產權組織（WIPO）《2015 專利合作條款申請》（2015）、本研究整理

影響二：【專利申請數目全球第三】

2016 年 2 月 17 日，中國大陸國務院總理李克強表示：「中國大陸未來將高度重視在科技成果轉移轉化的相關措施，打通科技與經濟之間的通道，為整體發展注入新的生產力。」另一方面，2016 年 3 月 16 日，世界知識產權組織（World Intellectual Property Organization；WIPO）發布《2015 年世界知識產權指標》（World Intellectual Property Indicators 2015）提及：「中國大陸在專利與商標保持強勁的成長，體現中國大陸在國際科技和經濟地位的提升。」綜上所述，隨著中國大陸科技創新能力的提升與智慧財產權意識的成長，其將可在全球科技創新版圖中不斷擴張，並進一步帶動經濟發展。

表 2-7　中國大陸企業創新目標區域

地區	2014	2015-2020
東北亞	19.6%	32.7%
東南亞	43.1%	45.5%
中東和北非	23.5%	21.8%
非洲（撒哈拉以南）	19.6%	20.0%
東　歐	19.6%	32.7%
西　歐	35.3%	45.5%
北　美	51.0%	58.2%
拉丁美洲	15.7%	32.7%

資料來源：世界經濟論壇（WEF）《中國企業全球化最佳實踐「制定創新模式」》（2015）、本研究整理

影響三：【全球創新排行數量攀升】

中國大陸於「十三五規劃」中提出以創新發展為未來五大發展模式之一，希冀用創新氛圍帶領中國大陸經濟轉型。根據世界智慧財產權組織（WIPO）（2015）發布《2015 年全球創新指數》（Global Innovation Index 2015）指出：「中國大陸自 2011 起被評選為最具創新成就國家和創新分指數表現突出國家，在中高收入國家中，擁有六項細項指標列居第一。」此外，根據諾貝爾經濟學獎得主 Phelps（2016）表示：「中國大陸創新能力已超越加拿大及英國，僅次於美國位居全球第二位，為世界上唯一可持續創新的國家。」綜上可知，中國大陸創新能力持續攀升，隨著其政府大力推廣創新的氛圍，並持續將創新做為國家發展的動能，未來中國大陸創新能力將持續提升。

影響四：【技術輸出種類持續增加】

隨著科技技術的革新，中國大陸基礎建設能力盛譽全球，中國大陸國務院總理李克強自 2013 年上任後陸續推動「高速鐵路外交」，將中國大陸高鐵技術輸出全球，目前已於俄羅斯、英國、匈牙利、土耳其、委內瑞拉、泰國與印尼等 12 個國家以投資或合作等方式建設高速鐵路，並廣獲各國青睞，對日本新幹線與法國 TGV 高鐵造成一定程度的威脅。根據中國大陸外交部發言人洪磊（2015）表示：「中國大陸高鐵建設擁有豐富的經驗，並在合作模式、技術移轉、融資條件和工期方面有明顯的優勢。」顯示中國大陸高鐵項目擁有造價低廉及交期短等優勢，未來將更進一步以中國大陸為核心，連結各高鐵節點，打造區域型高鐵建設，擴大範圍延伸到歐亞、北美、東南亞及中亞等區。

五、中國大陸文化地位影響力

影響一：【學習中文人口持續增加】

自北京奧運後，中國大陸全面發揚中華文化，全球因而掀起學習漢語之風潮，隨著中國大陸對外發展政策逐漸完善，更加吸引海外人口至中國大陸旅遊及投資，導致學習中文人口持續呈現成長，根據教育機構早安漢語（2015）指出：「至 2015 年全球學習中文的人數已達到一億。」此外，根據美國休士頓中華文化服務中心（Chinese Community Center）執行長華啟梅（2015）表示：「中文學習人口型態逐漸轉變，過往多為華裔人口進修，至今非華裔學生反而多過於華裔學生。」顯示學習中文的趨勢從華裔族群逐漸擴散至各個群體，學習中文的風潮持續擴散，中文將有望成為繼英文之後的下一個語言顯學。

影響二：【世界遺產數目全球第二】

聯合國教科文組織世界遺產委員會（UNESCO World Heritage Centre）每年皆舉辦「世界遺產年會」審核世界各國的文化遺產名額，中國大陸於 1985 年 12 月 12 日成為其成員國，經過 30 年的發展遺產數量劇增，並列為世界遺產數量成長最快速的國家，根據聯合國教科文組織世界遺產委員會（UNESCO World Heritage Centre）（2015）遺產數量統計指出：「至目前為止，中國大陸擁有 48 座世界遺產，總數量僅次於義大利名列世界第二。」顯示中國大陸擁有豐富的世界遺產，經多年來努力，中國大陸不斷完善保護機制，並在世界舞台中展現中華文化之大國形象。

表 2-8　各國世界遺產數量

名次	國家	文化遺產	自然遺產	雙重遺產	遺產總數量
1	義大利	47	7	0	51
2	中國大陸	34	10	4	48
3	西班牙	39	3	2	44
4	法國	37	3	1	41
5	德國	37	3	0	40
6	墨西哥	28	5	0	33
7	印度	25	7	0	32
8	英國	24	4	1	29
9	俄羅斯	16	10	0	26
10	美國	10	12	1	23

資料來源：聯合國教科文組織世界遺產委員會（UNESCO World Heritage Centre）

影響三：【電影產業總值全球第二】

中國大陸電影市場不斷擴張，根據EBOT藝恩日票房智庫（2016）發布電影票房數據指出：「截至2015年6月，中國大陸電影市場票房總額達202.4億元人民幣，同比成長48.9%。」顯示儘管中國大陸經濟呈現放緩趨勢，但電影產業仍蘊含大量的發展動能，且市場競爭日趨激烈。此外，根據野村證券（Nomura）（2015）指出：「2017年中國大陸電影票房總值將成長至110億美元，屆時將超過美國的104億美元，成為世界最大的電影消費市場。」顯示中國大陸電影市場未來發展潛力龐大，儘管中國大陸仍存在電影配額的限制，但各國電影商依然爭相搶進中國大陸市場，以爭取龐大商機。

影響四：【人文教育體系實力攀升】

各國教育制度不盡相同，它可能受到社會價值觀與文化之影響，自古中華文化蘊底豐富，中國大陸受到其薰陶，亦對教育制度產生多元的影響。2016年5月18日，英國QS全球教育集團（Quacquarelli Symonds）發布《全球高等教育系統實力排名》（Higher Education System Strength Rankings；HESS）顯示：「中國大陸高等教育制度實力排名全球第八位，為亞洲國家之首。」此外，根據英國QS全球教育集團中國大陸總監張巘（2016）表示：「中國大陸經過十多年的教育改革，逐漸形成教育資源公平分配的環境，並重視人才培養與創新的氛圍。」綜上可知，中國大陸不斷透過教育改革，改善其國內教育環境，為優質的教育資源做最完善的分配。

表2-9 中國大陸高等教育系統實力排名

年 份	2016		2015	
	排名	總分	排名	總分
系統優勢	7	87.9	10	79.9
教育公平	27	49.3	33	33.9
頂尖大學	8	97.0	12	96.7
財政投入	2	99.9	2	99.1
中國大陸總排名	8	83.5	11	77.4

資料來源：英國QS全球教育集團（Quacquarelli Symonds）《全球高等教育系統實力排名》（Higher Education System Strength Rankings；HESS）

六、中國大陸區域經濟影響力

影響一：【主導 RCEP 區域經濟組織】

隨著時間推移，各國從過往單打獨鬥的貿易型態逐變轉變為雙邊甚至多邊貿易，發展至今更延伸出區域貿易組織的形成。是故，中國大陸於 2011 年協同東南亞國家促成「區域全面經濟夥伴協定」（Regional Comprehensive Economic Partnership；RCEP），試圖深化與東南亞國家區域之整合，目前共有 16 個國家共同參與，並預計於 2016 年完成談判。2016 年 4 月 7 日，台灣經濟研究院兩岸發展研究中心副主任譚瑾瑜於《從博鰲論壇觀察亞太區域整合走向》一文談及：「RCEP 為中國大陸區域經濟整合戰略重要的環結，一旦形成將可提升中國大陸在全球價值鏈中的地位，並擴大亞太地區的經貿影響力。」一語道出由中國大陸所主導的 RCEP 輪廓逐漸成形，而形成後的中國大陸國際地位將近一步擴大。

影響二：【主導上合組織區域聯盟】

上海合作組織（The Shanghai Cooperation Organization；SCO）成立於 2001 年，由中國大陸主導並為首個以城市命名的國際組織，目前擁有八個會員國及四個觀察員國，其致力於維護及保障各國邊境的和平，並對世界權力板塊的平衡引起積極作用。2016 年 5 月 24 日，根據中國大陸外交部長王毅表示：「上海合作組織（SCO）為高效合作樹立典範，且確保邊境安全與經濟發展同時運作，並成為全球最具影響力的多邊合作機制之一。」一語道出上海合作組織（SCO）消除各國的邊境衝突問題，同時增進各國的經濟交流，並逐漸成為制衡西方霸權的組織，對世界影響力亦有所提升。

影響三：【洽簽 FTA 數量持續上升】

近年區域雙邊甚至多邊區域貿易盛行，區域經濟整合的態勢愈趨常見，透過互相優惠關稅協定消除貿易壁壘。根據韓國對外經濟政策研究院（The Korea Institute for International Economic Policy；KIEP）院長李一衡（2015）表示：「中韓自由貿易協定的簽署將成為加速東亞經濟一體化的基石。」此外，2015 年 11 月 1 日，中國大陸國務院總理李克強提及：「中國大陸將持續擔任推動自由貿易及東亞經濟一體化的倡導者。」顯示中國大陸積極推動東亞地區經濟整合，而中韓自由貿易協定的實施將是邁向經濟一體化的第一步。

表 2-10　中國大陸自由貿易協定洽簽情況

已洽簽國家 / 地區		
協議名稱	簽約國家	協定狀態
《中國 - 澳大利亞自由貿易協定》	澳　洲	2015 年生效
《中國 - 韓國自由貿易協定》	韓　國	2015 年生效
《中國 - 瑞士自由貿易協定》	瑞　士	2014 年生效
《中國 - 冰島自由貿易協定》	冰　島	2014 年生效
《中國 - 哥斯達黎加自由貿易協定》	哥斯大黎加	2011 年生效
《中國 - 秘魯自由貿易協定》	秘　魯	2010 年生效
《中國 - 東盟全面經濟合作框架協議》	東協各國	2010 年生效
《中國 - 新加坡自由貿易協定》	新 加 坡	2009 年生效
《中國 - 巴基斯坦自由貿易協定》	巴基斯坦	2009 年生效
《中國 - 新西蘭自由貿易協定》	紐 西 蘭	2008 年生效
《中國 - 智利自由貿易協定》	智　利	2006 年生效

談判中國家 / 地區	
海灣阿拉伯國家合作委員會	挪　威
中、日、韓	區域全面經濟夥伴協定（RCEP）
斯里蘭卡	馬爾代夫
喬治亞	-

未來可能洽簽國家	
印　度	哥倫比亞
摩爾多瓦	斐　濟

資料來源：中國大陸自由貿易區服務網、本研究整理

影響四：【中非合作緊密程度提升】

2006 年中國大陸與非洲首次展開對非相關政策，讓雙方關係越趨緊密，時隔九年，中國大陸於 2015 年 12 月 4 日再次發布《中國對非洲政策文件》，並將中非合作定調為「真、實、親、誠」。根據中國大陸國家主席習近平（2015）表示：「中國大陸與非洲交流力度不會減弱，相反的將持續擴大對非洲的投資。」此外，英國國際戰略研究所（International Institute for Strategic Studies；IISS）發布《2016 軍事平衡》（The Military Balance 2016）指出：「非洲 51 個國家中超過三分之二的國家使用中國大陸的軍事裝備，比例達 68%。」顯示中國大陸在非洲的投資及影響力逐步擴展，而雙方在軍事貿易上亦越趨頻繁。

2

全球經貿環境發展新趨勢

第 3 章

2016 全球經濟發展情勢新展望

2016 年 4 月 5 日，國際貨幣基金（IMF）總裁 Lagarde 表示：「全球自 2007-2009 年金融危機以來恢復速度顯得太慢且太零碎，而可持續性亦在面臨不斷擴增的風險」，而 2016 年 1 月 20 日，聯合國貿易暨發展會議（UNCTAD）指出：「外國投資情況預期將下降，反映出全球經濟的脆弱、總體需求和部分新興市場的經濟成長皆有減弱跡象，加上地緣政治關係緊張，將擴大不同的經濟挑戰。」顯示全球仍面對許多不確定性，且經濟成長情勢仍踏著漫長的復甦步伐。

一、十三大研究機構預測全球經濟成長率

2015 年全球經濟壟罩在低迷氛圍之中，而在 2016 年，諸多研究機構認為各經濟體復甦程度不同，全球經濟前景將呈發展不均衡態勢。根據國際貨幣基金（IMF）於 2016 年 4 月 13 日發布《世界經濟展望》（World Economic Outlook）指出：「經濟成長率下調即反應各大經濟體國家普遍經濟放緩。目前，最擔憂的兩大風險包括金融市場的不穩定及國家與地區的政治不穩定。」其中政治不穩定包含：（1）敘利亞難民潮對周邊國家和歐洲的衝擊；（2）英國可能退出歐盟對貿易與投資的影響；（3）新興市場國家的內政及地緣政治因素。此外，國際貨幣基金（IMF）總裁 Lagarde（2016）亦呼籲各國應採取更強有力的經濟改革措施，以避免經濟落入長期成長呈現低迷的氛圍之中。茲將研究機構對 2016 年全球經濟成長預測分述如下：

1. 國際貨幣基金（IMF）：2016 年 4 月 12 日，發布《世界經濟展望》（World Economic Outlook）指出：「由於商品需求疲弱，油價低廉，已發展國家經濟前景不明朗，皆拖累全球經濟成長，因此將全球經濟預測調降為 3.2%。」

2. 世界銀行（WB）：2016 年 1 月 5 日，發布《全球經濟展望》（Global

Economic Prospects）指出：「新興市場國家貨幣貶值將拖累2016年全球成長率，但隨著已開發國家成長率逐漸加速，因此2016年經濟成長率預測為2.9%。」

3. 經濟合作暨發展組織（OECD）：2016年2月18日，發布《經濟展望》（OECD Economic Outlook）指出：「美國、德國經濟復甦緩慢，巴西更深陷衰退泥淖而拖累全球經濟成長，因此調降預測值至3.0%。」

4. 聯合國（UN）：2016年1月20日，發布《世界經濟形勢與展望》（World Economic Situation and Prospects）指出：「2016經濟成長預測值為2.9%，全球經濟復甦不平衡，歐元區恐陷入衰退。」

5. 歐洲委員會（European Commission；EC）：2016年2月4日，發布《2016冬季經濟展望報告》（European Economic Forecast-Winter 2016）指出：「雖新興經濟體成長放緩，地緣政治風險高，但歐洲經濟卻反其道而行，因此，對全球經濟成長率抱持樂觀態度，預測為3.5%。」

6. 高盛集團（Goldman Sachs）：2016年1月15日，發布《全球投資研究》（Global Investment Research）指出：「全球經濟成長將來自於新興市場的復甦以及歐洲、日本的投資回暖，因此上調GDP預測值至3.5%。」

7. 花旗銀行（CitiBank）：2016年3月4日，發布《全球經濟展望與策略》指出：「2016年已開發經濟體的經濟成長可能出現放緩情況，此外，GDP預估仍存在下調風險，尤其新興市場，因此預測值下調為2.5%」

8. 德意志銀行（Deutsche Bank）：2016年5月24日，發布《世界展望》（World Outlook）指出：「全球2016年GDP成長率，將下修至2.5%，低於市場平均預估的2.8%。若再遇到聯準會升息，恐加深金融市場恐慌情緒。」

9. 摩根士丹利（Morgan Stanley）：2016年3月23日，發布《全球宏觀經濟分析》（The Global Macro Analyst）指出：「全球經濟衰退，下修全球預測值至3.0%，其主因為以美國為首的已開發經濟體成長放緩。」

10.瑞士信貸集團（Credit Suisse）：2016年1月6日，發布《全球經濟展望》（Global Economic Outlook）指出：「隨大宗商品價格修正及已開發經濟體整體回暖，全球經濟將保持平衡，產出缺口將不會進一步擴張，因此預測全球GDP為3.3%。」

11.環球透視（IHS Global Insight）：2016年5月27日，發布《世界經濟預測》（World Economic Forecast）指出：「預測2016年全球經濟成長2.5%，略低於2015年2.6%，主要為金融市場波動劇烈，全球經濟擴張力道仍顯疲弱。」

12. 經濟學人智庫（EIU）：2016年4月20日，發布《全球經濟展望》（EIU

Global Outlook Report）指出：「隨著中國大陸信用評級的調降，因此下調經濟成長率為 2.3%。」

13. 惠譽國際信評機構（Fitch Ratings）：2016 年 3 月 7 日，發布《全球經濟展望》（Global Economic Outlook）指出：「新興經濟體占全球 GDP 的 40%，而其經濟下調亦影響全球 GDP 預測值下修至 2.5%。」

2015年實質GDP 3.1%

2.85% 2016年預測平均值

組織名稱	發布時間	最新預測
高盛集團	2016/01/15	3.5%
歐洲委員會	2016/02/04	3.5%
瑞士信貸集團	2016/01/06	3.3%
國際貨幣基金	2016/04/12	3.2%
經濟合作暨發展組織	2016/02/18	3.0%
摩根士丹利	2016/03/23	3.0%
世界銀行	2016/01/05	2.9%
花旗銀行	2016/03/04	2.5%
德意志銀行	2016/05/24	2.5%
環球透視	2016/05/27	2.5%
惠譽國際信評機構	2016/03/07	2.5%
聯合國	2016/05/12	2.4%
經濟學人智庫	2016/04/20	2.3%

圖 3-1　研究機構預測 2016 年全球經濟成長率

資料來源：各研究機構、本研究整理

表 3-1　2016 年全球主要經濟體經濟成長率預測

發布預測機構		主要經濟體	2016
	聯合國（UN）	已開發經濟體	2.2%
		轉型經濟體	0.8%
		發展中經濟體	4.3%
		未開發國家	5.6%
	世界銀行（WB）	高收入國家	2.1%
		開發中國家	4.8%

表 3-1　2016 年全球主要經濟體經濟成長率預測（續）

發布預測機構		主要經濟體	2016
INTERNATIONAL MONETARY FUND	國際貨幣基金（IMF）	已開發國家	2.0%
		新興經濟體及開發中國家	4.1%
		歐　元　區	1.5%
OECD	經濟合作暨發展組織（OECD）	歐　元　區	1.4%
EUROPEAN COMMISSION	歐洲委員會（EC）	歐　元　區	1.7%
		歐　　　盟	1.9%
Goldman Sachs	高盛集團（Goldman Sachs）	已開發國家	2.0%
		歐　元　區	1.7%
		新 興 國 家	4.9%
Morgan Stanley	摩根士丹利（Morgan Stanley）	新 興 國 家	4.0%
		歐　元　區	1.5%
	亞洲開發銀行（ADB）	亞洲開發中國家	5.7%
citibank	花旗銀行（Citi Bank）	歐　元　區	1.3%
		新 興 國 家	3.8%
E·I·U The Economist Intelligence Unit	經濟學人智庫（EIU）	歐　元　區	1.5%
		北　　　美	2.0%
		中 東 北 非	2.0%
		拉 丁 美 洲	0.3%
IHS GLOBAL INSIGHT	環球透視（GI）	新興經濟體	3.9%

資料來源：各研究機構、本研究整理

註：【1】東亞新興經濟體：亞洲開發銀行定義的東亞新興經濟體包括汶萊、柬埔寨、中國大陸、香港、印尼、寮國、馬來西亞、緬甸、菲律賓、新加坡、韓國、台灣、泰國和越南，共 14 個經濟體。

【2】亞太新興地區：包含亞太地區 45 個經濟體。

【3】轉型經濟體：根據聯合國定義轉型經濟體為白俄羅斯、喬治亞、哈薩克等 17 個經濟體。

二、全球經濟發展四大評析

展望 2016 年，全球經濟緩慢復甦態勢仍將持續。延續上述各機構預測 2016 年經濟成長率，茲將 2016 年全球經濟發展四大評析分述如下：

評析一：【全球經濟發展前景悲觀】

綜觀國際組織機構、證券金融機構、智庫研究機構及信用評等機構發布之2016年全球經濟預測，如圖3-1可知，全球13大研究機構預測2016經濟成長率平均值為2.85%，相較於2015年實質經濟成長率3.1%來說，降低0.25%，其中在13個研究機構中僅有四個機構預測高於2015年實質經濟成長率，大部分機構則低於3.1%，此外，針對2016年經濟成長率預測平均值2.85%而言，則有七個研究機構預測高於2.85%，六個研究機構預測低於2.85%。雖各機構對全球經濟成長預測值略有差異，但整體較為一致的看法係為2016年的全球經濟成長呈現衰退趨勢。

評析二：【各經濟體復甦力道不一】

根據各研究機構預測顯示全球主要經濟體成長率，如圖3-2所示，可發現復甦力道呈不平衡態勢，其中以新興經濟體的經濟成長率最高（界於3.8%-4.9%），其次為已開發經濟體（2.0%-2.2%），最後則是歐元區經濟體（界於1.3%-1.7%）。儘管新興市場經濟成長不如以往高速成長，但相較於已開發經濟體與歐元區經濟體經濟發展，仍表現較佳。

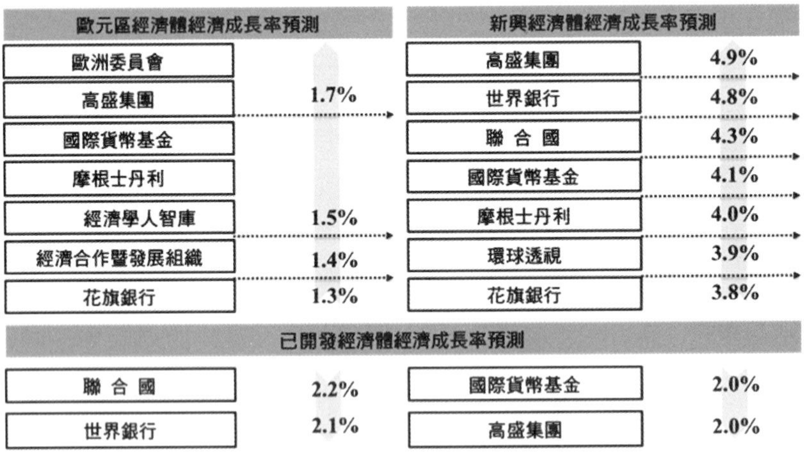

圖3-2　2016年全球主要經濟體經濟成長率預測

評析三：【已開發經濟體趨緩】

經濟合作暨發展組織（OECD）於2015年12月預測世界經濟成長率有望上升至3.3%，但根據國際貨幣基金（IMF）指出：「近年已開發國家經貿復甦成長力道相當緩慢，導致新興市場將面臨更加嚴重之考驗，間接拖累全球經濟發展。」其發布《經濟展望》(Economic Outlook)(2016)指出:「由於美國、德國以及巴西經濟成長減緩的速度超乎預期,因此調降全球經濟成長率至3.0%。」根據美國聯準會(Fed)理事 Lael Brainard(2016)表示:「在全球面臨復甦緩慢的經濟難題下,認為未來已開發經濟體經濟成長依然相對緩慢,且各國並採取『寬鬆貨幣政策』,再次影響全球經濟發展。」而花旗銀行(Citibank)於 2016 年 3 月 4 日亦將全球經濟成長率自原先預期的 2.7% 下調至 2.5%,並同時下修美國、英國、加拿大等已開發國家預測值。隨全球經濟成長的前景每況愈下,已開發市場恐正處在衰退危機。

評析四:【新興市場成長乏力】

現今大部分主要新興市場國家同時呈現疲軟,2016 年 1 月 5 日,世界銀行(WB)發布《全球經濟展望》(Global Economic Prospects)指出:「由於新興市場衰退幅度超乎預期,因此調降全球經濟成長率至 2.9%,恐將拖累 2016 年全球成長。不僅如此,2016 年世界經濟就像貧血患者,缺乏足夠的成長動能。」其亦表示:「新興經濟體之間的經濟表現差異逐漸擴大。相較於六個月前,經濟風險明顯增加,尤其對於那些不斷下跌的經濟體更是如此。」因新興國家在過去十年是全球成長強而有力的貢獻方,在出現經濟復甦疲乏之後,所產生的溢出效應將會抑制發展中國家的成長力道。

第 4 章

全球投資環境與潛力新布局

回顧 2015 年全球金融市場動盪不安因素及面對「美國利率政策轉折」、「中國大陸經濟轉型」與「恐怖極端主義威脅」等衝擊，將持續推動全球新一波資金、產業及國際政經的遷徙浪潮，產生衍生效應，進而影響 2016 年企業布局全球投資方向。根據美國聯準會（FED）主席 Yellen（2015）表示：「升息條件已成熟，全球經濟風險雖在，但會為美國帶來強勁經濟成長。」此外，根據富蘭克林坦伯頓全球基金集團（Franklin Templeton Investments）發布《2015 年全球投資人情緒調查結果》（2015 Global Investor Sentiment Survey）（2015）顯示：「全球超過 60% 投資者看好亞洲新興國家市場。」另根據匯豐銀行（HSBC）發布《2015 年貿易風向》（Trade Winds 2015）（2015）顯示：「在全球未來十年內亞洲將成為帶動全球貿易成長的主要因子。」綜上可知，各機構皆看好亞洲未來發展，並配合各國的優惠政策，將有吸引外資挹注，並成為全球投資者的重點關注市場。

一、最具開發潛力國家排名

全球經濟受美國升息影響，進入「後危機時代」，預期未來成熟國家經濟投資速度緩慢回復，維持穩定且正面發展，而新興市場方面投資成長速度預期有所增減。茲將各研究機構對未來全球最具開發潛力國家排名彙整如下：

1. 聯合國貿易與發展委員會（United Nations Conference on Trade and Development；UNCTAD）：2015 年 6 月 24 日公布《世界投資報告 2015》（World Investment Report 2015）指出：「全球外國直接投資總量（FDI）在 2014 年全球投資額下降 16%，從流入發展中國家的經濟體投資總額來看，已達到以往歷史的最高水準，而中國大陸更首次超越美國成為全球最大外資流入的經濟體。」

此外，其亦表示：「從全球主要跨國企業的調查顯示，有 28% 的跨國公司都會選擇以中國大陸為主要的投資目地。」綜上可知，中國大陸在經濟轉型和「一帶一路」政策推動下，將帶動鄰近的經濟體商機，讓亞洲投資環境及吸引力逐步提升，並看好亞洲開發中國家未來發展。茲將聯合國貿易與發展委員會（UNCTAD）最具吸引力經濟體排行彙整如表 4-1 所示。

表 4-1　聯合國貿易發展委員會最具投資吸引力經濟體前十排名

排名	2013	2014	2015
1	中國大陸	中國大陸	中國大陸
2	美　國	美　國	美　國
3	印　度	印　尼	印　度
4	印　尼	印　度	巴　西
5	巴　西	巴　西	新 加 坡
6	德　國	德　國	英　國
7	墨 西 哥	英　國	德　國
8	泰　國	泰　國	香　港
9	英　國	越　南	墨 西 哥
10	日　本	俄 羅 斯	澳　洲

資料來源：聯合國貿易發展委員會（UNCTAD）《世界投資報告 2013；2014；2015》（World Investment Report）

2. 科爾尼顧問公司（A.T.Kearney）：2016 年 5 月 5 日，科爾尼顧問公司（A.T.Kearney）公布《2016 全球外國直接投資信心指數》（2016 FDI Confidence Index；FDICI）調查指出：「未來三年企業在海外市場進行投資信心排名，美國依舊名列第一，而儘管市場波動導致海外投資者對中國大陸市場的負面看法漸增，中國大陸仍連續第四年排名第二，探究美國與中國大陸成為最具全球投資信心與市場發展潛力國家，主因乃是美國經濟持續復甦，而中國大陸則是整體環境進行改革，使得外資進入投資意願提高」。然觀察 2013-2016 年投資信心指數排名可發現，企業對新興經濟體的投資信心逐年下滑，以巴西為例，從 2013 年的第三名，2014 年第五名，2015 年第七名，至 2016 年則跌出十名外。由此可知，2016 年前十名除中國大陸、印度為新興國家外，其餘皆為已開發經濟體。

表 4-2　科爾尼顧問公司投資信心指數排名

排名	2013		2014		2015		2016	
	國　家	評分	國　家	評分	國　家	評分	國　家	評分
1	美　國	2.09	美　國	2.16	美　國	2.10	美　國	2.02
2	中國大陸	2.02	中國大陸	1.95	中國大陸	2.00	中國大陸	1.82
3	巴　西	1.97	加拿大	1.93	英　國	1.95	加拿大	1.80
4	加拿大	1.86	英　國	1.91	加拿大	1.94	德　國	1.75
5	印　度	1.85	巴　西	1.91	德　國	1.89	英　國	1.73
6	澳　洲	1.83	德　國	1.84	巴　西	1.87	日　本	1.73
7	德　國	1.83	印　度	1.81	日　本	1.80	澳　洲	1.63
8	英　國	1.81	澳　洲	1.76	法　國	1.80	法　國	1.60
9	墨西哥	1.77	新加坡	1.75	墨西哥	1.79	印　度	1.60
10	新加坡	1.77	法　國	1.74	澳　洲	1.79	新加坡	1.57

資料來源：科爾尼顧問公司（A.T.Kearney），《外國直接投資信心指數 2013、2014、2015、2016》（FDI Confidence Index 2013、2014、2015、2016）

3. 安永會計事務所（Ernst & Young；EY）：2015 年 5 月 28 日，安永會計事務所（EY）公布《歐洲投資吸引力報告 2015》（European Attractiveness Survey 2015）指出：「全球經濟與政治風險層出，投資者對歐洲投資熱情逐漸提升，歐元區經濟開始復甦，相較其他經濟體更具投資吸引力。」此外，觀察 2012-2015 年投資吸引力經濟體排名可發現，西歐與北美洲投資信心逐年提升，而中國大陸 2015 年投資信心稍有下滑。

表 4-3　安永會計事務所最具投資吸引力經濟體排行

最具投資信心經濟體	2012		2013		2014		2015	
	排名	百分比	排名	百分比	排名	百分比	排名	百分比
西　歐	2	33%	2	37%	1	45%	1	50%
北美洲	3	21%	3	29%	3	31%	2	39%
中國大陸	1	44%	1	43%	2	44%	3	38%
中東歐	3	21%	4	28%	4	29%	4	28%
印　度	3	21%	7	19%	6	17%	5	18%
俄羅斯	6	19%	6	20%	5	19%	6	14%
巴　西	7	18%	5	26%	7	13%	7	11%

資料來源：安永會計事務所（Ernst & Young），《歐洲投資吸引力報告 2012、2013、2014、2015》（European Attractiveness Survey 2012、2013、2014、2015）

4. 科爾尼顧問公司（A.T.Kearney）：2016年6月7日，美國科爾尼顧問公司（A.T.Kearney）公布《2016全球零售業發展指數報告》（2016 Global Retail Development Index；GRDI）指出：「全球最適合零售商發展的發展中國家，中國大陸排名第一，而印度從2015年的第15名躍升至2016年第2名，反映出外國零售商對印度投資樂觀情緒及印度零售市場巨大潛力，馬來西亞則是因傳統和線上零售領域具備龐大成長潛力，上升六個名次位居第三。」

表4-4　科爾尼顧問公司新興國家零售投資吸引力排行

排名	2014		2015		2016	
	國家	評分	國家	評分	國家	評分
1	智利	65.1	中國大陸	65.3	中國大陸	72.5
2	中國大陸	64.4	烏拉圭	65.1	印度	71.0
3	烏拉圭	63.4	智利	62.3	馬來西亞	59.6
4	阿聯大公國	60.5	卡達	59.1	哈薩克	56.5
5	巴西	60.3	蒙古	58.8	印尼	55.6
6	亞美尼亞	57.5	喬治亞	58.4	土耳其	54.3
7	喬治亞	55.9	阿聯大公國	58.0	阿聯大公國	53.6
8	科威特	54.0	巴西	57.9	沙烏地阿拉伯	52.2
9	馬來西亞	52.8	馬來西亞	56.6	秘魯	51.9
10	哈薩克	52.7	亞美尼亞	55.2	亞塞拜然	51.2
11	土耳其	52.6	土耳其	54.1	越南	50.8
12	俄羅斯	52.4	印尼	51.8	斯里蘭卡	50.7
13	秘魯	50.6	哈薩克	51.8	約旦	49.9
14	巴拿馬	49.3	斯里蘭卡	51.7	摩洛哥	49.5
15	印尼	49.2	印度	51.1	哥倫比亞	49.0

資料來源：科爾尼顧問公司（A.T.Kearney），《全球零售發展指數2014、2015、2016》（Global Retail Development Index 2014、2015、2016）

第 5 章

全球經濟風險與類型新剖析

2016 年 3 月 8 日，國際貨幣基金（*IMF*）指出：「世界正面臨『經濟脫軌風險期』，且風險正不斷加劇，若未能立即採取行動，後果將不堪設想。」此外，根據英國《金融時報》（*Financial Times*）（2016）表示：「當前全球經濟環境受各層面風險影響，未來應更堅定的加強經濟活動，以建立更穩健的基礎，避免陷入崩盤局面。」由上可知，全球環境正面臨全新挑戰，許多經濟體已瀕臨彈盡援絕處境，甚至逐漸失去改革的意念，倘若各國政府還不能感知這些風險之嚴重性，未針對問題提出相關的應變措施，那麼新一輪全球危機將於不久後到來。茲針對全球經濟風險進一步剖析如下。

一、2016 年全球十大黑天鵝事件

黑天鵝（*Black Swan*）理論源自西方，在 17 世紀時，歐洲人都相信一件事——「即所有的天鵝都是白色的」，然在 1697 年，一位歐洲探險者 *Vlaming* 在澳洲發現第一隻黑天鵝，人們才開始改觀，黑天鵝的出現引起人們對認知的反思。2008 年 *Taleb* 出版《黑天鵝效應》（*The Black Swan*）一書定義黑天鵝事件的三個特質，即：（1）稀缺性：這個事件是離群值（*Outlier*），因為它出現在一般的期望範圍之外，它們極為罕見；（2）衝擊性：在發生前，沒有任何前例可證明，但一旦發生，將產生極端之影響；（3）事後可預測性：事件處於離群值，一旦發生，人會因天性而作出某種解釋，讓這事件成為可解釋或可預測，而後用來比喻極度不可能發生的事件會對市場造成重大影響。

黑天鵝存在於各個領域，無論金融市場、商業、經濟還是個人生活中，而綜合觀察歷史的黑天鵝事件，發現全球每隔一段時間就會發生較為重大且不尋常的事件，包含：（1）1973 年的第一次石油危機；（2）1979 年的第二次石油危機；（3）1990 年的波斯灣戰爭及日本資產泡沫；（4）1994 年的美國大幅升

息；（5）1997 年的亞洲金融危機；（6）1998 年的俄羅斯危機；（7）2000 年的科技泡沫；（8）2001 年的阿根廷危機；（9）2008 年的次貸金融風暴；（10）2010 年歐債務危機；（11）2014 年的油價價位暴跌，可從中看出黑天鵝事件難以預測的特性，以及具有引起市場連鎖負面反應甚至顛覆的能力。然在最近一次 2014 年的油價價位暴跌事件後，近期亦有諸多機構及媒體提出 2016 年可能爆發黑天鵝事件，茲將其內容彙整如表 5-1 所示，並歸納 2016 年全球十大黑天鵝事件進一步探討。

黑天鵝事件一：【中國經濟放緩】

2016 年 2 月 1 日，奧地利中央銀行行長 *Nowotny* 表示：「全球目前風險主要是受新興經濟體國家的金融不穩定所造成，其中最令人擔憂的無非為中國大陸經濟發展前景。」根據花旗銀行（*Citibank*）（2015）指出：「在未來兩年內，以中國大陸為主的新興經濟體將達 40% 的可能性使全球跌入溫和經濟衰退的低谷，而全球實質 *GDP* 將於 2016 年中旬急速降至 2%，甚至更低。」顯示一旦中國大陸經濟持續放緩，除對全球市場造成影響外，亞洲股市亦將無法避免遭受重擊。

黑天鵝事件二：【國際油價動盪】

2015 年 12 月 27 日，沙烏地阿拉伯經濟與發展事務委員會 *Council on Electronic Design Automation*（*CEDA*）指出：「2015 年阿拉伯政府受到國際原油下滑影響，當年政府財政赤字高達 980 億美元，創下歷史新高點。」同時，沙烏地阿拉伯政府（2015）亦宣布：「提升燃料、電力和水等一系列商品價格，石油產品價格上調幅度將超過 40%。」此外，德意志銀行（*Deutsche Bank*）（2015）亦指出：「全球最大原油出產國沙烏地阿拉伯，2015 年赤字率將高達 16%-20%，為數十年來最高。」另外，美銀美林（*America Merrill Lynch*）於 2015 年 11 月 19 日表示：「2016 年全球原油市場的頭號黑天鵝事件將是沙烏地阿拉伯當地貨幣里亞爾（*SAR*）與美元脫離。」顯示國際油價動盪不安，未來將持續慘跌亦或反彈飆漲，將是各界擔心之問題。

黑天鵝事件三：【美元強勢升值】

2015 年 12 月 14 日，德意志銀行（*Deutsche Bank*）指出：「美元漲勢尚有很大的空間，以貿易加權計算約有 10% 的漲幅，預計未來將持續走強兩年。」此外，摩根大通（*JPMorgan*）（2015）亦表示：「美元兌新加坡幣和紐西蘭元將走強，預計在 2016 年下半年開始出現下跌。」而高盛（*Goldman Sachs*）、瑞士信貸（*Credit Suisse Group AG*）及巴克萊（*Barclays*）等機構皆紛紛看漲美元。

此外，花旗銀行（*Citibank*）十國集團（*G10*）貨幣策略主管 *Englander*（2015）指出：「美國聯準會（*Fed*）加息成功，將使美國與其他 *G10* 國家貨幣政策大相徑庭，使美元走強。然而，聯準會（*Fed*）可能增強緊縮貨幣政策，使美元強勢週期延長，進而打壓已開發市場和新興市場貨幣。」顯示各機構將看好美元未來走勢持續上升。

黑天鵝事件四：【英國退出歐盟】

英國於 2016 年 6 月 23 日舉行脱歐公投，脱歐派以 51.9% 得票率獲勝，然英國脱歐並非為零和遊戲，伴隨而來的經濟及政治風險必將影響全球。花旗銀行（*Citibank*）（2016）表示：「英國退歐後的衝擊具有諸多層面，但無論是任何層面都將帶來相當大的負面衝擊。其中，最令人擔憂的就是政治的不確定性，尤其是英國內部親歐派與反歐派的鬥爭。」此外，經濟學人（*The Economist*）（2016）亦表示：「英國退出歐盟將可能導致大不列顛聯合王國的分裂，支持歐盟的蘇格蘭及北愛爾蘭有可能分別獨立，對英國內部造成嚴重衝擊。而對於歐盟而言，英國的退出將嚴重影響其國際重要性及影響性，特別是與俄羅斯與敘利亞為鄰的國家地緣政治風險將進一步提升。」由上述可知，隨歐洲聯盟在西方國家的外交與國際政策上日趨重要，一直以來為歐盟領導國之一的英國若於此時退出，將嚴重打擊歐盟現今的地位，而弱化的歐盟亦將對英國整體經濟發展不利。

黑天鵝事件五：【美國大選變數】

2016 年 3 月 17 日，經濟學人智庫（*Economist Intelligence Unit*；*EIU*）公布全球十大風險，其中最為大眾關注的無非為美國總統參選人 *Trump* 當選風險，與聖戰恐怖行動崛起影響全球經濟所帶來的威脅風險並列第六，比英國公投脱離歐洲聯盟風險及南海發生武裝衝突更具危險性。英國廣播公司（*BBC*）（2016）表示：「*Trump* 若當選美國總統將打亂全球經濟秩序，導致全球經濟崩潰，並提升國際的政治及安全風險。」由上述可知，*Trump* 的作風普遍被國際機構及媒體否定，然其聲望卻在美國蒸蒸日上，未來發展有待觀察。

黑天鵝事件六：【恐怖攻擊陰影】

從九一一事件到巴黎恐怖攻擊，其帶來的陰影對於歐美先進國家而言，總是揮之不去的夢魘，然隨大眾對於穆斯林的偏見日漸加深，社會上潛在危機一一顯現，加上政治人物的大肆煽動，效應正逐漸擴大。經濟學人（*The Economist*）（2016）刊載《玩弄恐懼》（*Playing with fear*）一文指出，築於大眾恐慌之上的民粹主義聲勢正逐漸看漲，以美國的 *Trump*、法國的國民陣線及菲律賓新任總統杜特蒂為例，皆為藉由大眾不安與恐懼輸出極端的思想而獲得廣泛支持，此種

表 5-1　各機構及媒體提出 2016 年黑天鵝事件

黑天鵝事件	❶ 國際貨幣基金 *IMF*	❷ 經濟合作暨發展組織 *OECD*	❸ 高盛集團 *Goldman Sachs*	❹ 美銀美林 *Merrill Lynch & Co.*	❺ 法興銀行 *Societe Generale*	❻ 德意志銀行 *Deutsche Bank*	❼ 丹麥盛寶銀行 *Saxo Bank*	❽ 彭博資訊社 *Bloomberg*	❾ 路透通訊社 *Reuters*	總數
發表時間	2016/01/13	2016/03/07	2015/08/13	2016/05/24	2015/11/24	2015/12/19	2015/12/18	2015/12/28	2015/12/30	
1 中國經濟放緩	◎		◎		◎			◎	◎	5
2 國際油價動盪				◎		◎	◎	◎		4
3 美元強勢升值			◎				◎		◎	3
4 英國退出歐盟		◎			◎			◎		3
5 美國大選變數	◎						◎		◎	3
6 恐怖攻擊陰影	◎							◎	◎	3
7 利率波動加劇			◎		◎					2
8 溫室效應惡化							◎	◎		2
9 消費者增儲蓄					◎				◎	2
10 國際政治風險			◎					◎		2
11 國際政治風險			◎							1
12 大宗商品下跌			◎							1
13 盧布反彈							◎			1
14 歐兌美升值							◎			1
15 奧運刺激巴西							◎			1
16 銀價飆漲			◎							1
17 全球市場崩盤			◎							1
18 全球經濟衰退				◎						1
19 希臘危機重現					◎					1
20 拉美失落						◎				1
21 預期企業獲利									◎	1
22 原物料無下限									◎	1
23 歐洲引最低工資			◎							1
24 銀行受網路攻擊						◎				1
25 銀行受網路攻擊					◎					1
26 貿易保護主義增					◎					1
27 全球違約潮再現		◎								1

資料來源：本研究整理

現象被堪稱為對西方自由與容忍的威脅。

黑天鵝事件七：【利率波動加劇】

2016年3月31日，海通證券研究所列出進入「負利率無知領域」的五大央行，分別為瑞典、丹麥、瑞士、歐盟及日本央行，並表示：「各國負利率狀況將使國債收益率下降，而當國債收益率降至一定低點時，企業債及其他民間私人資產收益率亦將受到壓迫，陷入惡行循環。此外，雖實行負利率的寬鬆政策將有利於股市上漲，然其只是為短期成長假象，就實體經濟而言無疑是增加更大負擔。」負利率政策的短期利好使得多國政府紛紛效仿，然其利率調控的貨幣政策正是最大隱患，不僅在實體經濟沒有實質成長，更加大貨幣貶值壓力，造成經濟更嚴重的損失。

黑天鵝事件八：【溫室效應惡化】

英國《自然》（*Nature*）雜誌（2016）指出：「溫室效應使得南極冰川加速融化，導致海平面上升現象日益嚴重，預計至2100年海平面將上升1公尺，而2500年則將上升15公尺，全球諸多海濱城市將首度面臨衝擊，如邁阿密、新奧爾良、倫敦、威尼斯、上海、香港及雪梨等低窪城市將不可避免地遭到淹沒。」而根據美國國家航太總署（*National Aeronautics and Space Administration*；*NASA*）（2016）表示：「南極冰山融化後，因淡水與海水無法相容，海水無法順利形成迴圈，海洋循環幾乎靜止，使得兩極更為寒冷、赤道更為炎熱，因而引發極端氣候。」由上述可知，因溫室效應而引起的災害，隨其本身嚴重性而變得更具破壞力，亦將影響人類社會的生活環境，造成更多層面的議題。

黑天鵝事件九：【消費者增儲蓄】

美銀美林（*Bank of America Merrill Lynch*）（2016）指出：「為刺激民眾消費支出，過去多國央行都紛紛祭出『負利率政策』，期能使經濟起死回生，然弔詭的是，政策的推行並未迫使民間儲蓄率下降，反逆勢成長。」此外，德意志銀行（*Deutsche Bank*）（2016）亦指出：「利率對消費的影響通常建構在『本期』與『未來』兩階段，當負利率在未來長期帶有負面影響時，家庭支出就將會出現縮減，並且開始減少消費行為。」就傳統經濟學理論而言，銀行存款利率的大幅降低將誘使大眾離開銀行系統，進而追求更高報酬的投資行為，或是加大消費幅度，但如今效果卻大不如前，顯示大眾對於未來經濟的不確定感更甚，因而更加踴躍進行儲蓄。

黑天鵝事件十：【國際政治風險】

從1990年代的拉丁美洲極權政府倒台到金融風暴後的東亞發展到，再到柏林圍牆倒塌，1990 年代後的全球政治變化都是朝著全球化邁進。然至 2016 年，全球進入「熵時代」，美國的 *Trump*、菲律賓的 *Duterte*、澳洲極右派勢力興起、巴西總統彈劾案、英國脫歐及西班牙國會重新改選，國際間充滿令人不安的氛圍，更有逐漸轉向「去全球化世界」的趨勢。根據彭博社（*Bloomberg*）（2016）表示：「全球的政治風險使得投資者信心深受影響，將導致其拋售政府債券及相關資產，進一步使得經濟成長趨緩，國家間社會及政治層面亦會變得更為緊張，形成一種無形循環。」有此可知，全球脈動具有一定程度的相連性，無論是任何層面或環節出現問題，必將對彼此造成衝擊。

二、2016 年全球風險評估

自 2008 年爆發全球金融危機已過七年，但全球經濟整體復甦情況不一且尚未趨於穩健，經貿趨勢為悲觀亦或是樂觀，各界抱持看法皆不盡相同，在面對諸多經濟復甦的不確定性及地緣政治之緊張局勢，2016 年全球經濟仍備受考驗。茲將各研究機構及媒體雜誌論述，彙整全球風險分述如下：

1. 各研究機構對全球風險之論述

❶國際貨幣基金（*IMF*）：2016 年 1 月 6 日，國際貨幣基金（*IMF*）首席經濟學家 *Obstfeld* 指出：「未來威脅全球經濟的三大主要風險分別為：（1）新興市場的波動；（2）中國大陸經濟成長趨緩；（3）地緣政治關係緊張，其中，中國大陸面臨挑戰最為嚴峻，若其經濟成長不如外界預期，將造成全球金融市場的恐慌。」由此可知，現今全球經貿環境困難加劇，尤其是中國大陸經濟放緩所導致的影響特別深遠。

❷世界銀行（*WB*）：2016 年 1 月 6 日，世界銀行（*WB*）發布《2016 年全球經濟展望報告》（*Global Outlook Report*）（2016）全球經濟將從 3.3% 調降至 2.9%，主因係受到全球面臨的三大風險影響，分別為：（1）中國大陸經濟成長速度大幅放緩，且存在眾多潛在風險；（2）美國聯準會（*Fed*）採取的加息舉措將使債務國經濟體質脆弱；（3）新興經濟體經濟成長情形的持續惡化。」綜上可知，現今全球經濟深受新興國家的成長幅度影響，然美國的加息動作卻在某種程度上拉扯新興市場的成長速度，對全球經濟影響深遠。

❸世界貿易組織（*WTO*）：2016 年 4 月 7 日，世界貿易組織（*WTO*）指出：「2016 年全球貿易量的成長速度將由 2015 年預測的 3.9% 下調至 2.8%，使全球整體經濟受影響的主要風險分別為：（1）中國大陸經濟成長下滑情況嚴重；（2）金融市場波動不斷；（3）原本已累積高外債的國家受國際匯率衝擊甚鉅。」有

鑑於此，現今全球經貿風險將因中國大陸經濟成長趨緩、整體金融市場波動及國際匯率衝擊等因素，致使全球經濟成長趨於緩慢。

❹世界經濟論壇（*WEF*）：2016年1月14日，世界經濟論壇（*WEF*）發布《2016年全球風險報告》（*Global Risks Report* 2016）表示：「2016年無論政治、經濟、社會或技術層面皆面臨新的風險挑戰，風險整體的發生機率皆上升。其中最具破壞力的前十大風險包含：（1）氣候變遷趨緩與適應措施能力不足；（2）破壞性武器威脅；（3）水資源危機；（4）國際難民潮；（5）能源價格震盪；（6）生物多樣性滅絕及生態系統崩潰；（7）全球經濟危機；（8）傳染性疾病擴散；（9）資產泡沫化；（10）社會安全動盪，而最具可能性的前十大風險則包含：（1）國際難民潮；（2）極端氣候；（3）氣候變遷趨緩與適應措施能力不足；（4）國家間政治衝突；（5）重大天然災害；（6）國家政治管理失靈；（7）失業或不充分就業情況；（8）數據造假與網路偷竊；（9）水資源危機；（10）非法貿易。此次涵蓋的範圍及風險多樣性堪稱是歷史之最。」由此可知，全球當前環境的不穩定因素逐漸加深，未來需注意並規避的風險事件亦日益增加。

❺國際商業觀察公司（*Business Monitor International*；*BMI*）：2016年2月25日，國際商業觀察公司（*BMI*）發布《2016年達信政治風險地圖》（*The political risk map of* 2016）表示：「2016年在投資人及企業間主要存在的風險分別為：（1）恐怖主義的勢力擴大；（2）新興經濟體前景不再；（3）兩位美國總統候選人皆偏向干預主義特色；（4）歐洲的反歐盟勢力崛起；（5）大宗商品價格下跌所引起的各國政治風險；（6）各國部分政府面臨放權地方的壓力；（7）美國、俄國及中國大陸三大國間的緊張關係；（8）恐怖主義所引發的政治暴力風險。」綜上可知，隨全球化日益普及，各國間關聯性亦隨之增強，彼此間的政治關係變得比以往更具影響性。

❻全球信用保險集團科法斯（*Coface*）：2016年1月30日，全球信用保險集團科法斯（*Coface*）發布《科法斯季度風險評估報告》（*Coface quarterly sector risks survey*）指出：「就先進國家而言，當前主要面臨風險為：（1）全球金融市場的不穩定性；（2）大宗商品價格的下跌；（3）中國大陸經濟放緩帶來的連帶影響。反觀，就新興國家而言，當前主要面臨風險為：（1）經濟體衰弱，經濟成長趨緩；（2）企業負債不斷，失業率上升；（3）受全球政治風險影響。」綜上可知，無論先進國家或新興國家當前都遭遇不同的經濟風險，皆將影響2016年全球的經濟景氣，各國將有不同的議題需要面對。

❼蘇黎世保險集團（*Zurich*）：蘇黎世保險集團（*Zurich*）首席風險官 *Reyes*

（2016）表示：「因氣候變化而衍生的一系列風險正悄然發生，如水資源危機、糧食危機、經濟景氣低迷、社會凝聚力削減及各國安全風險驟升等，對各國發展造成嚴重的打擊。此外，由地緣政治風險引起的衝擊，如企業的項目延滯、執照撤銷、資產受損及資金受限等，則是對跨國企業發展帶來嚴重阻礙。」經由上述可知，由地緣政治風險所衍生的衝突，使國家間投入時間及資源於彼此的競爭之上，降低國家間的合作基礎，致使各國更難共同面對當前挑戰。

2. 各媒體雜誌對全球風險之論述

❶英國《經濟學人》（*The Economist*）：英國《經濟學人》（*The Economist*）於 2016 年 3 月 17 日公布《2016 年全球風險排行》（*Global Risk* 2016）指出：「2016 年全球十大風險分別為：（1）中國大陸經濟硬著陸；（2）俄羅斯介入烏克蘭與敘利亞戰爭所導致的新冷戰；（3）新興市場債務危機；（4）歐盟內外受壓引發的瓦解；（5）希臘退歐致使歐元解體；（6）美國總統候選人 *Trump* 當選；（7）恐怖主義盛行；（8）英國公投退出歐盟；（9）中國大陸擴張主義觸發南海軍事衝突；（10）石油產業投資衝擊油價。」

❷英國《金融時報》（*Financial Times*）：英國《金融時報》（*Financial Times*）2016 年 1 月 3 日表示：「全球每隔一段週期極可能發生機率不大，但將撼動全球經濟的『尾端風險』（*Tail Risk*）。2016 年的七大『尾端風險』包含：（1）中國大陸經濟的硬著陸；（2）人民幣重貶；（3）美國通貨膨脹；（4）原物料價格的反彈回升；（5）全球中央銀行失能，金融市場崩潰；（6）歐洲經濟成長超越美國；（7）英國公投退出歐盟。」

❸英國《路透社》（*Reuters*）：英國《路透社》（*Reuters*）2016 年 1 月 4 日指出：「當前最令全球恐慌的風險無非為各國間的地緣政治關係，其對經濟將造成嚴重影響，包含：（1）恐怖主義的興起；（2）敘利亞衝突爆發；（3）國際難民潮；（4）英國公投脫歐的可能性；（5）土耳其與俄羅斯間緊張關係，皆在風險名單當中。」

❹英國《每日電訊報》：《每日電訊報》（*The Daily Telegraph*）2015 年列出全球未來十年全球四大風險事件分別為：（1）國際地緣政治紛爭；（2）水資源短缺；（3）國家政權崩毀；（4）全球失業率問題。

表 5-2　2016 年全球經濟發展風險彙整

全球經濟發展風險	❶ 國際貨幣基金 *IMF*	❷ 世界銀行 *WB*	❸ 世界貿易組織 *OECD*	❹ 世界經濟論壇 *WEF*	❺ 國際商業觀察公司 *BMI*	❻ 信用保險集團科法斯 *Coface*	❼ 蘇黎世保險集團 *Zurich*	❽ 經濟學人 *The Economist*	❾ 金融時報 *Financial Times*	❿ 路透通訊社 *Reuters*	總數
發表時間	2016/01/06	2016/01/06	2016/04/07	2016/01/14	2016/02/25	2016/01/30	2016/01/14	2016/03/17	2016/01/03	2016/01/04	
1 地緣政治關係緊張	◎			◎	◎	◎	◎	◎		◎	7
2 新興國家資金出逃	◎	◎			◎	◎		◎	◎		6
3 英國公投退歐					◎			◎	◎	◎	4
4 匯率波動貨幣戰爭		◎	◎			◎			◎		4
5 中國大陸外溢效應	◎	◎	◎					◎			4
6 極端氣候				◎			◎				2
7 水資源匱乏				◎			◎				2
8 全球難民潮				◎						◎	2
9 全球失業人口				◎		◎					2
10 數據造假		◎		◎							2
11 重大天然災害				◎							1
12 國家政治管理失靈				◎							1
13 網路偷竊				◎							1
14 非法貿易				◎							1
15 股市震盪		◎									1
16 美國干預主義崛起					◎						1
17 大宗商品價格下跌					◎						1
18 放權地方的壓力					◎						1
19 經濟景氣低迷							◎				1
20 社會凝聚力削減							◎				1
21 Trump 當選總統								◎			1
22 偏激投資								◎			1
23 通貨膨脹									◎		1
24 原物料反彈回升									◎		1
25 全球央行失能									◎		1
26 歐洲經濟超越美國									◎		1

資料來源：本研究整理

四、2016 年全球五大環境構面風險剖析

邁入 2016 年，全球動盪不安，各種國際危機層出不窮，經濟何時復甦至今仍撲朔迷離，各國間無論政治或經濟層面上亦衝突不斷，面對此次全球經濟環境的劇變，各國不該目光短視，應鑑往知來集中精力探討應對之策，茲彙整各界對於全球風險之觀點，列舉 2016 年全球十大風險詳述如下：

1. 自然環境構面風險

風險一：【極端氣候破壞全球穩定發展】

2016 年 3 月 22 日，世界氣象組織發布《世界氣象組織 2015 年氣候狀態聲明》（*The WMO Statement on the Status of the Climate in 2015*）指出：「2015 年全球氣候出現諸多的極端現象，包含：（1）全球海洋熱含量創歷史新高；（2）北極海冰日最大面積創歷史新低；（3）諸多國家遭到強熱浪破壞性影響；（4）諸多國家出現極端降雨現象；（5）嚴重乾旱使部分國家農產與糧食安全受嚴重衝擊；（6）全球熱帶風暴、氣旋和颱風開始出現異常事件。」而瑞銀集團（*United Bank of Switzerland*；*UBS*）（2016）發布《氣候變化：對全球中產階層的風險》（*Climate Change*：*A Risk to the Global Middle Class*）表示：「2015 年為有史以來最酷熱時期，極端氣候不僅造成破壞性自然災害，亦使全球經濟損失達 320 億美元，其中，高風險城市的中產階級首當其衝，消費模式出現顯著變化，全球十億的中產階級人口將成為各國經濟及政治穩定性的風險。」由上可知，極端氣候不僅對全球生態系統造成威脅，若未有相對應的措施及解決方案，恐將產生更多衍生性問題。

風險二：【水資源危機促成多層面風險】

根據美國麻省理工學院（*Massachusetts Institute of Technology*；*MIT*）（2016）指出：「隨全球暖化、極端氣候變遷及城市化發展等現象發生，2030 年將有 40% 國家及地區出現水資源危機，此外，2050 年因人口成長加上氣候變遷的催化影響，具全球過半人口的亞洲將面臨缺水困境，恐有高達 10 億人口遭遇用水壓力。」2016 年 3 月 22 日，聯合國（*UN*）發布《2016 世界水發展報告》（*World Water Development Report* 2016）指出：「全球需仰賴水資源的工作達 75%，其中農業為 100%；工業為 90%；服務業為 40%，皆須依靠水資源方能運作，因此若出現天然災害引發缺水問題，將直接對就業及經濟造成嚴重影響。」有鑑於此，水資源已成為全球重大危機，加上其影響層面廣泛，其所觸發的連環效應絕不僅限於環境風險，值得特別關注。

2. 政治環境構面風險

風險三：【英國公投退歐引發全球恐慌】

匯豐銀行（*HSBC*）（2016）表示：「英鎊受英國退歐風險影響首當其衝，然歐元亦受其衝擊而存在負面風險，兩者存在強烈的相關性。若英國脫歐事件真實發生，其所帶來的系統性風險才是令全球最為擔憂的。」然英國於 2016 年 6 月 23 日舉行脫歐公投，脫歐派以 51.9% 勝出，成為歐盟首次成員國退出，此可能促進歐盟的瓦解，亦可能造成英國國內內部分裂。根據德國智庫 Bertelsmann *Stiftung*（2016）表示：「英國退出歐盟，其將損失 14% 的 *GDP* 成長率。」綜觀上述，英國退歐不僅是英國本身，亦或是歐盟的獨立議題，其影響與衝擊將擴散至全球，對各國經濟造成一定程度影響。

風險四：【地緣政治醞釀各國緊張關係】

蘇黎世保險集團（*Zurich Insurance Group Ltd*；*ZURN*）風險長 *Reyes*（2016）表示：「全球地緣政治風險不斷攀升，使得企業面臨多項發展障礙，全球經濟進而深受影響，而因戰爭及天災而無家可歸的難民人數已達至 6,000 萬人，相當於人口第 24 多的國家且數量持續成長中，其將為各國政府帶來不少壓力。」此外，世界經濟論壇（*WEF*）亦指出：「因地緣政治風險所引發的難民潮，又進一步使得國家間關係變得更趨複雜，產生更多的社會議題，然因為如此的處境，各國強權開始攜手互助，如伊朗的核武談判、巴黎的氣候會議及北韓的氫彈試爆威脅，都能看出彼此開始於部分議題上有合作共識。」經由上述可知，全球地緣政治正壟罩在一股危險氣息之中，從中東的阿拉伯與伊朗鬥爭，到東歐的烏克蘭與敘利亞衝突，再到南海劍拔弩張的氛圍，各國無不提高警覺以防萬一。

3. 經濟環境構面

風險五：【中國大陸外溢效應衝擊全球】

2016 年 1 月 22 日，有「金融巨鱷」之稱的美國投資人 *Soros* 於達沃斯世界經濟論壇（*WEF*）表示：「中國大陸將無法避免『硬著陸』，其自 2015 年 2 月遭撤出資金 8,430 億美元後，地方政府、企業龐大的債務成為嚴重問題，雖現階段中國大陸具足夠資源控制局面，然其經濟成長的放緩、人民幣掀起的貨幣競貶潮及油價下滑狀況，將使更多國家被拖入通縮漩渦，演變成全球性問題。」而高盛（*Goldman Sachs*）亦指出：「中國大陸經濟面臨經濟放緩，對於全球各大經濟體造成嚴重的影響，特別是與中國大陸經貿局勢相似國家如：日本、韓國與泰國等。」此外，2016 年全球經濟正面臨空前的金融和大宗商品等市場壓力，而身為新興市場龍頭的中國大陸 2015 年經濟放緩至 25 年來最低的 6.9%，亦進一步引發市場對中國大陸經濟減速外溢效應的擔憂。

風險六：【新興國家成長放緩資金出逃】

英國《金融時報》（*Financial Times*）（2015）表示：「2015 年新興市場國家的資金外逃程度比 2008 年金融危機時更加嚴重，而 2016 年預測資金流出新興市場的情況將趨向緩和，但新興市場可能是造成下一波金融風暴的爆發點。」此外，國際金融協會（*The Institute of International Finance*；*IIF*）於 2016 年 1 月 22 日表示：「2015 年自新興市場出逃的資金淨額達 7,350 億美元，為 1988 年來新興國家資金首度出現淨流出情況，其中自中國大陸流出資金達 6,760 億美元。展望 2016 年，新興市場仍將失血 4,480 億美元，主因新興國家經濟趨緩態勢將持續打擊投資人信心，而大筆資金亦將繼續從中國大陸流出。」由上可知，全球金融市場進入新平庸時期，各種不利因素的引發皆可能造成投資者恐慌，然一系列拋售風險資產動作，終將使全球資金大洗牌，全球經濟板塊將重新定位。

風險七：【匯率波動致使貨幣戰爭再起】

美銀美林（*Merrill Lynch*）（2016）表示：「全球經濟遭遇威脅與 1985 年相似，全球各國分別推動貨幣政策期帶來經濟復甦，然最終皆以失敗告終。依前車之鑑，全球貨幣政策者應攜手合作，開展類似 1985 年『廣場協議』（*Plaza Accord*）的合作機制。」，「廣場協議」一詞出自於 1985 年 9 月 22 日，當時的 *G*5 成員國美國、日本、德國、法國及英國央行行長和財政部長，齊聚於紐約廣場飯店舉行會議，以達成五國政府聯合干預外匯市場的協定，用於誘導美元對主要貨幣的匯率有序貶值，從而解決美國巨額貿易赤字問題。「廣場協議」於當時的效果非常成功，美元於此後大幅貶值，至 1987 年即下跌約 40%。然摩根史丹利（*Morgan Stanley*）全球外匯策略主管 *Redeker*（2015）表示：「目前簽訂新廣場協定仍存在分歧，主因為直接干預市場行動之條件尚未具備」。2016 年全球經濟遭遇新難題，越來越多銀行呼籲多國協同「新廣場協定」干預外匯市場，然受各國政治和經濟層面的制約，行動施展存在一定難度，未來勢必將演變為全球性議題。

4. 社會環境構面風險

風險八：【難民潮衍生全球國際性議題】

歐盟（*EU*）議會議長 *Schulz*（2016）表示：「當前最大規模的難民潮集中於土耳其，人數高達 270 萬，然歐盟開通的合法移民名額僅達 7.2 萬人，占總比例的 2.6%。」根據國際特赦組織（*Amnesty International*；*AI*）（2016）指出：「歐盟與土耳其協議中要求將希臘島嶼難民遣返土耳其，然土耳其卻又將數千難民大規模遣返敘利亞戰區，且土耳其因戰事延燒，亦將變得不再安全。」此外，聯合國難民署（*UN High Commissioner for Refugees*；*UNHCR*）（2016）亦指出：「除難民遷徙危機，無國籍兒童議題亦將呼之欲出。敘利亞難民婦女中有近 15% 於遷徙中受孕，至 2011 年出生兒童達約六萬，於黎巴嫩出生兒童則達約三萬，其兒童皆難取得國籍，於戰亂平息後將無法取得居留權，亦無法遣返原國籍。」綜上可知，敘利亞戰亂至今尚未落幕，因戰爭而衍生的難民潮因數量過多，已造成歐洲國家社會出現動蕩，成為全球關注的國際性議題。

風險九：【經濟衰退全球失業人口看升】

根據聯合國（*UN*）秘書長潘基文（2016）表示：「全球至今尚未走出 2008 年金融危機陰影，2015 年與金融危機前水準相比，失業人口多出近 2,700 萬人。然 2016 年及 2017 年全球失業率仍將持續上升，2016 年將增加近 230 萬失業人口，2017 年則將增加近 110 萬失業人口。」此外，國際勞工組織（*International Labour Organization*；*ILO*）（2016）亦指出：「2015 年全球失業人口數量近兩億，相較 2014 年增加 0.7%。未來全球失業率將持續上升，其主因為新興國家的衰退，亞洲及拉丁美洲受新興市場最為嚴重，失業率恐將直接反應，而依賴商品貿易的阿拉伯及非洲，失業率亦將受間接影響。」經由上述可知，隨全球經濟進入新平庸階段，各國失業情況亦隨之波動，對政府而言亦將是一大挑戰。

5. 道德環境構面風險

風險十：【數據造假營造經濟榮景假象】

中國大陸近年一直擁有世界火車頭之稱，然至 2015 年經濟成長速度來到 25 年來新低，外界普遍認為其為中國大陸轉型陣痛期，然亦有風聲指出數據背後令人質疑的數據部分有中國大陸的調控痕跡。根據倫敦諮詢公司朗伯德街研究公司（*Lombard Street Research*）首席經濟學家 *Choyleva*（2016）表示：「中國大陸提供的 *GDP* 數據於國際間信譽一直以來就很低，業界普遍抱持懷疑態度，因此數據造假風波對於全球市場來說衝擊有限，然其對經濟的影響卻還是無可避免的。」2016 年 1 月 26 日，美國《紐約時報》（*The New York Times*）亦表示：「中國大陸經濟成長的減速程度震驚全球，其經濟數據真實性受各界懷疑，中國大陸反腐敗委員會已開始著手調查中國大陸統計局長王保安，懷疑其為使中國大陸經濟的總體數據更為亮眼而竄改數字。」綜上可知，中國大陸於全球的誠信備受外界議論，然針對全球抱持的懷疑態度，其亦開始給予正面回應。

3

中國大陸經濟環境新評析

第6章

中國大陸經濟發展新展望

過去中國大陸為國際間經濟成長穩定國家，然到2016年雖為全球關切焦點，其經濟卻讓大家最為擔憂。2016年3月30日，根據亞洲開發銀行（*ADB*）發布《亞洲開發前景報告》（*Asian Development Outlook*）指出：「2016年中國大陸的經濟成長受到龐大的產能過剩所拖累，並擴大影響整體亞洲的經濟成長情況，因此對中國大陸的經濟成長預測值進行下調。」顯示中國大陸經濟正面臨下滑之風險與困境，許多學者、機構與企業家紛紛對中國大陸之經濟環境感到憂慮。而有關中國大陸經濟下滑之主因為內需市場的低迷、出口市場疲軟及房地產市場萎靡不振，成為中國大陸經濟發展隱患，然而，中國大陸現階段的實體改革難以全面展開，許多歷史遺留之問題與困境皆有其挑戰性，因此中國大陸國家主席習近平執行反貪腐、團隊鞏固與厲行新政皆有其迫切性與功能性之必要，而這些在政策上的改革將有助於落實經濟發展的穩定性與有效性。玆針對各研究機構對中國大陸*GDP*成長預測與中國大陸經濟成長預測，詳述如下所示：

一、十四大研究機構對中國大陸GDP預測

2016年3月24日，中國大陸國務院總理李克強表示：「中國大陸經濟正在積極推結構性改革，然將會有無可避免的短期小幅波動產生，但是，經濟運行一旦走出合理的範圍，中國大陸政府為防止失速，將會果斷採取綜合性措施，使經濟保持在合理的區間之內。」由此可知，中國大陸經濟雖處於一個波動曲折的階段，但仍保有積極心態，並不斷推進改革與祭出相關政策來防範風險與危機的發生，使中國大陸整體經濟不會因短暫的低迷而喪失宏觀的視野。玆將各研究機構針對中國大陸2016年*GDP*預測與趨勢報告，分述如下所示：

1. 國際貨幣基金（IMF）：2016年4月12日，發布《世界經濟展望》（*World Economic Outlook*）指出：「在經濟轉型的影響下，中國大陸成長力度將轉弱，

且轉型期間可能波及國際貿易、商品價格和市場信心，預測值為 6.5%。」

2. 世界銀行（WB）：2016 年 1 月 5 日，發布《全球經濟展望》（*Global Economic Prospects*）指出：「2016 年中國大陸成長預測值為 6.7%，而目前最大風險係高債務水平，且其比率相較於其他開發國家皆高，因此造其經濟成長趨緩。」

3. 經濟合作暨發展組織（OECD）：2016 年 2 月 18 日，發布《經濟展望》（*OECD Economic Outlook*）指出：「中國大陸經濟逐漸放緩，2016 年預測值為 6.5%，整體將從製造業轉型為服務業，此外，金融體制越趨脆弱。」

4. 聯合國（UN）：2016 年 1 月 20 日，發布《世界經濟形勢與展望》（*World Economic Situation and Prospects*）指出：「隨著中國大陸經濟放緩，2016 年預測值為 6.4%，且其對金屬需求足以撼動金屬價格之要角。」

5. 花旗銀行（Citibank）：2016 年 3 月 4 日，發布《全球經濟展望與策略》指出：「2016 年中國大陸成長預測值為 6.3%，其流動性與信貸寬鬆將為經濟成長提供支持，然產能過剩與企業高槓桿問題則為潛在的風險。」

6. 豐業銀行（Scotiabank）：2016 年 3 月 2 日，發布《全球預測更新》（*Global Forecast Update*）指出：「2016 年中國大陸成長預測值為 6.4%，中國大陸即將實施積極的貨幣政策將紓解不斷放緩的經濟態勢。」

7. 高盛集團（Goldman Sachs）：2016 年 1 月 15 日，發布《宏觀展望 2016》（2016 *Macroeconomic Outlook*）表示：「2016 年中國大陸成長預測值為 6.4%，預計將繼續在 2016 年希冀透過政策增加開支，降低短期利率之方式，以挽救持續放緩的經濟情勢。」

8. 亞洲開發銀行（ADB）：2016 年 3 月 30 日，發布《亞洲開發前景報告》（*Asian Development Outlook*）指出：「2016 年中國大陸成長預測值為 6.5%，出口放緩、勞動人口下降及供給側改革將導致中國大陸走向國內消費為主的經濟，並進一步減低工業產能。」

9. 摩根士丹利（Morgan Stanley）：2016 年 3 月 23 日，發布《全球宏觀經濟分析》（*The Global Macro Analyst*）指出：「2016 年中國大陸成長預測值為 6.5%，中國大陸透過財務改革進一步保護人民幣的市場機制並強化人民幣穩定性。」

10. 德意志銀行（Deutsche Bank）：2016 年 4 月 4 日，發布《聚焦德國》（*Focus Germany*）指出：「2016 年中國大陸成長預測值為 6.7%，因投資成長放緩，將影響到仰賴大宗商品交易的新興市場，使新興市場經濟復甦趨緩。」

11. 瑞士信貸集團（Credit Suisse）：2016 年 3 月 2 日，發布《核心觀點》（*Core Views*）指出：「中國大陸在兩會之後，將祭出更多財政政策以刺激經濟，解決房地產與庫存問題，是故，預測 2016 年經濟成長預測值為 6.5%。」

12. 環球透視（IHS Global Insight）：2016 年 5 月 27 日，發布《世界經濟預測》（*World Economic Forecast*）指出：「中國大陸目前正在調整經濟結構，成長動能由投資轉向消費，經濟將持續趨緩，預測 2016 年經濟成長率為 6.5%」

13. 經濟學人智庫（EIU）：2016 年 4 月 18 日，發布《全球經濟展望》（*EIU Global Outlook Report*）指出：「中國大陸經濟成長持久放緩將對歐美帶來嚴重的連鎖反應，中國大陸經濟 2016 年將成長 6.5%，到 2020 年放緩至 4.3%。」

14. 惠譽國際信評機構（Fitch Ratings）：2016 年 3 月 7 日，發布《全球經濟展望》（*Global Economic Outlook*）指出：「中國大陸投資減緩，其政府以策畫出多項槓桿性的政策，以避免中國大陸再 2016 年硬著陸，2016 年經濟成長預測值為 6.2%。」

圖 6-1　全球主要研究機構對 2016 年中國大陸經濟成長率預測

6.9%
2015年
實質GDP

組織名稱	發布時間	最新預測
世界銀行	2016/01/05	6.7%
德意志銀行	2016/04/04	6.7%
國際貨幣基金	2016/04/12	6.5%
經濟合作暨發展組織	2016/02/18	6.5%
亞洲開發銀行	2016/03/30	6.5%
摩根士丹利	2016/03/23	6.5%
瑞士信貸集團	2016/03/02	6.5%
環球透視	2016/05/27	6.5%
經濟學人智庫	2016/04/18	6.5%
聯合國	2016/01/20	6.4%
豐業銀行	2016/03/02	6.4%
高盛集團	2016/01/15	6.4%
花旗銀行	2016/03/04	6.3%
惠譽國際信評機構	2016/03/07	6.2%

6.47%
2016年
預測平均值

資料來源：各研究機構、本研究整理

根據圖 6-1 可知，2016 年全球十四大研究機構對中國大陸經濟成長率預測平均值為 6.47%，相較 2015 年實質經濟成長率下降 0.43%，14 個機構中沒有一個機構預測高於 2015 年實質經濟成長率 6.9%，可知各機構普遍對於中國大陸經濟成長並不樂觀。根據花旗銀行（*Citibank*）首席經濟學家沈明高（2016）表示：「2016 年將是一個充滿許多不確定性的一年，有關美國聯準會（*Fed*）升息頻率及中國大陸經濟是否低空飛過，將成為影響美元與人民幣、新興市場經濟走向及大宗商品價格高低的關鍵因素。」經由上述可知，2016 年將是充滿不確定性的一年，然而中國大陸經濟成長的走勢及相關政策推動與效果，將與全球經貿發展有著密不可分關係，亦連帶影響全世界投資者目光。

二、中國大陸經濟復甦走勢

中國大陸在經濟成長方面歷經多次的起伏，雖有機構預測下滑程度尚未走到最底，但成長壓力始終如影隨形。有關中國大陸經濟走勢類型如圖 6-2 所示，然 2016 年為「十三五規劃」開局之年，各研究機構及專家針對中國大陸的經濟走勢有不同見解，有人研判將有類似 *W* 型或 *U* 型的波動，但更多機構預測多集中在呈現 *L* 型的態勢。茲針對各專家學者及媒體對中國大陸經濟成長走勢類型分述如下：

圖 6-2　中國大陸經濟成長走勢類型

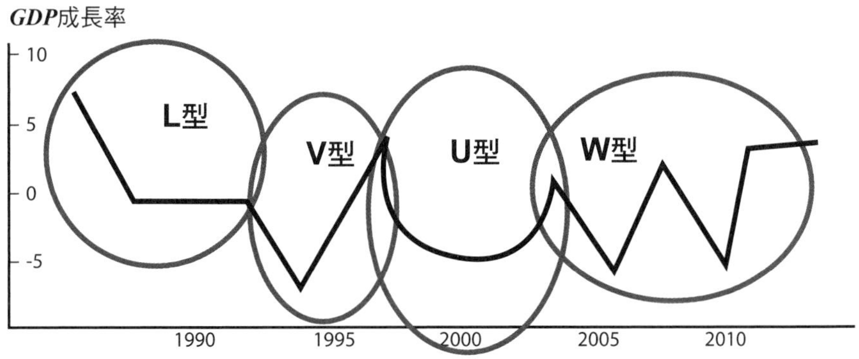

類型一：【U 型】

U 型經濟衰退走勢指經濟相對 *V* 型經濟衰退而言其趨緩的速度下滑，接著在底部停留一段時間後實現回彈，典型例子為 1973-1975 年的美國經濟衰退。

❶世界經濟研究中心：2016 年 3 月 22 日，世界經濟研究中心主任李稻葵表

示：「目前中國大陸正面臨產能過剩的問題並逐漸消化中，包含過高的房地產庫存、鋼鐵及水泥產能過剩，為一個層次較深的恢復期與調整期。未來的中國大陸的經濟成長趨勢應是呈現 *U* 型，目前正處於往底部走的位置。」

❷《人民日報海外版》：2016年1月11日，《人民日報海外版》指出：「若要判斷中國大陸經濟成長是否趨緩，不能以短期的波動抑或是面臨嚴峻困境當作衡量的標準，而是必須擁有一點的耐心。另一方面，中國大陸經濟成長趨勢於2016年下半年將有望迎來 *U* 型回升。」

類型二：【W型】

W 型經濟衰退走勢指一開始為 *V* 型經濟衰退，但隨之迎來一個或多個 *V* 型經濟衰退，亦被稱為「雙探底衰退」，因其在真正復甦前至少有兩次探底。

❶國際信用保險公司科法斯（Coface）：2016年1月17日，科法斯（*Coface*）大中華區董事總經理 *Burton* 表示：「事實上許多產業已出現銷售反彈的現象，例如零售業、汽車業及房地產業，雖然中國大陸經濟成長的情況似已見底，但仍不排除將有 *W* 型的復甦態勢。」

❷國泰君安證券：2016年4月15日，國泰君安證券首席分析師任澤平發認為：「針對中國大陸經濟，因尚未進行出清和去槓桿，所以無論是過於樂觀或過於悲觀的預測皆可能非正確。由於微刺激及地產回升等引發小週期反彈，但距離實現 *U* 型走勢尚有距離，但接近於底部會有小週期波動的 *W* 型經濟走勢。」

類型三：【L型】

L 型經濟衰退走勢是指經濟下降並無力復甦，是情況最為窘迫的衰退類型，並難以預知其復甦時間。

1. 經濟陸續下探L型

❶貝萊德投資管理公司（BlackRock）：2016年5月17日，全球最大的投資管理公司貝萊德（*BlackRock*）認為：「中國大陸經濟成長率目前仍未見底，只要放緩速度不失控，則能在未來一段時間承受減速至6%內較低的水準，而此水準有可能是 *L* 型經濟走勢階段的成長低位。」

❷中國人民銀行研究局：2016年2月5日，中國人民銀行研究局局長陸磊表示：「中國大陸經濟成長到中期的趨勢走向將呈現 *L* 型，然而供需兩端與供給側改革之效果將是經濟成長出現反彈的最佳時機，但2016年中國大陸經濟成長情況仍不樂觀，恐將持續下滑。」

❸中央財經領導小組辦公室：2016年1月12日，中央財經領導小組辦公室副主任韓俊表示：「市場預期人民幣將會發生大幅貶值之情勢，此情形發生之機

率微乎其微，然而中國大陸經濟成長尚未走到最糟，因此別對反彈抱持希望，而要針對長期 *L* 型做好心理準備。」

2. 長期呈現低谷 L 型

❶瑞士銀行（UBS）：2016 年 1 月 19 日，瑞士銀行財富管理大中華區首席經濟學家胡一帆表示：「中國大陸經濟成長趨勢將會以 *L* 型的方向成長，除此之外，更將在投資下降與出口乏力的環境之下，面臨去產能的挑戰，整體經濟勢態相較於 2015 年恐將更為嚴峻。」

❷日本經濟新聞：2016 年 5 月 11 日，日本經濟新聞表示：「目前中國大陸政府表示，經濟走勢將呈現 *L* 型，似乎想傳達其經濟不會失速，而是將趨於平穩。但是受諸多因素如製造業產能過剩及老齡化加速等的影響，中國大陸有可能陷入的是長期停滯的 *L* 型經濟走勢。」

❸人民日報：2016 年 5 月 9 日，中國大陸官方媒體《人民日報》指出：「中國大陸經濟發展方向不可能是 *U* 型，更不可能是 *V* 型，而是 *L* 型的走勢；但『退一步』是為了要『進兩步』，因實力雄厚且成長速度放緩有限，長期而言，藉提升技術水平及扶持大眾消費，將有助經濟復甦。」

❹國務院發展研究中心：2016 年 3 月 8 日，國務院發展研究中心原副主任劉世錦表示：「若供給側改革有效發揮進展，中國大陸經濟成長則將在 2016 下半年或 2017 上半年觸底，但之後出現 *V* 型反彈的可能性很小，取而代之的將是以 *L* 型為主導，並且參雜 *W* 型的經濟發展，維持時間恐將長達十年或更長。」

❺國務院發展研究中心：2016 年 5 月 11 日，國務院發展研究中心宏觀經濟部研究員張立群表示：「中國大陸經濟 *L* 型走勢，實際上是形成促進供給側結構性改革的壓力。然面對 *L* 型經濟，除要保持穩定的經濟成長速度，使企業財力投入結構調整，另一方面卻給企業形成不小的壓力。」

❻中國國際經濟交流中心：2016 年 5 月 11 日，中國國際經濟交流中心資訊部副部長王軍指出：「由 *L* 型的經濟方展方向可知，未來中國大陸經濟將開始平穩，不僅不會出現明顯的反彈亦不會有急劇的失速。目前主要是結構性問題而非週期性問題。」

❼中國人民銀行金融研究所：2016 年 4 月 11 日，中國人民銀行金融研究所所長姚余棟指出：「中國大陸經濟的 *L* 型經濟走勢已持續六年，然 2016 年第一季到 2018 年第一季，將進入『新常態的繁榮期』，意旨一個大的 *L* 型曲線加上一個溫和的反彈。」

❽交通銀行：2016 年 4 月 20 日，交通銀行首席經濟學家連平在《經濟觀察

報》撰文指出：「中國大陸的 *L* 型經濟成長走勢從 2015 年的下行態勢可能將在 2016 年出現拐點，然未來經濟成長率可能落在 6.5% 至 7.5% 之間，保持中高速的平穩運行。」

❾香港交易所：2016 年 5 月 30 日，香港交易所首席中國大陸經濟學家巴曙松出席「中銀集團保險論壇」時預料：「中國大陸 *L* 型經濟走勢恐將持續一段長時間，因原本成長的紅利正逐漸減弱，2016 年將呈現『脈衝式的探底形態』，而所謂的轉型即是培養新的動力。」

❿新華通訊社：2016 年 5 月 11 日，中國大陸主要國家通訊社新華社引用多位專家看法表示：「綜觀整體大趨勢，中國大陸經濟將在合理區間平穩成長，但短期內不可避免將出現小波動，須保持淡定。其 *L* 型經濟走勢的判斷符合企業經營實際情況，目前部分企業經營有所好轉，總體壓力卻沒改變。」

⓫明報：2016 年 5 月 13 日，香港中文報紙《明報》表示：「中國大陸 *L* 型經濟走勢的預判，實際上的用意是發出警示，提醒中國大陸經濟必須保持堅定不移，持續推動『供給側結構性改革』，同時反過來給企業實行壓力，使其苦練出深厚的『內功』。」

⓬國泰君安證券：2016 年 1 月 15 日，國泰君安證券首席分析師任澤平表示：「中國大陸經濟成長正處於一個緩慢的探底期，其狀況為增速換檔並且快速下滑。而未來的經濟成長趨勢將可能呈現 *L* 型，估計時間將長達三到五年。」

⓭海通證券：2016 年 1 月 15 日，海通證券首席經濟學家李迅雷表示：「有人道防範風險正是穩定成長，對於此一見解，我認為是先見之明，由於中國大陸經濟走勢將呈 *L* 型，經濟積弱不振，將遲遲不見反彈力道，因此改革的陣痛不可避免。」

⓮九州證券：2016 年 3 月 3 日，九州證券全球首席經濟學家鄧海清表示：「過去五年中國大陸經濟成長趨勢不斷下滑，至 2016 年將進入 *L* 型的下半場，轉為未來五年的經濟成長小幅度波動。另一方面，中央銀行採大幅貨幣寬鬆的機率極小，但可知的是必定擴大赤字規模、擴大基建投資及降低稅率。」

類型四：【L+W 型】

經濟成長走濟整體而言，呈現一個大的 *L* 型，以 *L* 型經濟為基礎，無論在短期內或長期後則會出現小的 *W* 型，此 *W* 型為一些小波動。

❶中國大陸國家統計局：2016 年 4 月 16 日，國家統計局新聞發言人盛來運曾用四句話形容經濟運行狀況為「運行平穩、結構優化、亮點紛呈、好於預期」並表示：「從中長期來看，經濟走勢很有可能是 *L* 型，但是短期而言，因經濟波

動受外界因素干擾很多，有可能是階段性的 *U* 型或者是 *W* 型。」

❷華夏新供給經濟學研究院：2016 年 4 月 10 日，由華夏新供給經濟學研究院、中國新供給經濟學 50 人論壇主辦的《2016 年第一季度宏觀經濟形勢分析會》，有專家在表示：「目前中國大陸經濟已非常接近底部，觸底後最可能的形態是一個大的 *L* 型，而 *L* 型的底部有一個小的 *W* 型，出現小的波動。」

❸國泰君安證券：2016 年 5 月 16 日，國泰君安首席分析師任澤平表示：「判斷中國大陸經濟走勢將維持中短期 *W* 型，長期 *L* 型。此外，中國大陸的 *L* 型經濟走勢有三種演變前景，分別為（1）平滑過渡，主動改革轉型；（2）深蹲起跳，先破後立；（3）蹲下去起不來，破而不立。」

❹十三五規劃專家委員會：2016 年 4 月 10 日，十三五規劃專家委員會委員劉世錦表示：「*L* 型的關鍵在於逐步進入一個新的成長平台，*L* 下面那一橫應該會持續一段時間，中國大陸經濟成長率經六年的衰退，預計 2016 下半年或 2017 上半年會觸底，往後五至六年，將會呈現 *L* 型大底中的小 *W* 型態。」

綜合上述各研究機構與專家學者，對中國大陸經濟成長趨勢走勢預測可知，大多數看法為 *L* 型之趨勢。在許多專家學者來看，中國大陸目前正在加快轉型升級與調整結構，但這些改革效益並非一蹴可幾，而需長時間的等待。另一方面，美國聯準會（*FED*）前主席 *Bernanke*（2016）指出，在經濟趨勢為 *L* 型成長的過程中，對於未來的成長動力主要來自資源的重新配置，並由製造業轉向服務業。由此可知，中國大陸在面對 *L* 型經濟走勢時，不僅要保持耐心，更要加緊推動供給測改革以利產生成長動能，渡過經濟低迷的態勢。

第 7 章

中國大陸經濟發展新挑戰

近年來中國大陸環境變化快速，導致許多問題逐漸浮上檯面，而許多潛藏問題也隱藏著高風險。未來中國大陸政府推動政策，將因這些問題與風險而制定，從中國大陸近期的政策中能看出政府對於風險危機更加重視，亦提及許多相關改善措施及因應之道。茲根據各研究機構、學者及媒體對於中國大陸經貿發展困境之觀點分述如下：

一、中國大陸經濟發展挑戰

國際貨幣基金（*IMF*）於 2015 年 10 月 6 日表示：「中國大陸政府若無法妥善處理過去四兆元人民的投資，將遺留許多的後遺症，未來中國大陸恐將面臨硬著陸的情況。」是故，中國大陸國務院於 2014 至 2015 年間陸續推動交通、水利、生態環保、健康養老服務、資訊電網油氣、清潔能源及礦產資源保障等重大工程，總投資額逾兆元人民幣的七大類基礎設施項目，希冀透過建設以改善過往埋下的弊端。此外，中國大陸政府亦不斷嘗試以政策推動的方式度過總體經濟下滑之困境，然亦衍生許多的風險與挑戰。茲針對國際知名研究機構、媒體雜誌與學者專家對於中國大陸經貿發展環境存在困境之看法分述如下所示：

1. 各研究機構對中國大陸發展挑戰之論述

❶國際貨幣基金（IMF）：2015 年 10 月 6 日，國際貨幣基金（*IMF*）發布《全球金融穩定報告》（*Global Financial Stability Report*）指出：「中國大陸因經濟成長逐漸趨緩，導致政府應持續推動經濟模式轉型，並通過去槓桿化趨緩產能過剩影響及降低高債務水平，使中國大陸金融體制能更多建立在市場經濟基礎之上，如此才能使中國大陸突破目前經濟困境。」

❷經濟合作暨發展組織（OECD）：2016 年 3 月 21 日，經濟合作暨發展組織（*OECD*）指出：「中國大陸企業債務水準已超標，已達到 *GDP* 比重的

160%，所引發的產能過剩亦日趨嚴重，政府應採取相關措施以因應此風險。此外，沿海及內陸城市的發展落差程度漸增，未來尚具有政策刺激的空間。」

❸洛桑管理學院（International Institute for Management Development；IMD）：2016 年 1 月 23 日，洛桑管理學院（*IMD*）表示：「中國大陸正面臨結構轉型，包含經濟上改革及影子銀行等政策議題。過去富裕國家才有的問題如今在中國大陸一一發生，然政府預算卻停留在窮國等級，顯然政府當前制度已經過時，尤其於財政上的結構需即時改革。」

❹高盛集團（Goldman Sachs）：高盛集團（*Goldman Sachs*）（2015）指出：「中國大陸因負債比例急速攀升，因此未來將面臨三大挑戰，分別為，(1) 未富先老挑戰：估計未來十年，中國大陸勞動力恐轉變為負成長，相較其他東南亞國家，中國大陸在較早發展階段即面臨嚴重人口問題；(2) 資本占總體經濟下滑：中國大陸整體正面臨經濟和政策不確定性升高，反映在最近股市震盪、人民幣中間價的突然走貶；(3) 出口上限挑戰：目前中國大陸出口占 *GDP* 比重約 25.0%，這迫使中國大陸政策制定在相對較早的發展階段即面對棘手的『中等收入陷阱』困境，從資源成長外延（城市化、投資）轉向資源內涵（創新、勞動生產率成長）。」

❺摩根大通（JPMorgan Chase；JPM）：摩根大通（*JPM*）（2015）表示：「服務業將成為帶動中國大陸經濟成長之新動能，然產能過剩調整仍將持續進行，連帶影響 2016 年中國大陸房地產投資下降、製造業倒閉潮與高失業率等風險產生。」顯示，過往中國大陸仰賴工業為其帶來經濟效益，然現今服務業將取而代之。

❻摩根士丹利（Morgan Stanley）：2015 年 11 月 27 日，根據摩根士丹利（*Morgan Stanley*）指出：「中國大陸經濟指數於 2015 年 3 月觸底後，到現在為止仍處於低迷的狀態。」顯示中國大陸經濟成長環境先急速增長在急劇放緩，導致經商環境難以得到支撐。其亦表示：「中國大陸經濟環境正面臨三大困境，如人口成長趨緩、債務及通貨緊縮。」

❼惠譽信評（Fitch Ratings）：2015 年 12 月 16 日，根據惠譽信評（*Fitch Ratings*）機構指出：「中國大陸在 2016 至 2018 年的國內生產總毛額（*GDP*）至 2.3%，恐阻礙全球經貿成長，亦可能牽動新興市場與全球企業到中國大陸投資的發展意願。」此外，其亦表示：「中國大陸經濟再平衡的政策推進滯後，政府和企業槓桿率惡化，導致經濟和金融風險不斷累積，若經濟環境成長速度再緩慢，將損害全球經商企業的信用狀況。」顯示中國大陸政府應透過改革且努力消

除產能過剩的問題，來提升自身經商環境的質量，進而減少企業在華投資的風險。

2. 各媒體雜誌中國大陸發展挑戰之論述

❶彭博新聞社（Bloomberg News）：《彭博新聞社》（*Bloomberg News*）（2016）指出：「中國大陸經濟風險進行彙整分為五大風險，分別為：（1）匯市波動震盪；（2）外部衝擊將導致對中國大陸企業減少投資；（3）房屋銷售下滑導致房地產泡沫化；（4）銀行壞帳；（5）影子銀行。」

❷金融時報（Financial Times）：《金融時報》（*Financial Times*）（2016）表示：「2016年人民幣貶值將造成中國大陸出口大受打擊、資金外流的重大壓力，以及造成新興市場、大宗商品價格的動盪與負面效果。」顯示人民幣貶值對於中國大陸經濟成長將有極大的負面影響。

❸華爾街日報（Wall street）：《華爾街日報》（*Wall street*）（2015）指出：「2016年有關中國大陸經濟將面臨之五大挑戰，分別為：（1）匯率波動：2016年強勢美元將成為中國大陸經濟最大風險；（2）資本外流：中國大陸政策制定將因資金外流的壓力而更加繁瑣；（3）房地產泡沫化：工業活動和投資活動將造成房地產去庫存的巨大累贅；（4）債務違約隱憂：銀行的過度貸款將伴隨著信用違約之風險；（5）中等收入陷阱：中國大陸負債堆積如山，國有企業卻快速膨脹。」

二、2016中國大陸經濟發展十大新風險

風險一：【資金外流風險上揚】

《法國世界報》（*Le Monde*）於2016年2月23日指出：「自2014年9月以來，從中國大陸流出的資金已達十兆美金，此外，截至2015年12月，中國大陸人民幣兌美元的資金流出亦達2,500億美元，投機行為所引發的資金外流現象日益嚴重。中國大陸政府為阻止資金大量外流，逐步對市場進行深度監控，然仍無法避免中國大陸資金出逃現象。」根據國際金融協會（*Institute of International Finance*）（2015）指出：「近十年來，外資正迅速撤離中國大陸市場，而2015年外資外流的規模更突破5,000億美元的新高，加上人民幣從12月開始連續收跌，創下近四年來的新低。」美國加圖研究所（*Cato Institute*）於2015年12月18日亦指出：「中國大陸外匯貿易減少、外匯儲備也減少，代表其經濟地位已不再穩固」綜上可知，隨著中國大陸股市不振、人民幣貶值，迫使諸多勞力密集產業企業紛紛轉而尋求新的生產基地，如越南、印度、泰國等亞洲

表 7-1　研究機構與媒體論述中國大陸經濟發展風險彙整

中國大陸經濟發展風險	❶ 國際貨幣基金 *IMF*	❷ 經濟合作暨發展組織 *OECD*	❸ 洛桑管理學院 *IMD*	❹ 高盛集團 *Goldman Sachs*	❺ 摩根大通 *JPM*	❻ 摩根士丹利 *Morgan Stanley*	❼ 惠譽信評 *Fitch Ratings*	❽ 彭博新聞社 *Bloomberg News*	❾ 金融時報 *Financial Times*	❿ 華爾街日報 *Wall street*	總數
發表時間	2015/10/06	2016/03/21	2016/01/23	2015/11/18	2015/12/13	2015/11/27	2015/12/16	2016/01/05	2016/04/11	2015/11/21	
1 資金外流				◎			◎	◎	◎	◎	5
2 投資信心下滑				◎			◎	◎	◎	◎	5
3 國家債務漸增	◎					◎				◎	3
4 房地產泡沫化					◎			◎		◎	3
5 產能過剩	◎	◎			◎						3
6 信貸緊縮					◎	◎					2
7 中等收入陷阱					◎					◎	2
8 企業倒閉		◎			◎						2
9 影子銀行			◎					◎			2
10 政策變化頻繁			◎				◎				2
11 銀行壞帳								◎			1
12 城鄉差距		◎									1
13 未富先老挑戰				◎							1
14 出口上限挑戰									◎		1

資料來源：本研究整理

新興國家，積極爭取企業進入投資，不但使許多外資企業躍躍欲試，更對中國大陸本土企業產生極大吸引力，最終將導致中國大陸面臨資本外流危機。

風險二：【投資信心下滑風險】

隨著中國大陸經濟成長趨緩及世界經濟前景發展衰弱，許多外資企業布局中國大陸市場步伐逐漸放緩。2016年1月20日澳盛銀行（*ANZ*）指出：「中國大陸消費者信心指數低於2015年12月的138.2，下滑1.9至136.3，再創歷史新低。」2015年12月24日中國人民銀行發布《2015年*Q4*企業家問卷調查報告》指出：「企業家總體經濟樂度指數相較於2015年*Q3*下滑1.8%至22.7%，亦於2014年同期下滑8.4%。此外，有55.8%的企業家認為總體經濟將大幅放緩，使其企業家信心指數相較2015年*Q3*下滑4.5%至46.0%，亦於2014年同期下滑15.0%。」美銀美林（*Merrill Lynch & Co.*）（2015）亦指出：「中國大陸股市下跌影響包括人民幣、債券市場及房地產市場，而影響最大的是投資人對中國大陸政府的信心。」由此可知，中國大陸市場經貿環境漸趨不穩，以及法律、政治、民生問題之疑慮，導致企業家對於中國大陸市場信心逐漸喪失，進而將投資逐漸撤離。

風險三：【國家債務漸增風險】

2015年12月21日，國際貨幣基金（*IMF*）指出：「中國大陸正面臨信貸困境，將可能影響其經濟成長以及金融發展的穩定性，致使信貸效率下降，進而影響企業的營利及效益，一環扣著一環，使還債變得越來越困難。」而國際清算銀行（*Bank for International Settlements*）（2015）亦表示：「中國大陸信貸占國內生產毛額（*GDP*）比重高達25.4%，居全球主要經濟體之首，而中國大陸之經濟成長趨緩，加上中央銀行讓人民幣貶值、中股大跌，以及聯準會醞釀之升息，導致金融市場風險升高。」綜合上述可知，隨著中國大陸之債務逐漸惡化，許多企業、金融體系接受極大影響，形成環環相扣的影響，若中國大陸政府未能妥善謹慎處理，最終恐導致連鎖效應重創整體經濟環境。

風險四：【房地產泡沫化風險】

近年中國大陸之主要城市地區因土地、房地產過度開發導致房價已超出一般民眾可負擔水平，房地產價格已列入中等收入水準國家之列。瑞士信貸（*Credit Suisse*）（2015）指出：「因土地及房屋的過度開發導致中國大陸房地產投資占*GDP*比達18.7%，致使在二級城市的房屋貨存，已相當於五年的需求，而開工量比銷售量高達12%，且房屋及土地空置率更介於15%至23%。」此外，其亦指出：「若中國大陸房價下跌、存款成長放緩及外資撤離，加上*GDP*成長降至5.8%，將導致中國大陸房地產、信貸泡沫化有爆破性的風險。」綜合上述可知，中國大陸政府應積極管制有關土地、房屋之開發，抑制中國大陸房地產泡沫化之風險機率。

風險五：【境內產能過剩危機】

2009年中國大陸政府為度過金融危機，前中國大陸總理溫家寶推行「四兆」人民幣刺激政策，然因政策資金並未獲得妥善運用，造成過度投資特定產業，為中國大陸埋下產能過剩的禍源，且隨著中國大陸內外需求及經濟成長速度的下滑，其產能過剩的狀況日益嚴重。根據《華爾街日報》（*Wall Street*）（2015）指出：「中國大陸曾被認為是全球最穩定之經濟體，然現今卻面臨製造業之產能過剩、經濟成長放緩等，連帶為全球經濟埋下新的隱憂。」此外，工研院知識經濟與競爭力研究中心主任杜紫宸（2015）亦表示：「近年來，中國大陸政府盲目擴充山西的煤礦、河北的鋼鐵等產業，造成許多產業產能過剩。」由此可知，中國大陸現有市場已趨近於飽和，因此中國大陸政府應調控鋼鐵、水泥、石化、船舶等行業之產能，並推行有相關政策及配套措施來因應其產能過剩的危機。

風險六：【金融信貸緊縮風險】

中國大陸金融體系近年因過度借貸，且中國大陸政府適度緊縮信貸以控制借貸之風險，導致現今中國大陸出現信貸緊縮危機，從而引發流動性資金短缺，進而減弱中國大陸之經濟擴張，不利經濟成長，野村證券（*NOMURA*）首席經濟學家 *Subbaraman* 於 2015 年 12 月 30 日表示：「中國大陸由於房地產債務過多、勞動力萎縮、產能過剩、投資獲利減少等因素，造成中國大陸經濟成長趨緩及信貸緊縮之困境。」摩根大通（*JP Morgan*）亦於 2015 年 11 月 23 日指出：「投資人提防企業信貸緊縮危機，自 2007 年以來，中國大陸以外新興國家非金融債務成長達國內生產毛額（*GDP*）的 20%，中國大陸更達 80%。」綜合上述可知，中國大陸政府正面臨信貸風險與信貸緊縮之兩難的困境，因此其應盡速祭出相關因應政策，以防止危機繼續擴大。

風險七：【中等收入陷阱風險】

近年來中國大陸之收入水準已進入中等國家之列，然而因相關法令、制度限制和生產要素成本上升等因素，以及外部世界經濟環境復甦力道軟弱且不平均，使其低端製造產業面臨低收入國家成本競爭侵蝕，而在高端科技產業亦難以與高收入國家競爭，導致經濟成長持續趨緩。根據中國大陸國家發展和改革委員會主任徐紹史於 2015 年 11 月 3 日表示：「中國大陸經濟發展趨緩，因此『十三五規劃』期間面臨最大的挑戰為跨越中等收入的陷阱。」亞洲基礎設施投資銀行

（*AIIB*）理事會主席樓繼偉（2015）亦表示：「中國大陸在往後五至十年間，逾有 50% 機率將會將會滑入中等收入陷阱危機。」由此可知，中國大陸因各地發展分配不均，導致部分區域仍處於經濟發展落後之狀態，造成整體收入水平無法向上提升，跨越中等收入障礙。因此，中國大陸目前應努力向收入低水平之地區進行拓展與開發，使未來整體能持續向上發展，以避免落入中等收入陷阱。

風險八：【企業倒閉風險危機】

2015 年以來，中國大陸的倒閉潮在多個行業中相繼引爆，有鑒於此，許多國家號召企業回流影響，諸多在中國大陸生產的高端製造業者逐漸回流已開發國家，而低端製造業者因生產要素成本持續墊高，亦出現向東南亞和南亞諸國轉移的現象，顯示中國大陸製造業之投資優勢正逐步流失。中國大陸產業經濟觀察家梁振鵬於 2015 年 10 月 23 日指出：「2015 年中國大陸整體家電業和電子業市場都持續在萎縮，因此造成許多產業受到牽連與影響。」東莞台商協會顧問袁明仁（2015）亦表示：「中國大陸的東莞、常州、寧波、蘇州、無錫、昆山與天津等城市之製造業景況近乎相同，這些區域的內需和外銷，業績普遍下降率達 40% 以上。」由此可知，中國大陸目前全國許多產業業績紛紛大幅下跌，致使中國大陸景氣低迷，如今接連面臨外資企業移出、勞動供給缺口等問題，將迫使中國大陸政府和業界必須更審慎應對。

風險九：【影子銀行風險提升】

中國大陸在過去金融自由化過程中為求發展而加快放款速度，然而銀行在融資借貸運作上存在諸多貸款限制，因此非正式貸款的類銀行金融機構如雨後春筍般湧現，並以高利貸方式予用於地方政府，藉此償還政府大量到期債務及平衡房地產市場或生產過剩的產業，此即所謂的「影子銀行」。根據穆迪（*Moody's Corporation*）董事總經理兼亞太區首席信用總監 *Taylor*（2015）指出：「近年來，中國大陸政府努力控制信貸，但中國大陸影子銀行依然以高於名目 *GDP* 的速度持續成長，由此顯示中國大陸經濟相關槓桿率仍持續呈上升趨勢。」此外，全球知名管理機構奧緯諮詢公司（*Oliver Wyman*）（2015）亦表示：「中國大陸影子銀行體系之債權人以個人投資者為主，普遍都擁有剛性兑付預期，中國大陸經濟下行時期集聚的風險與日俱增。由於中國大陸銀行對外之業務是與銀行密切聯繫，因此中國大陸之影子銀行對商業銀行的風險移轉是不容輕忽。」由此可知，中國大陸影子銀行對於正規金融銀行雖然具有拾遺補缺的作用，但因法律規範不清、權責不明，使影子銀行具有高度潛在風險。若影子銀行發展過快將提高信託風險，進而牽動整體金融體系穩健性。因此，中國大陸政府應盡快祭出因應政策以降低影子影行的發生機率。

風險十：【政策變化頻繁風險】

中國大陸近年在政策制定變化萬千，多變的政策對於外資企業來說無疑為一大風險與障礙，外資該如何面對將成為在中國大陸布局的一大課題。展望2016年，許多經濟學家認為若中國大陸取消資本管制、急切推動減債及人民幣貶值，將會導致中國大陸整體經濟和政策不確定性升高，並反映在股市震盪、人民幣走貶，因此，政策引發動盪的風險較大。渣打集團（*Standard Chartered*）於2015年12月30日指出：「近年來中國大陸經濟越來越難以駕馭，致使中國大陸政府對於相關政策制定的失誤率將有所提高，因此2016年中國大陸之政策仍將是最大的風險之一。」魯比尼全球經濟諮詢公司（*Roubini Global Economics*）於2015年12月30日亦指出：「中國大陸最大的政治風險是反腐運動，這極大制約中國大陸地方政府與企業參與經濟活動之意願，而且造成的影響極為深遠。」綜合上述可知，中國大陸對於政策的多變與制定將是未來外資企業與投資者需要特別注意與關切的重要風險之一。

第 8 章

中國大陸營商環境新變局

《殘屬集》作者 *Maximus* 曾云：「大自然的力量不在於一成不變地保持固定方式，而在於經常改變自己的法則。」一語道出世間萬物日新月異，此外，大自然變化毫無規則與邏輯，如同全球經貿總是瞬息萬變，無法讓人及時掌握。如同中國大陸經濟表現，2014 年各界學者預測其變化表現走勢為 *U* 字型，然到 2015 年轉化為 *L* 型趨勢，表現下滑並持續平穩之態勢，主因係受到人民幣貶值與產能過剩，致使中國大陸經濟依然呈現緩和之趨勢。根據諾貝爾經濟學獎得主 *Krugman*（2015）表示：「中國大陸因人口紅利不再與消費力道不足，致使其經濟轉變即為困難」。此外，2015 年 12 月 16 日，中國大陸社會科學研究院發布《2016 年中國經濟藍皮書》指出：「中國大陸經濟成長趨於和緩，再加上外部需求疲弱，因此急需積極推動相關財政政策以引領中國大陸邁向一個全面的、綜合的與內涵性的成長路徑，藉此擺脱落入中等收入陷阱。」茲針對中國大陸企業、台灣智庫與外資企業對中國大陸投資環境論述及中國大陸經商困境分述如下：

一、中國大陸企業對中國大陸投資困境評述

隨著中國大陸經濟動能因生產成本及勞動成本上漲、產能過剩等因素而持續疲軟，茲針對「中國大陸企業家調查系統」及「中國大陸工業和信息化部」機構提出有關中國大陸投資環境遭遇的困境敘述如下：

1. 中國大陸企業家調查系統

中國大陸國務院發展研究中心旗下的中國企業家調查系統（*China Entrepreneurs Survey System*；*CESS*）於 2015 年 11 月 13 日發布《2015 年中國企業經營者問卷跟蹤調查報告》，調查採用郵寄問卷方式，共回收有效問卷 2,526 份。調查指出中國企業家在中國大陸所面臨的經商環境十分嚴峻，並面臨許多問

題，分別為：（一）產能過剩問題更加突出；（二）企業成本不斷上升；（三）中小企業融資困難，綜合上述三點顯示中國大陸宏觀經濟溫和成長之下，國內的產銷數量不斷下滑、價格走跌、去庫存化問題依然存在。而調查中亦指出，「成本上升」（包含「人工成本上升」及「社保、稅費負擔過重」）已蟬聯四年成企業發展中主面臨的最大困難，此外「環保支出」亦較 2014 年明顯增加。有關調查報告中列出「當前企業經營發展中遇到的最主要困難」項目，前五名分別為：（1）人工成本上升；（2）社保、稅費負擔過重；（3）各產能過剩；（4）企業利潤率太低；（5）資金緊張。

表 8-1　2012-2015 年當前企業經營發展中遇到的最主要困難

排名	2015	2014	2013	2012
❶	勞動成本上漲	勞動成本上漲	勞動成本上漲	勞動成本上漲
❷	社保、稅費負擔重	社保、稅費負擔重	社保、稅費負擔重	社保、稅費負擔重
❸	各產能過剩	企業利潤率太低	企業利潤率太低	企業利潤率太低
❹	企業利潤率太低	各行業產能過剩	各行業產能過剩	資金緊張
❺	資金緊張	資金緊張	資金緊張	能源、原材料成本上升
❻	缺乏人才	國內需求不足	國內需求不足	各行業產能過剩
❼	國內需求不足	不確定因素太多	缺乏人才	缺乏人才
❽	不確定因素太多	缺乏人才	不確定因素太多	不確定因素太多
❾	缺乏創新能力	企業招工困難	能源、原材料成本上升	國內需求不足
❿	能源、原材料成本上升	能源、原材料成本上升	企業招工困難	企業招工困難

資料來源：中國企業家調查系統、本研究整理

2. 中國大陸工業和信息化部

2015 年 10 月 20 日，中國大陸工業和信息化部發布《2015 全國企業負擔調查評價報告》，共回收 4,120 個有效企業樣本。報告指出中國大陸企業家受到經濟壓力背景下，對各種負擔與經商困境的感受明顯增強，例如人工成本攀升、融資成本高及稅費負擔過重等因素，皆為中國大陸企業家目前所遇到營商問題。而在「當前企業生產經營面臨的主要困難」的調查特別列出七項較為嚴重之問題，分別為：（1）人工成本攀升（78.96%）；（2）融資成本高（65.99%）；（3）

資金壓力緊張（67.44%）；（4）生產要素價格上漲（54%）；（5）稅收負擔重（52%）；（6）市場成長乏力（49%）；（7）招工困難（43%）。

表 8-2　當前企業生產經營面臨的主要困難

排名	2015	占比	2014	占比
❶	勞動成本上漲	78.96%	人工成本攀升	68.96%
❷	融資成本高	65.99%	資金壓力緊張	67.44%
❸	資金壓力緊張	67.44%	融資成本高	59.99%
❹	生產要素價格上漲	54.00%	招工困難	50.18%
❺	稅收負擔重	52.00%	市場成長乏力	47.16%
❻	市場成長乏力	49.00%	市場惡性競爭	36.64%
❼	招工困難	43.00%	其他	18.85%

資料來源：中國大陸工業和信息化部《2015 全國企業負擔調查評價報告》、本研究整理

二、台灣智庫於中國大陸投資環境困境評述

全球環境不斷丕變，加上經濟成長疲軟，致使過往中國大陸高速成長的經商環境已不復見，且恐將導致諸多積習和隱憂紛紛浮現，進而影響台商企業營運發展。此外，過往許多吸引台灣企業西進之優惠和補助政策，亦因中國大陸政府政策轉向而增添變數。茲將「中華經濟研究院」、「中華徵信所」和「台北經營管理研究院」調查台商在中國大陸投資之際所面臨的主要經商困境分述如後：

1. 中華經濟研究院

2015 年 12 月 31 日，由台灣經濟部投資審議委員會委託中華經濟研究院編撰《2015 年對海外投資事業營運狀況調查分析報告》指出 2015 年「台商赴中國大陸投資面臨困難」前十名分別為：（1）同業競爭激烈（23.20%）；（2）勞動成本持續上升（22.54%）；（3）法規不明確、地方攤派多、隱含成本高（15.23%）；（4）內銷市場開拓困難（12.75%）；（5）融資困難（6.17%）；（6）當地政府行政效果不彰（5.29%）；（7）貨款不易收回（4.44%）；（8）海關手續繁複（3.37%）；（9）利潤不易匯出（3.34%）；（10）物料存貨成本高（2.17%）。此外，亦列出 2015 年「台商赴中國大陸投資事業虧損原因」，前十名依序為：（1）未達經濟規模（24.27%）；（2）同業競爭激烈（24.03%）；（3）成本提高（21.50%）；（4）當地市場萎縮（8.54%）；（5）國外市場萎縮（3.95%）；

（6）投資環境變差（3.79%）；（7）貨款收回不易（3.64%）；（8）管理不善（2.69%）；（9）財務操作不佳（0.40%）；（10）其他（7.19%）。

表 8-3 台商赴中國大陸投資面臨困難

排名	主要面臨問題	占比
❶	同業競爭激烈	23.20%
❷	勞動成本上漲	22.54%
❸	法規不明確、地方攤派多、隱含成本高	15.23%
❹	內銷市場開拓困難	12.75%
❺	融資困難	6.17%
❻	當地政府行政不彰	5.29%
❼	貨款不易收回	4.44%
❽	海關手續繁複	3.37%
❾	利潤不易匯出	3.34%
❿	物料存貨成本高	2.17%

資料來源：中華經濟研究院《2015 年對海外投資事業營運狀況調查分析報告》、本研究整理

表 8-4 台商赴中國大陸投資事業虧損原因

排名	主要問題	占比
❶	未達經濟規模	24.27%
❷	同業競爭激烈	24.03%
❸	成本提高	21.50%
❹	當地市場萎縮	8.54%
❺	國外市場萎縮	3.95%
❻	投資環境變差	3.79%
❼	貨款收回不易	3.64%
❽	管理不善	2.69%
❾	財務操作不佳	0.40%
❿	其他	7.19%

資料來源：中華經濟研究院《2015 年對海外投資事業營運狀況調查分析報告》、本研究整理

2. 中華徵信所

中國大陸 2015 年 *GDP* 成長落在 6.9%，不但呈現出總體經濟的軟著陸現象，

亦創造出 25 年來新低點，對台商來說投資經商於中國大陸的壓力可說是一年重於一年。根據中華徵信所總經理張大為（2015）指出：「有八成的中小企業在中國大陸經商皆處於虧損狀態，嚴格來說，大型台商獲利狀況屢屢惡化，而中型台商卻持續不斷的在谷底掙扎，從此看來，絕大多數的小型台商的營運規模比起中大型企業所面臨的存活機率更為渺茫。」此外，中華徵信所（2015）亦指出台商在中國大陸經商所面臨的五大困境，分別為：（1）紅色浪潮湧現；（2）人口紅利不再；（3）經營成本上漲；（4）融資成本高漲；（5）稅率優惠不再。綜上可知，台商在中國大陸營商面臨著許多接踵而來的困境，惡化的投資環境讓眾多台商屢屢卻步，不僅大規模撤出中國大陸這塊國土，亦皆移轉到其他國家進行布局，可見中國大陸已不再為台商心中的首選。

3. 台北經營管理研究院

近幾年來，中國大陸的各產業領域不斷地在轉變且更換跑道，從先前的「世界工廠」轉型升級為「世界市場」，然而，長期受惠於中國大陸低廉人力及土地成本的台商，頓時受到此波的轉型升級規模壓力之影響。然從另一方面來說，在代工轉型的過程中，智慧財產權權益受損不僅成為眾多台商頭痛的課題，亦是全球企業進軍中國大陸經商時必須洞悉的困境。根據台北經營管理研究院院長陳明璋（2015）表示：「目前台商西進中國大陸經商所面臨糾紛問題中，以智慧財產權糾紛最為廣泛。」台北經營管理研究院（2015）列出台商在中國大陸投資時，所遭受到智慧財產權受侵害的困境項目，分別為，（1）優秀人才被挖角（58.8%）；（2）產品被仿冒抄襲（44.3%）；（3）設計想法外流（34%）；（4）產品技術外流（23.7%）。綜上可知，大多台商在面對這些問題時，總是隱晦不揚，致使台商面對智慧財產權問題的處理態度仍力有未逮，再者中國大陸的山寨品與仿冒氾濫趨勢從過往歷史來看就已是存在問題之一，面對此假貨大國、海盜王國之名不脛而走，亦對全球經濟影響深遠。

三、外商對於中國大陸投資困境評述

經濟合作發展組織（*OECD*）預測全球經濟將在未來 50 年大洗牌，中國大陸將超越美國，躍居全球成為最大經濟體。誠如前中國大陸國家總理溫家寶（2008）所言：「任何數字乘上 13 億都是大數字。」擁有廣袤幅員和眾多人口的中國大陸市場對外資企業極具吸引力，讓無數外資相互競爭搶攻這塊黃金地。茲針對「中國美國商會」、「美中貿易全國委員會」、「上海美國商會」、「中國德國商會」及「中國歐盟商會」機構提出外資企業針對中國大陸經商環境報告論述如下：

1. 中國美國商會

2016年1月20日，中國美國商會（*American Chamber of Commerce in China*）公布《2016中國商務環境調查報告》（*2016 China Business Climate Survey Report*），調查報告以532家中國美國商會會員企業反饋資訊為基礎完成，並首度邀請貝恩諮詢（*Bain & Company*）協助調查和分析結果。報告內容顯示：「針對中國大陸商業前景，越來越多企業對中國大陸的投資環境質量不斷惡化，監管政策不一致、人力資源問題及法律模糊不清等因素，都是在中國大陸經商的首要挑戰。」承上所言，外資企業在中國大陸市場亦面臨諸多挑戰，在報告「企業在中國大陸經營面臨的商業挑戰」項目中，依序為：（1）法律與法條不明確（57%）；（2）勞動成本提高（54%）；（3）獲取許可證困難（29%）；（4）管理層人才匱乏（29%）；（5）產能過剩（29%）。綜上所知，外資主要面臨的經營挑戰中，就有兩項與人力資源相關，顯見解決中國大陸人力資源挑戰係為外資企業在2016年的首要任務，而逐漸興起的保護主義亦已造成中國大陸投資環境惡化，進而削弱外資企業投資中國大陸的意願。

表8-5　企業於中國大陸經營面臨之商業挑戰

排名	2016	占比	2015	占比	2014	占比
❶	法律與法條不明確	57%	勞動成本上漲	61%	勞動力成本提高	45%
❷	勞動成本上漲	54%	法律與法條不明確	47%	法律與法條不明確	39%
❸	獲取許可證困難	29%	缺乏合格的員工	42%	缺乏合格的員工	37%
❹	管理層人才匱乏	29%	管理層人才匱乏	32%	管理層人才匱乏	31%
❺	產能過剩	29%	中國大陸保護主義增	30%	獲取許可證困難	31%

資料來源：中國美國商會《2016中國商務環境調查報告》、本研究整理

2. 美中貿易全國委員會

美國貿易全國委員會（*The US-China Business Council*；*USCBC*）（2015）公布《2015中國商業環境》報告指出：「2015年中國大陸的營商環境產生變化，

民營企業成為外資的頭號競爭對手，加上勞動市場日益吃緊，但對外資來說中國大陸卻仍優於全球其他市場，取得經商成功的信心程度都接近於樂觀。」顯示中國大陸在 2015 年進入「新常態」階段後，外資將面臨中國大陸經濟放緩、勞動力價格上漲與市場競爭激烈等挑戰。而調查報告歸納「美中貿易全國委員會會員公司最關注十大問題」依序為：（1）與中國大陸本土公司的競爭；（2）外商投資限制；（3）成本上漲；（4）知識產權保護執法；（5）透明度；（6）行政許可；（7）人力資源：招聘和留住人才；（8）數據流動；（9）中國大陸法律和法規執法不均衡；（10）中國大陸市場產能過剩。此外，其亦指出「影響外資最大的挑戰與困境」分別為：（1）中國大陸企業競爭激烈（62%）；（2）人力成本上漲（57%）；（3）中國大陸經濟放緩（54%）；（4）政府政策及法律環境不利（36%）。

表 8-6　影響外資最大的挑戰與困境

排名	2015	占比	2014	占比
❶	中國大陸企業競爭激烈	62%	人力成本上漲	61%
❷	人力成本上漲	57%	中國大陸企業競爭激烈	59%
❸	中國大陸經濟放緩	54%	中國大陸經濟放緩	45%
❹	政府政策及法律環境不利	36%	政府政策及法律環境不利	41%

資料來源：美國貿易全國委員會（*USCBC*），《2015 年中國商業環境調查》、本研究整理

3. 上海美國商會

2016 年 1 月 20 日，上海美國商會（*AmCham Shanghai*）發布《2016 年中國商業報告》（*China Business Report* 2016）指出：「2016 年有 80% 的受訪企業對未來五年中國大陸商業前景持樂觀態度，低於 2015 年的 85%，主因係美企在華經商受到經濟放緩影響甚鉅。」顯示美國企業對中國大陸經濟放緩及成本增加等因素將日益加深在華投資不確性。此外，其亦指出「美企在華經商的風險類型」前五名分別為：（1）勞動成本上升（91%）；（2）中國大陸市場競爭激烈（79%）；（3）中國大陸經濟放緩（78%）；（4）人民幣反覆震盪（71%）；（5）監管和政策變化（69%）。綜合上述，對中國大陸外資企業而言，2016 年將是多變和機遇並存的一年。

表 8-7　美企在華經商的風險類型

排名	2016 年經商風險	占比
❶	勞動成本上漲	91%
❷	中國大陸市場競爭激烈	79%
❸	中國大陸經濟放緩	78%
❹	人民幣反覆震盪	71%
❺	監管和政策變化	69%
❻	美中政治關係緊張	54%
❼	不可預見的政府財政政策	52%
❽	消費行為變化快速	49%
❾	科技、媒體和電子通訊的創新	48%
❿	網路安全問題	46%
⓫	政府反腐和反壟斷措施	38%
⓬	敏感區域的政局	35%

資料來源：上海美國商會，《2016 年度中國商業報告》（2016 *China Business Report*）

4. 中國德國商會

2015 年 6 月 30 日，中國德國商會（*German Chamber of Commerce in China*）公布《德國在華企業商業信心調查 2015》（*Business Confidence Survey* 2015：*German Business in China*），報告由 439 家德國商會會員參與調查。報告中指出：「尋找合格員工是在中國大陸經商面臨的最大困境，其次勞動成本提升及留住合適人才，而中國大陸政府腐敗問題是首次跌出十名外。」此外，其亦指出：「德國企業認為中國大陸經濟將會改善的占比從 2014 年的 48.9% 降得至 27%，反觀認為中國大陸經濟將會不斷惡化占 33.8%。」顯示中國大陸隨著經濟轉型，連帶影響經商環境的變化，使德國企業對中國大陸經濟條件改善的預期減少。此報告中列舉出「德國企業在中國大陸面臨的十大挑戰」，分別為：（1）尋找合格員工（82.4%）；（2）勞動成本上漲（75.8%）；（3）留住合適的員工（62.2%）；（4）貨幣風險（59.1%）；（5）行政上的障礙（57.2%）；（6）網路連接緩慢（56.6%）；（7）互聯網審查（51.6%）；（8）國內保護主義（48.2%）；（9）法律政策不定性（48.1%）；（10）知識財產權保護（48.1%）。綜上可知，目前尋找合格員工是德國企業目前面臨的最大經商困境，而其餘九大挑戰亦是深深影響著，對德企來說，2016 年在中國大陸投資恐將被眾多經商條件所干擾著。

表 8-8　德國企業在中國大陸面臨的十大挑戰

排名	2015		2014		2013	
	十大挑戰	占比	十大挑戰	占比	十大挑戰	占比
❶	尋找合格員工	82.4%	勞動成本上漲	75.2%	勞動成本上漲	81.0%
❷	勞動成本上漲	75.8%	尋找合適的員工	74.1%	尋找合適的員工	78.0%
❸	留住合適的員工	62.2%	留住合適的員工	67.2%	留住合適的員工	69.0%
❹	貨幣風險	59.1%	網路連接緩慢	59.1%	行政上的障礙	59.0%
❺	行政上的障礙	57.2%	行政上的障礙	58.7%	腐敗問題	55.0%
❻	網路連接緩慢	56.6%	知識財產權保護	57.7%	知識財產權保護	52.0%
❼	互聯網審查	51.6%	國內保護主義	56.1%	增加大宗商品與能源價格	52.0%
❽	國內保護主義	48.2%	增加大宗商品與能源價格	54.5%	網路連接緩慢	49.0%
❾	法律政策不定性	48.1%	優待中國大陸本土企業	50.2%	貨幣風險	48.0%
❿	知識財產權保護	48.1%	腐敗問題	49.1%	國內保護主義	47.0%

資料來源：中國德國商會《德國在華企業商業信心調查 2015》（*Business Confidence Survey* 2015：*German Business in China*）、本研究整理

5. 中國歐盟商會

2015 年 6 月 10 日，中國歐盟商會（*The European Union Chamber of Commerce in China*；*EUCCC*）和國際管理顧問公司羅蘭貝格（*Roland Berger*）聯合公布《中國歐盟商會商業信心調查 2015》（*European Business in China*：*Business Confidence Survey* 2015）報告，其調查 541 家在華的歐洲企業。而報告中指出：「計畫在華業務的歐洲企業從 2013 年的 86% 下滑至 2015 年 56%，且僅有 59% 的歐洲企業將中國大陸視為全球三大投資國家之一。」而報告中即列舉出「歐洲企業在中國大陸面臨五大挑戰」依序為：（1）中國大陸經濟放緩（44%）；（2）人力成本攀升（24%）；（3）全球經濟放緩（24%）；（4）市場壁壘與投資限制（23%）；（5）中國大陸國內企業競爭（18%）。綜上可知，在中國大陸經濟持續放緩的背景下，歐洲企業對在華業務投資的信心逐年下降，其重新考慮整體在華營商策略。

表 8-9 歐洲企業在中國大陸經營面臨的主要挑戰

排名	2015	占比	2014	占比
❶	中國大陸經濟放緩	44%	中國大陸經濟放緩	43%
❷	人力成本攀升	24%	全球經濟放緩	27%
❸	全球經濟放緩	24%	市場壁壘與投資限制	25%
❹	市場壁壘與投資限制	23%	吸引和留住人才	24%
❺	中國大陸國內企業競爭	18%	中國大陸國內企業競爭	18%

資料來源：中國歐盟商會，《中國歐盟商會商業信心調查 2015》（*European Business in China*：*Business Confidence Survey* 2015）、本研究整理

四、中國大陸經商九大困境

綜合中國大陸企業、台灣企業及外國企業有關對於在中國大陸面臨經商困境的情況彙整如表 8-10 所示，並歸納出企業在中國大陸主要面臨九大困境，分別為：（1）人口紅利不再；（2）人才培育欠缺；（3）政策含糊不明；（4）稅率優惠不再；（5）經營成本上漲；（6）紅色浪潮湧現；（7）罷工層出不窮；（8）政策日趨嚴苛；（9）融資成本高漲。

困境一：【人口紅利不再】

中國大陸著有「世界工廠」之稱，過去為製造業首選國家，但隨著人口結構變化，其過往擁有人口紅利正逐漸消失殆盡。2015 年 12 月 7 日，根據日本貿易振興機構（*JETRO*）指出：「中國大陸各地區勞動成本飆漲，像是北京勞工月薪平均為 566 美元、上海為 474 美元。」顯示中國大陸工資日益調漲，是故過去台仰賴的人口紅利已不復見，往後台商在經營上更需思索如何在日益高漲的勞動成本中尋覓一條新路徑，並在此一困境中得以脫離困局，為自身創造佳績。

困境二：【人才培育欠缺】

中國大陸經濟發展相當快速下卻缺乏高端技術人員。根據萬寶華（*ManpowerGroup*）於 2015 年 7 月 18 日公布《2015 全球人才短缺調查結果》指出：「2015 年全球企業正面臨人才短缺問題，比率已連續七年節節攀升，高達到 38%，而亞太地區的人才短缺率為 48% 比 2014 年提升 3%。」顯示亞太區的市場人才短缺而遭遇到徵才困境，將持續高於全球平均值。萬寶華台灣專業人才顧問處長吳璧昇（2015）亦表示：「中國大陸有 24% 企業遭遇徵才困難，主要係為缺乏技術型、業務型和管理型人才。」顯示中國大陸面臨各類人才短缺的

表 8-10　企業在中國大陸經營困境彙總

中國大陸投資困境	❶ 中國企業家調查系統	❷ 中國大陸工業信息化部	❸ 中華經濟研究院	❹ 中華徵信所	❺ 台北經營管理研究院	❻ 中國美國商會	❼ 美中貿易全國委員會	❽ 上海美國商會	❾ 中國德國商會	❿ 中國歐盟商會	總數
發表時間	2015/11/13	2015/10/20	2015/12/31	2015/03/03	2015/04/22	2016/01/20	2015/05/25	2016/01/20	2015/06/30	2015/06/10	
1 勞動成本上漲	◎	◎	◎	◎		◎	◎	◎	◎	◎	9
2 法律與法條不明確			◎			◎	◎		◎		4
3 中國大陸經濟放緩		◎					◎	◎		◎	4
4 中國大陸企業競爭			◎				◎	◎		◎	4
5 社保、稅費負擔重	◎	◎		◎							3
6 缺乏人才	◎					◎			◎		3
7 大宗商品成本上升	◎	◎		◎							3
8 融資成本高		◎	◎	◎							3
9 人民幣震盪								◎	◎		2
10 產能過剩	◎					◎					2
11 資金緊張	◎	◎									2
12 人才挖角					◎				◎		2
13 招工困難		◎									1
14 國內需求不足	◎										1
15 缺乏創新能力	◎										1

表 8-10　企業在中國大陸經營困境彙總（續）

中國大陸投資困境	❶ 中國企業家調查系統	❷ 中國大陸工業信息化部	❸ 中華經濟研究院	❹ 中華徵信所	❺ 台北經營管理研究院	❻ 中國美國商會	❼ 美中貿易全國委員會	❽ 上海美國商會	❾ 中國德國商會	❿ 中國歐盟商會	總數
發表時間	2015/11/13	2015/10/20	2015/12/31	2015/03/03	2015/04/22	2016/01/20	2015/05/25	2016/01/20	2015/06/30	2015/06/10	
16 物料存貨成本高			◎								1
17 紅色浪潮湧現				◎							1
18 全球經濟放緩										◎	1
19 國內保護主義									◎		1
20 設計想法外流					◎						1
21 產品技術外流					◎			◎			1
22 網路安全問題											1
23 不確定因素太多	◎										1
24 知識財產權保護									◎		1
25 企業利潤率太低	◎										1
26 獲取許可證困難						◎					1
27 監管和政策變化								◎			1
28 敏感區域的政局								◎			1
29 產品被仿冒抄襲								◎			1
30 美中政治關係緊張					◎						1
31 反腐和反壟斷措施								◎			1
32 消費行為變化快速								◎			1
33 當地政府行政不彰			◎								1

資料來源：本研究整理

現象，再加上社會氛圍導致人才流動率高居不下，無疑加重企業經營的負擔。

困境三：【政策含糊不明】

中國大陸國家主席習近平上任後，積極整頓中國大陸過往陋習，逐一推動「依法治國」、「反貪腐」、「反壟斷」和「62 號文」等措施，導致諸多企業在中國大陸過往的經營模式和經驗將不再適用，從而使各企業人心惶惶。2015 年 9 月 29 日，全國台灣同胞投資企業聯誼會總會長郭山輝表示：「中國大陸經濟面臨相當大的困境，因社會保險和環保等新政策皆為試驗階段，尚無完善且明確的條文內容，致使台商在經營上無所適從。」顯示面對中國大陸政府祭出嚴苛的條文，台商更應謹慎應對，從中找尋一條合宜的道路以擺脫此一困境。

困境四：【稅率優惠不再】

2015 年 11 月 24 日，世界銀行（*WB*）公布《2016 年全球繳納稅款調查報告》（*Paying Taxes* 2016）中指出：「中國大陸及越南的勞工稅額皆高於其他亞洲地區。」此外，2015 年 11 月 7 日，中國大陸國家行政學院經濟學部教授馮俏彬亦指出：「中國大陸正面臨著嚴峻的財政收支逆差，在減稅空間仍然有限。」綜上可知，倘若台商要在中國大陸投資將面對較高的賦稅壓力。此外，中國大陸社會保險費率位居世界第 13 位，其中以養老金的繳費比例遠高於鄰近國家。由此可知，面對中國大陸高稅負的壓力，對於台商在經營上勢必為另一成本壓力，因此，台商往後在布局中國大陸時，應將高稅額列為考量布局的因素之一，並提出因對措施以降低經營成本。

困境五：【經營成本上漲】

根據美國波士頓集團 *Global Management Consulting*（2015）表示：「中國大陸與美國製造成本差距正縮小當中，相同商品於美國製造成本係一美元，然在中國大陸則為 0.96 美元，預計兩國之間的成本差距將在 2020 年消失。」由此可知，中國大陸過往的低成本優惠已不復存在。此外，其亦表示：「受到中國大陸薪資不斷上漲，再加上土地成本優惠不再，致使外資企業紛紛選擇撤離中國大陸另闢新市場。」經由以上可知，過去外資仰賴中國大陸的經營成本優惠已逐漸消失殆盡，是故為降低營運成本進而選擇轉往他國進行投資布局，因此，營運成本上漲將成為台商布局中國大陸困境之一

困境六：【紅色浪潮湧現】

面對中國大陸紅色供應鏈來勢洶洶，台灣企業更應思索應對此一紅色浪潮。根據欣銓總經理張季明（2015）表示：「中國大陸紅色供應鏈聲勢響亮，致使科技產業併購事件頻傳。」此外，美國貿易全國委員會（*USCBC*）（2015）公布

《2015 中國商業環境》指出：「調查中逾 81% 的受訪企業家認為中國大陸國有企業競爭為其在經營上面臨的最大挑戰之一。」此外，報告中亦表示：「企業家認為中國大陸國有企業競爭為日趨嚴重，競爭力道自 2014 年的 28% 攀升至 35%。」然在面臨此一紅色浪潮威脅下，台商更應思索提出因應方法。根據台灣半導體產業協會理事長盧超群（2015）表示：「台灣應積極強化人才培育藉此提升產業競爭力。」經由上述可知，雖然中國大陸紅色供應鏈威脅力道強勁，但台商更應積極強化競爭優勢，以抵抗此一紅色浪潮。

困境七：【罷工層出不窮】

受到人權意識高漲影響下，以往台商認為中國大陸為勞工抗爭風險最低之國家，到現今已完全不同於過往。根據東莞台商協會榮譽會長謝慶源（2015）表示：「因中國大陸政府提倡五險一金，然政策朝令夕改，致使員工無法理解政策內容，進而造成誤會衝突不斷。」由此可知，罷工衝突不斷致使經營者在經營上面臨困境。且 2014 年東莞台資企業萬事達因營運困難，無法分發月餅與獎金，導致員工上街頭抗爭造成交通癱瘓。除此之外，裕元集團亦在 2015 年爆發罷工事件，主因係東莞政府頒布新政策，限制員工提取住房公積金，致使工人選擇罷工以表達內心不安的情緒。經由以上可知，台商在布局中國大陸之時，須隨時對當地政府祭出的政策與員工的福利取得平衡點，避免罷工事件層出不窮，進而影響公司營運。

困境八：【政策日趨嚴苛】

近年中國大陸法律雖逐漸嚴謹、各類規範要求逐漸提高，然因各級、各地政府對於同項法律的見解不同，以及執法者之執法尺度和觀點亦有差異，從而導致外來企業較無所適從。2015 年 2 月 11 日，中國美國商會（*American Chamber of Commerce in China*）發布《2015 年度商務環境調查報告》（*2015 China Business Climate Survey Report*）中指出：「中國大陸政府正濫用所謂法律法規來限制外資進入，違背自由貿易的承諾原則。」而美中科技文化交流協會會長謝家葉博士（2015）亦表示：「中國大陸目前對外資變得越來越不友善，用相關法規或國家的安全名義等，對外資進行處罰和限制。」綜上可知，中國大陸政府想透過反壟斷措施來扶持中國大陸自身企業，但從長期看下來，這並不利於中國大陸經濟的發展。

困境九：【融資成本高漲】

「融資難、融資貴」是目前中國大陸各地普遍存在的問題，且中國大陸的證券市場與金融市場一直以來都存在許多弊病，係因中國大陸國營企業比例高，市場壟斷與貪腐較為嚴重，導致在證券市場上，有著資訊披露及利潤分紅等諸多方面問題，再加上資訊的不對稱進而影響投資成效不佳，另外，間接融資在中國大陸市場上有著結構風險和資金封閉等問題。根據溫州鞋革行業協會（2015）表示：「民間的借款風波越演越烈且已蔓延至整個製鞋產業，除此之外，其他產業亦同樣受到銀行的貸款問題影響，因此面對著貸款無法增加之情勢下，各企業紛紛出現資金無法順利周轉之困境。」由此可知，中國大陸的金融和證券不透明化和法規封閉，加上資本市場的大幅波動，讓多數企業的資金緊繃且加劇債務風險，皆恐將成為企業進入大陸市場的阻礙。

身為全球第二大經濟體的中國大陸，政策的變革勢必影響全球經貿發展，是故，面對中國大陸領導人積極改革下，將引領中國大陸經濟市場進入新格局，然企業家仍需思索如何利用此一改革機會，從新挑戰與新機遇、新特徵與新趨勢、新理念與新思維、新動力與新舉措等角度，與自身競爭優勢相結合，藉此突破經營上的困境，進而為自身在中國大陸經營布局創造佳績。

4

大陸十三五規劃之新戰略

第 9 章

中國大陸十三五規劃新思路

中國大陸歷經「十二五規劃」圓滿落幕後，開始著手迎接下一個五年計劃的到來，2015 年 12 月 18 日，中國大陸國務院總理李克強於中央經濟工作會議明確指出 2016 年重要的五大任務為「去產能、去庫存、去槓桿、降成本、補短板」，推進供給側改革，以適應經濟發展的新常態。2016 年 3 月 5 日，中國大陸國務院總理李克強表示：「儘管『十三五規劃』下調中國大陸 *GDP*，但透過整體經濟新常態的結構改革，將會為人民帶來更好的生活。」而中國大陸國家主席習近平（2015）亦表示：「『十三五規劃』將堅持解放思想與開拓創新，並研擬出一個實用且管用的總體經濟規劃。」綜上可知，「十三五規劃」扮演中國大陸經濟社會發展的重要地位，希冀透過「十三五規劃」為國家經貿發展引領出一條嶄新大道，亦為人民創造更優渥的生活環境。

一、十二五到十三五四大規劃理念變革

變革一：從「中國製造」向「中國智造」轉升

德國於 2011 年首度提出「工業 4.0」的概念後，掀起製造業轉型浪潮，各國亦紛紛提出相對應計劃，諸如美國的「再工業化」、日本的「機器人新戰略」及中國大陸的「中國製造 2025」，試圖藉由新一代的工業革命推動製造業的技術革新，建構廠房智慧化的全新藍圖。根據中國大陸國務院總理李克強（2015）表示：「中國大陸不僅要從『製造大國』轉型為『製造強國』，更要從『製造強國』晉身為『智造強國』。」一語道出中國大陸經濟結構的調整，未來將結合新一代的科技革命，從原本的「中國製造」轉向「中國智造」發展，以創新模式加速傳統製造業煥發新生機，帶領中國大陸的製造業轉型升級，為未來經濟發展提供新型動能。

近幾年中國大陸經濟發展快速，並漸漸成為全球製造大國之領導地位，然

隨著中國大陸經濟體制的變化，整體產品結構亦有所變遷，從過往標準化的生產模式逐漸轉向高附加價值的產業推進。根據中國大陸國務院國資委監事會主席趙華林（2015）表示：「『中國製造 2025』將激發全中國大陸社會的創新動能，推動『中國製造』向『中國智造』的轉變。」一語道出中國智造將融入「創新」的發展模式，透過「大眾創業、萬眾創新」的全民創新氛圍，為中國大陸製造產業注入新的活水，並進一步結合「互聯網 +」策略，優化生產模式及創造新商業模式，向智慧製造轉型升級，實現「*Made in China*」邁向中高端階段的發展。

變革二：從「投資驅動」向「消費驅動」轉型

由於全球經濟復甦動能不足，加上全球市場需求持續疲軟，致使中國大陸過往的經濟成長的三駕馬車（投資、消費、外貿出口）面臨考驗，進而導致中國大陸經濟成長幅度溫和放緩。根據 2016 年 5 月 25 日中國國際貿易促進會研究院發布《2015/2016 年中國消費市場發展報告》指出：「2015 年消費貢獻率對中國大陸經濟成長貢獻率達到 66.4%，預計 2016 年消費貢獻率將繼續維持在 60% 以上。」顯示「消費」間漸接替「投資」成為中國大陸經濟成長的主要動能，此外，中國大陸政府逐漸放緩過去以政府層面為主要的投資作為，亦因隨改革開放 30 年，中國大陸累積超過三億人口的中產階級族群，其受過良好教育水準，願意支付更多金額以取得優質商品，此外，近年中國大陸對網際網路應用的探索和創新，使網際網路漸成為其日常生活的基本構成要素，更釋放過去因市場幅員遼闊、物流體系等因素而受限制的消費需求。

有鑒於中國大陸過去的經濟成長模式欲振乏力，以及中國大陸的家庭收入、可支配所得成長率等數據皆有利於轉型成消費導向的經濟模式，中國大陸政府遂積極推動產業結構調整、城鎮化等政策，釋放城市人口消費力，並針對市場供給面推動「供給側改革」，企圖透過「官退民進」的結構性改革，一面降低中國大陸政策性質的投資比例，一面針對消費環境、醫療和社會保障機制、市場監管等方面著手改善，提振民間投資意願，讓市場逐漸回歸供需機制，促進提高供給品質、降低供給成本。此外，由於中國大陸傳統的進口商品通路，常面臨過高的商品區域定價，以及因幅員遼闊而效率相形低落的物流體系，使商品種類受限而使中國大陸消費者止步，除促使中國大陸跨境電子商務興起，亦成為中國大陸企業從「價格導向」轉為「價值導向」的契機，最終優化消費通路的便利性和覆蓋性。

變革三：從「城鄉協調」向「區域協調」轉念

相較於其他已開發國家，2014 年中國大陸城鎮化率為 56.1%，城鎮化水準仍屬偏低，顯示有較大的發展空間。2016 年 3 月 5 日，中國大陸總理李克強於

《2016年政府工作報告》指出：「未來將逐步提高城鎮化水準，預估至十三五末，常住人口城鎮化率達60%、戶籍人口城鎮化率達45%，力促城鄉協調發展。」身處「十二五」、「十三五」交替之際，中國大陸經濟步入新常態，各區域經濟仍處不平衡發展的狀態下，中國大陸依然聚焦2020年全面建成小康社會目標，提出協調發展理念，希冀以區域聯動協調發展促進城鄉一體化發展。探究十三五規劃草案，在區域協調發展專章中，不論是東部率先、西部新五年大開發、東北振興、中部崛起的「四大經濟板塊」，或是「一帶一路」、「京津冀協同發展」、「長江經濟帶」的三大支撐帶，均體現創新、協調、綠色、開放、共享的五大發展理念。

根據國務院發展研究中心發展戰略和區域經濟研究部研究員劉云中（2016）指出：「中國大陸提出以『一帶一路建設』、『京津冀協同發展』、『長江經濟帶』為引領，形成沿海沿江沿線經濟帶為主的縱向橫向經濟軸帶，進而發揮城市群輻射帶動作用，優化發展京津冀、長三角、珠三角三大城市群，形成東北地區、中原地區、長江中游、成渝地區、關中平原等城市群平衡發展。」然與十二五期間相比，十三五期間區域協調將面臨新的發展機遇，主要是得益於近幾年中國大陸製造業技術迅猛發展，估計未來五年區域協調發展將變得更為便利。諸如：中國大陸已成為名副其實的高鐵強國，高速鐵路運營里程總計超過1.9萬公里，占世界60%以上。其中，貫穿中國大陸南北的京廣高鐵全長2,298公里，更是創下全球高鐵運營里程的最長記錄，此外，中國大陸在隧道工程等基礎設施領域亦是處於領先地位，上述優勢都有利於推動區域之間聯絡，進而協助實現區域的協調發展。

變革四：從「內陸發展」向「開放發展」轉進

中國大陸自1978年的改革開放至今，歷經不同的改革開放階段，其大致可區分為四大階段，分別為：（1）1978年至1992年的沿海點狀開放階段；（2）1992至2001年的沿海沿江梯度開放階段；（3）2001年至2008年的謀劃均衡極化發展階段；（4）2008年至今的走出去戰略延伸發展階段。1978年至2008年中國大陸政府所推行的三次改革開放階段，主要是針對國內不同區域城市依照不同時間點所延伸的經濟發展及建設，然至2008年所推行的走出去戰略延伸發展階段，主要係依照「從單向轉向全面開放的區域發展」、「從海陸分陸統籌、東西割、東西格局轉向海並重、南北貫通的走廊建設」及「從中心聚集到門戶引領形成戰略節點」三項思維所延伸的國家格局重塑，目的為達到帶動國家產業布局的結構性調整及衍生國家內部空間格局。

「走出去」戰略於1999年即被中國大陸政府提出，其初始目的為透過對國際市場的參與及全球布局方式，以降低企業經營成本、擴大市場利潤及增強經營規模，進而達到中國大陸跨國企業推展的目標。然至2008年後許多國家經濟遭到重創，無力支撐基礎建設，而中國大陸亦面臨經濟結構轉型階段，從過去輸出廉價消費品以獲取能源、礦產資源的「傳統輸出」角色，轉向輸出高科技產品、成套設備和服務貿易的「投資+貿易」模式，面臨產能過剩、經濟放緩等問題，需要尋找出口來緩解困境。為此，中國大陸政府重新審視其於全球體系中的國家性戰略定位，在「走出去」戰略基礎之上提出「一帶一路」戰略，將戰略由企業層面提升至國家層面，以主動輸出中國大陸大量過剩產能的方式，投資及援助急待完善國家的基礎建設，達到空間戰略格局重塑作用。

表9-1 中國大陸五年規劃重點與內涵一覽表

時間	2005至2010 十一五規劃	2011至2015 十二五規劃	2016至2020 十三五規劃
規劃背景	❶加入世界貿易組織 ❷科技創新能力不佳 ❸三農問題突出，包含農業、農村、農民	❶應對國際金融危機 ❷產業結構不合理 ❸城鄉差距不協調	❶經濟發展新常態 ❷全面構建小康家庭 ❸區域黏著度不佳
規劃主軸	促增長，調結構，保民生	穩增長、調結構、促消費	穩增長、促改革、調結構、惠民生、防風險
規劃目標	中國大陸經濟推向改革，並有突破性發展，經濟水平該開放不斷提高	按照與國際金融危機之衝擊緊密布署與2020年全面建設小康社會之銜接	在2020年全面建成小康社會，*GDP*和城鄉居民人均收入比2010年成長一倍
政策導向	❶推進經濟增長放式轉變 ❷調整優化產業結構 ❸解決三農問題 ❹推進城市健康發展 ❺促進城市化健康發展 ❻促進經濟協調發展 ❼確實加強和協社會建設	❶加強和改善宏觀調控 ❷擴大消費需求長效機制 ❸調整優化投資結構 ❹同步工業化城鎮化農業現代化 ❺科技創新帶動產業創新 ❻區域協調互動發展 ❼健全鼓勵節能減排機制 ❽公共服務均等化 ❾城鄉居民收入增長 ❿加強創新社會管理	❶經濟保持中高速增長 ❷創新驅動發展成效顯著 ❸發展協調性明顯增強 ❹人民生活水平和質量普遍提高 ❺國民素質和社會文明程度顯著提高 ❻生態環境質量總體改善 ❼各方面制度更加成熟更加定型

資料來源：本研究整理

二、中國大陸十三五規劃新藍圖

隨著全球經濟環境不斷演變，有鑑於此，中國大陸每五年皆對針對現今環境提出合一的政策，至今已邁入第十三個五年規劃，其中規劃出20篇、80章、237節、25個專欄，共8萬多字的戰略規劃，希冀透過規劃為中國大陸經貿環境創造動人的樂章與勾勒出未來五年之發展趨勢。過去「十二五規劃」中強調「穩增長、調結構與促增長」的主旋律下，然在「十三五規劃」中則轉變為「穩增長、促改革、調結構、惠民生、防風險」的新主旋律。2016年3月7日，根據中國大陸國家發改委主任徐紹史指出：「『十三五規劃』的總體目標為2020年時全面建成小康社會，並實現第一個百年目標。」茲將「十三五規劃」內容彙整如表9-3所示。

1. 一大奮鬥目標

在中國大陸第十八次全國代表大會上已提出未來兩個一百年的奮鬥目標，包含：在中國大陸成立第一個一百年要達成全面小康社會外，還要勾勒出一個強國所擁有的富強民主文明與和諧的社會主義之現代化國家等。根據2016年6月6日根據中國大陸領導人習近平表示：「未來兩個一百年之奮鬥目標最主要是要復興偉大中國夢。」而在中國夢的實現主要以「中國大陸政府施政新思想與戰略契合新的奮鬥目標」、「中國大陸政府施政新思想與戰略是強力執行做好各項工作的基本依循」，最後「全面貫徹中國大陸政府施政新思想與戰略，凝聚與整合起各方資源力量」，完成中華民族偉大復興之理想。

2. 兩大導向

在「十三五規劃」中，為了讓其能順利達標，在豎立正確導向就顯得格外重要，首先第一個導向為「堅持目標導向倒推」，目的是將所規劃項目倒推，檢視是否有無達成規劃戰略中既定目標。其次為「堅持問題導向順推」根據2016年5月16日中國大陸領導人習近平表示：「每個世代都有都有屬於自身的問題，須善用現代科學，找出最精準的方向，讓世界前行。」顯示兩個導向中，也有兩個關鍵首先善用科學方式分析與解決，其次必須將資源加以整合，並具有強大執行力，因此全球世代的發展，由各國共同找出問題，並用科學化方式解決。

3. 三大關鍵詞

在「十三五規劃」的報告書中，其內容寫道：「美麗中國、健康中國與平安中國」，的三大關鍵詞，其中在「美麗中國」代表人與大自然的結合，強調永續經營觀念，共同提升綠能環境品質。其次「健康中國」代表內部強調給予民眾最完善醫療相關保障，外部強調強力執行公立醫療相關改革，透過這些制度的建立給予民眾完善醫療品質。最後「平安中國」強調創新＋社會概念，又以北宋理學家程頤表示：「為政之道，以順民心為本」，構建出一套全民共享之創新法治格局，藉以維持社會秩序。

4. 四大發展指標

中國大陸政府為達成全面建成小康社會的目標，於十三五規劃綱要細化提出了十三五經濟社會發展的目標和指標，包括四大類型：（1）經濟發展：5 指標；（2）創新驅動：5 指標；（3）民生福祉：7 指標；（4）資源環境：10 指標，共計 27 項指標，茲將各指標說明羅列如下。

表 9-2　中國大陸「十三五」時期主要經濟發展指標

指標	2015 年	2020 年	平均增速【累計】	屬性
➲ 經濟發展				
❶國內生產總值（*GDP*）（兆元人民幣）	67.7	>92.7	>6.5%	預期性
❷全員勞動生產率（萬元／人）	8.70	>12.0	>6.6%	預期性
❸常住人口城鎮化率（%）	56.1	60.0	【3.9】	預期性
❹戶籍化人口城鎮化率（%）	39.9	45.0	【5.1】	預期性
❺服務業增加值比重（%）	50.5	56.0	【5.5】	預期性
➲ 創新驅動				
❶研究與試驗發展經費投入強度（%）	2.10	2.50	【0.4】	預期性
❷每萬人口發明專利擁有數（件）	6.30	12.0	【5.7】	預期性
❸科技進步貢獻率（%）	55.3	60.0	【4.7】	預期性
❹固定寬帶家庭普及率（%）	40.0	70.0	【30】	預期性
❺移動寬帶用戶普及率（%）	57.0	85.0	【28】	預期性
➲ 民生福祉				
❶居民人均可支配收入增長（%）	-	-	>6.5	預期性
❷勞動年齡人口平均受教育年限（年）	10.2	10.8	【0.57】	約束性
❸城鎮新增就業人數（萬人）	-	-	【>5,000】	預期性
❹農村貧困人口脫貧（萬人）	-	-	【5,575】	約束性
❺基本養老保險參保率（%）	82.0	90.0	【8】	預期性
❻城鎮棚戶區住房改造（萬套）	-	-	【2,000】	約束性
❼人均預期壽命（歲）	-	-	【1】	預期性

表 9-2　中國大陸「十三五」時期主要經濟發展指標（續）

指標	2015 年	2020 年	平均增速【累計】	屬性
➲ 資源環境				
❶耕地保有量（億畝）	18.7	18.7	【0】	約束性
❷新增建設用地規模（萬畝）	-	-	【<3,256】	約束性
❸萬元 *GDP* 用水量下降（%）	-	-	【23】	約束性
❹單位 *GDP* 能源消耗降低（%）	-	-	【15】	約束性
❺非石化能源占一次能源消費比重（%）	12.0	15.0	【3】	約束性
❻單位 *GDP* 二氧化碳排放降低（%）	-	-	【18】	約束性
❼森林覆蓋率（%）	21.7	23.0	【1.38】	約束性
❽森林蓄積量（億立方米）	151	165	【14】	約束性
❾達到或好於 III 類水體比例（%）	66.0	>70	-	約束性
❿劣 *V* 類水體比例（%）	9.70	<5.0	-	約束性

資料來源：本研究整理

5. 五大發展理念

隨著「十三五規劃」審核通過，將依循中國大陸國家主席習近平對國家發展的期望，朝向「全面建成小康社會決勝階段」邁進，並確認「2020 年全面建成小康社會」係為國家兩個一百年奮鬥目標之第一個發展項目。然在朝向小康社會邁進之時，須遵循五大理念，依序為：（1）創新：引領發展的第一動力；（2）協調：持續健康發展的內在要求；（3）綠色：永續發展的必要條件與人民對美好生活追求的重要體現；（4）開放：國家繁榮發展的必由之路；（5）共享：中國特色社會主義的本質要求。

6. 六大堅持原則

有關六大堅持原則分別為：（1）堅持人民主體：人民為推動發展的根本力量，實現好、維護好與發展好，且廣大人民根本利益係發展的根本目的；（2）堅持科學發展：發展是硬道理，發展必須是科學發展；（3）堅持深化改革：改革是發展的強大動力；（4）堅持依法治國：法治係發展的可靠保障；（5）堅持統籌國內國際兩個大局：全方位對外開放係發展的必然要求；（6）堅持黨的領導：黨的領導係中國特色社會主義制度的最大優勢，亦為實現經濟社會持續健康發展的根本政治保證。

7. 七大發展目標

中國大陸欲於 2020 年前全面建立小康社會，以實現第二個百年奮鬥目標，因此提出七大目標，作為未來五年社會總體發展的主要目標，分別為：（1）經濟保持中高速成長：預期經濟成長率高於 6.5% 及居民可支配所得成長幅度超過 6.5%；（2）創新驅動發展成效顯著：研發費用投入提高至 2.5%；（3）發展協調性明顯增強：常住人口城鎮化率達 60% 及服務業成長量比重達 56%；（4）人民生活水平和質量普遍提高：新增城鎮就業人口 5,000 萬人以上、農村脱貧人口達 5,575 萬人及棚戶區住房改造 2,000 萬套；（5）國民素質和社會文明程度顯著提高：單位 *GDP* 能源消耗量降低 15%；（6）生態環境質量總體改善：生產方式和生活方式綠色、低碳水準上升；（7）各方面制度更加成熟定型：國家治理體系和治理能力現代化取得重大進展，各領域基礎性制度體系基本形成。

表 9-3　中國大陸《十三五規劃綱要》內涵

五大理念	六大原則	七大目標
❶創新	❶堅持人民主體地位	❶經濟保持中高速成長
❷協調	❷堅持科學發展	❷創新驅動發展成效顯著
❸綠色	❸堅持深化改革	❸發展協調性明顯增強
❹開放	❹堅持依法治國	❹人民生活水平和質量普遍提高
❺共享	❺堅持統籌國內國際兩個大局	❺國民素質和社會文明程度顯著提高
	❻堅持黨的領導	❻生態環境質量總體改善
		❼各方面制度更加成熟更加定型

資料來源：本研究整理

第 10 章

中國大陸十三五規劃新商機

《沉思集》作者 *Aurelius* 曾云：「運動和變化在不斷地更新世界，就像不間斷的時間總在更新無窮無盡的歲月中持續一樣。」一語道出，世界不停的變化，有時一不留神將會錯失當下，因為時間永遠不會停歇。是故，面對變化萬千的全球經貿環境，中國大陸當局政府以五年為期限，接續提出五年規劃，此外，為能更完善規劃的落實，其先提出相關政策藉此透過彼此相互應使五年規劃能更臻完善。而在中國大陸極力推進對外發展戰略外，亦根據其現今經濟狀況祭出一連串發展戰略以因應成長趨緩的經濟成長，有鑑於此，在此一改革浪潮中勢必湧現出嶄新的發展機會，因此，台灣企業家應把握此機會為自身企業迎來一股暖流。茲將各研究機構對「十三五規劃」衍生出新商機分述如後。

一、十三五規劃十大政策解析

為能改變現今狀況使趨緩經濟得以向上成長，中國大陸希冀透過「十三五規劃」以「改革」與「開放」之形式，推動經濟發展並朝向健全與完善的投資環境。中國大陸國家主席習近平（2015）表示：「有關『十三五規劃』之目標係為促進經濟轉型升級、改善經濟發展結構及永續經營生態環境。」而中國大陸國務院台灣事務辦公室發言人安峰山亦於 2016 年 3 月 30 日表示：「在新的五年計劃中，蘊含諸多產業發展商機，因此台灣企業家可採行與中國大陸企業進行創新合作之形式，進而達成互利之情勢。」另外，根據兩岸企業家中國大陸副召集人孫小系（2015）指出：「兩岸企業家可透過合作之發展形式，共同於『十三五規劃』尋覓出新的營運契機。」綜上可知，在中國大陸開啟新的五年計劃中，除改善中國大陸投資環境外，台灣企業家亦可透過此一改革找尋出屬於自己的發展道路。有關 2016《*TEEMA* 調查報告》特提出十三五規劃十大政策如下：

表 10-1　十三五規劃十大政策解析

五大發展理念	十大政策
1 創新發展	❶互聯網＋ ❷中國製造 2025
2 協調發展	❸京津冀一體化 ❹長江經濟帶
3 綠色發展	❺綠色生態 ❻藍色海灣
4 開放發展	❼一帶一路 ❽自貿區
5 共享發展	❾二孩政策 ❿精準扶貧

資料來源：本研究整理

1. 互聯網＋

中國大陸自 1994 年開放國際互聯網的使用，發展至今互聯網已成為生活中不可或缺的要素。而中國大陸國務院總理李克強於 2015 年 3 月 6 日政府工作報告中首度提出「互聯網＋」行動計劃，藉由互聯網連結傳統產業，進而培育新興產業，達到產業轉型與創新等任務，並於《國務院關於積極推進「互聯網＋」行動的指導意見》（2015）文件中提及「互聯網＋」十一大重點領域，如表 10-2 所示。此外，2016年3月17日，根據騰訊公司董事局主席馬化騰表示：「『十三五規劃』中的『網絡經濟空間』為『互聯網＋』概念之延伸，但更為深入、更為全面。」顯示「十三五規劃」綱要亦引入「互聯網＋」之概念，這意味著中國大陸對於「互聯網＋」計劃之重視，並結合分享經濟、移動互聯網及「大眾創業、萬眾創新」等思維，對於中國大陸經濟發展空間提供新成長引擎。

中國大陸互聯網蓬勃發展，各產業皆透過互聯網進行產業整合，中國大陸儼然進入互聯網大時代，根據美國矽谷中國企業協會會長陳冠敏（2015）指出：「中國大陸互聯網發展快速，從原先的跟風者逐漸成為領航者，並逐漸獲得引領全球互聯網發展的話語權。」此外，之初創投（*AppWorks*）創始合夥人林之晨（2015）表示：「中國大陸在互聯網領域已領先全球，台商可創造『互聯網＋台灣』戰略，兩岸攜手共同開發海外市場。」綜上可知，中國大陸互聯網發展逐漸成熟，並成為市場領先者，台灣可創造「互聯網＋台灣」之合作模式，協同中國大陸「互聯網＋」戰略共同搶占海外市場，帶領互聯網產業掀起另一股新浪潮。

表 10-2　「互聯網 +」十一大重點領域

十一大重點領域	
❶「互聯網 +」創業創新	❷「互聯網 +」協同製造
❸「互聯網 +」現代農業	❹「互聯網 +」智慧能源
❺「互聯網 +」普惠金融	❻「互聯網 +」益民服務
❼「互聯網 +」高效物流	❽「互聯網 +」電子商務
❾「互聯網 +」便捷交通	❿「互聯網 +」綠色生態
⓫「互聯網 +」人工智能	

資料來源：《國務院關於積極推進「互聯網 +」行動的指導意見》

2. 中國製造 2025

隨著德國祭出工業 4.0 之高科技計劃，世界各國相繼提出再工業化相關計劃，而中國大陸亦於 2015 年 5 月 19 日發布《中國製造 2025》行動綱領，揭示製造強國「三步走」戰略的第一個十年計劃，勾繪出 2035 年將從製造大國晉升為製造強國之戰略藍圖。2016 年 4 月 8 日，根據中國大陸工信部規劃司副司長李北光表示：「『強國製造』戰略作為『十三五規劃』的重要支柱，中國大陸有持續推動戰略的必要。」顯示「中國製造 2025」未來將成為中國大陸重點發展戰略，透過維護傳統產業並加速培育經濟成長的新動能，以保持中國大陸工業穩定發展。

如表 10-3 所示，有關《〈中國製造 2025〉重點領域技術路線圖》中提及十大重點領域，未來中國大陸將圍繞此十大領域發展，為企業提供創新發展的方向與路線圖，各企業為響應政策勢必掀起新的競爭浪潮，而台灣企業亦可追尋此股潮流進而發展新興產業。根據拓墣產業研究所（*Topology Research Institute*；*TR*）副所長黃鋰（2015）指出：「台灣中小型企業可透過『中國製造 2025』的發展契機，全方位提升競爭優勢。」一語道出面對中國大陸提出的政策，台灣亦可找尋發展機會，透過差異化的定位，大量研發創新產品並提升品質，以迎接未來的挑戰。

表 10-3　「中國製造 2025」十大重點領域及五項重大工程

十大重點領域	
❶新一代訊息技術產業	❷高檔數控機床和機器人
❸航空航天裝備	❹海洋工程裝備及高技術船舶

表 10-3 「中國製造 2025」十大重點領域及五項重大工程（續）

十大重點領域	
❺先進軌道交通裝備	❻節能與新能源汽車
❼電力裝備	❽農機裝備
❾新材料	❿生物醫藥及高性能醫療器械
五項重大工程	
❶建設工程	❷智能製造工程
❸工業強基工程	❹綠色製造工程
❺高端裝備創新工程	

資料來源：《〈中國製造 2025〉重點領域技術路線圖（2015 版）》、本研究整理

3. 京津冀一體化

1982 年「首都圈」概念首次在《北京城市建設總體規劃方案》中被提出，係由兩個圈組成，內圈為北京、天津與河北省的唐山、廊坊及秦皇島；而在外圈部分則為承德、張家口、保定與滄州。而到 1986 年河北省首次嘗試依循著環京津之區位優勢，提出「環京津」戰略，希冀藉此帶動河北省發展。到了 1996 年《北京市經濟發展戰略研究報告》中提及「首都經濟圈」概念，其範圍為「2+7」模式，係以京津為核心，包含河北省的唐山、承德、秦皇島、保定、張家口、滄州與廊坊。而在 2004 年正式確立「京津冀經濟一體化」發展思路，此外，並將範圍規劃為「8+2」模式，係為北京、天津兩直轄市與河北省的唐山、秦皇島、石家莊、保定、廊坊、張家口、滄州與承德。2011 年「十二五」規劃首次提出「首都經濟圈」概念，並致力發展京津冀一體化。而到 2015 年中國大陸政府與國務院印製《京津冀協同發展規劃綱要》，將「京津冀一體化」更加明確與細化其發展方向。

21 世紀不動產集團市場發展中心總監桑豫亦於 2015 年 12 月 30 日表示：「京津冀一體化對中國大陸房地產市場影響，主要為平衡城鄉間之發展，使購屋者選擇可從城市拓展至其他地區，進而舒緩城市供需失衡之情況。」此外，2016 年 3 月 26 日，全國台灣同胞投資企業聯誼會會長郭山輝亦表示：「京津冀一體化的發展將可為台商在經營上得以轉型升級，亦可為台商迎來新的投資商機。」綜上可知，有關中國大陸推行之京津冀一體化之戰略，除可降低過往城鄉之間的發展差距之外，亦可為台商創造出嶄新的營運契機，因此，台商更不能錯過此次發展機會。

4. 長江經濟帶

根據中國大陸國家主席習近平於2016年1月5日表示：「與其過度強調長江經濟帶的發展，更應將其生態放在優先改革之位置。」由此可知，因長江經濟帶有助於中國大陸沿海企業往中西部布局，使其擺脫其他國家透過海上封鎖的勢力，此外，「長江經濟帶」更可做為銜接中國大陸「一帶一路」經濟戰略之重要樞紐，因此，2016年將加速推進其發展與完善其相關發展計劃。而在2016年3月26日《長江經濟帶發展規劃綱要》政策正式通過，其主要目的係發揮長江經濟帶之效用，以帶動產業、資本與技術往中西部與西部移動。

另，根據中國大陸國務院台辦前副主任龔清概於2016年1月19日表示：「有關長江經濟帶建構，將可為台商投資產業注入發展契機，此外，透過長江流域之推波助瀾下，更可望成為台商產業升級之動力來源。」而全國台灣同胞投資企業聯誼會會長郭山輝亦於2016年3月16日指出：「因長江流域腹地遼闊，含括人口數達40%之多，因此，台商可透過與中國大陸展開企業合作，共同發展，為彼此開拓市場範圍。」綜上可知，隨著中國大陸不斷精進其國家發展戰略，台商更應順應時勢掌握機遇，進而得以為自身營運添加動能，以擴大市場投資布局範圍。

5. 綠色生態

「綠色生態」首次提出之理念源自於2012年，至2016年中國大陸十三五規劃的開局之年，再次將「綠色生態」納入重要規劃之中。此一理念強調綠色發展，其中包含：（1）引導綠色消費；（2）支援綠色城市；（3）優先綠色採購；（4）支持綠色生產；（5）執行新的法規與污染防治行動，以利推動「綠色生態」。2015年被稱為環保政策年，諸多計劃陸續推出，並從2016年，政策開始逐一落地實行，其中針對綠色生態提出六大規劃如表10-4所示。根據中國大陸環境保護部（2016）表示：「進入十三五規劃時期，將以最嚴格的標準執行環境保護制度。預期中國大陸完美推進大氣、水、土壤三大戰役作戰方案，並且進一步使中國大陸綠色產業的新需求逐漸轉動。」由上可知，中國大陸將以綠色發展概念，全力發展及推動「綠色生態」。

2016年5月24日，中華經濟研究院舉辦《展望中國大陸十三五時期改革與發展趨勢》研討會，中國大陸經濟研究所所長劉孟俊（2016）表示：「兩岸於中國大陸十三五時期將會有很多合作機遇。」此外，大陸經濟研究所副所長吳佳勳亦表示：「中國大陸以綠色發展為藍圖，試圖打造美麗中國夢，兩岸產業合作重點領域將可放在新興的綠色產業商機，台商亦可在污染排放監測服務市場爭取機會」不過吳佳勳亦提醒，隨環保條件的提升，將為台商帶來轉型升級的壓力。綜上可知，綠色生態除了將帶來兩岸諸多合作機會，伴隨而來的則是另一層面的轉型壓力。

表 10-4　綠色生態規劃內涵

綠色生態六規劃	
❶促進人與自然和諧共生	❷加快建設主體功能區
❸推動低碳迴圈發展	❹全面節約和高效利用資源
❺加大環境治理力度	❻築牢生態安全屏障

資料來源：中國大陸國務院

6. 藍色海灣

中國大陸經濟發展是一條沿著重化工業、大投資、能源密集型及資源密集型產業為發展之路，亦為一條重污染之路，是造成環境災難的最直接原因，根據中國大陸環保部部長陳吉甯（2015）表示：「中國大陸在過往快速發展下，付出極大的環境代價，不僅使環境資源日益趨緊，亦使環境承載力達到上限。」因此，作為「十三五規劃」五大發展理念之一的「綠色發展」最受矚目，是首度將加強生態文明建設寫入五年規劃之中。其中將「藍色海灣」的整治工程計劃列入重點之一，目標是透過對受損沙灘區域及受侵蝕的海岸進行修復，來保持沙灘的穩定性，進而拓展公共的親水空間，此外，亦將廢置的堤壩、海洋工程垃圾及廢棄物等進行拆除，實現「退堤還海」及「退養還攤」等計劃，進而提升海域開發的空間潛力，以達到「水清、岸綠、灘淨、灣美、島麗」的海洋生態文明建設目標。

身為全球第二大經濟體的中國大陸，周圍有著一片廣袤海洋，底層有著豐厚寶藏，如同手持一把金鑰匙，輕輕一扭就能開啟一片寬闊的藍色經濟空間，而中國大陸總理李克強（2016）表示：「制定中國大陸的海洋策略並保護海洋生態環境，進而開拓藍色經濟海域。」此外，中國大陸全國政協委員史貽雲（2015）提出「把海南島打造成海洋高科技」的想法，其亦表示：「建設海洋強國，需利用南海的資源進行開發，推進海洋漁業、海洋油氣及海洋生物醫藥等領域，以上皆需要高科技技術以利支撐。」綜上可知，中國大陸將著力在海洋資源的保護與開發等關鍵技術的研究和應用，目標將海峽打造成為「藍色矽谷」，因此台商以技術為基礎透過兩岸合作布局藍色海域，將可挖掘無限商機。

7. 一帶一路

「一帶一路」發展戰略係自1978年中國大陸首次提出改革開放，往後又歷經推進1.0版的東部沿海發展、2.0版的西部大開發與3.0版的沿線發展等戰略後，開創出中國大陸經貿發展新變遷之舉措，並期盼4.0版的「一帶一路」能為現今中國大陸政府極為困擾之產能過剩問題，帶來解套之新方案。根據表10-5所示，「一帶一路」最早始於2013年由中國大陸國家主席習近平所提出，希冀透過「絲綢之路經濟帶」與「21世紀海上絲綢之路」兩條絲綢帶與五項互通合作重點（政策溝通、設施聯通、貿易暢通、資金融通、民心相通），以推進中國大陸國家級戰略之發展。根據中國大陸國務院總理李克強（2015）表示：「一帶一路除可連結歐亞地區與中國大陸沿海港口之外，亦可帶來國家經濟向上攀升，此外，在『開發』與『開放』兩結合下，使中國大陸經濟得以轉型升級。」

2016年1月11日，中央研究院院士朱雲漢教授表示：「為能達到去庫存與幫助經濟再度成長，中國大陸祭出『一帶一路』之國家戰略，因此，台商可掌握此次機遇透過與中國大陸企業相互合作，創造互利共生之機會。」此外，旺旺集團副董事長胡志強亦於2016年3月20日指出：「台商應關注此次『一帶一路』戰略，得以掌握中國大陸祭出之政策優惠，藉此為自身投資布局上增添益處與新商機。」綜合上述可知，中國大陸極力推廣之「一帶一路」國家級戰略，除可幫助其去庫存之外，亦可為台商迎來一股新的投資商機，因此，台商更應積極把握以贏得經營優勢。

表10-5　中國大陸一帶一路之簡介

時間	事件
絲綢之路經濟帶（一帶）	❶自中國大陸出發經過中亞、俄羅斯與歐洲
	❷自中國大陸出發經過中亞、西亞到波斯灣與地中海
	❸自中國大陸出發到東南亞、南亞與印度洋
海上絲綢之路（一路）	❶自中國大陸沿海港口經過南海到印度洋，延伸直達歐洲
	❷自中國大海沿海港口經過南海到南太平洋
五項互通合作重點（五通）	❶政策溝通：加強政策溝通為「一帶一路」建設之重要保障
	❷設施聯通：基礎設施相互聯通為「一帶一路」建設之優先領域
	❸貿易暢通：投資貿易合作為「一帶一路」建設之重要內容
	❹資金融通：資金融通為「一帶一路」建設之重要支撐
	❺民心相通：民心相通為「一帶一路」建設之社會根基

資料來源：馮並（2015）《一帶一路：全球發展的中國邏輯》、中華經濟研究院、本研究整理

8. 四大自貿區

❶上海自貿區

中國大陸自 1979 年改革開放以來，其發展快速並於沿海建立經濟特區，以開放之思維成功帶動中國大陸經濟之成長。在此架構下，中國大陸再度提出自貿區並希冀透過引領中國大陸再創高峰。中國大陸國務院總理李克強（2014）曾表示：「上海自貿區之成立可為中國大陸處理好發展與開放的關係，亦平衡政府與市場，並帶動金融改革創新。」由此可知，上海自貿區的建立不僅可為中國大陸開拓對外貿易的深度，此外，透過完善的金融體制更可為其創造龐大的營運商機。2016 年 3 月 15 日，根據上海自貿試驗區管委會副主任王辛翎表示：「上海自貿試驗區將根據上海跨境電商的工作領導小組要求，自深化制度創新到優化服務體系與完善保障制度等，多方向推動跨境電商之運作。」

此外，隨著自貿區不斷完善驅使下，再加上中國大陸旅遊市場商機無限，台商亦可從中尋覓出合宜之商機。雄獅旅行社總經理裴信祐於 2016 年 3 月 8 日表示：「為能順利掌握中國大陸旅遊市場，將透過上海自貿區，積極取得「大陸公民境外遊」之資格，以強化雄獅布局中國大陸之基礎，藉此獲得中國大陸每年出境高達 1 億人口數之商機。」顯示上海自貿區的建立除可開拓中國大陸貿易市場外，亦可為台商創造出新的發展道路，是故，台商應加強自我優勢，以獲得先暫卡位之優勢。

❷天津自貿區

有鑒於上海自貿區之成功推行，因此 2015 年 4 月 21 日，中國大陸國務院發布《中國自由貿易試驗區總體方案的通知》，並透過借鏡上海自貿區之經驗成立「天津自貿區」，而其範圍包含：「天津港片區、天津機場片區與濱海新區中心商務片區。」此外，根據中國人民銀行（2015）發布《關於金融支持中國天津自由貿易試驗區建設的實施意見》，並提出天津市金融改革創新 2016 至 2018 年之三年行動計劃，其中天津自貿區將以「金融改革」作為發展目標。

富邦華一銀行行長詹文嶽於 2016 年 3 月 8 日表示：「隨著人民幣不斷國際化驅使下，為能滿足客戶對跨境交易的需求，及提高富邦華一銀行的市占率，因此積極布局於天津自貿區與上海自貿區。」除此之外，富邦金董事長蔡明忠亦於 2016 年 4 月 21 日表示：「因中國大陸經貿於全世界具有舉足輕重之地位，倘若要打亞洲盃很難避開中國大陸。」綜上可知，中國大陸具有廣大的市場商機，其在世界影響力不容忽視，因此，中國大陸不斷深化經濟改革，台商更應加強自我發展優勢方能從中獲取經營商機。

❸福建自貿區

福建自貿區位於海上絲路之起點，因此中國大陸政府希冀藉由福建自貿區為中國大陸與台灣勾勒出新格局。有關福建自貿區戰略地位係打造改革創新的試驗田與兩岸經濟合作示範區。因此，其最大特點為深化兩岸經濟，及推進與台灣的貿易自由，希冀為彼此創造出嶄新的火花。根據福建省省長蘇樹林（2015）表示：「福建自貿區設立之核心目的，係為加速制度層面的創新，並建立起兩岸深化改革的經濟合作，共創國際新體制。」由此可知，福建自貿區成立係推動兩岸合作，與深化改革為其主要成立之目的。

中國信託金融控股公司吳一揆（2015）表示：「因『一帶一路』國家戰略將福建做為海上絲綢之路核心地區，因此欲把握福建自貿區對於台灣開放之契機，得以掌握兩岸合作之機會。」此外，2016年3月18日，根據全國政協常委鄭建邦表示：「福建自貿區中的平潭擁有自貿實驗區與綜合實驗區兩優勢，因此其發展無可限量，因此台商更應把握此機會。」綜上可知，福建自貿區挾有對台開放之優點，因此，台商更應積極掌握此一機運以為自身奪得佳績。

❹廣東自貿區

中國大陸期盼透過設立自貿區，進而開放中國大陸市場。廣東自貿區挾著對地緣有顯著的優勢，係因為其靠近「港澳地區」，因此中國大陸政府希冀透過「一帶一路戰略」，將其打造成為「21世紀海上絲綢之路」之樞紐。根據廣東省自貿辦主任鄭建榮（2015）表示：「中國大陸成立自貿區係希冀完善投資貿易、智慧財產權、法治環境與金融創新，藉此能擴大中國大陸與國際市場對接外，亦能為開拓高品質的產業體系。」

根據廣東省台辦副主任方濤於2016年3月10日表示：「未來布局於廣東之台商應從三方向著手，係為緊盯中國大陸政策、粵台產業互補以及適應新常態變化。」此外，其亦指出：「廣東將於2016年起朝向創新發展與推動大眾創業、萬眾創新及廣東自貿試驗區，並且更要積極參與『一帶一路』。」綜上可知，因中國大陸政府於新的五年計劃中祭出許多優惠政策，並為企業帶來投資便利化與更加完善的投資環境，因此，台商更應積極掌握此一機會，會自身在營運發展上締造出許多經營紅利。

表 10-6　中國大陸四大自貿區

	上海自貿區	天津自貿區	福建自貿區	廣東自貿區
時間	2013 年 9 月 29 日	2015 年 4 月 21 日	2015 年 4 月 21 日	2015 年 4 月 21 日
涵蓋範圍	❶外高橋保稅區 ❷外高橋保稅物流園區 ❸洋山保稅港區 ❹浦東機場綜合保稅區 ❺陸家嘴金融片區 ❻金橋開發片區 ❼張江高科技片區	❶天津港片區 ❷天津機場片區 ❸濱海新區中心商務片區	❶平潭片區 ❷廈門片區 ❸福州片區	❶南沙新區片區 ❷深圳市前海片區 ❸蛇口片區 ❹橫琴新區片區
重點產業	❶金融服務 ❷高端製造 ❸專業服務 ❹國際貿易 ❺航運服務	❶創新金融 ❷新一代資訊技術 ❸跨境貿易電子商務 ❹文化傳媒創意	❶現代服務業 ❷高端製造業	❶旅遊休閒健康 ❷商務金融服務 ❸文化科教 ❹高新技術產業

資料來源：本研究整理

9. 二孩政策

為能有效減緩中國大陸人口爆炸之情勢，因此自 1980 年起中國大陸即實施一胎化政策，然經年累月之下亦衍生出勞動力不足與人口年齡層老化之現象，因此，為能夠有效促進人口發展均衡，中國大陸於第 18 屆五中全會祭出二胎政策之推行，以因應人口老化之態勢。2016 年 3 月 8 日中國大陸國家衛生和計畫生育委員會李斌表示：「受到二胎政策之推行，預計中國大陸勞動人口數到 2050 年可望增加 3,000 萬人口數，並有助於老年人口比例之下滑。」

2016 年 3 月 8 日，台灣樂母兒國際股份有限公司駐廈門辦事處經理吳柏霖指出：「在二孩政策推行之後，未來嬰幼兒市場將會是一塊極具有商機之市場大餅，從母嬰用品到學齡兒童之食、衣、住、行與育樂皆為可發展之潛力商機。」此外，2016 年 3 月 9 日上海市台商協會母嬰工委會主委鍾宇富亦表示：「面對全面開放二胎政策下，不論是對於投資嬰幼兒產業之台商，抑或是月子中心之台商，皆贏來發展之春風，除此之外，對於投資女裝產業之台商亦颳起投資商機之旋風。」綜合上述可知，二胎政策之推行，除可舒緩中國大陸勞動力人口之壓力外，亦對布局相關產業之台商注入一股強心針，希冀透過政策之順風車驅使下，能為自身產業締造營運佳績。

10. 精準扶貧

時任中國大陸領導人鄧小平（1982）表示：「社會主義要消滅貧窮，貧窮不是社會主義。」顯示中國大陸早在 1982 年就開始針對弱勢族群提出精準扶貧計劃，因此在 1986 年中國大陸政府開始有計畫且大規模的針對農村進行第一波扶貧戰略為「中國式第一波扶貧計劃」拉開序幕，當時時任中國大陸國務院副總理田紀雲（1986）表示：「當時全中國大陸農村高達約一億多人，人均約在人民幣 200 元。」顯示出當時部分農民連基本生活開銷都有一定困難。如今過了 30 年中國式的扶貧計劃持續進行，中國大陸國務院陸續頒布多項利多政策其中又以《中國農村扶貧開發綱要（2011-2020 年）》較為重要，其目為穩定對象提升基本生活開銷無虞、保障義務教育的權利、基本醫療權利和住房的權力。根據中國大陸國家主席習近平（2016）表示：「針對『十三五規劃』中精準扶貧，提出六個精準與五個一批來豐富精準扶貧內涵與操作辦法，勾勒出精準扶貧新藍圖。」顯示中國大陸對於扶貧計劃的重視。

表 10-7　中國大陸歷年扶貧計劃

時間	目標	
1994-2000 國家八七扶貧 攻堅計劃	❶為扶持貧困戶創造穩定解決溫飽問題的基礎條件，減少貧困人口	
	❷加強基礎設施建設	
	❸改變文化、教育、衛生的落後狀態，將人口自然增長控制在範圍內	
2001-2010 中國農村扶貧 開發綱要	❶解決少數貧困人口一般生活開銷	
	❷提高貧困人口的生活品質和綜合素質	
	❸加強貧困鄉村的基礎設施建設，逐步達到小康水準創造條件	
2011-2020 中國農村扶貧 開發綱要	❶堅持實行扶貧開發和農村最低生活保障制度有效銜接	
	❷鼓勵和幫助有勞動能力的扶貧對象通過自身努力擺脫貧困	
	❸把社會保障作為解決溫飽問題的基本手段，逐步完善社會保障體系	
2016-2020 十三五規劃 精準扶貧	六個精準	
	❶對象要精準	❷項目安排要精準
	❸資金使用要精準	❹措施到位要精準
	❺因村派人要精準	❻脫貧成效要精準

資料來源：本研究整理

在做法上根據全國政協常委徐輝於 2016 年 3 月 4 日表示：「『治貧先治愚，扶貧先扶智』，應有多元化思維因此想要精準扶貧培育人才，教育將是最佳辦法，並提供更多工作機會給一般大眾，提升整體經濟收入。」此外，2016 年 3 月 4 日農工黨寧夏區委主委戴秀英表示：「在十三五規劃中精準扶貧政策是相當重要的，因此在 2020 年前要制定一系列扶貧完善制度，才能真正達到扶貧計劃的目的。」無論現實層面或是技術層面都顯示出中國大陸民眾迫切擺脱貧困，希冀在 2020 年能有重大成果。而台商可針對扶貧對象提供必要培育人才資金，或釋出更多工作機會等如：在廣西梧州市共有 20 家台資企業，共同參與當地精準扶貧的「春風行動」共七次，除捐贈 10,000 元人民幣用於改善貧困小學教學設施，另外亦釋出 200 個工作機會給予扶貧對象。

二、十三五規劃台商七大產業商機

中國大陸作為世界第二大經濟體，其一舉一動必為全球各國所關注，而「十三五規劃」為中國大陸未來五年整體發展戰略。2016 年 3 月 30 日，中國大陸國務院台灣事務辦公室新聞發言人安峰山表示：「『十三五規劃』擁有許多發展良機，兩岸應透過創新的合作方式，以互利共贏之方式共同取得利益和福祉。」一語道出「十三五規劃」整體戰略龐大，兩岸可藉由戰略合作等形式，共同掌握機會。茲彙整各研究機構論述「十三五規劃」發展商機如表 10-8 所示，2016《*TEEMA* 調查報告》彙整各研究機構論述，茲針對台商「十三五規劃」七大產業商機分述如下。

商機一：【綠色環保】

中國大陸歷經多年快速成長，追求經濟發展硬指標，而對生態環境造成嚴重損害，隨著環保意識的抬頭，中國大陸於「十三五規劃」中將綠色發展視為五大發展理念之一，提出建設「美麗中國」執政理念，鼓勵綠色消費、降低汙染產業，以建構可持續發展環境。2016年4月19日，根據資誠（*PwC*）表示：「『十三五規劃』將綠色發展提升至國家策略層級，未來五年中國大陸節能減碳市場將有六兆至十兆人民幣的規模。」此外，2016 年 4 月 12 日，廣東省肇慶市副市長陳宣群亦提及：「中國大陸民眾越來越重視環境保護，而台灣企業擁有豐富的實戰經驗，可在相關領域大展拳腳。」此外，台灣競爭力論壇執行長謝明輝（2016）亦指出：「台商在污染防治、節能減碳、海水淡化、設備與工程等方面起步稍早，具有先發優勢，有機會參與中國大陸綠色產業發展」，綜上可知，綠色環保產業逐漸成為中國大陸新經濟成長點，而台灣企業在此領域擁有豐富的經驗，因此在

表 10-8　中國大陸「十三五規劃」產業商機彙總

中國大陸「十三五規劃」商機	❶ 麥肯錫	❷ 匯豐銀行	❸ 全國工業總會	❹ 台灣經濟研究院	❺ 拓墣產業研究所	❻ 台灣競爭力論壇	❼ 資策會	❽ 遠見雜誌	❾ 第一金投顧	❿ 凱基證券	⓫ 兩岸共同市場基金會	總數
發表時間	2015	2015	2015	2015	2015	2016	2016	2016	2016	2016	2016	
1 綠色環保產業	◎	◎	◎	◎		◎	◎	◎	◎	◎	◎	10
2 互聯網＋產業	◎	◎	◎		◎		◎	◎				6
3 母嬰用品產業		◎	◎	◎		◎		◎		◎		6
4 智能製造產業	◎		◎		◎		◎	◎				5
5 新能源產業	◎		◎		◎				◎	◎		5
6 養老服務產業			◎			◎	◎	◎			◎	5
7 生物醫藥產業	◎		◎						◎	◎		4
8 文化創意產業			◎								◎	2
9 基礎建設產業	◎			◎								2
10 半導體產業					◎				◎			2
11 現代服務業		◎										1
12 金融自由產業						◎		◎				1
13 智慧農業	◎											1
14 電力設備	◎											1
15 汽車電子										◎		1
16 航空航天設備	◎											1

資料來源：本研究整理

面對中國大陸綠色環保產業蘊含的龐大商機，台灣企業應盡早做好準備，以取得先占卡位優勢。

商機二：【互聯網＋】

隨著中國大陸提出「互聯網＋」戰略，各行業紛紛提出不同的「互聯網＋」計劃，希冀跟上此股浪潮，打造訊息傳播新通路。根據中國大陸工信部新聞發言人張峰（2015）表示：「2015 年中國大陸互聯網投資建設達 4,350 億元人民幣，年成長率為 10%，預估十三五期間將可突破兩兆人民幣大關。」顯示中國大陸互聯網產業發展快速，並蘊藏巨大的投資機會。另一方面，網路家庭（*PChome*）董事長詹宏志（2015）亦提及：「中國大陸互聯網市場龐大，雖大型互聯網公司獨占重要資源，但仍有龐大的空間留給中小型網路服務公司，台灣企業可藉此機遇找出自身生存之道，形成具有影響力的企業。」顯示中國大陸大型互聯網公司不斷揚名國際，但「大有大的美、小有小的優勢」，台灣互聯網企業可找尋自身企業定位，分享互聯網產業的發展機遇。

商機三：【母嬰用品】

伴隨中國大陸於「十三五規劃」中祭出全面開放二胎政策後，預計 2016 年起四年人口將可望增加 1,358 萬人，此外，有關嬰幼兒相關投資亦達 1,300 億人民幣，再再體現出中國大陸蘊含著廣大市場商機，亦對台商發展重新迎來春暖花開的氛圍。2016 年 4 月 6 日，勤業眾信聯合會計師事務所（*Deloitte Taiwan*）指出：「因『十三五規劃』將中國大陸發展定位為世界市場，並積極鼓勵投資服務性高的產業，因此與二孩政策息息相關的產業，如嬰幼兒產業、兒童服飾或坐月子中心等，皆為台商可前往投資布局之產業類別。」而全國工業總會副秘書長蔡宏明（2016）亦指出：「隨著中國大陸『十三五規劃』的開展，與二胎政策或是醫藥產業，皆可作為台商投資之首選標的。」綜上可知，過往中國大陸推崇的一胎政策已不復見，而在嶄新的國家發展戰略中，開展出許多有利於台商之發展契機，是故，台商應思索自我優勢與進入模式，以獲得搶占先機之機會。

商機四：【智能製造】

在「十三五規劃」的整體策畫下，未來五年中國大陸將從「製造大國」轉型為「製造強國」，「中國製造 2025」政策紅利進而帶動智慧製造商機，自動化成為顯學。根據中國大陸工信部（2016）指出：「2015 年中國大陸工業控制與工廠自動化市場規模為 235.9 億美元，預計 2017 年可達 287.3 億美元」。2016 年 4 月 12 日，根據瑞林電機最高顧問鄭富雄指出：「『十三五規劃』為台灣智慧化生產提供巨大的機遇，諸如將機器人、3D 列印、網際網路等自動化、智能化工具融入傳統製造業，中國大陸擁有市場及資金等方面的優勢，台商可透過雙方優勢互補建立產業間的合作機會。」顯示在「十三五規劃」的框架下，智能製造發展潛力無限，台灣企業可與中國大陸打造產業鏈整合，共同應對新一輪的智能製造產業的革命挑戰。

商機五：【新能源】

中國大陸「十三五規劃」提出推動能源結構優化升級，加快能源技術創新，持續推進風電、太陽能兩大再生能源發展，亦進行風能、太陽能、生物質能發電扶持政策之完善。根據中國大陸國家能源局局長努爾 ‧ 白克力（2016）指出：「十三五期間，中國大陸每年將新增 1,500 萬千瓦到 2,000 萬千瓦的太陽能發電，維持全球最高成長率」，此外，「十三五規劃」亦指出新能源應用，除提升使用太陽能、風力及生物燃料的新型發電站的比例外，亦加快增設核電站速度，未來仍持續為全球第一大太陽能需求國。看中中國大陸綠色經濟發展前景無窮，富士康集團與蘋果合作於中國大陸河南南陽興建太陽能電廠，致力發展清潔能源。此外，台商亦可順勢「一帶一路」發展，將光電產品如 LED 照明、綠能如太陽能裝置和小型風力發電設備，延伸布局至其他市場。

商機六：【養老服務】

隨著全球老年化程度不斷加劇，因此世界各國更加注重養老產業之發展，亦為影響國家民生問題之關鍵要素與經濟之新動能。2016 年 3 月 13 日，財團法人資訊工業策進會資深產業顧問陳子昂指出：「未來台灣與中國大陸可望發展產業為老年安養產業與文化創意展業等服務層面性質的產業屬性。」此外，台灣經濟研究院兩岸發展研究中心主任陳華升亦於 2016 年 3 月 17 日表示：「有關兩岸產業相互推行之領域為長期照護產業或綠色經濟產業，透過彼此產業互補以助台商轉型升級。」綜上可知，隨著全球人口結構之轉變，老齡化人口逐漸攀升情況下，各國政府皆看中安養產業發展之必要性。因此，中國大陸亦在新的五年規劃中強化安養照護產業之需求與必要性，是故，台商可藉此一契機為自身找尋新商機，為自身開創出營運紅利。

商機七：【生物醫藥】

生物醫藥產業為中國大陸「十三五規劃」之戰略性新興產業之一，其加速發展將滿足不斷成長的健康服務需求，對台商而言可視為一大商機。2016 年 7 月 5 日，根據國家實驗研究院科技政策研究與資訊中心指出：「2014 年中國大陸藥品市場銷售額突破 1.5 兆元，為全球第二大醫藥消費市場，且目前已進入老齡化社會，老年人口高達 1.2 億，其醫療需求成長快速。此外，中國大陸生物醫藥產業規模龐大，2014年全產業銷售額近2.5兆元。然而，中國大陸藥物的自主研發卻能力不足，且藥品生產以仿製為主，其關鍵技術未達國際水準」。另一方面，根據經濟部（2015）指出：「台灣生技產品已在歐洲、美國及日本等國家銷售，意旨品質已符合先進國家的要求且品質管理能力強，但雖有技術優勢卻面臨創新產品開發不易與市場拓展困難的問題。」綜上所述，台灣生物醫藥產業可利用技術優勢布局中國大陸，亦可滿足其龐大需求以尋覓商機。

第11章

十三五規劃兩岸合作新模式

中國大陸國務院總理李克強於第十二屆全國人民代表大會第三次會議（2015）上發表《2015政府工作報告》提及：「未來發展將統籌四大板塊與三個支撐帶發展區域經濟，透過『一帶一路』結合區域開發開放，實施『中國製造2025』帶動產業創新升級、制訂『互聯網+』行動計劃發展國際電子商務市場，進而推動『大眾創業、萬眾創新』促進產業升級。」為市場勾勒出明確的中國大陸商業發展輪廓，而於2015年6月5日閉幕的第五屆兩岸產業合作論壇更提出「兩岸共同出資、共同研發、共同開拓全球市場與共同創建華人品牌」和「專人、專責、專項、專款、專用的合作機制」的「四同五專」合作原則，期望兩岸產業能在一致的目標下，共同開拓全球商機，而許多台商企業亦期望透過兩岸企業間的合作，深度涉入「互聯網＋」、「中國製造2025」及「一帶一路」等中國大陸「十三五規劃」期間的主軸政策所蘊含的商機。然而，雖「十三五規劃」前景遼闊，隨著中國大陸企業和產業群聚急起直追，逐漸對周遭各國產業形成磁吸效應，亦漸發展出新的自主產業生態圈，導致過往兩岸垂直分工的合作模式，已逐漸轉為水平替代的競合態勢，不但壓迫部分台商企業的獲利空間，亦削弱台灣於全球區域板塊內的經濟地位，從而撼動部分台灣企業的利潤根基（例：核心研發人員出走、協力廠商遭挖腳）。此外，隨著中國大陸和諸多已開發國家紛紛以不同的形式推動「再工業化」（*Reindustrialization*）策略，不但對台灣製造業面臨嚴峻考驗，亦對台商布局中國大陸的誘因產生變數（例：鎖定中國大陸內需市場的台商企業），甚至影響中國大陸相關產業群聚的興衰。

誠如哈佛大學教授*Brandenburger*和耶魯大學講座教授*Nalebuff*於1996年共著《競合策略：商業運作的真實力量》（*Co-Opetition*）所述：「在競合賽局中，重要的不是去限制其餘參賽者的價值，而應著眼於提升自身的核心價值和附加價值。」面對台商與中國大陸企業的合作逐漸進入新的競合階段，台資企業必須調整兩岸企業合作的既有思維和布局方式，進而能與中國大陸企業相互競合並追逐新一波成長曲線的同時，仍能持續提高自身的核心價值和附加價值，維持台灣企業和產業群聚於賽局中的地位，避免台商企業和台灣產業群聚陷入空洞化、被邊緣化和被替代化的危機。茲針對台商未來涉入兩岸企業合作之可能模式和方向，概略勾勒為：（1）兩岸合作布局新興產業；（2）兩岸合作驅動雙創發展；（3）兩岸戰略投資策略聯盟；（4）兩岸建立訊息分享平台；（5）兩岸建立區對區貿易鏈等五大政府主導型合作模式，以及（1）兩岸合作自創共有品牌；（2）兩岸合作開拓白地市場；（3）兩岸優勢整合文創復興等三大企業主導型合作模式，並分述如下。

政府主導型合作模式：

模式一：【兩岸合作布局新興產業】

由於兩岸現有產業結構重疊性日益提高，以及中國大陸積極推動「中國製造 2025」政策，導致兩岸企業陷入亦敵亦友的競合局勢。台積電董事長張忠謀（2015）表示：「產業間的競合關係永遠存在，台灣應持續推動產業升級，掌握關鍵核心技術及零組件，建構台灣優質的產品品牌形象，以維持產業競爭力。」一語道出台灣企業界應正視產業轉型升級的迫切性和重要性，此外，中央銀行總裁彭淮南（2015）亦表示：「台灣產業結構和出口結構不夠多元，較易受特定產業景氣波動影響。」凸顯出台灣企業發展過度集中於特定產業的隱憂。有鑒於此，台商企業可思考透過多角化經營，涉入綠能科技、智慧機械、環境工程等重點領域，拋棄傳統的「各國企業下單、台灣接單、中國大陸出口」三角貿易（*Merchanting Trade*）模式，協同中國大陸民間企業、新創團隊投入技術發展和終端應用，擴展總體產業規模，一方面分散利潤池布局和開發風險，另一方面則可提高台灣企業對於中國大陸企業的互補性和自主性，增進自身於競合賽局中的總體價值，以提高台灣產業在全球產業價值鏈的重要性。

面對陌生的國際市場，以及初涉具發展潛力的新興產業（例：車用科技、虛擬實境等），台灣政府可透過政策輔助並引導台資企業進行布局，鼓勵台資企業評估並嘗試與不同產業、不同國籍的企業建構互補共生關係，並依循比較利益原則、地緣關係和產業鏈分工與中國大陸相關企業進行合作，建構兩岸布局新興產業的合作基礎，一面降低或減緩產業環境落入惡性競爭的態勢，一面協同各方企業加速擴大市場規模和情境場域，推動新興產業的相關配套措施進程，形成「魚幫水、水幫魚」的兩岸良性共生態勢。此外，台灣政府亦應透過政策鼓勵並協助台資企業協同各方具備先占優勢的企業，透過建構共同標準擴大整體市場，降低具互補特性產業之企業的市場布局障礙，從而增加其投入市場的意願，加快產業間互補性的提升速度，並為後進者設下規範約束，而截至2015年，在華聚產業共同標準推動基金會推動下，兩岸諸多產業已累計達成或展開共327項共通標準共識，為兩岸新興產業生態和產業鏈的融合共生奠定良好基礎，亦有助於兩岸企業攜手共拓或跟隨前人步伐，依循布局新興產業。

1. 合作前景

❶擴大產業應用層面：積極引入互補性質的企業和產業，將能有效擴張新興產業的應用層面，從而迅速建構價值網絡，將整體產業的獲利擴大，並制定標準規則。然而，台商企業在拓展、擴大新興產業範圍和應用層面時，需審慎評估自身的核心價值、附加價值和產業居中地位是否會因決策而受損，以避免落入雖提升整體產業價值，卻削弱自身於該新興產業的地位和發展前景（例：*IBM*雖透過策略聯盟和開放式系統開創個人電腦世代，其產業地位卻亦因此而遭其他企業取代）。

❷增加產業應用場域：有鑒於科技日新月異，諸如物聯網（*IOT*）、虛擬實境等新興產業正初露頭角，而應用場域對於新興產業發展極為重要，中國大陸除擁有廣大的幅員和複雜的地貌，亦擁有多元的細部市場，而台灣除擁有完善的基礎建設和完善的產業群聚，亦具備短時間可抵達各種天然地形場域的優勢，因此，若能在台灣的應用場域完成核心設計，再推由中國大陸細部市場反饋和測試，將有助於提高產品的研發效率，以及應用端的完善程度。

2. 合作要素

❶持續提升核心價值：根據野村證券（*NOMURA*）策略分析師楊尚倫（2015）指出：「中國大陸企業的競爭已對台灣產業造成衝擊，部分廠商已意識到市占率流失，以及核心人才流失至中國大陸的現象。」一語道出，隨中國大陸企業競爭力持續攀升，已對台灣企業形成威脅，兩岸商業態勢從過往的垂直分工轉為水平競合。因此，台商企業若欲藉由建構兩岸企業競合體系布局新興產業，唯有不斷提高自身對於價值網中的核心價值和附加價值，以及避免做出會削弱整體賽局價值的決策，從而維持新興產業競合賽局的成長動能。

❷建構雙方的互補性：隨著兩岸企業競合態勢漸趨明朗，台商企業在選擇與中國大陸企業合作布局特定新興產業之際，應先確保，（1）雙方企業間於布局特定新興產業的互補性；（2）特定新興產業對於雙方企業各自的互補性；（3）雙方企業間既有業態的互補性，從而確保合作雙方對於開拓新興市場的積極程

度，以及維繫合作雙方間的信任程度（互補程度越高，合作意願越高）。

表 11-1　兩岸具潛在合作機會之新興產業

兩岸具合作機會之新興產業		
台灣新政產業	具發展潛力產業	細項產業
未來產業	產業 4.0	資訊與通信產業、資訊內容產業、機器人產業、雲端科技產業、巨量數據產業、3D 感測產業、物聯網技術產業、智慧居家產業、智慧城市產業、智慧化基建產業、智慧應用平台產業、智慧製造產業、光通訊科技產業、新舊產業聚合解決方案產業
	無人機產業	影像辨識科技產業、航太應用產業、無人機內容應用產業
	車用科技與電動車產業	無人駕駛科技產業、基礎電網產業、快速充能產業、電池產業、電動引擎產業、智慧車用科技產業、平板顯示技術產業
	材料科技產業	智慧型材料產業、奈米材料產業、先進基礎工藝材料產業、關鍵基礎材料產業
綠色產業	綠色科技產業	綠色材料產業、再生材料產業、廢棄物再生產業、廢水處理產業、環境汙染清潔技術產業
	綠色能源產業	太陽能產業、風力發電產業、生物質能產業、智慧電網產業、節能技術產業、能源儲蓄與傳輸產業、能源資通訊系統產業
生活產業	農糧科技產業	精緻農業、有機農業、智慧農業機具產業、植物工廠產業、農業改良科技產業、精準農業
	實境擴增產業	虛擬實境產業、微型投影技術產業、內容資訊產業、遊戲資訊產業
	醫療保健產業	醫療照護產業、生物科技產業、醫療材料產業、保健食品產業、醫美服務產業

資料來源：本研究整理

模式二：【兩岸合作驅動雙創發展】

隨著中國大陸傳統的投資驅動和資源驅動的經濟動能持續減速，中國大陸國務院總理李克強遂於 2014 年 9 月 9 日世界經濟論壇（*World Economic Forum*；*WEF*）新領軍者年會（又稱：夏季達佛斯論壇）首度提出「大眾創業、萬眾創新」構想，冀望營造中國大陸創業氛圍，以及完善建置相關體系，透過激發大眾智慧和創造性，使中國大陸經濟動能可從「要素驅動」模式轉向「雙創驅動」模式。根據台灣玉山科技協會理事長王伯元（2015）表示：「藉重『創投』

的支持力量，將『創新』『創意』達到商品化，並落實於『創業』，期以四創合流帶動產業的整體創新。」一語道出產業創新的必要元素和途徑，有鑒於中國大陸政府積極營造適合「雙創驅動」的發展環境，台商企業應把握機會趁勢而為，透過眾創空間、技術支援、天使投資等方向切入，積極與中國大陸創投公司、新創團隊合作，從中取得產業創新消息和挖掘產業新星，並順勢融入中國大陸的創業生態圈，培育潛在互補者和潛在客戶布局未來，伺機建構自身的多環狀生態圈，進而在漸趨激烈的平台戰爭中生存。

目前中國大陸各地積極響應「大眾創業、萬眾創新」，陸續湧現創客群聚，透過「微行為」匯聚「眾力量」，部分中國大陸企業更積極參與各國雙創圈活動，除尋覓並投資具發展潛力的團隊和項目外，更邀請對方進駐中國大陸，並協助建立在地化關係網絡，不但為中國大陸產業注入活水，亦使中國大陸企業透過從「雙創驅動」延伸圈地而跨出國界。而台灣目前興起如「黑客松」（*hackathon*）的創新創業活動，逐漸形成雙創生態圈，且資本市場上充斥閒置資金，使台灣具備發展潛質。然而，台灣缺乏企業家創投風氣，政府、投資人和創業圈三方資訊亦不暢通，諸多自造者空間更未被充分使用，*YouTube* 共同創辦人陳士駿於 2016 年 6 月 27 日更表示：「政府對於創業環境最大的貢獻即是不要阻擋創業者的路，並盡量縮短各創業環節的流程，協助清除中間的障礙。」一語道出政府應鬆綁、改善整體環境，建構良好雙創生態。有鑒於此，台灣政府應於政策和法律面著手，打造成本低廉、進入障礙低和發展迅速的雙創環境，並鼓勵企業參與創投，促進兩岸雙創產業活動推動和交流，挖掘並培育潛力項目和團隊，活化產業雙創動能，建構跨兩岸的新興商業網絡和生態，引領台灣立足雙創驅動潮流的世界舞台。

1. 合作前景

❶天使投資挖掘新星：隨著中國大陸興起「創客運動」和創業風氣，其政府更提出「大眾創業、萬眾創新」做為號召，迸發出許多新應用和新商業模式的落實，逐漸建構出許多創業生態圈，活絡中國大陸商業活動。有鑒於此，台商企業可考慮設置天使投資，利用閒置資金、網絡關係與對未來產業發展的預測，透過投資兩岸具潛力的新創團隊，建構遠期報酬和挖掘新星。

❷雙創布局智造轉型：根據台灣玉山科技協會理事長王伯元（2015）表示：「企業可藉『創投』力量，將『創新』和『創意』商品化，並落實『創業』，以四創合流帶動產業的整體創新。」一語道出落實支持「雙創」對於產業的創新有互補性，面對中國大陸積極推動「中國創造」向「中國智造」轉型，台商企業亦

藉由「雙創」潮流，與兩岸企業、團隊合作智造轉型，以應對未來的商業競合。

2. 合作要素

❶資產活化經營眾創：面對眾創活動興起，以及兩岸對於新科技和商業模式的應用發展百花爭鳴，台商企業可考慮將部分閒置的廠房、設備進行整理及改裝，轉型成為眾創空間，不但可活化閒置資產，亦可與充滿創新的創客、商業理念的創業家、風險投資人及創業家近距離接觸，建構關係網絡，掌握市場發展的風向，培育中國大陸潛在客戶和互補者，形成在地化的創業生態圈。

❷資源共享人才育成：面對科技快速進步，降低技術應用和創業門檻，台商企業可嘗試與不同的兩岸企業策略聯盟，共同成立眾創平台共享資源，擴大綜效吸引創客、風險投資人等族群，並藉由員工與創客間的交流培育企業內部人才，積極鼓勵、投資員工內部創業，提高企業未來發展的可能性。此外，亦可與兩岸教育單位合作，吸引學生提早接觸創客文化，有助於誘發探索學生個人志向，亦能將企業品牌形象植入學生心中，以奠定未來合作的契機。

模式三：【兩岸戰略投資策略聯盟】

面對具強烈替代性的紅色供應鏈持續進逼、東協諸國勞力密集傳產勢力擴張，台灣各界除積極的持續投入技術研發、優化內部流程等以延長優勢期為目標的戰略作為外，亦應考慮著手擬訂以未來發展為目標的投資布局戰略。中國大陸擁有龐大且具發展潛力人才和企業，台商企業因文化所致，過去較傾向傳統的內部成長模式外，如今面臨變動快速且變動幅度加劇的商業競爭，以及中國大陸企業積極透過海外併購彎道追趕，台商亦應考慮由企業外部性獲得成長動能，透過（1）伺機併購成熟的中國大陸次要廠商；（2）購買中國大陸民營企業的戰略性股權；（3）參股取得有發展潛力的生產要素和技術；（4）與中國大陸企業交叉持股互利共生，一面貼近中國大陸當地產業群聚的關係網絡，或取得相關產業許可執照，一面維持與競爭對手間的優勢存量，阻撓競爭者針對台商布局之兩岸產業群聚和供應鏈進行刨根式的併購，降低台資企業和產業群聚被邊緣化的危機，從而改變市場總體競爭態勢，並挖掘具備潛在發展性的兩岸團隊，致力建構或融入中國大陸市場的價值生態體系。

面對中國大陸紅色供應鏈崛起，以及「中國製造 2025」逐漸形成的排擠效應，台資企業除應致力發展自身可持續性的競爭優勢，確保自身於全球商業賽局中的地位外，亦可在保有自身董事會和管理階層獨立運作的前提下，採取策略聯盟（針對缺乏競爭優勢，卻又是策略重心的價值活動）或槓桿策略（針對具備競爭優勢，卻不是策略重心的價值活動），透過股權結盟與中國大陸企業進行生態鏈聯盟，一面確保自身智慧財產和核心競爭機密無外溢虞慮，一面與中國大陸企業合作形成兩岸產業垂直、水平和混合分工，將零和的競爭態勢轉為共贏的競合態勢，避免激烈的競爭損及各自獲利空間，不但可形成具備規模經濟和範疇經濟優勢的兩岸產業群聚網絡，亦可撮合兩岸企業共同開拓國際市場。誠如唐朝名臣魏徵曾云：「兼聽則明，偏信則暗。」因兩岸產業結構重疊性較高，台灣政府在推動相關政策時，應廣納兩岸跨領域的「產官學研」意見，成立專門的業務窗口，一面適度放寬對兩岸企業合作的相關管制和法規，一面研擬建構相關配套措施和方案，從而在促進兩岸企業投資合作之際，亦能保護台灣產業的特殊利基。

1. 合作前景

❶企業外部模式成長：台商企業透過交叉持股、戰略性參股、良性併購等外部模式，積極與中國大陸企業合作，將可快速獲得必要資源而成長，以及降低市場布局障礙和市場競爭程度，例如：2016 年 1 月 3 日台泥集團即與中國大陸企業中國建材集團達成合作，透過交叉持股經營四川太昌水泥廠，以及收購賽德水泥，從而結合雙方優勢提高產能和市場價格主導權。

❷化產業鏈為生態圈：過去的商業模式強調各產業基於特定的技術形成的產業鏈分工，然而隨著科技快速發展，不但導致產業間的疆界逐漸消融，亦改變產業的競合賽局，傳統的產業鏈正在串連成一個由價值網交錯的產業生態圈。面對此種轉變，台商企業除應積極向外尋求策略聯盟，亦應伺機透過併購、參股等方式，拉攏、吸收中國大陸優質企業或團隊，建構多環狀生態圈，從而提高自身平台策略的彈性。

2. 合作要素

❶審慎評估掌握主動：企業雖可透過外部成長模式快速擴張企業規模和能耐，然而外部成長模式常需要大量資金、技術或是其餘成本付出，對於企業短期內將造成負擔。因此，台商企業策略性投資中國大陸民間企業或團隊，應審慎評估風險和所需投入的成本，並確保企業自身對於合作雙方關係的掌握，以及該策略投資與預期目標的一致性和可達成性。

❷價值互補平台布局：在競合價值網中，企業除可藉由強化自身競爭力而提高網絡地位外，亦可透過強化互補者而提高自身價值。台商企業在面對興起平台戰爭的中國大陸商業環境，應針對自身企業和所處平台或生態圈之優劣，尋找具互補性質的中國大陸企業或團隊進行戰略投資，並進一步將其納入自身企業的平台布局藍圖，從而強化企業於中國大陸平台戰爭中的生存力。

模式四：【兩岸建立訊息分享平台】

加拿大當代知名作家*Atwood*曾言：「當語言失去作用時，戰爭將隨之而來。」一語道出資訊交流和解讀的重要性，而隨著兩岸關係平穩發展，經貿交流日益熱絡，彼此間的牽絆比以往更深入、涉及層面更廣泛，兩岸政府一舉一動皆互相牽動著對方。因此，兩岸政府應以制度性和代表性為基礎，透過兩岸經濟合作架構協議（*ECFA*）架構，建立匯聚多重訊息分享管道的平台，提供兩岸各界直接、即時且又效率的雙向溝通管道，確保兩岸政府和企業間避免對於訊息解讀的誤解、誤判，降低不必要的衝突和疑慮，增進兩岸溝通的默契，循序擴散帶動兩岸經貿、文教等各領域層面的合作和交流，進而為兩岸官方和民間組織搭建有制度、整體規劃和信任基礎的交流機制，促進兩岸於產、官、學、研等方面進行合作，不但有助於形成優勢互補的海峽共榮發展圈，亦可使台灣各界透過中國大陸接觸更多元的商業情境、應用場域、關係網絡和細部市場的資訊，並將各類會議型平台逐步過渡至常態性溝通交流平台，達到兩岸雙向資源、資訊共享，從而維持兩岸平穩且活絡的經貿發展態勢。

此外，根據上海社會科學院世界經濟研究所研究員沈玉良於2016年6月6日指出：「兩岸已互相深度融入國際供應鏈中，台灣更是中國大陸主要的貿易夥伴之一，雙方對於加強兩岸經貿、產業便利化等方面皆有需求。」一語道出隨著兩岸各類產業互動越漸緊密，以及兩岸在產業面和供應鏈合作範圍逐漸擴大和深化，企業界除對於兩岸產業合作、市場消息及服務體系等商業需求日漸增高，亦希望兩岸政府可針對海關程序、商品分類、互相認證及檢疫檢驗證明等貿易細節層面展開合作，研擬兩岸對接口岸通關共同標準、規範和所需之附屬文件，並期盼兩岸政府可協助搭建兩岸貨況追蹤、船期和艙單資訊及金流資訊等雙向資訊傳輸體系，形成全天候兩岸經貿橋接機制，提供通關、物流及諮詢等資訊化整體解決方案，從而提高兩岸經貿便捷度和建構一體化資訊管理機制，為兩岸企業建構資訊透明且資訊成本低廉的商業合作環境。

1. 合作前景

❶兩岸資訊對接窗口：由於兩岸政府政策、法律規範、產業標準等領域多有不同，且中國大陸幅員遼闊、民情多元，各層級、各地區政府單位常須因地制宜相應調整，導致諸多外資企業和台資企業無所適從，若能建立兩岸一致性的資訊對接窗口，適度揭露兩岸各地政策、法律、標準和商業活動等資訊，並提供商業媒合機制，將有助於提高兩岸經貿活動的便捷度和緊密度。

❷建構平台良性溝通：由於兩岸過去雖擁有多重的官方和民間交流管道，然

而各管道間卻往往缺乏平行交流，形成各自為政、資訊不對稱等現象，導致諸多事項推動進程緩慢，甚至互相矛盾、肘掣，從而使兩岸政府或企業誤判情勢，錯失有利戰機，若能匯集各類既有交流管道之資訊，建構兩岸訊息分享平台，降低資訊不對稱狀況，將有助於兩岸政府和企業展開良性的交流合作。

2. 合作要素

❶默契交流互通無礙：台灣政府應與中國大陸建立並維繫制度化保障的溝通管道，秉持「異中求同」精神，包容「同中存異」的現狀，建構兩岸具默契的交流和溝通，並改善。

❷兩岸兼容互信基礎：由於兩岸關係特殊且敏感，若要建構兩岸訊息分享平台，兩岸政府須先夯實互信基礎，以及兼容並蓄的態度，透過兩岸經濟合作架構協議（*ECFA*）架構，針對政策、經貿、法規、認證等領域優先著手，進而延伸至文化、學術、民生等領域，擴大形成良性的兩岸長效合作機制，並建立事件危機處理程序，奠定兩岸兼容互信的基礎。

模式五：【兩岸建立區對區貿易鏈】

隨著中國大陸政府相繼成立四大自由貿易區（註：天津自貿區、上海自貿區、福建自貿區、廣東自貿區），以及近年兩岸企業經貿交流頻繁且密切，台灣政府應重新研擬規劃自貿區、自由港等特定「境內關外」區域，並與中國大陸政府洽商協議，從而與中國大陸四大自貿區形成特定對接區域「區對區」模式的貿易鏈，降低兩岸經貿往來互動的時間和成本。此外，隨著全球區域化經貿整合態勢逐漸成形，以及中國大陸「一帶一路」規劃藍圖日益清晰，台灣政府雖於自由貿易協定、國際化和區域化經貿整合中舉步艱難，仍應迂迴採取相應布局，若能透過與中國大陸四大貿易區形成特定對接區域「區對區」模式貿易鏈，將有助於深化台灣對外經貿自由度和便捷度，並與台灣政府「新南向」政策互相呼應，使台灣成為西太平洋地緣經貿網絡的重要節點，不但可帶動台灣在全球經貿整合態勢中的地位，為兩岸經貿成長奠定良好基石，更可作為台灣未來為與其他國家特定對接區域簽訂類似協議的基礎樣板。

然而，建構「區對區」模式貿易鏈雖可使兩岸經貿、物流等領域更加便捷，提高企業對外貿易競爭力，有利台灣成為西太平洋重要的經貿節點，增加外資企業投資布局的誘因，台灣政府和台資企業仍須注意，建構兩岸特定對接區域「區對區」模式，絕非一蹴可及，其不但需要兩岸政府互信互惠、共生共榮的意志基礎，以及兩岸法律規範、產業標準、溝通監管機制等配套措施，亦須考量到兩岸產業群聚逐漸形成高度替代性的競合態勢，惟若兩岸經濟產業實力的天秤持續向中國大陸傾斜，以及台灣產業缺乏成長活力，其亦可能導致台灣產業群聚西移和空洞化，因此台資企業仍應努力提升自身體質，強化自身於全球產業競合賽局中的互補性，而相關政府單位亦須審慎評估可能衝擊和潛在威脅，研擬相應的配套措施、危機處置機制和產業發展計劃，以確保台灣透過兩岸特定對接區域「區對區」模式建構貿易鏈，提高對外經貿開放程度並融入區域貿易整合的同時，能受到最低的負面衝擊影響。

1. 合作前景

❶西太平洋經貿節點：透過兩岸建立「區對區」貿易鏈，將有助於提升台灣於西太平洋經貿航線上的重要性，加速兩岸產業經貿互動的便捷性，不但為台資企業進軍中國大陸市場打造良好的後勤基地，更釋放福建沿海地區潛藏的對外經貿能量，帶動中國大陸海西經濟特區發展，為海峽兩岸沿海地區建構良好的經貿環境，從而有利吸引國際企業和資金進駐。

❷貿易鏈結區域經濟：台灣可藉由「區對區」模式，輔以既有的金融、物流等服務業體系，建構進入「一帶一路」規劃、「東協 +*N*」等區域計劃和區域經貿組織所覆蓋之市場的海上節點區域，從而形成中國大陸企業對外的海上經貿路徑，以及企業經由台灣進入中國大陸市場和其周遭陸路延伸市場的重要窗口，有利於台灣融入區域貿易體系。

2. 合作要素

❶運輸物流機制建構：兩岸政府可在雙方國防安全無虞的前提下，研擬兩岸間快捷海路和空路物流通道，並依此為基礎全盤規劃周邊交通配套措施，以及倉儲物流園區，並鼓勵民間企業共同參與投資相關交通設備、機具設備、基礎設施，並引導兩岸企業以此做為兩岸產業合作的經貿通道，強化兩岸特定對接地區「區對區」模式的整體效益，構建良性發展循環的商業基礎。

❷共擬機制監管互信：在兩岸特定對接地區「區對區」模式下，秉持互相信任、互相承認原則，共同研議並設立一致性的監管標準、流程和機制，透過資訊對接建構雙向交流的溝通和資訊平台，形成「區對區」模式同步全程管理體系，簡化流程和提高資訊可信任度，讓兩岸企業可於特定對接地區依循兩岸共同標準快速通關，提高兩岸整體經貿效益，並增加外資企業進駐的誘因。

二、企業主導型合作模式：

模式一：【兩岸合作自創共有品牌】

隨著中國大陸經濟的傳統動力（投資、出口及消費）逐漸失效，中國大陸政府於「十二五規劃」遂定調以「穩增長、調結構和擴內需」為發展主軸，積極推動由「出口導向」轉為「內需拉動」成長模式，並於「十三五規劃」中進一步提出「供給側改革」的社會發展方針，致力提高中國大陸企業的「全要素生產效率」，意味著中國大陸內需市場正漸由具「劣幣逐良幣」性質的「價格取勝」過渡到「價值取勝」，有利企業發展品牌戰略。而台灣企業對於專業代工跟品牌服務具備一定經驗，然而往往因代工形象、資金不足、與既有合作廠商利益衝突和對終端市場陌生等原因，而導致轉型品牌無疾而終。而隨著中國大陸內需市場逐漸可支撐「價值導向」的產品，台商企業應可考慮與中國大陸民資企業共同成立內需市場導向的消費性品牌，透過當地企業對於中國大陸內需市場的熟悉度和貼近性，結合台商企業的專業製造和服務經驗，透過新設消費性品牌共同深化布局中國大陸內需市場。

此外，過去台資企業走向國際市場和品牌端，常因人才、資金、經驗和資源等不足而備受考驗，而隨著中國大陸企業響應「走出去」戰略而邁向全球市場，台資企業可考慮與中國大陸企業合作，結合雙方優勢建構新創兩岸品牌，不但可消弭兩岸產業競爭僵局，亦可融匯兩岸人才、技術、多元的文化內容、應用場域和情境，針對不同的終端需求和偏好，建構具原創性的創新產品和延伸情境網絡，並運用「混血」特性的多方資源和關係網絡，與兩岸具互補性的企業策略聯盟，從而強化產品和品牌的競爭力，並加強對於中國大陸各級市場的滲透，擴大品牌市場影響力，厚植品牌經驗和資本實力，並倚仗兩岸市場為獲利基礎，進一步開拓全球市場，成為兩岸華人品牌新典範。惟兩岸企業合作自創共有品牌除須考量傳統合資企業所需面臨之議題（例：競爭地位、議價地位、協調成本等）外，亦須考量到兩岸政府政策、法律規範、涉及企業數量選定等因素，因此台資企業須謹慎考量合作對象、合作項目和目標市場時，奠定建立長期穩定的合作基礎，以利合作自創共有品牌的推動和成長。

1. 合作前景

❶涉足終端應用品牌：台灣企業過去因市場狹小，以及先進經濟體技術轉移的時空背景，多數企業處於全球分工體系的代工環節，從而衍伸出優於傳統代工的專業代工模式，然隨著全球經濟疲軟，以及部份產業供需飽和，導致許多善於代工的台商企業面臨產能閒置的窘境。因此，台商企業可考慮與熟悉中國大陸內需終端市場的當地企業合作，共創品牌探索新領域（與既有客戶不衝突的領域）的終端應用情境，不但能舒緩本業的經營壓力，亦可為顧客揭示新的獲利路徑。

❷服務經濟需求漸興：台灣的服務業耕耘已久，除兼容歐美價值和中華文化

外，亦在激烈的商戰中孕育出許多適合華人社會的標準流程，然而兩岸生活習性有所差異，就連中國大陸市場亦不能以「單一市場」來看待，因此，較實體產品更具備屬地性質的服務體系難以直接移植，台商企業應考慮與中國大陸業者合作，使服務、通路和行銷體系更接近當地市場的文化，以利新創品牌站穩步伐。

2. 合作要素

❶尋找民營企業合作：由於兩岸政治關係的特殊性，以及中國大陸政府的治理文化，台商若欲前往中國大陸尋求共創品牌的企業夥伴，應尋找不具備官方色彩、官股參與的民營企業合作，一方面降低政治因素波動對合作關係的影響程度，另一方面則可增加對於品牌經營的自主性、彈性和對市場的反應速度，從而有效針對市場變化而進行策略調整。

❷對雙方本業具效益：雖然台商企業透過與中國大陸企業合作共創品牌，可有效降低台商進軍中國大陸內需市場的障礙，然而因共同創立新設品牌的決策權爭奪、合作雙方文化差異，導致共創品牌對於合作雙方都有一定風險。有鑒於此，為使雙方仍有意願進行合作，除該品牌自身的商機外，亦應具備對於合作雙方既有業態有所益處。

模式二：【兩岸合作開拓白地市場】

日本明治維新啟蒙大師福澤諭吉（日本慶應義塾大學創辦人）曾述：「商人要期盼危機時常發生，並在避開危機的漩渦之際掠取利潤；商人要走他人未曾走過的路，而非婦孺常走的安全道路。」一語道出商道的冒險精神和獲利之道。過去台商企業對外貿易，主要著眼於西方已開發經濟體和亞太地區鄰近國家，然在南亞、中亞、西亞各國較少著墨，不但對各國經濟環境和社會民情相當陌生，亦較缺乏相應的語言人才，而隨著中國大陸「一帶一路」計劃如火如荼展開，再次點燃台商拓展白地市場（註：不屬於企業既有商業模式界定或處理的潛在活動範圍）的契機。然因台灣長期忽略與「一帶一路」計劃沿線國家建構交流管道，台商企業若想前進布局，常透過第三方牽線（例：僑民組織），不但效率有待商榷，亦對企業缺乏保障。有鑒於此，隨著中國大陸官方引領民間企業投入「一帶一路」規劃布局，台商若能與中國大陸企業合作，搶搭順風車進入白地市場，不但將能有效降低企業全球布局的風險，亦有助於企業拓展新市場和累積實戰經驗。

有鑒於台資企業傳統所熟悉的先進經濟體和新興經濟體，近年面臨經濟成長動能疲弱，台資企業除調整自身業態以應對外布環境變遷，亦紛紛尋求投資布局新市場商機，台北市進出口同業公會於 2013 年遂於《2013 全球重要暨新興市場貿易環境與風險調查報告》提出「邊境市場八國」（註：阿根廷、巴林、斯洛伐克、約旦、科威特、阿曼、緬甸、奈及利亞），台灣經濟研究院與《商業周刊》更於2016年5月14日共同發布《大亞洲戰略—未來七國關鍵報告》提出「未來七國」（註：菲律賓、印尼、越南、緬甸、印度、斯里蘭卡、伊朗），凸顯出台資企業對於開發新市場的積極性。惟企業拓展陌生的白地市場常為降低風險，而依循政府政策脈絡進行布局，上海台商協會會長李政宏於2016年5月20日表示：「面對世界第二大經濟體的中國大陸推動『一帶一路』規劃，台灣政府在研擬『新南向』政策，以及台資企業規劃轉進布局東協市場時，皆應考慮與中國大陸合作。」一語道出面對國際和區域經貿局勢變遷，台資企業擴進拓展白地市場時，可依循兩岸政府新一輪對外貿易政策（中國大陸「一帶一路」規劃與台灣「新南向」政策）進行相應布局，不但可藉兩岸政策重疊之目標市場確立布局方針，亦可藉此獲得兩岸政府政策的支持，更有利兩岸產業透過產業群聚模式滲融共同布局陌生的白地市場，從而避免兩岸資源競爭與耗喪，並透過群聚效應迅速取得優勢和降低布局風險。

1. 合作前景

❶兩岸企業全球延伸：根據上海國際貿易促進委員會會長楊建榮（2015）表示：「『一帶一路』是中國大陸推動布局各國的重要戰略平台，兩岸企業可藉此攜手拓展全球市場。」一語道出因兩岸合作日益頻率，涉入程度亦漸深入，台商企業若能與中國大陸企業競合並進，順勢「一帶一路」計劃拓展陌生的區域市場，將有助於提高兩岸企業全球影響力，以及企業國際化實戰經驗。

❷跨境布局整合平台：「一帶一路」計劃是台商企業成長的新契機，惟台灣和沿線各國充滿文化隔閡，亦缺乏貿易談判經驗，上海社科院台灣研究中心執行主任盛九元（2015）表示：「過去兩岸合作多為單向投資，而『一帶一路』將使兩岸企業可借力實現外部合作，聯手開拓沿線國家市場。」一語道出，台商若能與諸多有與沿線國家往來經驗的中國大陸民間企業合作，建構區域跨境整合平台，將有助於台商企業順勢融入區域整合的產業供應鏈布局。

2. 合作要素

❶尋找國際經驗盟友：許多台灣企業雖擁有國際化經驗，然而過去主要針對歐美已開發經濟體、亞太地區和拉丁美洲，對於「一帶一路」沿線國家較無合作經驗，且各沿線國家文化法規差異極大、語言多元，加深布局的障礙。因此台商企業應選擇具備國際化經驗，或是已經小規模進入沿線國家布局的中國大陸企業進行合作，以避免文化衝突、語言隔閡和法規落差造成的誤解。

❷產業互補共生開發：面對陌生的國際市場，台商企業在尋找合作開發的中國大陸企業夥伴時，應考慮從有互補性質的產業著手，一面有助於增加潛在合作企業共同開發的意願，一方面亦有助於開拓良好的產業環境和企業市場進入的競爭力，從而凝聚形成產業群聚的雛型，進一步匯聚更多不同產業、不同國籍的企業加入共生圈，形成「魚幫水、水幫魚」的良性共生態勢。

模式三：【兩岸優勢整合文創復興】

中國大陸是全球最大的華人市場，亦為全球最大的手機遊戲市場，更充滿許多文創業者、創作團隊，過往台灣的廣義文創業者長年影響全球華人生活圈的潮流，然而隨著台灣經濟地位持續下滑，部分業者雖創意仍在，其卻因技術和資金不足而逐漸落後，此外，面對外來文創業者的進逼，亦形成排擠效應而影響文創業者的營運績效，使許多業者不得不尋求新出路。身為台灣傳統遊戲大廠的大宇資訊，過去因產業變遷和決策錯誤，導致旗下雖有佳作，營運績效卻持續下滑，直至2013年改組，確立活化旗下系列作品價值，以智慧財產為核心，針對遊戲、動漫和影視三面出擊，並引進中國大陸企業戰略投資，透過與中國大陸團隊合作開發、系列授權、平台通路合作等作為，不但為企業注入龐大資金並深入布局中國大陸市場，亦為經典系列作品增添新元素，更於2015年挾著旗下作品在華人圈的魅力，成功與東京電視台達成《軒轅劍》動畫合作協議，以及於2016年3月29日宣布與角川集團（日本第四大出版集團）旗下遊戲開發商角川*Games*達成深度戰略合作，為其餘同業豎立典範。

隨著中國大陸整體經貿實力崛起，帶動中國大陸市場對於廣義文創產品和服務的需求，不但刺激其廣義文創產業業者陸續推出許多膾炙人口的影視作品、文學創作、文創商品外，部分中國大陸企業亦積極以取得智慧財產權為策略核心，透過資本力量投資布局國際市場，諸如：華策影視為韓劇《太陽的後裔》韓國製作公司*NEW*（*Next Entertainment World*）公司的第二大股東、萬達集團收購擁有大量智慧財產權的美國傳奇影業（*Legendary Pictures*）等作為，此外，由於中國大陸承接許多文創商品、視聽影視作品、遊戲軟體等領域的代工業務，進而使中國大陸累積不容小覷的技術能量。而相對於中國大陸廣義文創市場上擁有充沛的資金和技術基礎，台資企業則於商品服務的創作和創新較具優勢，因此企業可考慮透過結合兩岸各自優勢，以華人文化為發展基礎，透過串聯兩岸民間力量跨界合作，由下而上發揮創意經濟（*Creative Economy*）和文化經濟（*Cultural Economy*）特性，漸進凝聚具獨特性的產業群聚，積極推動商品文創化、文創商品化，共同發展國際化的華人廣義文創群聚和文創品牌。

1. 合作前景

❶共拓兩岸文創布局：隨著中國大陸經濟發展，民間對於文化創意產品的需求亦漸增加，台灣發展較早，擁有許多文創內涵和文創人才，中國大陸雖發展較晚，卻擁有雄厚的文化遺產、運作資金和影視技術，使兩岸文化創意產業擁有一定的互補性質。有鑒於此，若台灣文創業者能與中國大陸企業合作，將有助於雙方布局華人圈文創市場。

❷全球擴散華人文創：隨著中國大陸在世界的影響力崛起，各國對於華人文化的好奇逐漸升溫，不但對於帶有華人色彩的文化商品需求漸增，亦對兩岸許多新創意團隊的新創產品抱持興趣（例：台灣文創團隊「子村莊園 *CHARM VILLA*」於 2014 年獲得德國紅點大獎「傳達設計獎」的小金魚茶包）。若兩岸文創、投資等團隊能攜手合作，將有助於提升並擴散華人文創商機。

2. 合作要素

❶建構智財防護機制：由於中國大陸中產階級興起，中國大陸市場對於文創產業需求漸增，從單純的文創產品、商品文創化到影音內容、遊戲體驗，皆有發展潛力。然而，文創產業首重智慧財產權的保護和掌握，伴隨著龐大商機興起，許多投機者亦對文創業者產生威脅。台商若欲攜手中國大陸企業投入兩岸文創市場，應先透過對外建立關係網絡和對內構築預防機制，建構完善的核心智財防護機制，延緩雙方合作利益遭到投機份子的侵蝕。

❷互補性的合作利基：由於「文創產業化，產業文創化」逐漸發酵，意味著更多產業對於文創產業的需求，以及文創產業逐漸建構出成熟的獲利體系。而基於中國大陸擁有龐大的潛藏商機和文創元素，台商企業和文創團隊不妨考慮透過與當地企業合作，尋找具備進入障礙高、規模小、對特定產業具互補性的利基點，從而建立長期的合作關係，並擴大台灣文創產業的影響力。

隨著中國大陸企業和產業群聚崛起，逐漸對周遭各國產業形成磁吸效應，過往兩岸垂直分工的合作模式，已漸轉為水平替代的競合態勢，不但導致台灣工作機會流失，使台灣面臨產業空洞化危機，亦間接削弱台灣的經濟地位，撼動部分台商企業的利潤根基（例：研發人員出走）。此外，隨著中國大陸和諸多已開發國家紛紛以不同的名稱推動「再工業化」（*Reindustrialization*）策略，不但對台商製造業面臨嚴峻考驗，亦對台商布局中國大陸產生變數（例：鎖定中國大陸內需市場的台商企業），其中又以「中小企業結構、加工貿易型態、傳統製造思維、勞力密集導向」的「四合一型」台商感受尤深。面對此困境，交通大學資訊工程系特聘教授林盈達（2016）指出：「與其追求新題材，不如改革舊方法，若以舊方法投資新題材，僅是浪費資源複製二軍經驗，難以提升、或確保台灣產業的國際地位。」一語道出在新的變動快速且劇烈的動態性國際競合賽局中，台商企業唯有與時俱進，以競合思維建構適合自身的兩岸企業價值網，投入關鍵性技術研發和儲備，必要時良性割捨換取企業資源，維持企業的策略彈性，並透過布局兩岸企業競合生態圈以分散利潤池，進而在兩岸競合新局面中站穩步伐。

第 12 章

城市定位與產業群聚新方向

《孫子兵法 · 地形篇》曾述：「夫地形者，兵之助也。敵制勝，計險厄遠近，上將之道也。知此而用戰者必勝；不知此而用戰者必敗。」一語道出在競爭態勢中善用環境的重要性，而知名學者 *Brandenburger* 與 *Nalebuff* 1996 年共著《競合策略》（*Co-opetition*）亦提及：「在醞釀大餅時，商場是合作；在分食大餅時，商場是戰爭。」一語道出商場時而合作、時而廝殺的特性，面對世界各國經濟疲敝，全球動態性商業競合漸趨激烈，中國大陸商業環境日新月異，企業中的各項資源和優勢更趨珍貴，台資企業布局中國大陸除應秉持管理大師 *Collins* 於《十倍勝，絕不單靠運氣》中提出「先射子彈、再射砲彈」的謹慎評估和確認後的即刻執行，亦應思量如何透過精準的布局設點，以最低的風險和成本，借勢各城市環境定位和產業群聚效應，獲取最大的利益和發展空間。此外，中國大陸政府政策除對於各城市的定位和優勢極具影響力，亦對於各項產業群聚發展有指標性的意義，本研究遂針對中國大陸城市定位和中國大陸產業群聚之分布進行剖析如下：

一、中國大陸城市定位新展局

由於中國大陸幅員遼闊，各大小城市不但星盤羅布，其人文、環境及產業亦各具特色，使得台資企業布局中國大陸常常霧裡看花，難以確認各城市的城市定位，以及與自身企業布局策略是否相符。惟中國大陸的直轄市、省會或是中國大陸「國務院確定的城市」（註：常指計劃單列市、歷史文化名城、城市人口超過百萬，以及中國大陸國務院認定之重要城市），其總體規劃必須呈報中國大陸國務院進行批復，若個別城市的總體規劃能被中國大陸國務院批復，即意味著該城市的已具備一定地位，因此，中國大陸《國務院關於城市總體規劃的批復》可視為是中國大陸中央政府對個別城市的總體功能定位，以及該城市的潛在地位。

有鑒於此，本研究彙整中國大陸《國務院關於城市總體規劃的批復》之城市定位，以供台資企業布局之參考。

表 12-1　中國大陸《國務院關於城市總體規劃的批復》城市定位

中國大陸城市定位	城市列表						
	東北	華北	華東	華中	華南	西北	西南
全國經濟中心			上海		深圳		
國際化城市		北京	上海		廣州 深圳		
國家區域中心城市	瀋陽		南京	武漢	深圳	西安	成都
大區域中心城市	瀋陽	天津		武漢			成都
地區重要中心城市	哈爾濱 大慶	呼和浩特 石家莊 唐山	合肥 淮南 蘇州 南京 南昌 廈門	長沙 鄭州 新鄉 開封	珠海 廣州 柳州	烏魯木齊 蘭州 西安	重慶 西寧 貴陽
地區中心城市	長春 大連 遼陽 鶴崗 本溪	張家口 保定 唐山 大同	濟南 臨沂 淄博 青島 煙台 邯鄲 東營 泰安 淮北 徐州 蘇州 無錫 常州 杭州 寧波 福州	襄陽 武漢 衡陽 株洲 荊州	惠州 南寧 湛江 汕頭 江門 海口		
旅遊城市	大連		青島 蘇州 常州 揚州 無錫 南昌 紹興 廈門 珠海	開封 長沙 洛陽 湘潭	海口		貴陽 拉薩 桂林

表 12-1　中國大陸《國務院關於城市總體規劃的批復》城市定位（續）

中國大陸城市定位	城市列表						
	東北	華北	華東	華中	華南	西北	西南
科教城市		天津	合肥 杭州 南京	湘潭 武漢		西安	
先進製造基地城市			常州				重慶 成都
能源基地	大慶 鶴崗	大同	淮北 淮南				
港口城市	大連	天津 唐山	青島 煙台 寧波 廈門		汕頭		
交通樞紐城市	哈爾濱	張家口	合肥	鄭州 武漢 株洲 荊州	廣州 南寧	蘭州	重慶 成都 貴陽
一帶一路重要節點城市	大連	天津	青島 煙台 上海 合肥 寧波 南昌 福州 泉州 廈門	鄭州 武漢 長沙	廣州 深圳 湛江 汕頭 海口	西安 蘭州	重慶 成都 西寧
工貿與商貿物流中心			臨沂			烏魯木齊	成都

資料來源：中國大陸國務院《國務院關於城市總體規劃的批復》；本研究整理

註：其地理區位係按照中國大陸現行規劃而區分

二、中國大陸產業群聚新展望

隨著產業疆界迅速消融、顛覆性的科技和應用如雨後春筍般冒出，過去側重企業自身長期競爭優勢的零和賽局競爭時代逐漸退出舞台，全球商業再次進入合縱連橫的競合時代。面對此一變革，台資企業布局中國大陸時，除應尋求較具發展潛力的產業外，亦可藉由融入中國大陸產業群聚，從而借力使力獲取群聚效應帶來的優勢，增加自身在變遷迅速且劇烈的商業環境中的生存能力。2016《*TEEMA* 調查報告》茲針對中國大陸：（1）跨境電商產業群聚；（2）電動車產業群聚；（3）雙創產業群聚；（4）物聯網產業群聚；（5）健康產業群聚等五大產業之群聚城市分述如後：

1. 跨境電商產業群聚

面對中國大陸電子商務蓬勃發展及民間力量積極尋求對外貿易的機會，中國大陸國務院於 2015 年 3 月 7 日同意成立「中國（杭州）跨境電子商務綜合試驗區」，以便初步探索跨境電商的相關政策體系和管理制度，而隨著該園區於一年內創造 29.3 億元人民幣出口價值、40.1 億元人民幣進口商品價值的成績，其跨境備案試點企業亦累計達 2,381 家，充分凸顯出中國大陸各界對跨境電商具有極高的潛在需求。有鑒於此，中國大陸國務院遂於 2016 年 1 月 15 日發布《關於同意在天津等 12 個城市設立跨境電子商務綜合試驗區的批復》，確立天津、上海、重慶、合肥、鄭州、廣州、成都、大連、寧波、青島、深圳和蘇州等 12 個城市於跨境電商產業的城市地位及未來政策的優先性。目前，中國大陸國家級跨境電商綜合試驗區著重於（1）*B2C* 一般出口；（2）*B2C* 直購進口；（3）*B2B2C* 保稅進口；（4）*B2B2C* 保稅出口；（5）*B2B* 一般貿易出口；（6）*B2B* 一般貿易進口等六種跨境業務。台資企業若欲參與相關業務發展，並希冀融入跨境電商產業群聚，或是透過跨境電商產業群聚而間接獲利，則可優先考慮於中國大陸現有 13 個國家級跨境電子商務綜合試驗區所在城市進行布局。

表 12-2　中國大陸 13 大國家級跨境電子商務綜合試驗區城市列表

群聚城市	城市特性
天津	1. 天津是中國大陸北方最大的綜合性港口、重要的對外貿易口岸，亦是北方地區的集裝箱幹線港和發展現代物流的重要港口，更是華北、西北地區能源物資和原材料運輸的主要中轉港。 2. 倚仗跨境電商綜合實驗區、自貿區和「跨境電子商務試點城市」的優勢，以天津市快遞專業類物流園區為契機，吸引電商企業和快遞企業進駐布局，設置國際快遞物流處理中心，構建「內外貿體系銜接」、「虛實協同」的物流格局。
大連	1. 中國大陸對東北亞地區外貿的重要港口城市，其腹地涵蓋東北地區全境，以及輻射全球主要航區的 108 條海運航線（外貿航線 84 條；內貿航線 24 條），並設有大連港冷鏈物流園區，成為中國大陸唯一集保稅、冷藏船泊位、集裝箱碼頭和港後冷庫群的專業化冷鏈物流中心。 2. 隨著《中韓自貿協定》的生效，「四位一體」營運模式（跨境電商 + 旅遊採購貿易 + 保稅電商體驗 + 保稅展示展銷）的大連跨境電商綜合實驗區，透過「互聯網 +」模式引導傳統產業和傳統國際貿易升級改造，吸引跨境電商進駐。

表12-2　中國大陸13大國家級跨境電子商務綜合試驗區城市列表（續）

群聚城市	城市特性
重慶	1. 重慶為中國大陸中西部地區水、陸、空綜合交通樞紐，境內擁有預計於2017年完工的江津區珞璜綜合物流樞紐和珞璜千萬噸級長江樞紐港兩大物流樞紐，形成中國大陸西南最大的「水公鐵」物流集散基地，串聯「絲綢之路經濟帶」與「長江經濟帶」，充分發揮境內水系和渝新歐鐵路的對外貿易運輸能量 2. 重慶境內聚集包含電子資訊、汽車、設備、化工、材料、消費性商品等千億級產業群聚和大型專業市場。
合肥	1. 華東地區綜合交通和通信樞紐之一，更是「長江經濟帶」和「一帶一路」規劃的重要節點城市，地理區位極具發展前景 2. 近年為布局跨境電商，當地政府預計投資九億人民幣的進口商品虛實展示體驗中心、跨境電商大樓、國際商品展示交易中心等建設，並積極優化改善物流、通關、結匯、退稅等政府職能。 3. 安徽唯一的國際郵件互換局兼交換站坐落於「中國（合肥）跨境電子商務綜合試驗區」，落實企業對跨境出口國家和地區的國際郵件直達，暢通出口通道。
鄭州	1. 為中國大陸全國重要的「公鐵空」交通、電力傳輸、郵政電信主要樞紐城市，亦是華中地區重要的工業城市和物流集散基地，經常舉辦大型商貿活動，鄭州商品交易所更是中國大陸三大全國性商品交易所之一。 2. 「中國（鄭州）跨境電商綜合試驗區」著重於促進產業發展，以「進出口並重、以出口為主」為主軸，側重*B2B*跨境電商模式，針對技術標準、業務流程、監管模式和資訊化建設等面向進行探索，透過構建「單一窗口」虛擬平台和「綜合園區」實體平台，以開封、洛陽、南陽及焦作四座城市為試點。
成都	1. 成都是中國大陸首先推動智慧化快遞末端服務的城市，其全天候且高覆蓋率的智慧快遞櫃網絡，而成都空港保稅物流中心除著重網購保稅進口業務外，亦兼顧特殊區域出口業務。 2. 設立國際郵件互換中心，成為中國大陸第四大口岸互換局，建構跨境貿易電子公共服務平台，降低企業經營成本，透過「一都一府三中心」（註：全球網購西部消費之都、創業天府、西部營運中心、服務資源中心及西部電子商務國際物流中心）格局藍圖，致力於2018年成為中國大陸跨境電商的「西大門」。
深圳	1. 有中國大陸首個海、陸、空聯運的現代化國際空港，不但經濟發展程度高，區域內跨境電商經營熱絡，更有完善物流體系，2015年深圳跨境電商交易額已逾300億美元。 2. 目前「中國（深圳）跨境電商綜合試驗區」尚在草擬階段，初步以深圳前海為核心，協同深圳各區展開探索，搭配既有的保稅區、保稅物流中心等多個海關監管區，完成資訊流、物流及金流的「三流合一」，形成連結中國大陸內外電子商務的「新絲路」，迸發跨境電商轉型升級的契機。
寧波	1. 寧波是中國大陸首批改革開放的沿海城市，為一擁有現代化設備的國際深水良港，亦是華東地區海運貿易網絡的集散地和物流中心。 2. 寧波跨境電子商務開發期較早，2015年寧波跨境電商試點業務的總進出口額已達81.38億人民幣，其出口額度達52.08億元人民幣，遠高於進口額度的29.30億人民幣，此外，寧波市跨境電商試點區域內，已有超過90%的外貿企業利用資訊網路展開業務，凸顯出寧波企業對於電子商務的高度熟悉。

表 12-2　中國大陸 13 大國家級跨境電子商務綜合試驗區城市列表（續）

群聚城市	城市特性
青島	1. 青島擁有國際性海港和區域性樞紐空港，更是西太平洋重要的國際經貿口岸和海上航運樞紐，與全球逾 450 個港口有貿易往來，吞吐量位列全球前十名 2. 是中國大陸首個啟動海運跨境電商直購進口的城市，現已建置「直接進口」和「中韓海運直購進口」等機制，且其公共服務平台使用效率、退稅和通關效率表現優異，為跨境電商奠定良好基礎。 3. 未來「中國（青島）跨境電子商務綜合試驗區」建設將依循「國際貿易資訊流引領發展」、「監管服務窗口一體化」、「區域合作協同發展」三大機制為核心
蘇州	1. 蘇州跨境電商蓬勃興起，現已建置具多功能的跨境電商平台服務系統，獲得諸多支付平台企業重視，是唯一獲選為「國字號」跨境電商綜合試驗區的地級市。 2. 「中國（蘇州）跨境電商綜合試驗區」係以「一園多區」模式為基本布局思路，側重 *B2B* 跨境業務，建構資訊共享、統計監測、信用、金融、物流、風險控管、虛擬「單一窗口」平台、實體綜合園區、產業聚集、巨量數據、創新創業及配套服務的「六體系兩平台四中心」。
上海	1. 上海擁有「跨境電商平台＋保稅倉儲基地」的虛實整合模式，現已與中國大陸 20 多家電子商務企業達成協議，逐漸形成跨境電商倉儲物流基地。 2. 「中國（上海）跨境電商綜合試驗區」預計將針對跨境電商規模化、標準化、群聚化和規範化進行發展，透過建置「單一窗口」的跨境電商公共服務平台，優化進出口電商企業、支付企業、倉儲物流企業等相關業者提供數位資料交換服務，建立開法、透明和公平的服務機制，簡化監管流程和企業申請手續，吸引更多企業進駐布局，並使其跨境電商規模於 2020 年時躍居全中國大陸前列。
廣州	1. 廣州地處泛珠三角都市圈的頂點，基礎建設發達、「海空鐵公」物流體系完備，是中國大陸外貿的「南大門」，亦是海上絲綢之路的起點之一。 2. 擁有近 800 家跨境電商相關企業，設置「中國（廣州）跨境電商綜合試驗區」，以既有廣州發展元素為基礎，致力於研究如何提高口岸通關效率、建構監管體系、探索虛實整合互補機制及串聯相關產業鍊等議題，促使傳統外貿模式轉型升級，從而營造亞太地區跨境電子商務中心。
杭州	1. 「中國（杭州）跨境電子商務綜合試驗區」更是中國大陸首個成立的國家級跨境電子商物綜合試驗區，依循資訊共用服務、金融服務、智慧物流、電商信用、風險防空、統計檢測的「六體系」，以及單一視窗和試驗園區的虛實「兩平台」所建構的「六體系兩平台」核心架構， 2. 杭州跨境電商相關機構、企業和學界齊心合作，於 2015 年 7 月 3 日宣布在杭州師範大學錢江學院成立中國大陸首個跨境電商複合型應用人才培養基地，強化中國大陸跨境電商競爭力，亦提升杭州的群聚效應。

資料來源：本研究整理

2. 電動車產業群聚

隨著中國大陸空氣汙染問題日益嚴重，以及看好電動車尚處萌芽期，極具發展前景。中國大陸政府於 2009 年即嘗試推動「十城千輛工程」，希望透過政策面帶領企業界一同布局，在2012年使新能源汽車達到總汽車市場10%的占有率，惟其成效不彰，僅達總市占率的1%即草草退場。儘管「十城千輛工程」雖未達預期效果，然卻亦使中國大陸電動車產業逐漸形成群聚，如長春、大連、北京、濟南、上海、合肥、杭州、南昌、武漢、長沙、重慶、昆明和深圳等數十座示範城市，即搭乘政策利多而形成電動車產業群聚，此外，亦因商業活動和供應鏈布局而衍伸出無錫、寧波、天津、東莞、徐州、蘇州、瀋陽、德州等城市的群聚，此外，山東、遼寧、河南、河北、江蘇、廣東、安徽、浙江、江西和湖南等省份則因當地需求，出現具規模性的低速電動車產業群聚，並以價格低廉、使用成本低的慢速電動車，逐漸於第三、四級城市與農村市場站穩步伐。

此外，電動車產業崛起需具備三項基本要素（1）品質良好的產品；（2）具獲利能力的商業模式；（3）相應的基礎設備和環境。有鑒於此，中國大陸政府遂積極建立「示範小區與單位」、「示範城市與區縣」和「城際快充示範區域」等示範工程體系，並規劃「快充」和「快換」的城際電動車動力供應網路布局，規劃於2020年將城際電力網路初步覆蓋中國大陸主要城市，按照（1）優先推進京津冀魯、長三角和珠三角地區等經濟較為繁榮的華東地區；（2）華中地區的長江中游城市群和中原城市群、西南地區的成渝城市群和東北地區的哈長城市群循序漸進，加快建設城市內的停車場，希冀強化基建對於電動車產業的互補性，滿足電動車城際、省際間移動的需求，帶動中國大陸民眾對於電動車產業的潛在需求，從而扶植中國大陸電動車產業發展。有鑒於此，台灣企業可考慮電動車產業所帶來的商機，依循中國大陸政府政策推動之區域和產業群聚，及早做出相應布局。

表12-3　中國大陸13大電動車產業群聚城市列表

群聚城市	城市特性
吉林 長春 遼源	1. 吉林省廣義電動車產業群聚圍繞分布於吉林、長春和遼源三座城市，形成一跨城市的區域型產業分工群聚，主要聚焦於研發適用寒冷地區以及長途駕駛的電動車型，特別是電池的耐用性、儲蓄輛，以及對抗溫差的能力。 2. 吉林省為中國大陸傳統的重要汽車產業基地，亦擁有完整的學術研究機構為倚仗，投入專利技術商業化，布局培育新興的戰略性產業，並加快推進純電動汽車及零部件產業發展，以期打造中國大陸領先的電動汽車產業基地。 3. 依託長春建構新能源整車研發和生產的產業群聚，以及遼源以鋰電池產業為主的新能源動力產業群聚，結合吉林驅動系統和控制系統產業群聚，從而帶動相關產業進駐，形成三座城市一小時經濟圈內完整的電動車產業圈。

表 12-3　中國大陸 13 大電動車產業群聚城市列表（續）

群聚城市	城市特性
北京	1. 隨著空氣汙染日益嚴重，北京除對純電動車進行補貼，更持續推進大眾運輸工具電動車化，並與民間企業合作，著手規劃將路燈改造增加充電樁功能，以及增加各公共場合、停車場等地的充電樁數量，從而由改善應用場域。 2. 北京政府積極以「互聯網 +」思維，推動電動車於租車產業的行動和虛實應用，漸進滲透市場改變消費者習性，並聚焦於蓬勃興起的電子商務和郵政的末端物流，推廣業者透過電動車應用，打造綠色末端物流配送體系。 3. 由於北京擁有成熟的 *ICT* 產業、傳統汽車工業科技、金屬冶鍊工業及加工以及新創群聚，更有北汽控股公司、北京公交集團、北京理工大學等成立的電動車產業聯盟，因此吸引許多企業前往設置電動車研發與設計中心。
天津	1. 天津擁有鋰電池產業群聚，除了鋰電池技術研發中心外，亦有鋰電池材料產業群聚，以及電動自行車、電動機車、電動平衡車等產業群聚，大幅增加鋰電池應用範疇和生產規模。 2. 天津截至 2015 年已初步形成整車、動力總成、電池系統、專用零組件等產業體系，部分關鍵技術亦達國際水準，此外，靜海區因擁有完善的配套設施、產業優惠政策、物流銷售通路，已有數十家先進新能源車輛相關企業進駐。 3. 天津政府戮力推動電動車配套的基礎設施建設，針對公車、郵政車、計程車、環衛車、公務車、企業車和私人車六大領域，積極推廣電動車應用，並建置 21 座充、換電站，以及 500 餘個充電樁，以進一步完善基礎設施建置。
鄭州	1. 鄭州政府積極推動千億人民幣規模的產業群聚，希冀形成以鄭州為經濟技術和汽車產業中心，圍繞開封和鄭州國際物流、汽車零部件產業園等產業集聚，最終形成 1,200 億人民幣規模的電動汽車整車及零部件產業群聚。 2. 依託鄭州、新鄉的整車和電池基礎，深耕鋰電池技術優勢，加速布局節能與新能源車生產基地、電池產業園等項目建設，推動兩城市間的新能源汽車示範運營，可望於 2017 年形成 500 億人民幣規模的電動汽車產業群聚。 3. 鄭州政府支持超硬材料產業發展，加快鄭州新材料產業園、黃河集團工業園等專案建設，形成以鄭州高端材料及生產製造為中心，許昌、商丘、南陽鄰近區域為原料基地，形成在地化超硬材料產業群聚，以利電動車產業發展。
武漢	1. 武漢為中國大陸中部的汽車城，中美日法四大車系、兩大汽車集團、九大乘用車工廠皆在此設有工廠，而隨電動車趨勢影響，除傳統汽車大廠轉向投入研發，亦吸引數十家新能源汽車進駐成立生產研發基地。 2. 武漢擁有眾多學術資源，以及武漢經濟技術開發區密集的汽車產業群聚，不但對新能源汽車核心的三電系統技術奠定基礎，亦培養、引進大批高新技術產業和製造產業的創新人才。 3. 武漢現有相關產業中，因基礎配套設施便捷、政策優惠和產業鏈群聚，吸引企業和人才進駐，電控系統企業因武漢地區電子電控高新技術的產學研成果亮眼，企業數量相對較多且較具競爭力，惟電機電池企業較為稀少且弱勢。

表 12-3　中國大陸 13 大電動車產業群聚城市列表（續）

群聚城市	城市特性
上海	1. 截至 2015 年底，上海已建成 2.17 萬個新能源車輛充電樁，目標於 2020 年將規模擴增至 21.1 萬個，並預計於 2016 年建置 229 座城市快充站、22 座城際高速快充站、14 座公車充電站，以實現上海高速公路網絡充電服務全域覆蓋目標，亦鼓勵補貼民間投入市級平台設備投資，以及 *APP* 應用平台等相關研發，擴大電動汽車可活動範圍，為產業和消費者營造合適的應用場域。 2. 隨著電動車優惠政策、網際網路應用和相關基礎設施逐步建構，上海興起電動汽車分時租賃產業，不但增加城市內末端交通接駁的便捷性和靈活性，解決上海停車和交通問題，亦能增加消費者對於電動汽車的知覺和體驗。 3. 2016 年 6 月 7 日中國大陸首個「國家智慧網聯汽車（上海）試點示範區」於嘉定開幕，諭示上海將是中國大陸智慧車相關產業標準化的測試與研究基地，而嘉定將是智慧車全產業鏈和相關產業的布局中心和育成基地，此外，上海國際汽車城更預計於 2020 年擴張形成覆蓋 100 平方公里的示範區。
合肥	1. 合肥擁有江淮汽車、安凱汽車和國軒高科三家新能源先行企業，並設有電動公車投入營運，目前境內有超過 4,500 輛純電動轎車和 1,000 餘輛計程車，目標逾 2017 年合肥境內「綠色」大眾運輸車輛使用率突破 40%。 2. 合肥政府對購買電動汽車和建構電動車基礎設施皆提出補貼措施，刺激大眾對於電動汽車購買的意願，此外，截至 2015 年底，合肥以建構八座充電站、2,000 個充電樁及十座維修服務站，未來更將針對電池建構回收單位。 3. 2015 年合肥新能源汽車產值達 156.7 億人民幣，同比成長 38%，吸引 70 多家新能源汽車產業鏈企業進駐，初步形成全產業鏈，預計至 2020 年整體規模可達 500 億人民幣，成為中國大陸領先的新能源汽車研發及產業基地。
蘇州	1. 拜政府和企業積極合作所致，蘇州至上海、杭州三座城市已初步建構城際交通電網，形成新能源汽車友善交通圈，隨上海建立電動汽車試乘試駕、電動汽車運營服務、電動汽車商業模式創新及電動汽車示範評估四個運作中心，亦將帶動蘇州新能源產業群聚興起。 2. 蘇州工業園區現已擁有大量電池材料研發製造企業、電機電控及總成技術企業和整車組裝企業，逐漸建構新能源汽車上下游供應鏈群聚，並積極招攬汽車零部件、工業材料、智慧裝置等產業鏈，有利建構智慧新能源車生態圈。 3. 2016 年 5 月蘇州電動汽車智慧科技園正式於吳江的汾湖高新區營運，為中國大陸首個智能汽車科創園，將側重智能技術和無人駕駛技術，打造智慧電動汽車製造配套區，形成兼具研究、製造、測試等業務的綜合性高科技園區。
杭州	1. 杭州為推動新能源汽車產業，除給予消費者各項優惠措施，亦積極透過巨量數據分析，建構 15 座公車充換電站、1,500 個充電樁、92 座計程車充換電站、777 個充電樁、30 座立體停車庫、100 座平面站點，優化基礎充電網絡。 2. 杭州為中國大陸首個探索電動車車輛共享營運模式的城市，透過統籌境內的電動汽車產業、互聯網服務業、大眾運輸、社會公共基礎資源等，以杭州政府和富士康集團為核心，構築電動汽車服務生態圈，形成跨產業的生態合作。 3. 兩岸車輛公會於 2013 年即簽訂《電動車合作意向書》選定杭州為兩岸電動車產業業者合作的試點城市，期望帶動兩岸三電（電機、電控、電池）及相關零組件投資合作，聚焦整車、零組件、營運模式、技術驗證和設備交流。

表 12-3　中國大陸 13 大電動車產業群聚城市列表（續）

群聚城市	城市特性
廣州	1. 廣州為中國大陸國家節能與新能源汽車示範推廣試點城市，不斷拓展其新能源汽車的示範應用領域，從大眾運輸延伸到末端接駁、公務車，且已建構 52 個充電站，並持續設置 105 個充電站，2,970 個充電樁。 2. 廣州地處中國大陸南方最大轎車市場珠三角經濟圈中心，亦是中國大陸南方最大汽車工業群聚，汽車工業更是廣州三大經濟支柱產業之一，其長年引進日本汽車大廠技術，周遭匯聚大量的零部件配套供應鏈，有利電動汽車布局。 3. 截至 2015 年，廣州已逾諸多領域推廣約 1.5 萬輛新能源汽車，完成中國大陸中央政府期望的破萬輛推廣任務，並積極向 2025 年全市新能源汽車產能達百萬輛的目標前進，企圖成為中國大陸電動汽車生產和轉型升級的先行者。
深圳	1. 深圳是中國大陸發展電動汽車和給予電動車補助的先行城市之一，自 2009 年起，深圳政府每年安排專項資金，已資助逾 20 個新能源汽車項目，組建三個國家級創新平台，並投入逾十億元人民幣在科技研發、產業化等面向。 2. 深圳政府秉持「政府主導、產業引領、市場化手段」精神，支持企業涉足新能源汽車研發製造，致力建立中國大陸國家級的新能源汽車共性技術研發平台，以期突破電池、電機、電子控制等關鍵核心技術，加速推動產業化進程。 3. 深圳擁有 1,200 逾輛的純電動公車和 800 輛的純電動計程車，以及近 500 輛純電動公務車和轎車，並建有 81 座充電站和 3,000 充電樁，並持續興建 168 坐公車充電站，50 座計程車充電站 526 個快速充電樁，39,000 個慢速充電樁，是目前全球電動汽車應用最多的城市之一。
成都	1. 成都於 2013 年獲選為新能源電動汽車推廣示範城市，其後積極投入新能源電動汽車研究和布局，透過創新科技開發探索便捷的充換電模式和運營管理模式，建構完善的電動汽車和充換電監控平台，從而針對電動汽車運行狀態、運行數據、電池狀況即時且集中的監控和採樣，從而著手後續改良。 2. 截至 2015 年底，成都境內已累計完成 14 座電動汽車充電站、201 套直流充電設施、688 個分散式交流充電樁，不但布點平均，亦擁有充沛電量和快速充電速度，從而初步形成滿足用戶需求的環成都充電服務網絡。 3. 成都不但為中國大陸西部地區門戶，其周遭區域富含稀土、鋰礦等原料，亦有著掌握電動車技術的研究機構，以及成都經濟技術開發區內的電動汽車產業和關鍵零部件產業基地，已是各方電動汽車企業搶進布局的關鍵城市。
重慶	1. 重慶是中國大陸規模最大的汽車生產基地，亦是中國大陸發展電動汽車和給予電動車補助的先行城市之一，具有汽車產業高度聚集、科技研發實力雄厚、電動車領域人才豐富、政府重視等優勢，各企業更積極朝創新、共用和綠色等方向探索布局。 2. 近期因中國大陸政府推動新能源電動車的政策規劃，重慶政府、研究機構和相關企業亦積極針對電動汽車整車產業、配套服務產業、經銷商、車用材料研發製造產業搭建交流和合作平台，以期發揮綜效提高整體群具競爭力。 3. 重慶擁有長安汽車、中國汽車工程研究院、恆通客車、力帆汽車等 30 家企業共同成立的重慶市節能與電動車產業聯盟，奠定電動車產業群聚發展基礎。

資料來源：本研究整理

3. 雙創風投產業群聚

隨著科技日新月異，大幅降低創業門檻，中國大陸逐漸興起創客風潮，並朝創新產業龍頭的美國看齊，此外，中國大陸創新產業市場於2015年獲得全球的創投企業總共約達370億美元的投資，為2014年的兩倍以上，中國大陸天使投資機構於2015年新募集的基金亦達124支，而中國大陸政府更提出「創新」和「創業」的「雙創計畫」，希冀為成長動力逐漸疲弱的中國大陸經濟注入活水，奠定中國大陸下個十年的發展基礎。在此一背景下，擁有硬體供應鏈背景的深圳、有著從書城蛻變創業基地的中關村的北京、國際投資人灘頭堡的上海等城市，遂以不同的基礎、方向、特色逐漸建構出結合創客、創業家、投資人等要素的雙創風投產業群聚，透過交流不同的意見、跨領域合作，從而迸發不同的火花，而中國大陸各級政府亦逐步落實簡政放權、優化服務、提高監管效能等改革措施，鼓勵各類企業、業態形成新群聚，促進民間力量投入「雙創」的意願，從而改善就業環境和商業活動型態。

根據中國大陸清科集團於2016年2月25日發布《2016年中國天使投資熱點行業研究報告》指出：「2015年中國大陸天使投資熱點前七名地點分別為北京、上海、深圳、浙江、廣東、四川和江蘇，約占88.92%的投資件數和88.95%的投資金額。」間接反映出當前中國大陸雙創產業群聚的熱門地點，其中，北京藉著中關村新創企業群聚，以及近30所高等教育機構，有助於培養優質的創業人才，並吸引大量創投機構進駐，形成其他區域難以超越的良性循環，上海則因其金融地位和高度國際化而位居第二，而浙江、廣東、四川和江蘇等地方政府亦積極響應「大眾創新、萬眾創業」急起直追。其中，北京、上海及深圳三座城市雖僅有約中國大陸5%的人口，卻因其擁有諸多創業咖啡廳、眾創空間、加速器、孵化器和合適的時空背景環境，以及創業者與創投者社交網絡，形成完整的創業生態群聚，從而獲得全中國大陸45%的創投投資比重。有鑒於此，台資企業若想直接（例：成立創投部門，投資潛力團隊）或間接（例：挖掘產業動向，並預應布署具互補性的領域）布局雙創產業，從而獲取利益和成長動能，將可考慮針對上述幾個城市和省份進行布局。

表 12-4　中國大陸八大雙創風投群聚省市列表

群聚	城市特性
北京	1. 擁有頂尖的高等教育機構和 200 個國家級的研究單位環繞，由書城轉變成為創客基地的北京中關村，已是中國大陸最具規模的科技創新基地 2. 全球前 500 大企業中即超過 200 家進駐中關村設立據點，平均每個月會至少會到中關村尋覓有發展潛力的團隊或項目，有效吸引雙創產業各方匯聚，逐漸形成類似美國矽谷的創新創業產業群聚。
上海	1. 上海雖為中國大陸的國際金融和商業重鎮，然其部分地區（例：浦東新區）仍面臨產業結構調整，許多舊工業區、加工產業鏈面臨閒置窘境，而隨著創客風潮湧現，則賦予這類園區新意義。 2. 相較於北京側重軟體導向和資本運作、深圳著眼於技術導向和智能硬體，上海的雙創群聚則更多了「玩」的性質，許多雙創群聚的發起人皆是各領域的重量級人士，其較不重視創客群聚的成果和經濟效益，而是將創客群聚當作是種社交、傳承、社團的場合，一方面提供新星團隊和創投機構交流的平台，一方面營造能維繫創新的熱情氛圍，從而活絡產業動能。
深圳	深圳過去為電子產業供應鏈製造商群聚所在地，擁有全中國大陸平均每單位面積土地產品產量最高的成績，不但擁有大量兼具規模經濟和範疇經濟的硬體廠商，更有製作「山寨機」的客製化生產經驗，讓創客們可在方圓一公里內找到任何所需的料件，以及製作過程中任何流程（例：開模、包裝）所需的製造商，從而成為許多科技類創客的首選之地，其中又以中國大陸國務院總理李克強曾造訪的柴火創客空間最為知名。
浙江	1. 浙江因阿里巴巴創造出一批擁有資金的創業家和高階人才，而出現許多天使投資機構，進而促使 2015 年浙江獲得的天使投資總額首次超越深圳。 2. 浙江雙創群聚較傾向圍繞「互聯網＋」，主要雙創產業群聚坐落於杭州、寧波和揚州三座城市，以及各地特色小鎮，中國大陸政府亦於 2015 年 10 月設立浙江杭州雲棲小鎮、浙江溫州台灣青年就業創業服務中心兩處「海峽兩岸青年創業基地」，希冀透過借助兩岸青年不同的特質，打造「雙創」新生態。
四川	1. 四川政府於 2015 年展開「創業天府」計劃，選定成都菁蓉鎮做為雙創基地，積極建構適合的環境，架設「科創通」服務平台，串聯「政產學研用」形塑「環高校知識經濟圈」創新體系，更成立成都全球創新創業交易會，吸引全球資源和人才。 2. 成都除擁有完善的基礎建設和便捷的交通，更擁有生技醫藥、新能源和養老照護等產業群聚和軟體基地研發中心，使其能發展的應用更為多元，研發成本和固定成本亦相對較低，且四川各地雙創群聚皆有其獨特優勢。 3. 四川擁有良好雙創氛圍，創業生態環境和投資風氣活耀，亦有大型國際雙創交流活動，更於天府新谷園區中的設置創業苗圃，著眼扶植種子期新創團隊。
江蘇	1. 江蘇政府除提供輔導和孵化器，亦結合在地化產業，完善軟硬體設施，打造江蘇創客基地品牌，進而衍生出以文化創意為核心的揚州、倚仗製造生態鏈的無錫等創客群聚。 2. 目前部分惠州台資企業已著手建構創客平台，除免費提供空間外，亦協助創客建立人脈、資金籌措等，並號召台商共建小型創投機構。 3. 中國大陸政府亦建構昆山兩岸青年創業園、江蘇南京市麒麟兩岸中小企業創新園兩處「海峽兩岸青年創業基地」，期許兩岸創客能攜手開創新格局。

表 12-4　中國大陸八大雙創風投群聚省市列表（續）

群聚	城市特性
湖北	1. 湖北政府依循中國大陸政府推動「創新驅動」方針，持續深化改革、完善「雙創」政策激勵機制，戮力形成各類雙創主體互促並進、草根與精英攜手合作、虛實互動的良好形勢，以達成將湖北打造成「創客大省」的目標。 2. 湖北東溪湖區台灣青年創業基地，提供諸多優惠，希冀吸引台灣新創團隊進駐。此外，面對創客服務機構產業湧現，湖北 30 多家創客服務機構共組創客聯盟，整合各方供應鏈和通路，連結全中國大陸的創客資源，為湖北創客提供一站式服務。
福建	1. 福建政府除鼓勵高教機構和孵化器與創客空間交流，亦給予資金等面向的幫助，並透過高新區、眾創空間等載體逐步建構適合雙創產業的「軟環境」。 2. 福建政府於 2015 年核准 49 家省級眾創空間，為創客提供設備租借、智財權保障、數據分析、法律諮商、創投媒合平台等服務，吸引 5,000 多名創客進駐、240 家眾創空間和 136 家科技孵化器成立、誕生 3,000 多家新創企業和 40 多個大學創業圈。 3. 福州、廈門、平潭等地已成立 34 個台灣青年創業基地，吸引 561 家台資企業、團體進駐，形成初具規模的雙創風投群聚。

資料來源：本研究整理

4. 物聯網產業群聚

在中國大陸官方政策引導及龐大的內需市場需求下，中國大陸 *IC* 設計產業日益壯大，逐漸形成環渤海群聚、長三角群聚、珠三角群聚和中西部地區群聚，不但整體產業產值蒸蒸日上，亦在諸多領域對台資企業形成嚴重威脅，而隨著中國大陸政府於 2011 年末提出「十二五規劃」，確立物聯網產為中國大陸的重點發展產業，並以既有 *IC* 設計產業群聚為基礎，藉由群聚效應和技術基礎，積極開發探索物聯網產業的終端產品、技術研發、標準制定和衍生性應用。有鑒於此，台資企業除應持續提供有競爭性的產品與服務外，亦應加緊布局相關業態，除可跨領域策略聯盟切入產品終端應用（例：與服飾織品業者合作開發智慧服飾），亦應考慮藉由布局中國大陸的物聯網產業群聚，借勢其群聚效應加速自身發展，從而立足中國大陸，放眼全球市場。

由於物聯網產業是集結各類領域的知識和技術所共同形成的應用性產業，其蘊藏龐大的商機且尚未出現殺手級應用，不僅是元件製造業、設備與系統整合、網路營運及終端設備應用等台灣優勢的 *ICT* 產業未來五至十年的成長關鍵，更影響到傳統製造業轉型升級、服務業營運模式創新等各產業領域未來發展方向，而如何將物聯網應用快速普及，已是物聯網相關產業的獲利關鍵。中國大陸不但有龐大的內需市場、多元的應用場域，亦擁有許多物聯網產業群聚，更於 2014 年即達到 5,800 億人民幣的產業規模，若台商能融入中國大陸物聯網群聚，透過群聚效應加速物聯網終端應用開發和布局，以軟硬體整合模式開發產品，參與相關技術標準的制定，強化與當地產業群聚終端應用和服務的相容性，從而建構在地化應用，將有助於台資企業獲得未來全球布局所需的經驗、資金和產業地位。

表 12-5　中國大陸四大物聯網產業群聚區域列表

群聚	城市特性
環渤海	環渤海地區的物聯網產業群聚，多分布北京、天津、大連等既有 *IC* 設計產業供應鏈群聚城市，借力中國大陸政府推動京津冀一體化，及當地極具潛力的製造業，透過架設綜合性平台，將原本高度集中於各群聚的相關產業串連，漸成為中國大陸物聯網產業的研發重鎮，亦是物聯網設計、智能化生產設備和系統集成的重要基地。
長三角	長三角地區因擁有大量且完整的 *IC* 設計產業群聚，使其物聯網產業規模持續領先，進而成為傳感器、軟體開發、系統集成產業的群聚區和項目應用先行區。其中，江蘇無錫的傳感網創新示範區不但是全中國大陸唯一的國家級創新示範區，亦是中國大陸最重要的物聯網產業群聚，園區內機構和企業涉足範圍涵蓋技術和理論研發、物聯網相關產品、物聯網總體架構、系統集成、物聯網技術應用運營等面向。
中西部	以武漢、西安、重慶、成都等中國大陸中西部地區既有 *IC* 產業群聚城市為基礎，向外衍伸並吸引當地人才，其發展方向較側重於結合現有的產業優勢、產業群聚和多元應用場域等基礎，積極延伸發展物聯網的應用標準，建構共通性的跨裝置資訊基礎架構，以期帶動當地傳統製造業的未來發展。
珠三角	由於深圳、珠海、廣州、廈門等地匯聚 *IC* 設計產業群聚和系統應用端產業群聚，加上中國大陸創客運動和開放式硬體風潮興起，中國大陸創客運動重要發展區域的珠三角地區，其物聯網產業群聚布於整體產業的開發端和應用端，較聚焦於相關智慧設備製造和研發、物聯網軟體及系統集成及物聯網資訊網絡運營服務等三大領域。

資料來源：工研院 *IEK*；本研究整理

表 12-6　中國大陸 14 大物聯網產業群聚城市列表

群聚	城市特性
大連	1. 大連政府十分重視物聯網的發展及應用，雖物聯網產業底層的傳感技術群聚相對弱勢，惟因其擁有較完整的網絡資訊產業群聚，並成立大連市交通與重大裝備物聯網工程技術中心加速推動相關研發，初步形成物聯網產業群聚。 2. 大連政府致力促進傳統產業透過物聯網轉型升級，並探索交通管理、智慧物流和智能醫療等應用領域，特別是金洲新區的農業科技化已初具成效。 3. 大連政府將依循現有產業的技術優勢，透過建構相應服務平台、培育物聯網產業鏈、著重高等教育人才培養、引進創新團隊和扶持培育企業等作為，致力突破關鍵技術和硬體瓶頸，並積極解決勢產業間相容性問題。

表 12-6　中國大陸 14 大物聯網產業群聚城市列表（續）

群聚	城市特性
北京	1. 截至 2015 年，北京為中國大陸首都，坐擁中國大陸逾 40% 的物聯網產業所需的資源基礎和規模，並積極發展智慧北京計劃和朝陽的物聯網產業園區，預計側重網路基礎設施、新型技術研發、商業模式、物聯網標準化工程等項目。 2. 北京於「十二五」時期即提出「一個目標、三個階段、五項措施、七大領域」方針，而相關產業鏈業者更自主成立匯集「政產學研用」的「中關村物聯網產業聯盟」，以「應用創新」為核心，引領物聯網產業鏈的協同發展。 3. 因物聯網覆蓋領域廣泛，各細分市場皆具專業性，需兼容並蓄方能發揮綜效，北京已形成跨領域聯網產業群聚，建置匯聚各方產品和服務的單一窗口平台。
天津	1. 津資訊網路基礎設施完備，亦是中國大陸超級電腦落腳之處，更是中國大陸四大傳感器生產基地之一，擁有大量先進設備、技術、人才和傳感器產業群聚，其產品分布於諸多領域，部分物聯網技術更已廣泛應用於城市建設。 2. 天津不但是中國大陸行動通訊、新型元器、集成電路和軟體等產業的重要群聚城市，更承擔中國大陸九大資訊產業基地之一、國家級軟件出口產業基地、國家級自貿區等多重身分，擁有成為物聯網產業群聚的產業基礎和政策優勢。 3. 天津於 2016 年在各方合作下成立天津學府物聯網產業園，預計將可吸引千餘家企業入駐，目標建構串聯物聯網、雲端計算、巨量數據、通信傳輸等領域的產業群聚，並結合周邊學校達成產學合作，建構良性的產業群聚發展。
上海	1. 上海物聯網群聚啟動很早，首個地區物聯網產業聯盟於 2010 年即在張江高科技園區成立，其成員包含上海交大、*IBM* 等企業和學術教育機構，共建交流平台，協同探索物聯網產業化項目，更積極開拓政府端和企業端的應用情境。 2. 上海政府於 2012 年投入八億人民幣，在上海嘉定致力打造中國大陸最具競爭力和國際影響的物聯網技術研發基地，透過周遭厚實的科技研發基礎和產業環境，吸引業者布局並培育新創企業，從而逐漸完善群聚內的物聯網產業鏈。 3. 截至 2015 年底，上海物聯網整體產值已達千億人民幣，企業數量亦突破千家，積極與傳統製造業者合作，透過將物聯網技術導入傳統製造業，促使其往智慧化、低功耗等領域轉型升級，擴大物聯網應用情境，並提高製造業競爭力。
蘇州	1. 蘇州政府於 2011 年即與中國移動合作成立的物聯網應用中心，致力開拓、完善各類物 網的應用情境，並於 2012 年逐步拓展「感知政務」、「感知企業」、「感知生活」三大應用，從而與南京形成支援無錫物聯網產業群聚的犄角。 2. 截至 2015 年底，因蘇州政府的政策協助，不但加速推動物聯網產業商業化、規模化和創新基因，亦吸引超過 140 家世界 500 強企業進駐蘇州，其境內具規模的民間企業已突破 8,000 家，凸顯蘇州的物聯網應用情境極具發展性。 3. 蘇州政府鼓勵企業針對物聯網基礎技術進行布局，積極推動各領域物與物聯網技術融合應用的工程化，逐漸將蘇州建構成為物聯網的應用示範先行區域，並由點、線、面循序向外擴散，帶動物聯網產業群聚可持續的發展。
無錫	1. 無錫傳感網創新示範區是全中國大陸唯一的國家級創新示範區，亦是中國大陸最重要的物聯網產業群聚，園區內機構和企業涉足涵蓋技術和理論研發、物聯網相關產品、物聯網總體架構、系統集成、物聯網技術應用運營等面向。 2. 無錫各界於 2010 年成立中國大陸第一個物聯網產業基金，初期投入十億人民幣資金，針對物聯網和傳感產業為主要投資項目，以解決相關企業發展新興產業初期的資金困境，從而加速完善無錫物聯網產業鏈發展。 3. 2010 年無錫即成立「感知中國」物聯網聯盟，吸引全中國大陸涉足物聯網產業的企業和機構，協調各方價值創新、技術、資源、發展方向和標準推動，從而促使無錫相對於其他區域著重產業化發展，更增添了學術性的色彩。

表 12-6　中國大陸 14 大物聯網產業群聚城市列表（續）

群聚	城市特性
杭州	1. 在中國大陸各級政府引導，以及企業和產業基礎的支持下，長三角地區形成跨杭州、嘉興、溫州三地的物聯網產業群聚，而杭州物聯網產業鏈涵蓋感知層、網絡層和應用層，側重智慧城市和智慧生產，逐漸建構系統和技術體系。 2. 杭州政府積極推廣將物聯網科技應用於傳統製造業，並針對部分重點項目提撥約 25% 的資金協助，鼓勵企業透過資訊科技與物聯網技術深度融會應用，提高營運效能和效率，加速傳統製造產業轉型升級，打造杭州智造群聚。 3. 杭州「物聯網小鎮」坐落於杭州高新區（濱江）東側，藉由鄰近既有的電子資訊產業群聚基礎，致力發展雲端計算、巨量數據等物聯網基礎產業，以及吸引創新創業人才聚集，從而厚植物聯網產業群聚發展的根基和持續發展力。
武漢	1. 為響應中國大陸中央政府政策，以及產業趨勢潮流，武漢政府在擁有光電產業、能源產業、生技醫療產業、機電產業等群聚的「中國光谷」基礎上，提出「智慧光谷」，並於 2010 年成立「武漢中國光谷物聯網產業技術創新聯盟」。 2. 武漢因過去產業基礎，諸多企業具備良好的物聯網關鍵技術和產業化的基礎，此外，武漢亦擁有許多實力堅強、掌握技術的學術和研究機構，有利推動物聯網技術產業化，以及延伸探索物聯網應用層面。 3. 2016 年在武漢的企業和政府合作下，成立湖北首個物聯網產業園「武漢北物聯網科技產業園」，針對研發孵化、電子物流、智慧城市、硬體製造和周邊配套規劃五大園區，致力建構應用平台和參與制定產業標準。
西安	1. 西安是中國大陸西部的電子資訊產業重鎮，不但擁有眾多的軍工企業，亦擁有豐富的教學、學術和研究資源，具備厚實的電子資訊技術、通信網絡、數據處理等產業實力和技術基礎，與無錫物聯網產業群聚亦有深度交流。 2. 西安民間力量早於 2010 年即自行組建「陝西（西安）物聯網產業聯盟」，其成員涵蓋西安物聯網整體產業鏈企業、學術教育和研究機構，目標於 2020 年完成西安跨產業資源整合，提高產業發展性，並推廣和擴大技術的應用層面。 3. 西安政府推動《西安市〈中國製造 2025〉計畫》，並將電子資訊產業列入六大重點產業，致力整合零部件、晶片、系統和軟體等物聯網智慧終端產業鏈，透過公共服務平臺和完善區域內基建設備，培育和形成物聯網產業群聚生態。
重慶	1. 重慶為中國大陸第一個國家級物聯網產業示範基地，側重智慧工業、智慧城市及智慧物流等領域，並結合「中國製造 2025」和「互聯網 +」政維，促進產業轉型升級，塑造集硬體製造、系統集成、運營服務的物聯網產業鏈群聚。 2. 重慶境內涉足物聯網產業研發、製造、運營的企業和機構已逾 250 家，相關產業鏈已初具雛形，單年度整體產業產值已突破達 250 億元人民幣，現正積極針對資安、應用、關鍵技術等層面進行補強，以期擴大應用範圍和可信度。 3. 2016 年 5 月 6 日重慶南岸區政府與北京中關村物聯網產業聯盟、創客天下集團等等機構合作打造「中關村 · 重慶物聯網創新創業公共服務平台」，致力人才、科技、資本生態系等產業鏈源頭布局，從而物聯網產業群聚。
成都	1. 成都為中國大陸經濟成長的第四極區，不但是中國大陸西部的科技、經貿重心，亦擁有軍事、電子資訊、智慧居家等產業群聚和優異的工業基礎，亦是「一帶一路」規劃重要節點城市，有發展成為全球性物聯網產業鏈的潛力。 2. 成都積極打造位於天府新區空港高技術產業園的物聯網產業園區，以發展物聯網產業為核心，積極吸引傳感知領域和物聯網延伸服務領域企業進駐，從而形成產業群聚和國家級的產業示範園，吸引全球高科技企業和人才駐足。 3. 由於物聯網範圍廣闊，為促進成都物聯網產業發展，成都當地企業、學術機構和教育機構等民間團體遂於 2010 年自主成立「成都物聯網產業發展聯盟」，藉由聯盟形式串聯各產業資源，建立技術和資金招引、諮詢參謀的共享平台。

表 12-6　中國大陸 14 大物聯網產業群聚城市列表（續）

群聚	城市特性
廈門	1. 廈門是中國大陸國首批以先進的資訊網路科技大範圍覆蓋和應用的城市，擁有良好的技術基礎和城市基因，吸引諸多企業進駐，而截至 2015 年底，廈門的物聯網企業已逾 200 多家，整體產值達 140 億人民幣。 2. 廈門閩台雲計算產業示範區積極發展以雲端計算為基礎的物聯網資訊服務，側重研究、開發將物聯網技術和服務用於醫療、交通、電力等產業領域，並成立研發應用平台，爭取成為物聯網延伸應用領域的先行者和標準制定者。 3. 相較於其他城市，廈門物聯網產業群聚較偏重於應用層面，以及相應延伸的整體解決方案開發，吸引諸多物聯網企業進駐布局，以加速企業研發成果的產業化速度和曝光度。
廣州	1. 由於廣州過去曾為改革開放的前沿城市之一，要素流通要率高、製造產業鏈規模大、對外開方性強、商業活躍，不但具硬體製造優勢，廣州天河軟件園亦是華南軟體產業群聚密集度最高的園區，具備良好的物聯網發展基礎。 2. 廣州倚仗廣州科學城、天河軟件園、廣州國家數字家庭應用示範產業基地、番禺 *RFID* 產業園等各類物聯網相關產業園區為發展根基，布局建置技術應用產業化群聚，形成串聯物聯網四大技術層面的廣東物聯網產業體系。 3. 廣州政府將物聯網發展重點放在晶片設備製造、智慧裝置、資訊服務、基礎設施等領域，致力開發降低物聯網產業發展成本的核心技術，吸引大型企業進駐帶動群聚，搶占物聯網產業鏈關鍵位置，並形成錯位發展和差異化發展。
深圳	1. 深圳因過去發展歷史，不但基礎建設完備，境內亦有極具競爭力的科技產業群聚，並在諸多物聯網底層技術領域取得領先，從而逐步外溢、串聯至周遭衛星地區，形成以深圳、廣州等城市為發展核心的泛珠三角物聯網產業群聚。 2. 深圳各界積極拓展物聯網產業應用市場，致力於交通、物流、家居等領域智慧化應用，此外，亦積極在大眾運輸、海關攔查、治安維護、檢驗檢疫等領域開展示範應用，更於蛇口網谷成立首個廣東省物聯網產業示範基地。 3. 深圳興起的創客文化和群聚，亦對物聯網產業形成互補效用，透過高密度的硬體供應鏈，以及創客在技術、應用和思維的創新突破，將有助深圳技術應用層面（例：智慧居家）的物聯網群聚發展，並形成具創客基因的群聚生態。

資料來源：本研究整理

5. 大健康產業群聚

隨著中國大陸改革開放三十年來的財富累積，以及人口高齡化趨勢，社會對於健康產業的需求逐漸浮現，中國大陸政府遂於 2012 年 8 月 17 日「2012 中國衛生論壇」提出《健康中國 2020 戰略研究報告》，並進一步將「健康中國」列入「十三五規劃」藍圖中，積極推動建立涵蓋各生命成長階段且健全完善的健康服務業體系，從而逐漸豎立中國大陸自主品牌和形成具備良性循環的產業集群。與此同時，隨著習李執政團隊推動供給側改革，不但將逐漸優化中國大陸大健康產業的整體體質和資源配置，亦將帶動更多企業和民間團體投入相關產業，吸引諸多國際企業搶進布局醫美保養、保健食品、生物醫藥等市場，預計至 2020 年「健康中國」相關產業帶動的投資規模將會突破達十兆人民幣。此外，截至 2015 年底，中國大陸的健康產業僅占 4% 至 5% 的 *GDP* 比例，與已開發先進國家平均占 15% 的 *GDP* 比例仍有差距，凸顯出中國大陸大健康產業仍有龐大的發展空間。

隨著中國大陸健康產業政策鬆綁，將加速兩岸醫療、醫材、保健、照護、運動產品等產業的合作，中國大陸東部沿海地區因發展較早、資金充沛、基礎建設完善等原因，其大健康相關產業群聚不論是在涉足領域、參與項目和跨界合作皆呈現百家爭鳴、多元發展態勢，而內陸中西部地區則多以養生健康旅遊產業群聚為主。由於中國大陸大健康產業涵蓋諸多產業，絕非單一企業可以獨自通吃，必須與外部企業連結形成產業群聚，發揮整體作戰效益，台資企業在前進布局時可依循「服務流程」、「服務類型」和「產業範疇」三種構面進行思索，省視自身實力、業態和所處群聚之環節，從而細分市場和妥善擬定相關策略和定位。此外，隨著 2030 年中國大陸面臨人口老化高峰考驗，台資企業可藉由引入台灣擅長的社區健康「點對點」照護系統，搶占龐大的養老照護市場，惟台資企業在布局時亦應注意醫藥、醫材等受到較多法規標準和規範的健康產業，以避免造成損失。

表 12-7　中國大陸大健康產業群聚城市列表

群聚	城市特性
通化 長春	1. 吉林的大健康產業以通化和長春雙城市為核心，近五年呈良好發展態勢，於 2015 年規模以上（註：主業務收入 2,000 萬元人民幣以上）醫藥健康企業總產值逾 2,029.2 億人民幣，中成藥工業更連續超過十年占據中國大陸龍頭位置。 2. 吉林政府於長春的吉林大學設置醫藥健康產業發展人才培訓基地，鼓勵境內學術教育機構與企業產學合作，並以政策支持新藥研製、二次開發等項目，輔導實驗室研究成果商業化和規模化，開創價值導向的醫藥產業群聚。 3. 藉由通化和長春核心的醫藥產業群聚，以及大量民營醫療健康企業形成活躍的市場化機制，從而外溢串聯梅河口、敦化、遼源、白山等六個衛星區域各具特色的醫藥產業群聚，凝聚形成東北地區代表性的大健康產業群聚。
北京	1. 北京積極運用其既有資訊科技產業群聚，以及中關村雙創群聚，結合雲端計算、巨量數據及行動網路等科技，針對中醫藥診療和護理推動現代化革新，從而展開對於遠端醫療、影像診斷等新業態和商業模式的摸索。 2. 北京倚仗密集的高等教育機構、人才、資源和企業，於 2014 年成立北大醫療產業園，匯聚各方醫療、醫藥等領域企業，逐漸於部分細分健康領域形成專業產業群聚，帶動北京成為健康產業「產學研」合作的標竿重鎮。 3. 為促進產業資源高效綜合利用，以及產業群聚化布局，北京近年陸續成立中關村生命園、大興生物醫藥基地、亦莊生物醫藥園、北京國際醫療服務區、中關村高端醫療器械產業園等園區，期望以首都之姿引領各地健康產業發展。

表 12-7 中國大陸大健康產業群聚城市列表（續）

群聚	城市特性
德州	1. 德州為山東與京津冀區域「南融北接」門戶，兼具現代農業示範區、國家級新型城鎮化「雙試點」地位，積極融入京津冀協同發展，致力形成優質農副產品供應基地、產業轉移承接基地和生態區域營造，打造生態健康產業基地。 2. 德州禹城重點發展功能性糖類產品群聚，擁有 13 家生產製造企業、八大產品系列，為中國大陸首先達成低聚異麥芽糖、低聚木糖等項目工業化生產的群聚，生產研發的技術水準位居世界前端，其腸道健康產品占據 35% 全球市場。 3. 健康養老服務業自 2014 年即為德州重要產業，陸續展開逾 20 項政策項目，以醫療機構和醫藥產業群聚為基礎，輔以德州醫療中心、雲醫療中心、心理健康中心、營養整體解決方案中心，打造生物產業群聚和國際健康養老城。
合肥	1. 合肥積極整建理念、產業及服務三位一體的大健康產業發展體系，並選定醫療資源群聚、經貿產業發達的合肥廬陽做為示範區域，初步建構涵蓋醫療平台、巨量數據、醫檢設備和服務、保健食品等相關領域的產業鏈雛形。 2. 合肥政府加速建設鄉醫療救助體系，擴大各類型社會救助的涵蓋範圍，深入滲透社會多元層面，並建構互相協同的機制，優化區域內醫療資源的分配和運用，形成區域健康網絡，促進區域內各醫養機構和相關健康服務業的發展。 3. 合肥政府借鑒台灣醫療健康產業發展脈絡，遂於合肥巢湖經濟開發區建置健康養老產業先行示範區，側重發展生物醫藥、養生照護、健康保健、醫養文化旅遊等產業，吸引兩岸健康產業業者合作布局。
武漢	1. 位於武漢東湖國家自主創新示範區的武漢國家生物產業基地，不但是湖北沿江產地區重要的產業帶，亦是武漢生物科技產業發展的核心區域，並向外輻射牽引周邊健康產業，吸引資本和企業進駐，從而構築完整的產業鏈生態。 2. 武漢健康製造業多聚焦於生物醫藥製品、滋補食品加工及化妝品等產業，輔以中醫藥材栽植，以成為國際性醫藥專業市場和產業群聚為發展目標。 3. 由於武漢交通便利，且境內擁有多元自然景觀、文化古城，其觀光農業、健康旅遊及養老照護等服務業類的新興健康產業正蓬勃發展，並結合既有中醫藥產業群聚，逐漸發展出一體化的「醫養結合」配套體系。
泰州	1. 泰州為長江經濟帶的大健康產業試點城市，積極拓展生物科技、照護等產業，而兩岸企業家峰會更於 2016 年 5 月 27 日決議於泰州成立兩岸（泰州）健康產業交流合作基地，成為中國大陸首個以健康產業為主題的兩岸合作基地。 2. 泰州境內擁有中國大陸第一個成立的醫藥高新區，積極吸引美國、日本和台灣企業進駐布局，探索生物製藥、疫苗和診斷試劑、高階醫療器械、中藥現代化、保健食品和化學新型製藥等六大領域為大健康製造產業發展核心。 3. 除大健康製造產業外，泰州亦針對健康旅遊、遠端醫療、養老照護等大健康服務產業著手，倚仗古城、濕地及田園等多元景色環境，形成醫養融合群聚。
紹興	1. 紹興的大健康產業中，其製造業產業群聚主要以生物醫藥、保健食品、中藥飲片、醫療器械及醫用材料等為主，此外，紹興傳統的黃酒、茶葉及珍珠等產業，亦積極朝養身保健轉型，凸顯出紹興擁有良好的大健康產業群聚基礎。 2. 紹興政府積極招募企業進駐紹興高新區，以健康配備和生物醫用材料產業為核心，圍繞相應的解決方案和輔助產業，培育百億級大健康產業群聚生態系。 3. 紹興自然環境良好，吸引休閒度假業者進駐，整體產業投資額已突破 90 億人民幣，其養老照護產業發展亦位居中國大陸全國龍頭，累計投額超過 25 億人民幣。

表 12-7 中國大陸大健康產業群聚城市列表（續）

群聚	城市特性
湖州	1. 湖州於「十三五」規劃中，積極構築千億級的大健康產業群聚，並以「一谷、四中心」（健康谷、生態養生中心、診療復健中心、戶外運動中心、健身保健產品產銷中心）為政策架構，爭取成為長三角經濟區重要的大健康產業群聚。 2. 湖州的大健康產業含概醫衛服務業、健康管理與促進服務業、健保服務業、醫療藥器材、營養保健品批發零售業、健康產品製造業、中藥種植業和健康不動產業七大行業，並於 2014 年共吸引約 434 億人民幣投資。
泉州	1. 台灣海峽兩岸醫事交流協會已於 2015 年成立海峽兩岸醫療產業基金，進駐泉州醫療市場，積極布局建構醫院、綜合性健康養生文創園區等項目，透過產學合作方式，針對醫療保健、養老照護、人才培育、醫管等領域共同合作。 2. 泉州經濟動能長年占據福建全境龍頭，其經濟基礎、基礎建設良好，然因泉州常住和流動人口龐大，其醫療資源相形不足且分配不均，極具市場發展潛力，加諸地理區位鄰近，遂成為台商企業布局中國大陸醫療產業的試水區。 3. 泉州近年積極對外尋求資金、技術、人才和企業進駐，透過重點培育高端醫衛機構，完善鄉鎮醫衛體系和基礎，並將之逐步串聯形成整體醫衛體系，協調共享醫療資源，加快發展智慧醫療健康產業，破解醫衛健康產業發展屏障。
廣州	1. 廣州政府針規劃以一個都會區（廣州中心城區）、兩個新城區（濱海新區南沙、東部山水新城區）、三個副中心（從化市、增城市、花都區）的發展格局，致力整合各地醫療衛生資源，優化資源配置和建構不足設施，循序建構以醫療產業為核心，醫藥產業為策應，保健品及健康服務業協同發展的態勢。 2. 自「十五規劃」以降，廣州逐漸形成生物醫藥產業群聚，規模以上（2,000 萬人民幣以上）製造業者上百家，規模破億人民幣的企業亦有 23 家，更有 16 種銷售破億人民幣的品項，其中，廣藥集團更是中國大陸三大醫藥集團之一。 3. 廣州為廣東省會，是華南醫療資源和學術機構的重要群聚，其醫院和療養機構等服務機構和體系完善，醫養器械和設施亦較健全，醫療水準位居全中國大陸城市前端，近年更積極引進海外資本和人才，持續為健康產業挹注活水。
江門	1. 江門將大健康產業是為當地五大產業群聚之一，江門政府攜手民間企業，依循教學、醫療和養老「三位一體」基本架構，串聯學校、醫院和照護機構資源，共同打造粵港澳健康養老產業示範基地，建置完善的醫養群聚網絡。 2. 2016 年江門高新區草擬「一核一區」發展格局，以科研基地為核心，打造珠江西岸結合教育、孵化器、高端技術及重要企業的健康產業科研重鎮，延伸周遭醫藥、器材、飲食和藥妝等領域的健康生產製造業的產業群聚區域。 3. 未來江門將借助高新創智城，引導健康產業企業協同周遭「電商谷」的產業群聚，透過與電子商務企業聯手開拓市場，建構江門健康產業品牌，並強化各類健康產業對市場的滲透和推廣，循序建立特色化的大健康電子商務產業。
南寧	1. 南寧地處華南經濟區、西南經濟區交會處，亦是中國大陸對東協市場的重要關口，隨著「一帶一路」規劃發展，加速其從交通網末端支點轉型成為中國大陸與東協各國的交通和經濟的網絡核心，吸引諸多重要產業進駐布局。 2. 南寧五像新區內的台灣健康產業城，其占地 3.5 平方公里，參與項目包括國際醫院、專業健康服務中心等，結合台灣具有優勢的醫療、養生和照護等產業，以及南寧的電子資訊產業群聚和孵化基地，打造兩岸健康產業群聚城市新區。 3. 南寧健康照護產業積極結合區域內教育、醫療等綜合優勢資源，構築相關示範社區與中心，打造西南地區健康輔具、醫用器材製造業群聚與醫管照護人才培訓重鎮，從而將產業影響力從南寧擴進延伸至衛星城市和東協市場。

表 12-7　中國大陸大健康產業群聚城市列表（續）

群聚	城市特性
成都	1. 都因長期為區域政經中心和交通樞紐，為中國大陸西部的重要醫療健康產業發展重鎮，近年更響應中國大陸政府政策，投資逾600億人民幣推動成都中醫藥、醫療復健等大健康產業和健康園區，以提升區域健康產業水準。 2. 成都國際醫學城為中國大陸第一個匯聚醫療健康產業鏈的現代醫學產業群聚，其涵蓋醫療服務、保健養生和商務配套三大園區，建構橫跨醫療服務、中藥材栽植、健康旅遊、醫管培訓等領域的高端健康產業群聚。 3. 台商企業近年亦持續增加對四川全境的投資，其中大健康產業是目前台灣與成都重要的合作產業之一，結合台灣健康產業發展經驗，以及中國大陸市場需求，針對醫養旅遊、學術和科研、藥妝產業和商業化配套等領域積極合作。
貴陽	1. 貴州以貴陽為箭頭，積極建構醫藥產業生態圈和健康養生圈，以政府政策為方針、企業為主體，吸引資金和技術進駐，針對市場需求、相關產業和天然資源進行布局，並藉由科技力量滲透、融合整體健康產業的協同服務和體系 2. 貴陽大健康產業將針對紓解中國大陸西部及西南部需求為目標，充分利用中國大陸國家資源，加速帶動區域健康產業的學術、技術的創新能力和發展水準，從而解決技術、產銷和商品化瓶頸，形成群聚促進區域經濟和社會發展。 3. 2012 年貴陽成立當代養生科學與健康產業研究院，以中醫藥業和民族藥業為核心群聚，搭配周遭的 *IT* 科技產業群聚，因地制宜擴展、健全整體產業群聚和體系，並倚仗優美的生態環境，發展健康旅遊、養老照護等服務業。

資料來源：本研究整理

隨著科技日新月異、各國政府產經政策變動，全球產業競合態勢漸趨詭譎，中國大陸遂針對產業發展和問題積極作為，如（1）推動跨境電商產業做為中國大陸對外貿易型態和產業轉型的契機，增加散戶和內陸省份接觸國際市場的可能性；（2）培育「雙創」產業做為其經濟支撐動能，為中國大陸產業注入發展活水；（3）布局電動車以解決環境問題和提高能源多樣性，並避開先進國家壟斷的汽車專利；（4）發展物聯網產業企圖在全球尚未出現殺手級應用，以及標準規範，提高中國大陸相關產業的地位和話語權，並連接資訊網路產業和各類傳統製造業，彎道超車讓中國大陸整體產業在下個世代從「中國製造」提升至「中國智造」；（5）因應中國大陸市場對於大健康產業需求持續增加，持續透過政策指導各方單位和企業布局，建構中國大陸健康產業群聚，推進民生安全網絡。有鑒於此，台資企業應及早做出應對，並可嘗試借助中國大陸相關產業群聚之群聚效應，結合台灣「重視用戶體驗」的文化，以及中國大陸「重視市場先機」的特性進行競合布局，以期在下波全球產業競合變局中生存。

5

大陸城市綜合實力新排名

第 13 章

2016 TEEMA 調查樣本結構剖析

一、2016 TEEMA 兩力兩度評估模式

2016《TEEMA 調查報告》基於研究的一致性、比較基礎和延續性，以及使研究可進行縱貫式分析（longitudinal analysis），遂沿用 2000 至 2015《TEEMA 調查報告》的研究基礎，透過：（1）城市競爭力；（2）投資環境力；（3）投資風險度；（4）台商推薦度的「兩力兩度」模式，研擬「城市綜合實力」評估構面，茲針對「兩力兩度」構面評述如下，有關構面與權重配置如表 13-1 所示。

1. 城市競爭力：由八大構面組成，分別為：「基礎條件（10%）」、「財政條件（10%）」、「投資條件（20%）」、「經濟條件（20%）」、「就業條件（10%）」、「永續條件（10%）」、「消費條件（10%）」、「人文條件（10%）」。

2. 投資環境力：由十個構面組成，分別為：「生態環境（10%）」、「基建環境（10%）」、「社會環境」（10%）、「法制環境」（15%）、「經濟環境（10%）」、「經營環境（10%）」、「創新環境（10%）」、「網通環境（10%）」、「內需環境（10%）」、「文創環境（5%）」，總共包含 72 項細項指標。

3. 投資風險度：由六大構面組成，分別為：「社會風險（10%）」、「法制風險（15%）」、「經濟風險（20%）」、「經營風險（25%）」、「轉型風險（15%）」、「道德風險（15%）」，總共包含 42 項細項指標。

4. 台商推薦度：由十項指標組成，分別為：「城市競爭力（10%）」、「投資環境力（10%）」、「投資風險度（10%）」、「城市發展潛力（10%）」、「整體投資效益（10%）」、「國際接軌程度（10%）」、「台商權益保護（10%）」、「政府行政效率（10%）」、「內銷市場前景（10%）」、「整體生活品質（10%）」。

表 13-1　2016 TEEMA「兩力兩度」評估模式構面與衡量指標

評估構面	衡量指標			
1 城市競爭力【15%】	❶基礎條件	10%	❺就業條件	10%
	❷財務條件	10%	❻永續條件	10%
	❸投資條件	20%	❼消費條件	10%
	❹經濟條件	20%	❽人文條件	10%
2 投資環境力【40%】	❶生態環境	10%	❻經營環境	10%
	❷基建環境	10%	❼創新環境	10%
	❸社會環境	10%	❽網通環境	10%
	❹法制環境	15%	❾內需環境	10%
	❺經濟環境	10%	❿文創環境	5%
3 投資風險度【30%】	❶社會風險	10%	❹經營風險	25%
	❷法制風險	15%	❺轉型風險	15%
	❸經濟風險	20%	❻道德風險	15%
4 台商推薦度【15%】	❶城市競爭力	10%	❻國際接軌程度	10%
	❷投資環境力	10%	❼台商權益保護	10%
	❸投資風險度	10%	❽政府行政效率	10%
	❹城市發展潛力	10%	❾內銷市場前景	10%
	❺整體投資效益	10%	❿整體生活品質	10%

二、2012 - 2016 TEEMA 樣本回收結構分析

在 2016《TEEMA 調查報告》使用的「兩力兩度」模式中，「城市競爭力」資料來源為次級資料，而其餘三大構面「投資環境力」、「投資風險度」及「台商推薦度」是由蒐集初級資料（primary data）取得，係為關於蒐集資料的方式得透過問卷調查及訪問對象進行訪談之方式而得知。2016《TEEMA 調查報告》問卷總回收數為 2,568 份，而其中有效問卷總計 2,332 份，占總回收問卷數 92.16%，無效問卷數量計 236 份，占總回收問卷數 7.84%，並將回收無效問卷數量分成三項為：（1）填答未完整者，為 53 份；（2）填答有違反邏輯者，為 97 份；（3）操弄填答回卷數目，共計有 86 份。而 2016《TEEMA 調查報告》經由問卷回郵、人員親訪、傳真與中國大陸台商協會協助發放問卷填答之問卷回收數量計有 1,010 份，而透過固定樣本（panel）系統回收數量有 1,322 份，數量多於 2015 年的 1,315 份。有關 2016 年列入調查評比的城市數量為 112 個城市，較 2015 年的 118 個城市少。

由表 13-2 樣本回收地區顯示，七大調查區域回收卷數依序為：（1）華東地區 929 份，39.84%；（2）華南地區 488 份，20.93%；（3）華北地區 285 份，

12.22%；（4）華中地區268份，11.49%；（5）西南地區227份，9.73%；（6）東北地區88，3.77%；（7）西北地區47份，2.02%。此外，觀察2011-2015年《TEEMA調查報告》回收問卷結構得知，主要問卷回收區域分布華東地區與華南地區為主，惟總問卷回收數量持續下降，各地區問卷回收比例亦有變動，顯示台商對於中國大陸主要投資市場雖仍以一、二線城市為重，卻也逐漸調整區域布局。

表13-2　2012- 2016 TEEMA調查樣本回收地區別分析

區 域	2012		2013		2014		2015		2016	
	回卷數	百分比	回卷數	百分比	回卷數	百分比	回卷數	百分比	回卷數	百分比
❶華東	1,213	45.74%	1,073	41.82%	1,024	40.99%	997	40.59%	929	39.84%
❷華南	610	23.00%	537	20.93%	545	21.82%	495	20.15%	488	20.93%
❸華北	295	11.12%	313	12.20%	296	11.85%	295	12.01%	285	12.22%
❹華中	236	8.90%	265	10.33%	281	11.25%	306	12.46%	268	11.49%
❺西南	196	7.39%	250	9.74%	229	9.17%	223	9.08%	227	9.73%
❻東北	70	2.64%	79	3.08%	79	3.16%	96	3.91%	88	3.77%
❼西北	32	1.21%	49	1.91%	44	1.76%	44	1.79%	47	2.02%
總 和	2,652	100.00%	2,566	100.00%	2,498	100.00%	2,456	100.00%	2,332	100.00%

資料來源：本研究整理

三、2016 TEEMA樣本回卷台商產業類型分析

由表13-3顯示，2016《TEEMA調查報告》的調查對象之所處產業，由電子電器產業回收問卷比例為最高（30.02%），次為機械製造產業（9.88%），再者為食品飲料產業（8.69%）為前三多回收問卷數。綜觀以上數據顯示，反應樣本母體主要結構狀況，係因2016《TEEMA調查報告》主要針對電電公會之會員為受訪主體，從而影響回收問卷產業類型多以電子電器產業為主軸。

表13-3　2012-2016 TEEMA報告調查受訪廠商經營現況：產業類型

產業類型	2012	2013	2014	2015	2016
	N=2,652	N=2,566	N=2,498	N=2,456	N=2,332
電子電器	32.61%	30.34%	30.18%	30.06%	30.02%
機械製造	10.88%	11.24%	10.65%	10.01%	9.88%
食品飲料	6.15%	7.75%	8.13%	8.34%	8.69%
金屬材料	8.62%	7.97%	7.29%	7.05%	6.95%
化學製品	4.91%	5.83%	6.05%	6.32%	6.16%

表 13-3　2012-2016 TEEMA 報告調查受訪廠商經營現況：產業類型（續）

產業類型	2012	2013	2014	2015	2016
	N=2,652	N=2,566	N=2,498	N=2,456	N=2,332
塑膠製品	5.34%	4.91%	4.42%	5.94%	5.23%
餐飲服務	2.05%	3.26%	4.36%	4.25%	5.06%
精密器械	4.10%	4.58%	4.83%	5.00%	4.83%
紡織纖維	4.23%	4.12%	4.04%	3.58%	3.25%
貿易服務	2.56%	2.84%	3.25%	3.11%	3.02%
節能環保	2.26%	2.45%	2.64%	2.87%	2.99%
流通銷售	2.13%	1.97%	1.80%	1.82%	1.74%
房產開發	2.13%	2.11%	1.97%	1.56%	1.52%
資訊軟體	1.41%	1.06%	1.16%	1.12%	1.24%
農林漁牧	1.49%	1.39%	1.41%	1.32%	1.21%
諮詢服務	1.45%	1.14%	1.13%	0.82%	1.01%
生物科技	0.73%	0.71%	0.68%	0.76%	0.86%
金融服務	0.30%	0.56%	0.62%	0.73%	0.75%
運輸工具	0.98%	0.94%	0.85%	0.64%	0.55%
石化能源	0.26%	0.24%	0.22%	0.18%	0.14%
其　它	5.42%	4.59%	4.32%	4.52%	4.90%

資料來源：本研究整理

四、2016 TEEMA 樣本回卷台商投資區位分析

根據表 13-4 顯示，2016《TEEMA 調查報告》台商回收問卷之投資區位，仍由經濟開發區（40.67%，較 2015 年下降 0.89%）、一般市區（36.04%，較 2015 年上升 0.26%）、高新技術區（12.23%，較 2015 年上升 1.13%）為前三大主要投資區位，其與歷年《TEEMA 調查報告》之投資區位分析差異不大。

表 13-4　2012-2016 TEEMA 報告調查受訪廠商經營現況：投資區位

投資區位	2012	2013	2014	2015	2016
	N=2,652	N=2,566	N=2,498	N=2,456	N=2,332
❶經濟開發區	42.31%	41.18%	41.32%	41.56%	40.67%
❷一般市區	31.49%	32.04%	34.08%	35.78%	36.04%
❸高新技術區	11.08%	12.46%	11.36%	11.10%	12.23%
❹經濟特區	4.64%	4.75%	4.83%	4.21%	4.44%
❺保稅區	3.15%	3.10%	3.04%	3.02%	3.06%
❻其他	7.31%	6.47%	5.37%	4.33%	5.36%

資料來源：本研究整理

五、2016 TEEMA 樣本回卷台商企業未來布局規劃分析

在表 13-5 顯示，2016《TEEMA 調查報告》企業未來布局規劃調查分析，其比例「台灣母公司繼續生產營運」為最高（45.32%）；其次為「擴大對大陸投資生產」（36.28%）；第三為「與陸資企業合資經營」（11.94%）；第四為「台灣關閉廠房僅保留業務」（11.63%）；第五為「希望回台上市融資」（6.97%）；第六為「希望回台投資」（6.33%）；與最後為「結束在台灣業務」（4.10%）。

根據表 13-5 進一步得知，2012-2016《TEEMA 調查報告》變化，「擴大對大陸投資生產」此一項目由 2012 年的 49.39% 降至 2016 年的 36.28%，其因中國大陸傳統經濟成長動能趨緩、經濟結構面臨轉型、生產要素成本提高和對未來發展不確定性等因素影響，導致台商對擴大中國大陸投資意願漸趨保守；而在「與陸資企業合資經營」題項從 2012 年的 6.40% 升至 2016 年的 11.94%，係因中國大陸推動「中國製造 2025」、「走出去戰略」等政策影響，加速推動中國大陸各項製造業的自主研發和自主供給，導致外資企業和台資企業將面臨一定程度的排擠效應威脅，以及中國大陸於部分產業已對台資企業形成嚴重替代效應，此外，中國大陸在「互聯網 +」、「大眾創業、萬眾創新」等政策引領下，積極扶持中國大陸企業走向國際市場和新興產業，促使中國大陸企業日益壯大，甚至於部分產業已處於全球領先地位，吸引外資企業競相與其合作。面對大環境變遷，越來越多台商企業思考是否應與陸資合資經營，從而避免因中國大陸政策影響，而遭到面臨排擠效應和替代效應的潛在威脅，以搶搭中國大陸企業未來發展的順風車。

表 13-5　2012-2016 TEEMA 受訪廠商經營現況：企業未來布局規劃

企業未來布局規劃	2012	2013	2014	2015	2016
	N=2,652	N=2,566	N=2,498	N=2,456	N=2,332
❶台灣母公司繼續生產營運	44.49%	46.34%	47.12%	46.18%	45.32%
❷擴大對大陸投資生產	49.39%	46.12%	40.28%	38.96%	36.28%
❸台灣關閉廠房僅保留業務	13.22%	11.18%	10.82%	11.47%	11.63%
❹與陸資企業合資經營	6.40%	8.63%	9.23%	10.56%	11.94%
❺希望回台投資	5.90%	7.14%	6.18%	6.24%	6.33%
❻結束在台灣業務	6.60%	4.56%	3.27%	4.22%	4.10%

表 13-5　2012-2016 TEEMA 受訪廠商經營現況：企業未來布局規劃（續）

企業未來布局規劃	2012	2013	2014	2015	2016
	N=2,652	N=2,566	N=2,498	N=2,456	N=2,332
❼希望回台上市融資	2.92%	4.08%	6.29%	6.85%	6.97%
❽其他	7.92%	7.02%	5.76%	6.03%	7.32%

資料來源：本研究整理（此題為複選題）

六、2016 TEEMA 台商在中國大陸經營績效分析

2016《TEEMA 調查報告》針對「台商在中國大陸經營績效分布」進行調查，共回收 1,962 份有效問卷彙整如表 13-6，其數據顯示受訪台商企業對於 2016 年在中國大陸事業淨利成長之態度，預測將為負成長的企業約占 74.15%，認為會呈現正成長的企業僅占 17.89%，而認為持平者則占 7.95%。由此可見，面對全球經濟乏力、中國大陸步入「新常態」和競爭環境日益激烈，台商在中國大陸經營績效受到嚴重影響。

表 13-6　2016 TEEMA 台商在中國大陸經營績效分布

2015 大陸事業淨利成長	次數	百分比	2016 大陸淨利成長預測	次數	百分比
❶ -50% 以上	93	4.74%	❶ -50% 以上	98	4.99%
❷ -10% 至 -50%	674	34.35%	❷ -10% 至 -50%	653	33.28%
❸ -1% 至 -10%	533	27.17%	❸ -1% 至 -10%	704	35.88%
❹持平	157	8.00%	❹持平	156	7.95%
❺ +1% 至 +10%	198	10.09%	❺ +1% 至 +10%	143	7.29%
❻ +10% 至 +50%	204	10.40%	❻ +10% 至 +50%	121	6.17%
❼ +50% 至 +100%	101	5.15%	❼ +50% 至 +100%	87	4.43%
❽ +100% 以上	2	0.10%	❽ +100% 以上	0	0.00%

資料來源：本研究整理

七、2016 TEEMA 台商在中國大陸發生經貿糾紛分析

2016《TEEMA 調查報告》之「調查區域別經貿糾紛發生分布」，係透過 2,740 份有效問卷回收，針對台商於中國大陸各區域間經貿糾紛發生次數、解決途徑與滿意度進行剖析，並彙整如表 13-7 所示。在總樣本數 2,740 份中，發生糾紛次數總計為 3,876 件，乃是因此一部分在調查問卷中屬於「複選題」，因此台商可能發生糾紛情況為全部類型皆同時發生，亦可能是台商於中國大陸經商時皆沒發

生任何糾紛，而有關地區發生糾紛次數依序為：（1）華東地區（37.72%）；（2）華南地區（26.08%）；（3）華北地區（12.10%）；（4）華中地區（10.40%）；（5）西南地區（8.31%）；（6）東北地區（4.15%）；（7）西北地區（1.24%）。此外，根據各地區對於解決經貿糾紛滿意度之比例，排序為：（1）西南地區（59.67%）；（2）華東地區（58.65%）；（3）東北地區（54.39%）；（4）西北地區（52.16%）；（5）華中地區（51.98%）；（6）華南地區（51.34%）；（7）華北地區（48.58%）。

表 13-7　2016 TEEMA 調查區域別經貿糾紛發生分布

地區	樣本次數	糾紛次數	發生糾紛比例	占糾紛比例	解決途徑					滿意度之比例
					司法途徑	當地政府	仲裁途徑	台商協會	私人管道	
❶華東	1,214	1,462	120.43%	37.72%	314	245	111	132	101	58.65%
❷華南	607	1,011	166.56%	26.08%	177	143	72	104	56	51.34%
❸華北	324	469	144.75%	12.10%	98	87	55	76	58	48.58%
❹華中	255	403	158.04%	10.40%	70	74	45	81	49	51.98%
❺西南	209	322	154.07%	8.31%	55	61	43	40	31	59.67%
❻東北	93	161	173.12%	4.15%	31	18	21	14	20	54.39%
❼西北	38	48	126.32%	1.24%	11	9	3	5	2	52.16%
總 和	2,740	3,876	141.46%	100.00%	756	637	350	452	317	53.82%

資料來源：本研究整理

由表 13-8 可知，本研究針對「台商企業在中國大陸投資經貿糾紛成長比例分析」之糾紛類型細分為 12 項，且因每年回收問卷數不盡相同，本研究遂將 2015 年樣本數標準化後，再與 2016 年相互比較，從而獲得客觀之比較。其糾紛排名依序為勞動糾紛、土地廠房、買賣糾紛、債務糾紛、合同糾紛、合營糾紛、税務糾紛、貿易糾紛、知識產權、關務糾紛、商標糾紛和醫療保健，其中以「勞動糾紛」件數最高（1,215 件），次為「土地廠房」（468 件），再為「買賣糾紛」（432 件）。此外，在經貿糾紛數成長排名中，2015 年到 2016 年台商在中國大陸投資遭遇各項糾紛類型中，觀察 12 項經貿類型糾紛成長數最多依序為「勞動糾紛」、「合營糾紛」和「合同糾紛」等為前三名（2014-2015 調查為「土地廠房」、「合營糾紛」及「商標糾紛」），與 2015《TEEMA 調查報告》有顯著差異。

表 13-8　2015-2016 台商在中國大陸投資經貿糾紛成長比例分析

糾紛類型	2015（N=2,456）	調整前成長百分比	2015 調整值	調整後成長百分比	2016（N=2,332）	經貿糾紛數成長排名
❶勞動糾紛	1,095	10.96%	1,153	5.36%	1,215	1
❷土地廠房	444	5.41%	468	0.08%	468	7
❸買賣糾紛	408	5.88%	430	0.54%	432	6
❹債務糾紛	352	-7.10%	371	-11.79%	327	11
❺合同糾紛	313	10.54%	330	4.96%	346	3
❻合營糾紛	241	10.79%	254	5.19%	267	2
❼稅務糾紛	193	-8.81%	203	-13.41%	176	12
❽貿易糾紛	147	9.52%	155	3.99%	161	4
❾知識產權	140	-1.43%	147	-6.41%	138	9
❿關務糾紛	115	7.83%	121	2.38%	124	5
⓫商標糾紛	121	-1.65%	127	-6.62%	119	10
⓬醫療保健	104	-0.96%	110	-5.96%	103	8
糾紛總數	3,673	5.53%	3868	0.20%	3,876	-

資料來源：本研究整理

2016《TEEMA 調查報告》之「台商經貿糾紛解決滿意度及已解決途徑次數分配表」剖析，係為了解台商企業對於在中國大陸面臨貿易糾紛，所透過的解決途徑與滿意度，如表 13-9 所顯示，台商在中國大陸遭遇經貿糾紛所採取的解決途徑，排名依序如下：（1）司法途徑；（2）當地政府；（3）仲裁；（4）台商協會；（5）私人管道。凸顯出台商面對經貿糾紛時會優先採取的解決途徑為「司法途徑」（31.16%）與「當地政府」（25.00%）。而就經貿糾紛解決「非常滿意」之數據分析，以「台商協會」比例為最高（29.72%），次為「司法途徑」（18.42%），再者為「仲裁」（16.44%）；反之，而「非常不滿意」則以「當地政府」管道（22.41%）為最差。「海峽兩岸投資保障和促進協議」於 2012 年 8 月 9 日簽署後，截至 2016 年 6 月底止，經濟部投資業務處受理台商投資糾紛案共計 274 件，其中 165 件請陸方窗口協處，逾九成為涉及中小企業之案件，送請協處案件有 59% 已獲得結果，共計 97 件。

表 13-9　2016 TEEMA 台商經貿糾紛滿意度與解決途徑次數分配表

糾紛解決途徑	尚未解決	非常滿意	滿意	不滿意	非常不滿意	總和
❶司法途徑	155	124	137	145	112	673
	23.03%	18.42%	20.36%	21.55%	16.64%	31.16%
❷當地政府	101	70	111	137	121	540
	18.70%	12.96%	20.56%	25.37%	22.41%	25.00%
❸仲　　裁	55	49	72	74	48	298
	18.46%	16.44%	24.16%	24.83%	16.11%	13.80%
❹台商協會	69	115	119	55	29	387
	17.83%	29.72%	30.75%	14.21%	7.49%	17.92%
❺私人管道	56	34	81	58	33	262
	21.37%	12.98%	30.92%	22.14%	12.60%	12.13%
總　　和	436	392	520	469	343	2,160
	20.19%	18.15%	24.07%	21.71%	15.88%	100.00%

資料來源：本研究整理

表 13-10　兩岸投保協議行政協處案件大陸各省市結案情形統計表

省份	總件數	結案數	結案率	省份	總件數	結案數	結案率
廣東省	27	15	56%	四川省	6	5	83%
江蘇省	18	9	50%	江西省	5	2	40%
海南省	17	5	29%	遼寧省	5	1	20%
福建省	16	11	69%	河南省	4	3	75%
山東省	14	10	71%	湖北省	4	1	25%
上海市	13	8	62%	河北省	2	1	50%
浙江省	9	7	78%	天津市	2	2	100%
廣西省	7	4	57%	山西省	1	1	100%
湖南省	7	3	43%	內蒙古	1	0	0%
北京市	6	4	67%	甘肅省	1	0	0%

資料來源：經濟部投資業務處（2016），統計時間至 2012/8 至 2016/5

八、台商未來布局中國大陸城市分析

2016《TEEMA 調查報告》之「調查報告受訪廠商未來布局城市分析」，係針對目前於中國大陸布局之 1,898 個台商企業，調查其未來可能布局之城市和地區，並將結果依序排名，其前十名城市和地區為：（1）成都（18.81.%）；（2）上海（12.38%）；（3）西安（9.80%）；（4）重慶（8.22%）；（5）昆山（6.43%）；（6）廈門（5.16%）；（7）蘇州（4.43%）；（8）南京（4.06%）；（9）杭州（3.74%）；（10）緬甸（3.32%）。此外，藉由觀察 2012-2016 年《TEEMA 調查報告》，發現成都再次超越廈門成為台商投資布局城市的首選，此外，西安的排名連續三年往前躍升，並首次進入前三名城市，而重慶亦晉升到第四名，顯示越來越多台商企業考慮將布局重心西移至中國大陸西部地區重要城市。值得一提的是，第十名分為緬甸，顯示面對中國大陸投資布局困境，以及東協地區蘊含龐大發展潛力，台商企業逐漸思索向東南亞地區轉進布局。綜上所述，可見中國大陸台商企業未來除將對投資布局中國大陸西部地區更加重視外，亦將目光轉往位於中國大陸西南地區和印度洋中間的緬甸。

表 13-11　2012-2016 TEEMA 調查報告受訪廠商未來布局城市分析

排名	2012（N=2034）			2013（N=2012）			2014（N=2006）			2015（N=1985）			2016（N=1898）		
	布局城市	次數	百分比	布局城市	次數	百分比	布局城市	次數	百分比	布局城市	次數	百分比	布局城市	次數	百分比
❶	上海	367	18.04%	成都	268	13.32%	上海	301	15.00%	廈門	402	20.25%	成都	357	18.81%
❷	昆山	257	12.64%	上海	253	12.57%	成都	254	12.66%	成都	351	17.68%	上海	235	12.38%
❸	成都	189	9.29%	昆山	201	9.99%	廈門	211	10.52%	上海	256	12.90%	西安	186	9.80%
❹	蘇州	175	8.60%	蘇州	186	9.24%	昆山	196	9.77%	西安	203	10.23%	重慶	156	8.22%
❺	北京	146	7.18%	北京	125	6.21%	西安	165	8.23%	昆山	152	7.66%	昆山	122	6.43%
❻	杭州	112	5.51%	廈門	104	5.17%	蘇州	124	6.18%	重慶	128	6.45%	廈門	98	5.16%
❼	青島	93	4.57%	重慶	98	4.87%	北京	111	5.53%	青島	98	4.94%	蘇州	84	4.43%
❽	廈門	85	4.18%	杭州	86	4.27%	南京	98	4.89%	蘇州	82	4.13%	南京	77	4.06%
❾	重慶	73	3.59%	南京	77	3.83%	杭州	86	4.29%	緬甸	65	3.27%	杭州	71	3.74%
❿	天津	61	3.00%	青島	74	3.68%	青島	81	4.04%	柬埔寨	56	2.82%	緬甸	63	3.32%

資料來源：本研究整理

九、台商布局中國大陸城市依產業別分析

2016《TEEMA 調查報告》之「調查報告受訪廠商產業別布局城市分析」，係針對目前於中國大陸投資布局的台商，依照投資之產業類別和布局城市進行分析。此外，2016《TEEMA 調查報告》將台商於中國大陸投資之產業分類成三大類型，其為：（1）高科技產業，總計為 782 件；（2）傳統產業，為 699 件；（3）

服務產業，為 523 件，如表 13-12 所示。

1. 以高科技產業而言：2016《TEEMA 調查報告》中，台商投資高科技產業於中國大陸之城市，排序前十名為：（1）蘇州（14.32%）；（2）成都（11.89%）；（3）廈門（10.49%）；（4）西安（9.72%）；（5）重慶（8.95%）；（6）昆山（7.93）；（7）淮安（5.24%）；（8）無錫（4.99%）；（9）北京（4.48%）；（10）廣州（4.09%）。

2. 以傳統產業而言：2016《TEEMA 調查報告》中，台商投資傳統產業布局之城市，排序前十名為：（1）西安（13.45）；（2）重慶（11.73%）；（3）合肥（9.01%）；（4）南通（8.30%）；（5）蘇州（7.73%）；（6）淮安（7.01%）；（7）武漢（6.44%）；（8）昆山（5.72%）；（9）廈門（5.15%）；（10）長沙（4.72%）。

3. 以服務產業而言：2016《TEEMA 調查報告》中，台商投資服務產業布局之城市，排序前十名為：（1）上海（16.06%）；（2）北京（13.58%）；（3）廣州（12.62%）；（4）深圳（11.85%）；（5）成都（9.56%）；（6）廈門（8.22%）；（7）重慶（6.31%）；（8）杭州（5.35%）；（9）青島（4.21%）；（10）南京（2.87%）。

表 13-12　2016 TEEMA 調查報告受訪廠商產業別布局城市分析

❶高科技產業（N=782）				❷傳統產業（N=699）				❸服務產業（N=523）			
排名	城市	樣本	百分比	排名	城市	樣本	百分比	排名	城市	樣本	百分比
❶	蘇州	112	14.32%	❶	西安	94	13.45%	❶	上海	84	16.06%
❷	成都	93	11.89%	❷	重慶	82	11.73%	❷	北京	71	13.58%
❸	廈門	82	10.49%	❸	合肥	63	9.01%	❸	廣州	66	12.62%
❹	西安	76	9.72%	❹	南通	58	8.30%	❹	深圳	62	11.85%
❺	重慶	70	8.95%	❺	蘇州	54	7.73%	❺	成都	50	9.56%
❻	昆山	62	7.93%	❻	淮安	49	7.01%	❻	廈門	43	8.22%
❼	淮安	41	5.24%	❼	武漢	45	6.44%	❼	重慶	33	6.31%
❽	無錫	39	4.99%	❽	昆山	40	5.72%	❽	杭州	28	5.35%
❾	北京	35	4.48%	❾	廈門	36	5.15%	❾	青島	22	4.21%
❿	廣州	32	4.09%	❿	長沙	33	4.72%	❿	南京	15	2.87%

資料來源：本研究整理

第 14 章

2016 TEEMA 中國大陸城市競爭力

2016《TEEMA 調查報告》乃經由八項構面分析，得知中國大陸各城市總體競爭力，其構面分別為：（1）基礎條件；（2）財政條件；（3）投資條件；（4）經濟條件；（5）就業條件；（6）永續條件；（7）消費條件；（8）人文條件。有關列入的地級市、省會、副省級城市與直轄市計有 77 個，並根據加權分數的高低分成 A 至 D 四個等級，整理如表 14-1 所示。

1. 以 A 級競爭力城市進行探討：2016《TEEMA 調查報告》中，被列入 A 級競爭力城市共有 11 個，其分別為：北京市、武漢市、上海市、深圳市、廣州市、天津市、杭州市、成都市、蘇州市、南京市及重慶市。其中，北京市仍與 2015 年持平維持第一名寶座，此外，成都市更從 2015 年的 B04 躍上 2016 年的 A08 之列，再次晉升至 A 級競爭力城市，亦是進步幅度相對較大的城市。

2. 以 B 級競爭力城市進行探討：2016《TEEMA 調查報告》中，B 級競爭力城市的個數與 2015 年相同，皆為 29 個。此外，瀋陽市，鄭州市、長春市、東莞市及溫州市降幅達 5 名以上，其中，瀋陽市（由 A10 下滑至 B04）從 A 級降至 B 級，為唯一降級至 B 級的城市；而廈門市、南昌市、貴陽市及徐州市之增幅均在五個名次左右，又以貴陽市（由 C07 提升至 B24）更為突出，從 C 級升至 B 級，共進步了 11 個名次，為 B 級進步幅度最大的城市。

3. 以 C 級競爭力城市進行探討：在 2016《TEEMA 調查報告》中，C 級競爭力城市共有 33 個，其中，唐山市（由 B28 下滑至 C01）與惠州市（由 B26 下滑至 C02）均從 B 級降至 C 級；而廊坊市（由 C28 上升至 C13）、贛州市（由 C30 上升至C19）、莆田市（由C37上升至C28）、宿遷市（由 C34 上升至C27）及綿陽市（由 D02 上升至 C32）皆為進步六個名次以上，而其中綿陽市是唯一從 D 級升至 C 級。

4. 以 D 級競爭力城市進行探討：2016 年《TEEMA 調查報告》中，D 級競爭力城市部分共計有四個城市，分別為吉安市、三亞市、德陽市及遂寧市，其中三亞市（由 C31 下滑至 D02）從 C 級降至 D 級，主要在於財政、經濟、人文及基礎建設等競爭力條件中，相對於他市較為薄弱。

表 14-1　2016 TEEMA 中國大陸城市競爭力排名分析

區域	城市	❶ 基礎條件		❷ 財政條件		❸ 投資條件		❹ 經濟條件		❺ 就業條件		❻ 永續條件		❼ 消費條件		❽ 人文條件		2016 城市競爭力			2015 城市競爭力			排名變化
		評分	排名	評分	排名	評分	排名	評分	排名	評分	排名	評分	排名	評分	排名	評分	排名	評分	排名	等級	評分	排名	等級	
華北	北京市	82.5107	8	99.2207	1	92.3809	1	69.8701	22	92.9869	3	67.7921	27	99.6536	1	98.9609	1	86.563	1	A01	88.627	1	A01	0
華中	武漢市	84.9350	6	91.6882	8	89.2640	4	80.2597	6	88.3116	7	75.4805	9	85.1081	9	94.8051	3	85.938	2	A02	86.721	4	A04	2
華東	上海市	81.9913	9	99.2207	1	88.9177	5	70.2164	19	90.9090	4	69.6623	21	98.2683	2	98.2683	2	85.659	3	A03	86.831	3	A03	0
華南	深圳市	86.8397	4	96.1038	4	75.7575	17	82.6839	4	87.7921	8	93.9739	1	78.5281	17	85.1081	8	84.523	4	A04	86.469	5	A05	1
華南	廣州市	89.0908	2	94.0259	7	80.9523	9	76.7965	12	96.6233	1	66.7532	31	96.883	3	84.4155	9	84.329	5	A05	87.979	2	A02	-3
華北	天津市	89.6103	1	97.4025	3	78.8744	13	87.8787	2	90.3895	6	77.1428	6	84.4155	11	62.9437	39	83.541	6	A06	80.611	8	A08	2
華東	杭州市	79.3939	11	90.3895	9	87.8787	6	72.9869	16	90.6493	5	68.2077	24	83.0302	14	94.4588	4	82.786	7	A07	82.940	6	A06	-1
西南	成都市	75.2380	14	89.3506	10	89.6103	3	69.1774	28	87.5324	9	72.1558	15	91.3419	4	77.4891	17	81.068	8	A08	77.888	14	B04	6
華東	蘇州市	87.3592	3	94.0259	6	77.1428	15	81.2986	5	86.2337	10	71.5324	16	70.5627	23	83.7229	12	81.032	9	A09	82.355	7	A07	-2
華東	南京市	81.1255	10	88.3116	13	73.6796	19	84.4155	3	93.5064	2	55.5324	55	85.8008	7	84.0692	10	80.454	10	A10	80.553	9	A09	-1
西南	重慶市	63.9826	35	94.5454	5	91.3419	2	75.0649	14	79.9999	13	62.5973	40	90.9956	5	79.5670	13	80.450	11	A11	79.096	12	B02	1
華中	長沙市	64.8484	33	87.0129	14	79.5670	12	89.6103	1	79.2207	15	66.5454	32	83.7229	12	76.7965	18	79.650	12	B01	77.728	15	B05	3
華北	青島市	85.6276	5	88.8311	11	76.1038	16	69.5237	25	78.7012	17	85.8700	2	79.2207	16	79.5670	13	78.907	13	B02	79.205	11	B01	-2
西北	西安市	71.4285	20	77.4025	21	81.2986	8	63.9826	37	81.5584	12	64.0519	36	86.1471	6	88.2250	6	75.938	14	B03	78.352	13	B03	-1
東北	瀋陽市	71.7748	19	83.3765	16	80.6060	10	60.8657	41	77.1428	19	69.4545	22	85.4545	8	88.5713	5	75.872	15	B04	80.290	10	A10	-5
華東	寧波市	78.0086	12	88.8311	11	78.8744	13	69.1774	28	79.7402	14	58.8571	47	69.1774	25	86.8397	7	75.756	16	B05	76.434	16	B06	0
華東	無錫市	74.8917	15	83.1168	17	75.4112	18	77.1428	11	72.7272	27	68.2077	24	66.7532	28	78.8744	16	74.968	17	B06	75.911	18	B08	1
華北	濟南市	78.0086	13	67.5324	31	66.7532	26	65.0216	34	82.3376	11	78.5973	5	83.3765	13	76.1038	20	72.951	18	B07	71.771	21	B11	3
東北	大連市	67.2727	26	83.6363	15	84.4155	7	67.7921	30	75.8441	21	49.7142	67	78.1817	18	67.7921	33	72.686	19	B08	76.369	17	B07	-2
華中	合肥市	60.0000	42	78.7012	19	71.6017	22	70.2164	19	78.9610	16	75.0649	11	61.2121	33	79.2207	15	71.680	20	B09	73.095	20	B10	0

表 14-1　2016 TEEMA 中國大陸城市競爭力排名分析（續）

區域	城市	❶基礎條件		❷財政條件		❸投資條件		❹經濟條件		❺就業條件		❻永續條件		❼消費條件		❽人文條件		2016 城市競爭力			2015 城市競爭力			排名變化
		評分	排名	評分	排名	評分	排名	評分	排名	評分	排名	評分	排名	評分	排名	評分	排名	評分	排名	等級	評分	排名	等級	
華南	福州市	62.7705	38	71.1688	26	72.9869	20	70.2164	19	76.3636	20	67.5844	28	70.2164	24	74.3722	22	70.888	21	B10	70.611	23	B13	2
華南	佛山市	72.2943	17	71.9480	25	68.1385	25	76.1038	13	68.5714	33	73.1947	14	60.1731	34	69.1774	32	70.384	22	B11	70.260	24	B14	2
華東	南通市	65.3679	31	81.2986	18	63.9826	33	77.4891	10	74.0259	24	75.2727	10	56.3636	37	63.6363	35	69.891	23	B12	70.179	25	B15	2
華中	鄭州市	69.3506	24	30.3896	69	80.6060	10	69.5237	25	75.0649	22	58.2337	50	72.6406	20	72.2943	25	67.823	24	B13	73.126	19	B09	-5
華東	常州市	66.4069	28	63.8960	34	64.3289	32	79.9133	7	62.3376	38	79.4285	3	62.5973	32	51.5151	46	67.467	25	B14	67.862	27	B17	2
華北	煙臺市	65.8874	29	72.7272	23	60.1731	38	69.8701	22	62.5973	37	61.1428	41	69.1774	26	72.9869	24	66.461	26	B15	66.522	30	B20	4
西南	昆明市	70.9090	21	69.0908	29	72.9869	20	48.7446	61	72.7272	26	59.0649	46	74.0259	19	70.5627	28	65.984	27	B16	67.565	28	B18	1
華南	泉州市	63.4631	37	64.4155	33	62.9437	34	73.3333	15	63.1168	36	64.2597	34	53.9394	41	70.5627	29	65.231	28	B17	65.598	31	B21	3
華南	廈門市	72.2943	18	72.2077	24	66.0605	28	62.5973	38	78.7012	17	64.2597	34	50.1298	49	56.0173	43	65.093	29	B18	64.765	34	B24	5
東北	哈爾濱市	58.9610	43	70.6493	27	69.8701	24	44.2424	63	70.1298	30	53.6623	61	85.1081	9	84.0692	10	65.080	30	B19	66.820	29	B19	-1
東北	長春市	64.5021	34	63.6363	35	65.3679	31	56.3636	49	74.2856	23	58.4415	49	72.2943	21	74.0259	23	65.065	31	B20	68.831	26	B16	-5
華南	東莞市	83.5497	7	70.6493	27	66.4069	27	58.7878	46	71.1688	28	49.7142	66	56.0173	39	59.4805	41	64.097	32	B21	70.826	22	B12	-10
華北	石家莊市	69.8701	23	65.7142	32	57.0562	42	49.7835	57	56.8831	42	65.2986	33	81.6449	15	70.2164	30	62.331	33	B22	65.065	33	B23	0
華中	南昌市	58.2684	45	59.2207	40	61.2121	36	65.0216	34	69.6103	32	68.2077	24	53.2467	43	57.7489	42	61.877	34	B23	60.165	39	B29	5
西南	貴陽市	58.4415	44	61.0389	38	58.0952	40	62.5973	38	70.9090	29	52.8311	63	56.3636	37	69.8701	31	61.084	35	B24	56.125	46	C07	11
華東	徐州市	56.1904	48	77.6623	20	56.7099	43	69.1774	27	52.7272	47	60.3116	43	63.9826	31	47.7056	53	61.035	36	B25	59.083	41	C02	5
華東	紹興市	65.5411	30	60.5194	39	53.2467	47	59.4805	44	65.9740	34	67.3766	30	49.4372	52	71.9480	27	60.625	37	B26	61.679	37	B27	0
華東	嘉興市	61.3852	40	57.1428	42	61.9047	35	54.9783	51	56.3636	43	70.2857	20	50.1298	49	76.4501	19	60.552	38	B27	64.523	35	B25	-3
華南	珠海市	68.8311	25	43.6363	58	56.3636	44	71.9480	17	70.1298	30	76.1038	8	40.4329	69	48.7446	52	60.450	39	B28	56.736	45	C06	6
華東	溫州市	73.6796	16	68.8311	30	57.4026	41	43.5498	64	58.1818	41	60.9350	42	66.4069	29	72.2943	26	60.223	40	B29	65.154	32	B22	-8
華北	唐山市	63.4631	36	63.3766	36	58.4415	39	59.1342	45	49.6104	49	60.1038	44	68.8311	27	51.1688	47	59.171	41	C01	61.170	38	B28	-3

表 14-1　2016 TEEMA 中國大陸城市競爭力排名分析（續）

區域	城市	❶ 基礎條件		❷ 財政條件		❸ 投資條件		❹ 經濟條件		❺ 就業條件		❻ 永續條件		❼ 消費條件		❽ 人文條件		2016 城市競爭力			2015 城市競爭力			排名變化
		評分	排名	評分	排名	評分	排名	評分	排名	評分	排名	評分	排名	評分	排名	評分	排名	評分	排名	等級	評分	排名	等級	
華南	惠州市	66.9263	27	62.0779	37	65.7142	29	61.9047	40	48.8311	50	70.9090	18	42.8571	63	36.9697	70	58.381	42	C02	62.026	36	B26	-6
華東	鎮江市	55.4978	49	50.3896	51	49.7835	57	79.2207	8	52.4675	48	68.8311	23	50.8225	47	44.9350	58	58.095	43	C03	57.722	43	C04	0
華東	揚州市	47.1861	56	53.2467	47	52.5541	48	77.8354	9	60.5194	40	58.6493	48	47.3593	58	49.0909	50	57.683	44	C04	59.267	40	C01	-4
華北	太原市	70.9090	21	50.3896	49	54.9783	45	39.0476	71	73.7662	25	55.7402	54	66.4069	29	66.0605	34	57.132	45	C05	55.690	47	C08	2
西南	南寧市	65.1947	32	54.0259	45	50.4762	53	42.8571	65	63.6363	35	55.3246	56	70.909	22	75.0649	21	57.082	46	C06	57.351	44	C05	-2
華北	威海市	54.8052	50	44.6753	57	49.4372	59	66.7532	31	45.4545	56	79.2207	4	48.3982	53	51.8614	45	55.680	47	C07	54.861	49	C10	2
華東	鹽城市	49.2640	54	73.5064	22	51.5151	49	65.0216	34	40.7792	62	59.6883	45	52.5541	44	43.2034	59	55.207	48	C08	53.047	51	C12	3
華南	中山市	60.6926	41	50.3896	49	51.1688	50	58.0952	47	56.3636	43	70.7012	19	41.4718	67	41.8182	62	53.996	49	C09	55.284	48	C09	-1
華中	蕪湖市	49.9567	53	53.7662	46	60.8657	37	65.3679	33	46.7532	53	53.2467	62	43.2034	62	40.0866	67	53.948	50	C10	53.040	52	C13	2
華東	泰州市	45.2814	63	49.8701	52	44.2424	64	71.2553	18	53.7662	45	63.2207	39	41.8182	65	51.1688	47	53.612	51	C11	52.678	53	C14	2
華中	宜昌市	50.4762	52	47.7922	54	42.1645	67	66.4069	32	43.1169	59	45.9740	71	50.1298	49	48.7446	51	50.338	52	C12	51.707	54	C15	2
華北	廊坊市	46.1472	60	39.2208	60	70.5627	23	42.1645	67	37.9221	67	64.0519	36	53.593	42	35.5844	71	50.197	53	C13	44.891	67	C28	14
華南	漳州市	48.9177	55	35.0649	65	54.9783	45	60.8657	41	41.5584	61	54.7013	58	42.1645	64	47.3593	54	50.145	54	C14	47.967	61	C22	7
華中	襄陽市	36.9697	73	57.9220	41	43.8961	65	69.8701	22	40.0000	63	46.3896	70	47.3593	59	43.2034	59	49.938	55	C15	48.828	58	C19	3
華東	淮安市	42.6840	67	56.3636	44	50.4762	53	59.8268	43	44.4156	58	54.0779	60	40.4329	69	39.0476	68	49.763	56	C16	50.397	56	C17	0
華北	保定市	61.7315	39	47.5324	55	51.1688	50	35.9307	74	46.7532	54	44.9350	72	58.4415	36	62.9437	39	49.654	57	C17	48.775	59	C20	2
華東	湖州市	56.3636	47	34.8052	66	50.4762	53	49.7835	57	42.3376	60	71.1168	17	39.0476	74	50.4762	49	49.467	58	C18	51.585	55	C16	-3
華中	贛州市	41.8182	68	56.8831	43	65.7142	29	41.4718	68	35.5844	68	31.2208	77	50.8225	47	63.2900	37	49.399	59	C19	43.835	69	C30	10
西北	蘭州市	50.9956	51	33.5065	67	41.1255	71	52.9004	52	61.2986	39	40.9870	75	59.8268	35	47.0130	55	48.168	60	C20	48.178	60	C21	0
華北	泰安市	43.3766	65	37.1428	62	39.0476	72	51.5151	53	47.0130	52	74.2337	13	51.5151	46	41.4718	63	47.588	61	C21	47.190	63	C24	2

表 14-1　2016 TEEMA 中國大陸城市競爭力排名分析（續）

區域	城市	❶ 基礎條件		❷ 財政條件		❸ 投資條件		❹ 經濟條件		❺ 就業條件		❻ 永續條件		❼ 消費條件		❽ 人文條件		2016 城市競爭力			2015 城市競爭力			排名變化
		評分	排名	評分	排名	評分	排名	評分	排名	評分	排名	評分	排名	評分	排名	評分	排名	評分	排名	等級	評分	排名	等級	
華南	海口市	46.4935	58	23.6364	74	50.8225	52	39.7402	70	53.5065	46	76.7272	7	54.632	40	29.0043	74	46.513	62	C22	45.840	65	C26	3
華中	九江市	46.4935	58	46.4935	56	41.1255	69	49.0909	59	34.0260	71	44.9350	72	41.8182	65	63.2900	37	45.749	63	C23	47.786	62	C23	-1
華南	江門市	57.4026	46	37.1428	62	47.7056	62	38.0086	72	39.2208	65	67.5844	28	45.2814	60	28.6580	75	44.672	64	C24	44.905	66	C27	2
華中	馬鞍山市	45.1082	64	30.1299	70	49.4372	60	48.7446	60	44.9350	57	51.5844	65	36.9697	75	41.4718	63	44.656	65	C25	46.018	64	C25	-1
華東	連雲港市	38.1818	71	52.2078	48	42.1645	66	48.3982	62	35.5844	68	37.6623	76	48.3982	53	45.2814	57	43.844	66	C26	44.265	68	C29	2
華東	宿遷市	37.6623	72	49.8701	52	48.3982	61	51.5151	53	32.4675	73	46.8052	69	33.1602	76	34.8918	72	43.468	67	C27	42.411	73	C34	6
華南	莆田市	46.8398	57	28.8312	71	50.4762	53	56.7099	48	34.8052	70	54.2857	59	27.9654	77	27.2727	76	43.437	68	C28	41.366	76	C37	8
華南	汕頭市	45.6277	61	32.4675	68	34.5454	73	51.1688	55	33.2467	72	57.4026	52	48.0519	56	40.4329	66	42.866	69	C29	41.872	74	C35	5
華北	日照市	45.4545	62	26.4935	73	33.8528	74	50.8225	56	30.6493	74	74.4415	12	40.0866	72	41.1255	65	42.760	70	C30	41.839	75	C36	5
西南	桂林市	39.9134	69	37.6623	61	41.1255	69	33.8528	76	39.7402	64	42.4415	74	51.8614	45	63.6363	35	42.521	71	C31	42.858	72	C33	1
西南	綿陽市	43.3766	65	36.1039	64	41.4718	68	36.2770	73	45.4545	55	48.6753	68	48.3982	53	46.6666	56	42.417	72	C32	38.148	79	D02	7
西南	北海市	35.7576	76	23.1169	76	45.6277	63	55.3246	50	27.7922	75	57.4026	52	44.2424	61	29.6970	73	41.991	73	C33	40.523	77	C38	4
華中	吉安市	36.1039	75	41.2987	59	31.7749	75	42.5108	66	24.9351	76	54.7013	57	41.4718	67	52.2078	44	39.929	74	D01	39.669	78	D01	4
華南	三亞市	36.7965	74	23.6364	74	49.7835	57	30.3896	77	47.7922	51	58.0259	51	48.0519	57	23.1169	77	39.777	75	D02	43.412	70	C31	-5
西南	德陽市	38.7013	70	27.5325	72	28.3117	77	40.0866	69	38.9610	66	63.6363	38	39.7402	73	38.7013	69	38.407	76	D03	36.527	80	D03	4
西南	遂寧市	30.9091	77	22.8571	77	28.6580	76	35.9307	74	23.8961	77	52.0000	64	40.0866	71	42.8571	61	34.178	77	D04	30.650	82	D05	5

【註】：城市競爭力＝【基礎條件 ×10%】＋【財政條件 ×10%】＋【投資條件 ×20%】＋【經濟條件 ×20%】＋【就業條件 ×10%】＋【永續條件 ×10%】＋【消費條件 ×10%】＋【人文條件 ×10%】

第 15 章

2016 TEEMA 中國大陸投資環境力

2016《TEEMA 調查報告》之中國大陸投資環境力係以：（1）四項生態環境構面指標；（2）七項基建環境構面指標；（3）六項社會環境構面指標；（4）13 項法制環境構面指標；（5）七項經濟環境構面指標；（6）12 項經營環境構面指標；（7）七項創新環境構面指標；（8）五項網通環境構面指標；（9）六項內需環境構面指標；（10）七項文創環境構面指標，共由十大構面與 74 項指標進行評估分析。

一、2016 TEEMA 中國大陸投資環境力評估指標分析

從表 15-2 可知，2016《TEEMA 調查報告》評比 112 個城市之投資環境力，其評分為 3.230 分，與 2015 年相比下降 0.034 分，從歷年《TEEMA 調查報告》可看出評分均呈下降趨勢。茲針對 2016《TEEMA 調查報告》投資環境力十大評估構面、74 個細項指標及平均觀點剖析中國大陸投資環境力之論述如下：

1. 生態環境構面而言：從表 15-2 看出生態環境為 3.303 分，相較於 2015 年 3.353 分下降 0.050 分，而在投資環境力十大評價構面中，其生態環境分析構面與 2015 年相同，維持第一。而細項指標中，「當地生態與地理環境符合企業發展的條件」仍為 74 個細項指標之冠，而「當地水電、燃料等能源充沛的程度」則在投資環境力構面平均觀點評分中位居前列。根據中國大陸政府公布《十三五規劃綱要》（2016）指出：「未來將進一步提高環境品質，解決生態環境領域重點議題，加大生態環境保護力度，並提高資源利用效率，促進國家富強。」由此可見，中國大陸正積極對當地投資環境進行改善，亦執行相關配套政策，此舉與 2016《TEEMA 調查報告》結果不謀而合，將有助於台商在中國大陸投資布局。

2. 基建環境構面而言：表15-2顯示2016年基建環境之平均觀點評價為3.280分，較2015年下降0.050分，並在投資環境力十大構面中位居第二位。其中，以「當地海、陸、空交通運輸便利程度」、「未來總體發展及建設規劃完善程度」與「當地的物流、倉儲、流通相關商業設施」等指標表現最為亮眼，在74個細項指標中，均位居前十之列。中國大陸商務部（2016）指出：「中國大陸於交通基礎建設領域，具經驗、技術和資金等優勢，而發展中國家若有推動自身基礎建設的需求，中國大陸將很願意與其合作發展。」由此可見，中國大陸正努力促成基礎建設之建造，以創造更大的經濟效益。

3. 社會環境構面而言：2016年社會環境平均觀點評分為3.262分，相較於2015年的3.308分，下降0.046分，而其名次相較2015年下降一名，至第四位。其中，以「民眾及政府歡迎台商投資態度」名次表現最好，位居74個細項指標中的第二名，而在社會環境的所有細項構面皆呈現下降的差異變化。2016年6月15日第八屆海峽論壇於廈門市展開，不同於過往，論壇將過去的「宣布惠台政策」變更為「青年創先鋒」，旨在表現中國大陸對台政策新方針的改變，從過去的面向台灣所作的惠台措施轉向加強人才拉攏，由此可知，台商於中國大陸的社會環境層面將有很大的轉變。

4. 法制環境構面而言：2016年法制環境平均觀點評分為3.230分，較2015年3.271分下降0.041分，從2015年的第五名下降至第六名。與2015年相較，法制環境的所有細項構面均呈下滑趨勢，而「當地的地方政府對台商投資承諾實現程度」指標名次下滑最為嚴重，從2015年的第18名下滑至2016年的第31名。根據北京大學法學院教授姜明安（2016）指出：「中國大陸正從『法制』轉向『法治』，過去的『法制』主要是指法律、法規及規章等制度，主要為一種治理手段，而『法治』則是建立於法制基礎之上，達到真正的依法治國。」由上述可知，中國大陸於法治環境層面正面臨新一輪改革，未來發展指日可待。

5. 經濟環境構面而言：2016年經濟環境的平均觀點評分為3.277分，較於2015年3.308分下降0.031分，其名次維持與2015年相同的第三名。然「當地經濟環境促使台商經營獲利程度」逆勢成長，從2015年的第37名上升至2016年的第26名。2016年6月14日，國際貨幣基金（IMF）表示：「中國大陸經濟正持續往正確且可持續發展的方向轉型，雖其中仍具有不少不均衡的部分，然就整體而言對其經濟而言具有一定程度的進展。」由此可知，中國大陸轉型機制備受矚目，甚至國際知名機構對其表示肯定。

6. 經營環境構面而言：2016 年經營環境構面的平均觀點評分為 3.178 分，較 2015 年 3.241 分下降 0.063 分，然其排名由 2015 年的第六名下降至 2016 年的第九名。其中，「環境適合台商發展自有品牌與精品城」、「當地政府對台商動遷配合的程度」兩項細項指標於經營環境構面當中，相對表現突出，其名次與 2015 年相較呈上升趨勢。而根據中國歐盟商會（European Union Chamber of Commerce in China）（2016）指出：「中國大陸投資環境對外商有越來越不友善的趨勢，政府總是偏向照顧中國大陸本地企業，歐洲經商企業悲觀情緒不斷上揚。」外資企業於中國大陸面臨更嚴厲的監管環境及政治壓迫，使得其對業務擔憂氛圍更加嚴重。

7. 創新環境構面而言：2016 年創新環境構面的平均觀點評分為 3.189 分，較 2015 年 3.209 分下降 0.020 分，其名次為第七名，較 2015 年上升一名。其中，「當地擁有自主創新產品和國家級新產品數」、「當地政府鼓勵兩岸企業共同研發程度」、「政府鼓勵兩岸企業共同開拓國際市場程度」及「當地政府積極推動產業、工業自動化程度」皆於其中細項指標表現相對亮眼。2016 年 5 月 20 日，中國大陸國務院發布《國家創新驅動發展戰略綱要》受到各界高度關注，綱要內容提到 2020 年進入創新型國家行列、2030 年躋身創新型國家前列及 2050 年建成世界科技創新強國的「三步走」目標。由此可知，中國大陸政府對創新的重視，以及其於國家發展戰略中的重要性。

8. 網通環境構面而言：由表 15-2 看出 2016 年網通環境的平均觀點評分為 3.196 分，較 2015 年的 3.212 分下降 0.016 分，其名次從第八名上升至第七名。其中，以「通訊設備、資訊設備、網路建設完善程度」表現最為亮眼，排名為 74 個細項指標中第四位，可見中國大陸在網路通訊設備之完善，但在「光纖資訊到戶的普及率」及「寬頻通信網路建設完備」較差。根據《中國日報》（2016）表示：「中國大陸已擁有 6.88 億的網路使用者，網路普及率已達 50.3%，為全球排名的 91 位，年成長率達 26.3%。」雖中國大陸網通環境上有許多進步空間，然其正以超快速度成長中。

9. 內需環境構面而言：從表 15-2 看出 2016 年內須環境構面的平均觀點評

分為 3.246 分，較 2015 年 3.240 分高 0.006 分，然相較 2015 年其名次上升兩名至第五名。其中，「市場未來發展潛力優異程度」及「適合台商發展內貿內銷市場的程度」兩者為其構面表現較為突出，其名次分別為第七名與第 12 名，兩者與 2015 年相比皆有大幅度成長。此外，在「居民購買力與消費潛力」細項指標中，看出從 2015 年的第 56 名升至 2016 年的第 47 名。美國財政部次長 Sheets（2016）表示：「中國大陸經濟走向處於再平衡階段，主要面臨四大層面轉型：（1）從出口向內需的轉型；（2）從投資向消費的轉型；（3）從製造業向服務業的轉型；（4）產業從公有製主導向私有主控的轉型，未來美國將抓準中國大陸內需市場，推行相關合作發展方針。」由此可知，中國大陸內需市場極具吸引力，潛在無限商機。

10. 文創環境構面而言：從表 15-2 看出 2016 年文創環境構面的平均觀點評分為 3.144 分，較 2015 年 3.169 分低 0.025 分，其中，以「歷史古蹟、文物等文化資產豐沛」之細項指標表現較好，其名次在 74 個細項指標中，位居第 44 名之列；至於其他細項指標，都位居於後段班，因此造成文創環境構面敬陪末座。2016 年 6 月 6 日，香港文化產業聯合總會會長林建岳於 2016 年文化產業高峰論壇指出：「創意經濟已成為國家發展最為重要的一環，文創產業除對經濟有重要貢獻，亦包含許多金錢以外的收益，諸如人文價值及精神財富等。而中國大陸存在的龐大商機，亦實質給予年輕人許多的發展機會。」由上述可知，文創產業於中國大陸正處於發展階段，其環境構面雖於當前分數相對較低，卻相對較具有成長空間。

11. 就投資環境力而言：就 2016《TEEMA 調查報告》中，從表 15-2 看出十大投資環境力構面評價之順序，依序為：（1）生態環境；（2）基建環境；（3）經濟環境；（4）社會環境；（5）內需環境；（6）法制環境；（7）網通環境；（8）創新環境；（9）經營環境；（10）文創環境，其中，創新環境、網通環境及內需環境名次皆有提升。而在整體分數方面，均呈下滑的趨勢，可知中國大陸應對此方面有所著手精進，以改善整體的投資環境力。

表 15-1　2016 TEEMA 中國大陸投資環境力指標評分與排名分析

投資環境力評估構面與指標	2012		2013		2014		2015		2016		2012 至 2016	
	評分	排名	評分	排名	評分	排名	評分	排名	評分	排名	排名平均	總排名
生態 -01）當地生態與地理環境符合企業發展的條件	3.727	4	3.617	5	3.482	3	3.451	1	3.395	1	3.534	2
生態 -02）當地水電、燃料等能源充沛的程度	3.655	13	3.605	6	3.468	5	3.422	4	3.361	5	3.502	6
生態 -03）當地政府獎勵企業進行綠色製程生產	-	-	3.496	29	3.365	23	3.337	12	3.291	14	3.372	33
生態 -04）當地政府執行對節能、檢排、降耗	-	-	3.360	56	3.259	52	3.202	53	3.167	56	3.247	56
基建 -01）當地海、陸、空交通運輸便利程度	3.747	3	3.626	4	3.482	2	3.432	3	3.373	3	3.532	3
基建 -02）當地的污水、廢棄物處理設備完善程度	3.559	35	3.464	37	3.335	36	3.277	31	3.222	35	3.371	34
基建 -03）當地的物流、倉儲、流通相關商業設施	3.666	10	3.572	10	3.424	12	3.365	9	3.320	9	3.469	10
基建 -04）醫療、衛生、保健設施的質與量完備程度	3.595	22	3.488	31	3.349	31	3.268	36	3.214	38	3.383	30
基建 -05）學校、教育、研究機構的質與量完備程度	3.588	27	3.513	22	3.366	21	3.286	27	3.254	23	3.401	23
基建 -06）當地的企業運作商務環境完備程度	3.633	16	3.536	17	3.399	16	3.305	19	3.255	22	3.426	17
基建 -07）未來總體發展及建設規劃完善程度	3.693	7	3.603	7	3.458	7	3.379	7	3.321	8	3.491	7
社會 -01）當地的社會治安	3.656	12	3.570	11	3.426	11	3.356	10	3.305	13	3.463	11
社會 -02）當地民眾生活素質及文化水準程度	3.498	41	3.416	44	3.307	42	3.241	40	3.200	45	3.332	43
社會 -03）當地社會風氣及民眾的價值觀程度	3.491	43	3.415	45	3.318	40	3.250	39	3.211	39	3.337	42
社會 -04）當地民眾的誠信與道德觀程度	3.524	40	3.451	39	3.354	28	3.269	35	3.208	41	3.361	37
社會 -05）民眾及政府歡迎台商投資態度	3.784	1	3.695	1	3.535	1	3.435	2	3.375	2	3.565	1
社會 -06）當地民眾感到幸福與快樂的程度	-	-	3.453	38	3.343	32	3.294	23	3.270	18	3.340	41
法制 -01）行政命令與國家法令的一致性程度	3.660	11	3.563	12	3.427	10	3.322	14	3.280	15	3.450	13
法制 -02）當地的政策優惠條件	3.636	15	3.539	16	3.420	13	3.307	17	3.268	19	3.434	15
法制 -03）政府與執法機構秉持公正執法態度	3.608	19	3.511	23	3.360	26	3.283	29	3.241	29	3.401	25

表 15-1 2016 TEEMA 中國大陸投資環境力指標評分與排名分析（續）

投資環境力評估構面與指標	2012		2013		2014		2015		2016		2012 至 2016	
	評分	排名	評分	排名	評分	排名	評分	排名	評分	排名	排名平均	總排名
法制 -04）當地解決糾紛的管道完善程度	3.566	33	3.476	36	3.325	39	3.235	42	3.197	46	3.360	38
法制 -05）當地的工商管理、稅務機關行政效率	3.606	20	3.519	20	3.372	19	3.286	26	3.246	25	3.406	20
法制 -06）當地的海關行政效率	3.592	26	3.500	28	3.365	22	3.293	24	3.267	20	3.403	21
法制 -07）勞工、工安、消防、衛生行政效率	3.559	36	3.476	35	3.333	37	3.272	34	3.229	33	3.374	32
法制 -08）當地的官員操守清廉程度	3.583	29	3.487	32	3.330	38	3.284	28	3.242	27	3.385	29
法制 -09）當地的地方政府對台商投資承諾實現程度	3.652	14	3.561	13	3.394	17	3.307	18	3.233	31	3.429	16
法制 -10）當地環保法規規定適切且合理程度	3.593	24	3.505	26	3.355	27	3.276	32	3.242	28	3.394	27
法制 -11）當地政府政策穩定性及透明度	3.594	23	3.495	30	3.341	35	3.236	41	3.177	52	3.369	36
法制 -12）當地政府對智慧財產權保護的態度	3.548	38	3.451	40	3.306	43	3.235	43	3.204	42	3.349	40
法制 -13）當地政府積極查處違劣仿冒品的力度	3.454	48	3.364	54	3.244	55	3.184	60	3.165	58	3.282	51
經濟 -01）當地的商業及經濟發展相較於一般水平	3.677	8	3.595	9	3.451	8	3.370	8	3.318	10	3.482	8
經濟 -02）金融體系完善的程度且貸款取得便利程度	3.532	39	3.448	41	3.316	41	3.252	38	3.237	30	3.357	39
經濟 -03）當地的資金匯兑及利潤匯出便利程度	3.574	31	3.505	25	3.353	29	3.299	22	3.262	21	3.399	26
經濟 -04）當地經濟環境促使台商經營獲利程度	3.587	28	3.506	24	3.351	30	3.268	37	3.245	26	3.391	28
經濟 -05）該城市未來具有經濟發展潛力的程度	3.725	5	3.628	3	3.468	4	3.400	5	3.357	6	3.516	5
經濟 -06）當地政府改善外商投資環境積極程度	3.713	6	3.597	8	3.436	9	3.346	11	3.312	11	3.481	9
經濟 -07）當地政府執行繳稅在地化的僵固程度	-	-	-	-	3.279	46	3.221	46	3.209	40	3.236	58
經營 -01）當地的基層勞力供應充裕程度	3.497	42	3.447	42	3.305	44	3.225	44	3.138	66	3.322	45

表 15-1　2016 TEEMA 中國大陸投資環境力指標評分與排名分析（續）

投資環境力評估構面與指標	2012		2013		2014		2015		2016		2012 至 2016	
	評分	排名	評分	排名	評分	排名	評分	排名	評分	排名	排名平均	總排名
經營 -02）當地的專業及技術人才供應充裕程度	3.443	50	3.387	52	3.241	56	3.185	58	3.148	64	3.281	52
經營 -03）台商企業在當地之勞資關係和諧程度	3.604	21	3.519	21	3.363	24	3.300	21	3.221	36	3.401	24
經營 -04）經營成本、廠房與相關設施成本合理程度	3.563	34	3.485	33	3.342	33	3.280	30	3.228	34	3.380	31
經營 -05）有利於形成上、下游產業供應鏈完整程度	3.620	18	3.526	18	3.369	20	3.311	16	3.278	16	3.421	18
經營 -06）同業、同行間公平且正當競爭的環境條件	3.571	32	3.485	34	3.341	34	3.273	33	3.181	50	3.370	35
經營 -07）環境適合台商作為製造業或生產基地移轉	3.474	46	3.393	49	3.254	54	3.197	54	3.174	54	3.298	48
經營 -08）環境適合台商發展自有品牌與精品城	3.452	49	3.402	47	3.260	51	3.208	49	3.190	48	3.302	47
經營 -09）當地政府對台商動遷配合的程度	-	-	-	-	3.211	62	3.188	57	3.168	55	3.189	69
經營 -10）當地政府協助台商解決勞動新制衍生問題	-	-	-	-	-	-	-	-	3.158	60	3.158	71
經營 -11）當地環境具一帶一路發展優勢以利布局	-	-	-	-	-	-	-	-	3.117	72	3.117	74
經營 -12）當地環境具自貿區發展優勢以利台商布局	-	-	-	-	-	-	-	-	3.136	67	3.136	73
創新 -01）當地台商享受政府自主創新獎勵的程度	3.592	25	3.519	19	3.376	18	3.301	20	3.251	24	3.408	19
創新 -02）當地擁有自主創新產品和國家級新產品數	-	-	3.341	58	3.235	58	3.196	55	3.174	53	3.237	57
創新 -03）當地政府協助台商轉型升級積極程度	3.478	45	3.412	46	3.262	48	3.202	52	3.179	51	3.307	46
創新 -04）當地政府鼓勵兩岸企業共同研發程度	3.490	44	3.428	43	3.287	45	3.221	47	3.216	37	3.328	44
創新 -05）政府鼓勵兩岸企業共同開拓國際市場程度	3.464	47	3.393	50	3.257	53	3.179	61	3.166	57	3.292	50
創新 -06）對外開放和國際科技合作程度	-	-	3.281	68	3.191	68	3.143	69	3.106	73	3.180	70
創新 -07）當地政府積極推動產業、工業自動化程度	-	-	3.369	53	3.262	49	3.223	45	3.230	32	3.271	53

表 15-1　2016 TEEMA 中國大陸投資環境力指標評分與排名分析（續）

投資環境力評估構面與指標	2012		2013		2014		2015		2016		2012 至 2016	
	評分	排名	評分	排名	評分	排名	評分	排名	評分	排名	排名平均	總排名
網通 -01）通訊設備、資訊設施、網路建設完善程度	3.774	2	3.651	2	3.463	6	3.396	6	3.371	4	3.531	4
網通 -02）寬頻通信網路建設完備	3.275	52	3.309	67	3.179	70	3.143	68	3.134	68	3.208	64
網通 -03）光纖資訊到戶的普及率	3.202	53	3.251	69	3.130	71	3.098	71	3.085	74	3.153	72
網通 -04）政府法規對企業技術發展與應用支持	3.425	51	3.389	51	3.274	47	3.215	48	3.188	49	3.298	49
網通 -05）政府推動智慧城市的積極程度	-	-	3.396	48	3.260	50	3.208	50	3.204	43	3.267	54
內需 -01）政府獎勵台商自創品牌措施的程度	3.582	30	3.504	27	3.360	25	3.293	25	3.271	17	3.402	22
內需 -02）適合台商發展內貿內銷市場的程度	3.627	17	3.549	14	3.402	15	3.319	15	3.309	12	3.441	14
內需 -03）市場未來發展潛力優異程度	3.675	9	3.544	15	3.411	14	3.333	13	3.323	7	3.457	12
內需 -04）政府採購過程對台資內資外資一視同仁	-	-	3.336	60	3.208	63	3.150	67	3.154	61	3.212	62
內需 -05）政府協助台商從製造轉向內需擴展	-	-	3.329	62	3.200	67	3.152	65	3.164	59	3.211	63
內需 -06）居民購買力與消費潛力	-	-	3.330	61	3.218	61	3.195	56	3.193	47	3.234	59
文創 -01）歷史古蹟、文物等文化資產豐沛	-	-	3.363	55	3.238	57	3.206	51	3.200	44	3.252	55
文創 -02）文化活動推動及推廣程度	-	-	3.321	64	3.201	66	3.164	64	3.144	65	3.207	65
文創 -03）政府對文化創意產業政策推動與落實	-	-	3.339	59	3.219	60	3.185	59	3.150	63	3.223	61
文創 -04）對文化創意產權的重視及保護	-	-	3.311	66	3.205	64	3.150	66	3.117	71	3.196	67
文創 -05）居民對外來遊客包容與接納	-	-	3.354	57	3.228	59	3.173	62	3.151	62	3.227	60
文創 -06）居民對於文化藝術表演消費潛力	-	-	3.326	63	3.184	69	3.138	70	3.118	70	3.191	68
文創 -07）居民對於文化創意商品購買程度	-	-	3.315	65	3.202	65	3.168	63	3.129	69	3.203	66

資料來源：本研究整理

表 15-2　2016 TEEMA 中國大陸投資環境力構面平均觀點評分與排名

投資環境力評估構面	2012		2013		2014		2015		2016		2012至2016	
	評分	排名	評分	排名	評分	排名	評分	排名	評分	排名	評分	排名
❶生態環境	3.644	1	3.520	3	3.393	2	3.353	1	3.303	1	3.443	1
❷基建環境	3.640	2	3.543	2	3.402	1	3.330	2	3.280	2	3.439	2
❸社會環境	3.591	4	3.500	4	3.380	3	3.308	3	3.262	4	3.408	4
❹法制環境	3.588	5	3.496	5	3.352	5	3.271	5	3.230	6	3.387	5
❺經濟環境	3.635	3	3.546	1	3.379	4	3.308	3	3.277	3	3.429	3
❻經營環境	3.553	6	3.456	6	3.298	7	3.241	6	3.178	9	3.345	6
❼創新環境	3.521	7	3.392	9	3.283	8	3.209	9	3.189	8	3.319	7
❽網通環境	3.419	8	3.399	8	3.261	9	3.212	8	3.196	7	3.297	9
❾內需環境	-	-	3.432	7	3.300	6	3.240	7	3.246	5	3.305	8
❿文創環境	-	-	3.333	10	3.211	10	3.169	10	3.144	10	3.214	10
平均值	3.574		3.462		3.326		3.264		3.230		3.371	

資料來源：本研究整理

二、2015-2016 TEEMA 中國大陸投資環境力比較分析

2015-2016《TEEMA 調查報告》對中國大陸投資環境力指標比較如表 15-3，以投資環境力之十大構面對中國大陸進行分析，因此，將其分析結果與排名變化以表 15-4 所顯示。茲將其投資環境力比較分析分列敘述如下：

1. 就 74 項評估指標而言：在 2016《TEEMA 調查報告》中，投資環境力之評估指標評價結果如表 15-3 所示，可以明顯看出 74 個細項指標中，其分數差異變化排名均呈下跌趨勢。其中，又以經營環境的分數差異變化為嚴重。中國大陸在投資環境力分數逐漸下滑，表示台商對中國大陸投資環境力熱度稍減，並在經營環境不斷調整，也增添台商對其投資環境的不安定性。

2. 就 74 項評估指標差異分析而言：2016《TEEMA 調查報告》與 2015 年的評估指標進行差異分析如表 15-3 所示，均呈下降態勢，而其中以「同業、同行間公平且正當競爭的環境條件（下降 0.092 分）」、「當地的基層勞力供應充裕程度（下降 0.087 分）」、「台商企業在當地之勞資關係和諧程度（下降 0.079 分）」、「當地的地方政府對台商投資承諾實現程度（下降 0.074 分）」、「當地水電、燃料等能源充沛的程度（下降 0.061 分）」等為分數差異變化最大之前五名。由此可知，經營環境有三項居於變化前五名內，顯示中國大陸近年經營環境變化之大，間接影響到台商在中國大陸投資意願。

3. 就 74 項評估指標退步比例分析：從表 15-4 中，可看出十大構面中 74

個細項評估指標大部分均呈現下降趨勢，比例為 91.89%。2016 年 1 月 21 日，中國美國商會（United States Chamber of Commerce；USCC）發布《2016 年度中國商務環境調查報告》（2016 China Business Climate Survey Report）指出：「自 2014 年以來，近 25% 的美國企業正逐漸從中國大陸撤離或有計畫撤離，以工業、資源及消費品為主體的企業已亞洲其他開發中國家作為產能轉移的新目標，而技術和研發密集型企業則移轉至美國或北美自由貿易區」，可見中國大陸過去的投資環境優勢不再，投資者對中國大陸投資觀念已有所改變。

4. 就十項評估構面而言：2016《TEEMA 調查報告》中，從表 15-4 看出十項構面評價均呈現下跌現象，僅有內需環境構面呈現小幅成長，而其中以「經營環境」降幅為最大，從 2015 年 3.241 分下降至 2016 年 3.178 分，下降 0.063 分；其次為「生態環境」的構面評價，從 2015 年 3.353 分下降至 2016 年 3.303 分，降幅 0.050 分；再者為「基建環境」的構面評價，其下跌幅與「生態環境」相當，從 2015 年 3.330 分下降至 2016 年 3.280 分，降幅 0.050 分。綜觀以上，其投資環境力之構面評價，顯示中國大陸在經濟進入新常態的背景下，因環境與政策制度不斷轉變下，影響中國大陸本身的投資環境，面臨新一波經濟轉折點，當前中國大陸應思考如何走出此泥沼，制定相關政策措施，以著實改善當前投資環境困境。

表 15-3　2015-2016 TEEMA 投資環境力差異與排名變化分析

投資環境力評估構面與指標	2015 評分	2016 評分	2015至2016 差異分析	差異變化排名 ▲	差異變化排名 ▼	差異變化排名 新增
生態-01）當地生態與地理環境符合企業發展的條件	3.451	3.395	-0.056	-	11	-
生態-02）當地水電、燃料等能源充沛的程度	3.422	3.361	-0.061	-	5	-
生態-03）當地政府獎勵企業進行綠色製程生產	3.337	3.291	-0.046	-	19	-
生態-04）當地政府執行對節能、檢排、降耗	3.202	3.167	-0.035	-	35	-
基建-01）當地海、陸、空交通運輸便利程度	3.432	3.373	-0.059	-	8	-
基建-02）當地的污水、廢棄物處理設備完善程度	3.277	3.222	-0.055	-	12	-
基建-03）當地的物流、倉儲、流通相關商業設施	3.365	3.320	-0.045	-	20	-
基建-04）醫療、衛生、保健設施的質與量完備程度	3.268	3.214	-0.054	-	13	-
基建-05）學校、教育、研究機構的質與量完備程度	3.286	3.254	-0.032	-	41	-
基建-06）當地的企業運作商務環境完備程度	3.305	3.255	-0.050	-	18	-

表 15-3　2015-2016 TEEMA 投資環境力差異與排名變化分析（續）

投資環境力評估構面與指標	2015 評分	2016 評分	2015至2016 差異分析	差異變化排名		
				▲	▼	新增
基建-07）未來總體發展及建設規劃完善程度	3.379	3.321	-0.058	-	10	-
社會-01）當地的社會治安	3.356	3.305	-0.051	-	16	-
社會-02）當地民眾生活素質及文化水準程度	3.241	3.200	-0.041	-	26	-
社會-03）當地社會風氣及民眾的價值觀程度	3.250	3.211	-0.039	-	30	-
社會-04）當地民眾的誠信與道德觀程度	3.269	3.208	-0.061	-	6	-
社會-05）民眾及政府歡迎台商投資態度	3.435	3.375	-0.060	-	7	-
社會-06）當地民眾感到幸福與快樂的程度	3.294	3.270	-0.024	-	46	-
法制-01）行政命令與國家法令的一致性程度	3.322	3.280	-0.042	-	24	-
法制-02）當地的政策優惠條件	3.307	3.268	-0.039	-	28	-
法制-03）政府與執法機構秉持公正執法態度	3.283	3.241	-0.042	-	23	-
法制-04）當地解決糾紛的管道完善程度	3.235	3.197	-0.038	-	31	-
法制-05）當地的工商管理、稅務機關行政效率	3.286	3.246	-0.040	-	27	-
法制-06）當地的海關行政效率	3.293	3.267	-0.026	-	44	-
法制-07）勞工、工安、消防、衛生行政效率	3.272	3.229	-0.043	-	21	-
法制-08）當地的官員操守清廉程度	3.284	3.242	-0.042	-	25	-
法制-09）當地的地方政府對台商投資承諾實現程度	3.307	3.233	-0.074	-	4	-
法制-10）當地環保法規規定適切且合理程度	3.276	3.242	-0.034	-	37	-
法制-11）當地政府政策穩定性及透明度	3.236	3.177	-0.059	-	9	-
法制-12）當地政府對智慧財產權保護的態度	3.235	3.204	-0.031	-	42	-
法制-13）當地政府積極查處違劣仿冒品的力度	3.184	3.165	-0.019	-	56	-
經濟-01）當地的商業及經濟發展相較於一般水平	3.370	3.318	-0.052	-	15	-
經濟-02）金融體系完善的程度且貸款取得便利程度	3.252	3.237	-0.015	-	58	-
經濟-03）當地的資金匯兌及利潤匯出便利程度	3.299	3.262	-0.037	-	34	-
經濟-04）當地經濟環境促使台商經營獲利程度	3.268	3.245	-0.023	-	48	-
經濟-05）該城市未來具有經濟發展潛力的程度	3.400	3.357	-0.043	-	22	-
經濟-06）當地政府改善外商投資環境積極程度	3.346	3.312	-0.034	-	38	-
經濟-07）當地政府執行繳稅在地化的僵固程度	3.221	3.209	-0.012	-	61	-
經營-01）當地的基層勞力供應充裕程度	3.225	3.138	-0.087	-	2	-
經營-02）當地的專業及技術人才供應充裕程度	3.185	3.148	-0.037	-	33	-
經營-03）台商企業在當地之勞資關係和諧程度	3.300	3.221	-0.079	-	3	-
經營-04）經營成本、廠房與相關設施成本合理程度	3.280	3.228	-0.052	-	14	-

表 15-3　2015-2016 TEEMA 投資環境力差異與排名變化分析（續）

投資環境力評估構面與指標	2015 評分	2016 評分	2015至2016 差異分析	差異變化排名 ▲	▼	新增
經營-05）有利於形成上、下游產業供應鏈完整程度	3.311	3.278	-0.033	-	40	-
經營-06）同業、同行間公平且正當競爭的環境條件	3.273	3.181	-0.092	-	1	-
經營-07）環境適合台商作為製造業或生產基地移轉	3.197	3.174	-0.023	-	49	-
經營-08）環境適合台商發展自有品牌與精品城	3.208	3.190	-0.018	-	57	
經營-09）當地政府對台商動遷配合的程度	3.188	3.168	-0.020	-	55	
經營-10）當地政府協助台商解決勞動新制衍生問題	-	3.158	-	-	-	1
經營-11）當地環境具一帶一路發展優勢以利布局	-	3.117	-	-	-	3
經營-12）當地環境具自貿區發展優勢以利台商布局	-	3.136	-	-	-	2
創新-01）當地台商享受政府自主創新獎勵的程度	3.301	3.251	-0.050	-	17	-
創新-02）當地擁有自主創新產品和國家級新產品數量	3.196	3.174	-0.022	-	52	-
創新-03）當地政府協助台商轉型升級積極程度	3.202	3.179	-0.023	-	47	-
創新-04）當地政府鼓勵兩岸企業共同研發程度	3.221	3.216	-0.005	-	66	-
創新-05）政府鼓勵兩岸企業共同開拓國際市場程度	3.179	3.166	-0.013	-	60	-
創新-06）對外開放和國際科技合作程度	3.143	3.106	-0.037	-	32	-
創新-07）當地政府積極推動產業、工業自動化程度	3.223	3.230	0.007	2	-	-
網通-01）通訊設備、資訊設施、網路建設完善程度	3.396	3.371	-0.025	-	45	-
網通-02）寬頻通信網路建設完備	3.143	3.134	-0.009	-	64	-
網通-03）光纖資訊到戶的普及率	3.098	3.085	-0.013	-	59	-
網通-04）政府法規對企業技術發展與應用支持	3.215	3.188	-0.027	-	43	-
網通-05）政府推動智慧城市的積極程度	3.208	3.204	-0.004	-	67	-
內需-01）政府獎勵台商自創品牌措施的程度	3.293	3.271	-0.022	-	50	-
內需-02）適合台商發展內貿內銷市場的程度	3.319	3.309	-0.010	-	63	-
內需-03）市場未來發展潛力優異程度	3.333	3.323	-0.010	-	62	-
內需-04）政府採購過程對台資內資外資一視同仁	3.150	3.154	0.004	3	-	-
內需-05）政府協助台商從製造轉向內需擴展	3.152	3.164	0.012	1	-	-

表 15-3　2015-2016 TEEMA 投資環境力差異與排名變化分析（續）

投資環境力評估構面與指標	2015 評分	2016 評分	2015至2016 差異分析	差異變化排名 ▲	差異變化排名 ▼	差異變化排名 新增
內需-06）居民購買力與消費潛力	3.195	3.193	-0.002	-	68	-
文創-01）歷史古蹟、文物等文化資產豐沛	3.206	3.200	-0.006	-	65	-
文創-02）文化活動推動及推廣程度	3.164	3.144	-0.020	-	53	-
文創-03）政府對文化創意產業政策推動與落實	3.185	3.150	-0.035	-	36	-
文創-04）對文化創意產權的重視及保護	3.150	3.117	-0.033	-	39	-
文創-05）居民對外來遊客包容與接納	3.173	3.151	-0.022	-	51	-
文創-06）居民對於文化藝術表演消費潛力	3.138	3.118	-0.020	-	54	-
文創-07）居民對於文化創意商品購買程度	3.168	3.129	-0.039	-	29	-

資料來源：本研究整理

表 15-4　2015-2016 TEEMA 投資環境力細項指標變化排名分析

投資環境力構面	2015 評分	2016 評分	2015 至 2016 差異分析	名次	評估指標升降 指標數	評估指標升降 ▲	評估指標升降 ▼	評估指標升降 新增
❶生態環境	3.353	3.303	-0.050	❷	4	0	4	0
❷基建環境	3.330	3.280	-0.050	❷	7	0	7	0
❸社會環境	3.308	3.262	-0.046	❹	6	0	6	0
❹法制環境	3.271	3.230	-0.041	❺	13	0	13	0
❺經濟環境	3.308	3.277	-0.031	❻	7	0	7	0
❻經營環境	3.241	3.178	-0.063	❶	12	0	9	3
❼創新環境	3.209	3.189	-0.020	❽	7	1	6	0
❽網通環境	3.212	3.196	-0.016	❾	5	0	5	0
❾內需環境	3.240	3.246	0.006	❿	6	2	4	0
❿文創環境	3.169	3.144	-0.025	❼	7	0	7	0
投資環境力平均	3.264	3.230	-0.034	-	74	3	68	3
百分比					100.00%	4.05%	91.89%	4.05%

資料來源：本研究整理

2016《TEEMA 調查報告》表 15-5 顯示，投資環境力評估結果排名最優前十名評估指標依序為：（1）當地生態與地理環境符合企業發展的條件；（2）民眾及政府歡迎台商投資態度；（3）當地海、陸、空交通運輸便利程度；（4）通訊設備、資訊設施、網路建設完善程度；（5）當地水電、燃料等能源充沛的程度；（6）該城市未來具有經濟發展潛力的程度；（7）市場未來發展潛力優異程度；（8）未來總體發展及建設規劃完善程度；（9）當地的物流、倉儲、流通相關商業設施；（10）當地的商業及經濟發展相較於一般水平。其中，「市場未來發展潛力優異程度」此細項指標從 2015 年的第 13 名躍升至入 2016 年的第七名，可見中國大陸內需市場的潛在影響力，台商在中國大陸給予肯定之評價。此外，「通訊設備、資訊設施、網路建設完善程度」此細項指標從 2015 年的第六名邁向 2016 年的第四名，道出中國大陸在網路建設發展逐漸進步，希望可以藉由完善的設備基礎創造更多發展，其努力成果亦受台商青睞與肯定。

表 15-5　2016 TEEMA 投資環境力排名十大最優指標

投資環境力排名10大最優指標	2015		2016	
	評分	排名	評分	排名
生態-01）當地生態與地理環境符合企業發展的條件	3.451	1	3.395	1
社會-05）民眾及政府歡迎台商投資態度	3.435	2	3.375	2
基建-01）當地海、陸、空交通運輸便利程度	3.432	3	3.373	3
網通-01）通訊設備、資訊設施、網路建設完善程度	3.396	6	3.371	4
生態-02）當地水電、燃料等能源充沛的程度	3.422	4	3.361	5
經濟-05）該城市未來具有經濟發展潛力的程度	3.400	5	3.357	6
內需-03）市場未來發展潛力優異程度	3.333	13	3.323	7
基建-07）未來總體發展及建設規劃完善程度	3.379	7	3.321	8
基建-03）當地的物流、倉儲、流通相關商業設施	3.365	9	3.320	9
經濟-01）當地的商業及經濟發展相較於一般水平	3.370	8	3.318	10

資料來源：本研究整理

在 2016《TEEMA 調查報告》表 15-6 顯示，投資環境力評估結果較差排名前十名評估指標依序為：（1）光纖資訊到戶的普及率；（2）對外開放和國際科技合作程度；（3）當地環境具一帶一路發展優勢以利台商布局；（4）對文化創意產權的重視及保護；（5）居民對於文化藝術表演消費潛力；（6）居民對於文化創意商品購買程度；（7）寬頻通信網路建設完備；（8）當地環境具自貿區發展優勢以利台商布局；（9）當地的基層勞力供應充裕程度；（10）文化活動推動及推廣程度，「光纖資訊到戶的普及率」仍位於投資環境力評估結果之末位，可見中國大陸光纖資訊的普及率仍有很大的進步空間。此外，「當地的基層勞力供應充裕程度」此細項指標從 2015 年的倒數第 28 名邁向 2016 年的倒數第九名，道出中國大陸在「十三五規劃」推動「三去一降一補」的結構性改革之際，其基層勞力成本大幅調升，也是造成指標上升的主因。

表 15-6　2016 TEEMA 投資環境力排名十大劣勢指標

投資環境力排名十大劣勢指標	2015		2016	
	評分	排名	評分	排名
網通 -03）光纖資訊到戶的普及率	3.098	1	3.085	1
創新 -06）對外開放和國際科技合作程度	3.143	3	3.106	2
經營 -11）當地環境具一帶一路發展優勢以利台商布局	-	-	3.117	3
文創 -04）對文化創意產權的重視及保護	3.150	6	3.117	4
文創 -06）居民對於文化藝術表演消費潛力	3.138	2	3.118	5
文創 -07）居民對於文化創意商品購買程度	3.168	9	3.129	6
網通 -02）寬頻通信網路建設完備	3.143	4	3.134	7
經營 -12）當地環境具自貿區發展優勢以利台商布局	-	-	3.136	8
經營 -01）當地的基層勞力供應充裕程度	3.225	28	3.138	9
文創 -02）文化活動推動及推廣程度	3.164	8	3.144	10

資料來源：本研究整理

2016《TEEMA 調查報告》對 2015 年與 2016 年投資環境力調查指標作差異分析，其評估指標下降幅度最多前十項指標如表 15-7 所顯示，分別為：（1）當地政府積極推動產業、工業自動化程度；（2）當地政府鼓勵兩岸企業共同研發程度；（3）當地的污水、廢棄物處理設備完善程度；（4）政府法規對企業技術發展與應用支持；（5）對外開放和國際科技合作程度；（6）當地政府協助台商解決因勞動新制衍生問題的程度；（7）政府協助台商從製造轉向內需擴展；（8）居民對於文化藝術表演消費潛力；（9）居民購買力與消費潛力；（10）當地的專業及技術人才供應充裕程度。綜上所述，可發現創新環境構面之細項指標下降幅度前十名就占有三名席次，其中以「當地政府積極推動產業、工業自動化程度」降幅為最大，進一步道出中國大陸在推動產業自動化方面之政策較為缺乏。

表 15-7　2015-2016 TEEMA 投資環境力指標下降前十排名

投資環境力評分下降幅度前十指標	2015 至 2016 評分下降	2015 至 2016 下降排名
創新 -07）當地政府積極推動產業、工業自動化程度	-0.092	1
創新 -04）當地政府鼓勵兩岸企業共同研發程度	-0.087	2
基建 -02）當地的污水、廢棄物處理設備完善程度	-0.079	2

表 15-7　2015-2016 TEEMA 投資環境力指標下降前十排名（續）

投資環境力評分下降幅度前十指標	2015 至 2016 評分下降	2015 至 2016 下降排名
網通 -04）政府法規對企業技術發展與應用支持	-0.074	4
創新 -06）對外開放和國際科技合作程度	-0.061	5
經營 -10）當地政府協助台商解決因勞動新制衍生問題的程度	-0.061	5
內需 -05）政府協助台商從製造轉向內需擴展	-0.060	7
文創 -06）居民對於文化藝術表演消費潛力	-0.059	8
內需 -06）居民購買力與消費潛力	-0.059	8
經營 -02）當地的專業及技術人才供應充裕程度	-0.058	10

三、2016 TEEMA 中國大陸城市投資環境力分析

2016《TEEMA 調查報告》將所列入評比的 112 個城市，進行投資環境力分析，如表 15-8 所顯示，茲將其投資環境力重要論述分述如下：

1. 就投資環境力十佳城市而言：根據 2016《TEEMA 調查報告》所示，看出投資環境力前十佳城市排序為：（1）蘇州昆山；（2）廈門島外；（3）蘇州工業區；（4）成都；（5）蘇州市區；（6）杭州蕭山；（7）上海市區；（8）青島；（9）廈門島內；（10）蘇州新區。從而得知，蘇州昆山、廈門島外、蘇州工業區、成都、蘇州市區、杭州蕭山、青島、廈門島內及蘇州新區等九城市，繼 2015 年後又於 2016 年蟬聯進入前十佳城市。此外，上海從十名外，進入前十佳城市之列，道出台商對其未來發展評價指日可期。

2. 就投資環境力十劣城市而言：根據 2016《TEEMA 調查報告》顯示，得知投資環境力排名前十劣的城市，其排序為：（1）九江；（2）東莞厚街；（3）贛州；（4）東莞長安；（5）東莞虎門；（6）深圳龍崗；（7）東莞清溪；（8）深圳寶安；（9）宜昌；（10）太原。從而得知，九江、東莞厚街、贛州、東莞長安、東莞虎門、深圳龍崗、東莞清溪及深圳寶安等八城市，繼 2015 年後又於 2016 年蟬聯進入前十劣城市。此外，在東莞附近區域城市於十劣城市中占四席，從而得知，東莞部分城市投資環境不再如以往受台商青睞，加之罷工事件層出不窮，導致企業紛紛撤離、轉移，均使得台商投資環境力評價不佳。

表 15-8 2016 TEEMA 中國大陸城市投資環境力排名分析

排名	地區	城市	❶生態環境		❷基建環境		❸社會環境		❹法制環境		❺經濟環境		❻經營環境		❼創新環境		❽網通環境		❾內需環境		❿文創環境		投資環境力	
			評分	排名	評分	排名	評分	排名	評分	排名	評分	排名	評分	排名	評分	排名	評分	排名	評分	排名	評分	排名	評分	加權分數
1	華東	蘇州昆山	4.154	1	4.016	2	3.874	8	3.873	7	3.904	7	3.794	5	3.926	3	3.931	2	4.000	1	3.951	2	3.938	97.270
2	華南	廈門島外	4.000	4	3.923	9	4.000	4	3.958	5	4.161	1	3.670	9	3.975	1	3.742	5	3.729	9	3.536	19	3.890	95.620
3	華東	蘇州工業區	3.756	15	3.804	13	3.925	6	3.881	6	3.939	6	3.929	3	3.870	4	3.945	1	3.896	2	3.932	3	3.885	95.486
4	西南	成　都	3.842	11	3.886	10	3.967	5	4.000	2	4.119	2	3.944	2	3.940	2	3.593	17	3.872	4	3.390	37	3.886	94.238
5	華東	蘇州市區	3.888	8	4.079	1	4.275	1	3.985	3	3.800	13	3.971	1	3.860	5	3.440	36	3.842	5	3.486	28	3.887	92.989
6	華東	杭州蕭山	4.000	4	3.986	5	3.767	14	3.838	10	3.757	15	3.481	21	3.720	10	3.847	3	3.883	3	3.833	5	3.811	92.633
7	華東	上海市區	4.150	2	3.971	8	3.587	28	3.683	20	3.960	4	3.733	7	3.568	19	3.680	9	3.793	7	4.149	1	3.804	90.671
8	華北	青　島	3.760	14	3.977	6	3.753	15	3.963	4	3.954	5	3.803	4	3.488	28	3.488	27	3.740	8	3.749	8	3.778	90.448
9	華南	廈門島內	3.857	10	3.993	3	3.833	9	3.857	8	3.816	11	3.464	22	3.533	24	3.648	12	3.611	29	3.381	38	3.723	87.416
10	華東	蘇州新區	3.630	24	3.663	20	3.820	12	3.622	24	3.789	14	3.653	10	3.848	6	3.568	20	3.800	6	3.531	21	3.697	86.747
11	華東	杭州市區	3.904	7	3.794	14	3.667	20	3.742	16	3.668	24	3.571	16	3.476	30	3.741	6	3.627	25	3.815	6	3.697	85.810
12	華東	上海浦東	3.940	6	3.973	7	3.825	11	3.788	11	3.878	9	3.421	28	3.286	51	3.581	19	3.556	33	3.769	7	3.702	84.473
13	華東	南京市區	3.574	30	3.866	11	4.098	2	3.846	9	3.605	29	3.613	12	3.541	23	3.447	34	3.618	27	3.277	52	3.677	82.377
14	西北	西　安	3.702	17	3.991	4	4.038	3	3.769	13	3.419	49	3.605	14	3.600	14	3.426	39	3.608	30	3.318	44	3.670	82.020
15	華東	寧波市區	3.886	9	3.610	27	3.568	31	3.696	18	3.727	19	3.379	38	3.364	37	3.764	4	3.674	18	3.630	13	3.633	81.574
16	華東	南　通	3.554	35	3.378	49	3.679	19	3.695	19	3.827	10	3.699	8	3.586	18	3.464	32	3.696	13	3.520	23	3.618	80.905
17	華東	無錫江陰	3.424	48	3.621	25	3.703	17	4.110	1	4.006	3	3.428	27	3.722	9	3.591	18	3.348	49	3.224	56	3.662	80.772
17	華東	淮　安	3.825	12	3.738	17	3.683	18	3.549	29	3.538	34	3.464	23	3.587	17	3.600	16	3.556	33	3.519	24	3.607	80.772
19	華東	上海閔行	3.594	29	3.762	15	3.556	32	3.647	22	3.607	27	3.611	13	3.567	20	3.467	31	3.639	23	3.613	15	3.608	80.326
20	華東	連雲港	3.488	39	3.400	47	3.392	44	3.619	25	3.800	12	3.583	15	3.760	7	3.690	7	3.617	28	3.414	36	3.587	78.185
21	東北	大　連	3.450	44	3.748	16	3.461	38	3.513	34	3.724	20	3.639	11	3.480	29	3.613	15	3.717	10	3.305	46	3.575	77.962
22	華東	宿　遷	3.650	22	3.536	34	3.650	22	3.592	27	3.429	44	3.379	37	3.650	13	3.690	7	3.692	14	3.300	49	3.571	77.873
23	西南	重　慶	3.697	18	3.810	12	3.662	21	3.709	17	3.753	16	3.220	59	3.552	21	3.291	52	3.652	20	3.450	31	3.592	77.695

表 15-8　2016 TEEMA 中國大陸城市投資環境力排名分析（續）

排名	地區	城市	❶生態環境		❷基建環境		❸社會環境		❹法制環境		❺經濟環境		❻經營環境		❼創新環境		❽網通環境		❾內需環境		❿文創環境		投資環境力	
			評分	排名	評分	排名	評分	排名	評分	排名	評分	排名	評分	排名	評分	排名	評分	排名	評分	排名	評分	排名	評分	加權分數
24	華北	廊　坊	3.656	21	3.583	30	3.597	25	3.638	23	3.690	22	3.455	25	3.675	12	3.433	38	3.451	41	3.423	34	3.571	77.204
25	華中	合　肥	3.683	19	3.529	37	3.617	24	3.779	12	3.748	17	3.381	36	3.340	46	3.340	49	3.644	21	3.448	32	3.567	75.644
26	華東	南京江寧	3.225	68	3.414	44	3.408	42	3.519	31	3.693	21	3.779	6	3.700	11	3.560	21	3.683	17	3.457	30	3.547	74.886
27	西南	綿　陽	3.556	33	3.532	35	3.583	29	3.654	21	3.627	26	3.491	18	3.600	14	3.156	66	3.620	26	3.373	41	3.533	74.217
28	華中	馬鞍山	4.023	3	3.344	53	3.727	16	3.385	43	3.468	42	3.402	31	3.355	42	3.500	25	3.674	18	3.747	9	3.544	74.217
29	華東	無錫市區	3.634	23	3.689	19	3.833	9	3.758	14	3.607	27	3.345	44	3.364	36	3.407	42	3.363	47	2.980	72	3.537	73.771
30	華東	揚　州	3.557	32	3.558	31	3.386	45	3.476	37	3.539	33	3.398	32	3.736	8	3.436	37	3.439	44	3.688	11	3.511	72.077
31	西南	德　陽	3.675	20	3.529	36	3.783	13	3.450	39	3.450	43	3.483	20	3.270	53	3.260	55	3.708	11	3.379	39	3.502	71.542
32	華北	北京市區	3.340	60	3.657	22	3.593	26	3.292	52	3.903	8	3.343	45	3.520	25	3.640	13	3.367	46	3.509	26	3.506	70.917
33	華北	北京亦庄	3.613	26	3.636	23	3.642	23	3.742	15	3.679	23	3.404	30	3.100	75	3.370	46	3.292	56	3.471	29	3.508	70.650
34	華東	寧波北侖	3.467	42	3.509	38	3.341	52	3.518	32	3.366	55	3.366	42	3.548	22	3.635	14	3.688	16	3.522	22	3.496	70.561
35	華東	寧波慈溪	3.409	49	3.409	46	3.402	43	3.500	35	3.578	31	3.379	38	3.382	34	3.664	11	3.644	22	3.422	35	3.483	70.204
36	西南	遂　寧	3.765	13	3.370	51	3.520	36	3.484	36	3.496	38	3.520	17	3.329	48	3.271	54	3.637	24	3.277	51	3.477	68.732
37	華北	天津濱海	3.550	37	3.614	26	3.442	39	3.612	26	3.636	25	3.354	43	3.360	39	3.360	48	3.508	36	3.200	61	3.484	68.554
38	華東	無錫宜興	3.400	50	3.557	32	3.500	37	3.369	46	3.493	39	3.392	34	3.500	26	3.470	30	3.442	43	3.579	16	3.460	68.063
39	華東	蘇州張家港	3.275	65	3.586	29	3.550	34	3.450	38	3.286	63	3.458	24	3.360	39	3.260	55	3.692	14	3.557	18	3.442	66.191
40	華中	蕪　湖	3.597	28	3.397	48	3.222	63	3.556	28	3.373	53	3.417	29	3.344	45	3.444	35	3.574	32	3.032	70	3.422	64.318
41	華南	深圳市區	3.432	46	3.331	55	3.212	65	3.280	55	3.734	18	3.375	41	3.282	52	3.536	22	3.591	31	3.669	12	3.425	63.560
42	華南	福州市區	3.553	36	3.662	21	3.895	7	3.543	30	3.338	59	3.219	60	3.053	79	3.305	51	3.298	55	3.211	60	3.424	61.375
43	華東	上海松江	3.486	40	3.635	24	3.352	49	3.282	54	3.373	54	3.162	68	3.256	57	3.522	23	3.444	42	3.619	14	3.396	61.197
44	華東	蘇州吳江	3.355	58	3.295	57	3.215	64	3.221	63	3.479	40	3.328	47	3.394	33	3.426	39	3.699	12	3.839	4	3.394	61.063
45	華南	泉　州	3.368	57	3.316	56	3.553	33	3.381	44	3.158	75	3.281	51	3.589	16	3.389	45	3.518	35	3.489	27	3.399	60.974
46	華中	長　沙	3.511	38	3.461	40	3.379	46	3.220	64	3.396	51	3.386	35	3.364	37	3.391	44	3.333	50	3.279	50	3.369	59.681

表 15-8　2016 TEEMA 中國大陸城市投資環境力排名分析（續）

排名	地區	城市	❶生態環境		❷基建環境		❸社會環境		❹法制環境		❺經濟環境		❻經營環境		❼創新環境		❽網通環境		❾內需環境		❿文創環境		投資環境力	
			評分	排名	評分	排名	評分	排名	評分	排名	評分	排名	評分	排名	評分	排名	評分	排名	評分	排名	評分	排名	評分	加權分數
47	華東	上海嘉定	3.556	33	3.595	28	3.417	41	3.201	69	3.563	32	3.394	33	3.178	68	3.144	68	3.306	54	3.437	33	3.367	58.343
48	華中	南　昌	3.438	45	3.351	52	3.438	40	3.372	45	3.339	58	3.316	48	3.408	32	2.958	84	3.292	56	3.536	19	3.337	57.005
49	華中	鄭　州	3.185	72	3.242	62	3.283	58	3.515	33	3.335	60	3.446	26	3.313	49	3.522	24	3.080	76	3.099	65	3.323	55.489
50	華南	廣州天河	3.750	16	3.723	18	3.578	30	3.276	56	3.420	48	3.235	57	2.976	86	3.106	71	3.127	71	3.059	68	3.336	54.954
51	華東	常　州	3.458	43	3.413	45	3.352	50	3.256	58	3.429	44	3.190	63	3.311	50	3.156	66	3.176	64	3.111	63	3.292	52.412
52	華北	濟　南	3.345	59	3.422	42	3.254	62	3.238	62	3.497	37	3.377	40	3.352	44	3.333	50	3.056	79	2.810	84	3.290	52.011
53	華東	蘇州常熟	3.338	61	3.250	61	3.300	55	3.204	68	3.229	67	3.104	73	3.240	60	3.670	10	3.308	53	3.514	25	3.300	51.431
54	華東	嘉興市區	3.267	66	3.143	73	3.311	54	3.108	76	3.181	71	3.178	66	3.453	31	3.360	47	3.500	37	3.562	17	3.284	50.272
55	華南	廣州市區	3.125	80	3.207	66	3.183	68	3.169	70	3.357	56	3.275	53	3.000	83	3.480	28	3.492	38	3.693	10	3.272	48.979
56	華東	寧波奉化	3.388	52	3.457	41	3.525	35	3.308	49	3.414	50	3.025	80	3.130	71	2.980	83	3.125	72	2.936	77	3.247	47.730
57	華北	煙　台	3.172	74	3.089	80	3.333	53	3.250	59	3.536	35	3.214	61	3.375	35	3.025	78	3.240	62	2.973	73	3.234	47.106
58	華東	徐　州	3.125	80	3.280	60	3.208	66	3.160	71	3.208	68	3.295	49	3.183	65	3.475	29	3.319	51	3.220	58	3.244	47.062
59	華東	蘇州太倉	3.019	92	3.187	67	3.269	61	3.213	66	3.291	62	3.224	58	3.269	54	3.408	41	3.481	39	3.104	64	3.252	46.928
60	華北	威　海	3.600	27	3.114	78	3.367	48	3.272	57	3.019	85	3.022	81	3.053	77	3.453	33	3.156	66	3.276	53	3.233	46.749
61	華南	福州馬尾	3.625	25	3.550	33	3.592	27	3.438	42	3.379	52	2.992	87	2.730	95	2.530	107	3.100	74	2.571	103	3.194	46.081
62	華南	東莞松山湖	3.375	56	3.111	79	3.343	51	3.444	40	3.198	69	3.157	70	3.211	62	3.089	72	3.139	69	3.246	54	3.241	46.036
63	華北	天津市區	3.292	64	3.494	39	3.181	69	3.147	73	3.429	44	3.170	67	3.125	72	3.175	62	3.278	58	3.089	67	3.241	45.768
64	華北	唐　山	3.109	84	3.214	64	3.115	75	3.298	51	3.429	44	3.198	62	3.338	47	3.088	73	3.167	65	2.964	74	3.209	44.921
65	華東	寧波餘姚	3.111	83	3.294	59	2.991	87	3.248	60	3.468	41	3.264	55	3.356	41	3.400	43	2.991	85	2.722	90	3.211	44.787
66	西南	南　寧	3.393	51	3.415	43	3.373	47	3.286	53	3.231	66	3.183	65	3.257	56	2.924	87	2.857	92	2.707	92	3.192	44.475
67	華東	泰　州	3.563	31	3.186	68	3.175	70	2.962	84	3.086	80	3.258	56	3.180	66	3.160	65	3.250	60	3.221	57	3.191	42.870
68	華南	珠　海	3.382	55	3.176	70	2.980	88	3.149	72	3.176	73	2.995	86	3.353	43	3.235	58	3.275	59	3.378	40	3.199	42.023
69	華東	湖　州	3.383	53	3.143	73	3.122	72	2.964	83	3.067	81	3.294	50	3.213	61	3.000	80	3.378	45	3.229	55	3.166	41.399
70	華南	佛　山	3.306	63	3.230	63	3.120	73	3.329	48	2.937	89	3.065	76	3.244	59	3.167	64	3.130	70	2.944	76	3.166	41.399

表 15-8 2016 TEEMA 中國大陸城市投資環境力排名分析（續）

排名	地區	城市	❶生態環境		❷基建環境		❸社會環境		❹法制環境		❺經濟環境		❻經營環境		❼創新環境		❽網通環境		❾內需環境		❿文創環境		投資環境力	
			評分	排名	評分	排名	評分	排名	評分	排名	評分	排名	評分	排名	評分	排名	評分	排名	評分	排名	評分	排名	評分	加權分數
71	華北	泰 安	3.333	62	3.057	84	3.300	55	3.441	41	3.248	65	3.267	54	3.053	78	2.813	94	2.922	89	2.962	75	3.164	40.239
72	華東	鎮 江	2.944	95	3.214	64	2.991	86	3.218	65	3.532	36	3.162	69	3.500	26	3.067	76	2.898	91	2.619	99	3.144	39.347
73	華東	嘉興嘉善	3.139	79	2.905	92	3.278	59	3.350	47	3.286	63	3.051	78	2.933	89	3.067	75	3.148	67	3.302	48	3.148	38.768
74	華南	東莞市區	3.042	91	3.151	72	3.028	81	2.919	88	2.754	95	3.278	52	3.200	64	3.222	59	3.472	40	3.317	45	3.118	37.698
75	西北	蘭 州	2.609	103	2.661	101	2.729	99	2.938	87	3.598	30	3.490	19	3.250	58	2.763	97	3.354	48	3.304	47	3.051	37.653
76	華東	紹 興	3.250	67	2.893	93	3.017	83	3.208	67	3.114	78	3.329	46	3.210	63	2.990	81	3.250	60	2.829	83	3.128	37.296
77	華東	鹽 城	3.431	47	3.071	83	3.287	57	3.239	61	3.127	77	3.056	77	3.167	69	2.867	89	2.981	87	2.802	85	3.125	36.672
78	西南	貴 陽	3.113	82	3.343	54	3.025	82	3.138	74	3.150	76	3.096	75	3.180	66	3.280	53	3.050	81	2.664	96	3.128	35.959
79	華南	三 亞	3.088	88	3.294	58	3.275	60	3.299	50	3.353	57	3.113	72	3.106	74	2.612	104	2.765	96	2.395	106	3.075	35.156
80	華南	海 口	3.000	93	3.371	50	3.133	71	3.097	77	3.190	70	3.189	64	2.947	88	3.027	77	3.056	79	2.867	80	3.099	34.220
81	華北	保 定	3.167	75	3.086	82	3.033	79	2.790	92	3.095	79	3.006	85	3.027	80	3.173	63	3.311	52	3.095	66	3.063	32.570
82	華北	日 照	3.383	53	3.181	69	3.111	76	3.087	78	3.057	83	3.022	81	3.027	81	2.933	86	3.100	74	2.676	94	3.078	32.481
83	東北	長 春	3.472	41	3.024	85	3.000	85	2.620	99	2.563	103	2.676	98	3.078	76	3.178	61	3.231	63	3.341	43	2.982	31.143
84	華中	武漢武昌	3.150	77	3.171	71	3.208	66	3.138	75	3.064	82	3.042	79	3.000	83	2.980	82	2.792	94	2.729	89	3.048	30.340
85	華南	莆 田	2.833	96	2.865	95	2.954	89	2.974	82	3.333	61	2.870	90	3.267	55	3.144	69	3.009	82	3.000	71	3.024	29.939
86	西南	昆 明	3.150	76	3.014	86	3.008	84	3.058	79	3.179	72	3.133	71	2.970	87	3.010	79	3.000	83	2.786	86	3.044	29.582
87	華南	漳 州	3.103	85	3.134	76	3.059	78	2.896	89	2.966	88	2.676	97	2.824	92	3.200	60	3.118	73	3.218	59	3.003	28.467
88	東北	瀋 陽	3.177	73	3.089	80	3.118	74	3.010	80	3.030	84	2.785	94	2.617	101	2.942	85	3.069	78	3.042	69	2.986	27.442
89	華南	中 山	3.213	70	3.136	75	3.033	79	2.869	90	2.843	93	3.017	83	2.690	97	3.080	74	2.992	84	2.843	82	2.973	26.773
90	東北	哈爾濱	3.000	93	2.625	102	2.948	90	2.740	95	2.616	99	2.807	92	3.150	70	3.500	25	2.969	88	3.170	62	2.931	26.639
91	西南	北 海	3.222	69	3.008	87	2.843	93	2.769	94	2.722	97	3.102	74	3.122	73	2.822	93	2.852	93	2.698	93	2.920	23.607
92	華中	武漢漢口	3.083	89	2.924	90	2.900	92	2.995	81	3.162	74	2.672	99	2.933	90	2.880	88	2.922	89	2.610	101	2.927	22.136
93	西南	桂 林	3.100	86	2.964	88	2.842	95	2.962	85	2.879	91	3.013	84	2.830	91	2.800	95	2.983	86	2.664	96	2.918	21.378

表 15-8　2016 TEEMA 中國大陸城市投資環境力排名分析（續）

排名	地區	城市	❶生態環境		❷基建環境		❸社會環境		❹法制環境		❺經濟環境		❻經營環境		❼創新環境		❽網通環境		❾內需環境		❿文創環境		投資環境力	
			評分	排名	評分	排名	評分	排名	評分	排名	評分	排名	評分	排名	評分	排名	評分	排名	評分	排名	評分	排名	評分	加權分數
94	華東	溫州	2.694	99	2.786	98	3.083	77	2.543	103	2.524	107	2.426	107	2.367	109	3.244	57	3.139	68	3.349	42	2.775	20.843
95	華北	石家莊	2.563	104	3.116	77	2.781	98	2.697	97	2.982	87	2.766	95	2.713	96	2.850	92	3.073	77	2.929	78	2.835	19.683
96	華中	襄陽	3.200	71	2.800	97	2.822	96	2.682	98	2.752	96	2.967	88	2.987	85	2.613	103	2.700	99	2.762	88	2.825	18.301
97	華南	江門	3.100	86	2.676	100	2.800	97	2.856	91	2.914	90	2.856	91	2.613	102	2.627	102	2.467	108	2.905	79	2.779	15.982
98	華南	汕頭	3.050	90	2.714	99	2.922	91	2.949	86	2.990	86	2.806	93	2.493	105	2.573	106	2.478	106	2.600	102	2.775	15.626
99	華中	武漢漢陽	2.550	105	2.933	89	2.722	100	2.703	96	2.838	94	2.594	104	2.800	93	2.853	91	2.733	98	2.381	107	2.727	14.243
100	華南	東莞石碣	2.617	102	2.429	109	2.656	104	2.779	93	2.552	105	2.617	101	3.027	81	2.773	96	2.667	100	2.781	87	2.690	13.396
101	華南	惠州	2.819	97	2.889	94	2.843	93	2.594	100	2.532	106	2.620	100	2.789	94	2.856	90	2.519	103	2.254	109	2.688	13.351
102	華中	吉安	3.141	78	2.911	91	2.719	101	2.563	102	2.714	98	2.604	102	2.288	110	2.500	108	2.542	102	2.714	91	2.662	12.727
103	華北	太原	2.514	107	2.532	106	2.444	106	2.483	105	2.849	92	2.880	89	2.678	99	2.744	99	2.630	101	2.857	81	2.642	11.969
104	華中	宜昌	2.550	105	2.486	107	2.711	102	2.421	107	2.590	101	2.678	96	2.680	98	2.667	100	2.744	97	2.676	95	2.608	10.453
105	華南	深圳寶安	2.264	109	2.468	108	2.444	106	2.368	108	2.460	108	2.273	110	2.633	100	3.122	70	2.787	95	2.627	98	2.532	10.186
106	華南	東莞清溪	2.672	101	2.830	96	2.688	103	2.577	101	2.598	100	2.286	109	2.450	107	2.638	101	2.490	104	2.446	104	2.574	9.517
107	華南	深圳龍崗	2.677	100	2.601	103	2.306	108	2.433	106	2.577	102	2.601	103	2.450	107	2.758	98	2.486	105	2.619	99	2.541	8.625
108	華南	東莞虎門	2.719	98	2.545	105	2.646	105	2.534	104	2.554	104	2.427	105	2.513	103	2.300	109	2.469	107	2.446	104	2.519	7.778
109	華南	東莞長安	2.375	108	2.313	111	2.073	111	2.053	109	2.179	109	2.427	105	2.500	104	2.575	105	2.281	109	2.107	110	2.286	4.523
110	華中	贛州	2.083	111	2.371	110	2.200	109	2.051	110	1.981	111	2.317	108	2.493	105	2.253	110	2.244	110	2.276	108	2.216	3.408
111	華南	東莞厚街	2.217	110	2.600	104	2.089	110	2.036	111	2.133	110	2.256	111	2.227	111	2.200	111	2.100	111	2.095	111	2.192	2.784
112	華中	九江	2.028	112	1.746	112	1.889	112	1.838	112	1.968	112	1.667	112	1.744	112	1.633	112	1.898	112	1.722	112	1.819	1.000

資料來源：本研究整理

四、2015-2016 TEEMA 中國大陸投資環境力差異分析

2016《TEEMA 調查報告》表 15-9 為 2015 年及 2016 年調查共同的 112 個城市之投資環境力評分差異，可看出有 92 個城市的投資環境力評分呈現下降，占 82.1%，而評分上升的城市則只有 30 個，占 26.8%，茲將投資環境力評價差異變化分述如下：

1. 就 2015-2016 投資環境力評分上升前十城市而言：上升幅度前十名城市排序為：（1）吉安；（2）東莞清溪；（3）贛州；（4）中山；（5）長沙；（6）廣州天河；（7）佛山；（8）廊坊；（9）嘉興嘉善；（10）哈爾濱，相較 2015 年，此次上升城市多為投資環境力相對落後的城市。

2. 就 2015-2016 投資環境力評分下降前十城市而言：降幅前十名的城市依序為：（1）九江；（2）東莞厚街；（3）廈門島外；（4）東莞長安；（5）鹽城；（6）石家莊；（7）汕頭；（8）天津濱海；（9）珠海；（10）寧波奉化。其中，發現過去於投資環境力高分的城市，至今皆有大幅下降的趨勢。

表 15-9 2015-2016 TEEMA 中國大陸城市投資環境力評分差異

城市	2015 評分	2016 評分	2015 至 2016 評分差異	城市	2015 評分	2016 評分	2015 至 2016 評分差異
吉安	2.201	2.662	0.461	東莞松山湖	3.218	3.241	0.023
東莞清溪	2.266	2.574	0.308	東莞石碣	2.674	2.690	0.016
贛州	1.963	2.216	0.253	襄陽	2.810	2.825	0.015
中山	2.771	2.973	0.202	昆明	3.030	3.044	0.014
長沙	3.175	3.369	0.194	天津市區	3.229	3.241	0.012
廣州天河	3.152	3.336	0.184	南京市區	3.665	3.677	0.012
佛山	3.002	3.166	0.164	濟南	3.281	3.290	0.009
廊坊	3.446	3.571	0.125	杭州市區	3.690	3.697	0.007
哈爾濱	2.808	2.931	0.123	三亞	3.070	3.075	0.005
紹興	3.019	3.128	0.109	蘇州常熟	3.298	3.300	0.002
北海	2.823	2.920	0.097	蘭州	3.051	3.051	0.000
嘉興嘉善	3.067	3.148	0.081	上海嘉定	3.370	3.367	-0.003
上海市區	3.730	3.804	0.074	蘇州太倉	3.255	3.252	-0.003
鄭州	3.274	3.323	0.049	湖州	3.171	3.166	-0.005
江門	2.731	2.779	0.048	惠州	2.694	2.688	-0.006
武漢武昌	3.006	3.048	0.042	馬鞍山	3.553	3.544	-0.009
長春	2.945	2.982	0.037	宿遷	3.582	3.571	-0.011
合肥	3.531	3.567	0.036	唐山	3.221	3.209	-0.012
泰安	3.137	3.164	0.027	綿陽	3.546	3.533	-0.013

表 15-9　2015-2016 TEEMA 中國大陸城市投資環境力評分差異（續）

城　市	2015 評分	2016 評分	2015 至 2016 評分差異	城　市	2015 評分	2016 評分	2015 至 2016 評分差異
溫　州	2.789	2.775	-0.014	無錫市區	3.625	3.537	-0.088
德　陽	3.519	3.502	-0.017	日　照	3.168	3.078	-0.090
西　安	3.691	3.670	-0.021	遂　寧	3.568	3.477	-0.091
嘉興市區	3.308	3.284	-0.024	南京江寧	3.641	3.547	-0.094
深圳龍崗	2.566	2.541	-0.025	東莞虎門	2.616	2.519	-0.097
泰　州	3.217	3.191	-0.026	廈門島內	3.823	3.723	-0.100
北京亦庄	3.536	3.508	-0.028	連雲港	3.688	3.587	-0.101
上海浦東	3.738	3.702	-0.036	無錫宜興	3.565	3.460	-0.105
寧波北侖	3.532	3.496	-0.036	寧波餘姚	3.317	3.211	-0.106
南　寧	3.229	3.192	-0.037	揚　州	3.618	3.511	-0.107
北京市區	3.543	3.506	-0.037	寧波慈溪	3.594	3.483	-0.111
大　連	3.614	3.575	-0.039	漳　州	3.114	3.003	-0.111
福州市區	3.463	3.424	-0.039	淮　安	3.722	3.607	-0.115
威　海	3.277	3.233	-0.044	南　通	3.733	3.618	-0.115
泉　州	3.443	3.399	-0.044	廣州市區	3.388	3.272	-0.116
武漢漢口	2.974	2.927	-0.047	上海松江	3.515	3.396	-0.119
南　昌	3.385	3.337	-0.048	杭州蕭山	3.946	3.811	-0.135
貴　陽	3.177	3.128	-0.049	保　定	3.205	3.063	-0.142
蘇州市區	3.936	3.887	-0.049	宜　昌	2.758	2.608	-0.150
無錫江陰	3.714	3.662	-0.052	瀋　陽	3.136	2.986	-0.150
海　口	3.152	3.099	-0.053	莆　田	3.177	3.024	-0.153
徐　州	3.299	3.244	-0.055	常　州	3.447	3.292	-0.155
青　島	3.833	3.778	-0.055	蘇州工業區	4.046	3.885	-0.161
蘇州昆山	3.995	3.938	-0.057	煙　台	3.397	3.234	-0.163
成　都	3.943	3.886	-0.057	蘇州新區	3.863	3.697	-0.166
東莞市區	3.180	3.118	-0.062	武漢漢陽	2.895	2.727	-0.168
太　原	2.711	2.642	-0.069	鎮　江	3.324	3.144	-0.180
福州馬尾	3.263	3.194	-0.069	寧波奉化	3.455	3.247	-0.208
蘇州吳江	3.465	3.394	-0.071	珠　海	3.408	3.199	-0.209
重　慶	3.664	3.592	-0.072	天津濱海	3.702	3.484	-0.218
寧波市區	3.707	3.633	-0.074	汕　頭	3.004	2.775	-0.229
蘇州張家港	3.520	3.442	-0.078	石家莊	3.070	2.835	-0.235
深圳市區	3.505	3.425	-0.080	鹽　城	3.367	3.125	-0.242
上海閔行	3.691	3.608	-0.083	東莞長安	2.581	2.286	-0.295
桂　林	3.001	2.918	-0.083	廈門島外	4.259	3.890	-0.369
深圳寶安	2.618	2.532	-0.086	東莞厚街	2.584	2.192	-0.392
蕪　湖	3.510	3.422	-0.088	九　江	2.257	1.819	-0.438

五、2016 TEEMA 中國大陸區域投資環境力分析

根據表 15-10 所示，2016《TEEMA 調查報告》對中國大陸區域投資環境力分析，排名依序為：（1）華東地區；（2）西北地區；（3）西南地區；（4）華北地區；（5）東北地區；（6）華南地區；（7）華中地區。可知「華東地區」仍是台商評價投資環境力之重要投資區域，此外，由表 15-11 可知，華東地區、西北地區、西南地區、華北地區、東北地區、華南地區及華中地區等七個地區皆維持與 2015 年相同排名，然隨中國大陸政府經濟發展重心轉移，由沿海轉向內陸，又因近年著重於邊境市場的經營發展，其投資環境有所改善，如生態環境、基建環境、經濟環境等方面的改善，未來將促成西部地區崛起，其快速發展的同時將帶來龐大商機。

表 15-10　2016 TEEMA 中國大陸區域投資環境力排名分析

環境力構面	華南	華東	華北	華中	東北	西南	西北
❶生態環境	3.095	3.499	3.349	3.087	3.275	3.443	3.155
❷基建環境	3.083	3.494	3.374	2.976	3.121	3.379	3.326
❸社會環境	3.046	3.486	3.322	2.988	3.132	3.356	3.383
❹法制環境	3.002	3.464	3.319	2.944	2.971	3.339	3.353
❺經濟環境	3.022	3.509	3.439	2.981	2.983	3.343	3.509
❻經營環境	2.927	3.390	3.243	2.921	2.977	3.317	3.547
❼創新環境	2.951	3.433	3.229	2.932	3.081	3.298	3.425
❽網通環境	2.998	3.437	3.224	2.895	3.308	3.176	3.094
❾內需環境	2.969	3.489	3.261	2.941	3.247	3.326	3.481
❿文創環境	2.915	3.401	3.152	2.858	3.214	3.093	3.311
環境力評分	3.001	3.460	3.291	2.952	3.131	3.307	3.358
環境力排名	❻	❶	❹	❼	❺	❸	❷

資料來源：本研究整理

表 15-11 可知 2012-2016《TEEMA 調查報告》歷年的投資環境力之七大經濟區域排名變化，華東地區（3.460 分）始終成為台商評價投資環境力之第一名，但其評分均呈現下降趨勢；而在第二、三名部分為西北地區（3.358 分）與西南地區（3.307 分），其評分亦呈現下滑現象。此外，除東北地區小幅上升之外，於其他區域所得之評價分數均呈現下降趨勢，由此可知，中國大陸經濟投資發展前景趨於疲弱，進而影響台商對其評價。

表 15-11　2012-2016 TEEMA 中國大陸區域投資環境力排名變化分析

地區	2012		2013		2014		2015		2016		2012 至 2016	
	評分	排名	評分	排名	評分	排名	評分	排名	評分	排名	總分	排名
❶華東地區	3.727	1	3.669	1	3.576	1	3.502	1	3.460	1	3.587	1
❷華北地區	3.551	2	3.495	2	3.389	2	3.317	4	3.291	4	3.409	2
❸西南地區	3.519	3	3.423	3	3.293	4	3.337	3	3.307	3	3.376	3
❹西北地區	3.151	6	3.393	4	3.381	3	3.37	2	3.358	2	3.331	4
❺東北地區	3.098	7	3.39	5	3.286	5	3.096	5	3.131	5	3.200	5
❻華中地區	3.405	4	3.314	6	3.051	7	2.956	7	2.952	7	3.136	6
❼華南地區	3.249	5	3.194	7	3.088	6	3.058	6	3.001	6	3.118	7

資料來源：本研究整理

第 16 章

2016 TEEMA 中國大陸投資風險度

2016《TEEMA 調查報告》投資風險度之衡量，由六個構面及 45 個衡量指標所構成，其分別為：（1）社會風險有三項指標；（2）法制風險有九項指標；（3）經濟風險有八項指標；（4）經營風險有 17 項指標；（5）轉型風險有四項指標；（6）道德風險有四項指標，而 2016《TEEMA 調查報告》新增一項法制風險細項指標「當地政府在兩岸新政治關係下政策轉變之風險」及經營風險兩項指標，分別為「當地政府不定時安檢及抽查導致企業延緩交貨」及「當地霾害對企業經營造成負面影響的風險」。

一、2016 TEEMA 中國大陸投資風險度評估指標分析

根據 2016《TEEMA 調查報告》針對投資風險度六大構面之評估，各細項指標評分結果如表 16-1 顯示，而表 16-2 將能看出各構面平均觀點評分與排名結果。茲針對投資風險度六大評估構面、45 項細項指標剖析如下：

1. 就社會風險構面而言：2016《TEEMA 調查報告》表 16-2 所示，社會風險構面評價為 2.566 分，相較於 2015 年的評分 2.564 分上升 0.002 分，排名從第五名升至第三名，進一步從歷年《TEEMA 調查報告》中，得知台商認為中國大陸的社會風險日漸加劇。根據表 16-1 顯示，社會風險構面三個指標，其風險高低順序分別為：（1）「當地發生勞資或經貿糾紛不易排解的風險（2.632）」；（2）「當地發生員工抗議、抗爭事件頻繁的風險（2.557）」；（3）「當地人身財產安全受到威脅的風險（2.509）」，由近五年評價顯示，「當地發生勞資或經貿糾紛不易排解的風險」之細項指標風險逐年提升，顯示儘管中國大陸體制逐漸完善，但勞資經貿糾紛仍時有所聞，為台商關注的重大議題。

2. 就法制風險構面而言：2016《TEEMA 調查報告》可知法制風險構面評價觀點為 2.535 分，較於 2015 年的 2.531 分高 0.004 分，並從歷年排名而得知台

商認為在中國大陸投資風險度六大構面中，法制風險相較於其他構面為歷年來之首。從表 16-1 顯示，在此構面九項指標中，風險最高的三項指標依序為：（1）「與當地政府協商過程難以掌控的風險（2.584）」；（2）「當地政府行政命令經常變動的風險（2.576）」；（3）「官員對法令、合同、規範執行不一致的風險（2.547）」。而法制風險的指標中風險最低的前三項為：（1）「當地政府以不當方式要求台商回饋的風險（2.477）」；（2）「當地常以刑事方式處理經濟案件的風險（2.498）」；（3）「政府調解、仲裁糾紛對台商不公平程度風險（2.534）」。綜觀上述，可知中國大陸地方政府常受到政策不連續影響，導致行政措施較無法穩定實施，在不斷的變動情況之下，致使台商無法掌握其相關政策配套，致使風險提高。

3. 就經濟風險構面而言：2016《TEEMA 調查報告》中，表 16-2 顯示經濟風險構面評價觀點為 2.575 分，相較於 2015 年 2.560 分上升 0.015 分，在全球經貿環境變幻無常的態勢下，處處充斥著經濟風險，與台商在中國大陸經濟風險評價所見略同。而從表 16-1 可知，經濟風險構面的八項細項指標中，其風險最高的前三項為：（1）「台商藉由當地銀行體系籌措與取得資金困難（2.597）」；（2）「台商企業在當地發生經貿糾紛頻繁的風險（2.592）」；（3）「當地政府刪減優惠政策導致喪失投資優勢的風險（2.585）」。相反地，在其指標中表現最好的前三項分別為：（1）「當地政府對台商優惠政策無法兑現的風險（2.549）」；（2）「當地的地方稅賦政策變動頻繁的風險（2.550）」；（3）「當地政府保護主義濃厚影響企業獲利的風險（2.573）」，可見台商在中國大陸投資布局之際，資金籌措困難依然為首要難題。

4. 就經營風險構面而言：由表 16-2 中，得知經營風險構面評價觀點為 2.581 分，較 2015 年的 2.571 分高 0.010 分，並從近五年《TEEMA 調查報告》數據顯示，經營風險逐年升高，影響台商在中國大陸投資布局之決策。而從細項指標觀察，如表 16-1 顯示，其中以「當地適任人才及員工招募不易的風險（2.696）」、「員工缺乏忠誠度造成人員流動率頻繁的風險（2.693）」及「勞工成本上升幅度與速度高於企業可負擔風險（2.682）」等三項風險最為嚴重，顯示台商於中國大陸布局時，在人才培育、人才招募及人才流動率頻繁等經營問題，仍遇到相當大的挑戰，此外，隨著中國大陸經濟快速發展之際，伴隨著勞工成本不斷攀升，致使企業投資成本增加，並成為企業布局中國大陸的絆腳石。而在經營風險構面之細項分數較低者，為「當地政府干預台商企業經營運作的風險（2.441）」、「當地台商因經貿、稅務糾紛被羈押的風險（2.482）」及「當地物流、運輸、通路狀況不易掌握的風險（2.521）」，顯示中國大陸為吸引台商前往投資布局，常祭出相關優惠方案，並減少當地政府的干預行為，給予台商自由發展的經貿環境，此外，中國大陸近年基礎建設技術不斷提升，亦提升整體經貿環境，利於台商布局之便利性。

5. 就轉型風險構面而言：在 2016《TEEMA 調查報告》表 16-2 得知，轉型風險構面評價觀點為 2.566 分，較於 2015 年的 2.564 分上升 0.002 分，並從近五年《TEEMA 調查報告》數據顯示，轉型風險逐年升高，台商面對中國大陸新常態競爭環境下，台商企業轉型為未來面臨的一大難題。而由表 16-1 中可知，其四項構面細項風險評價由高至低排序為：（1）「政府協助台商轉型升級政策落實不到位（2.584）」；（2）「台商進行轉型升級過程當地政府政策阻礙或限制（2.579）」；（3）「當地投資結束營運所造成的退出障礙風險（2.571）」；（4）「台商因轉型升級造成企業供應鏈整合不到位（2.530）」，由此可見，為因應中國大陸整體轉型之常態，儘管政府擁有相關轉型措施，但台商仍無法擺脫製造代工之泥沼，導致轉型升級策略實施力度不彰，此外，當地政府之相關政策未能跟上轉型之新思維，進而成為台商轉型升級之阻礙。

6. 就道德風險構面而言：在 2016《TEEMA 調查報告》表 16-2 得知，道德風險構面評價觀點為 2.559 分，較於 2015 年的 2.544 分高出 0.015 分，。而由表 16-1 中可知，其四項構面細項風險評價由高至低排序為：（1）「當地企業未盡企業社會責任之風險（2.575）」；（2）「當地人民違反善良風俗的道德風險（2.565）」；（3）「當地企業員工違反工作紀律之倫理風險（2.550）」；（4）「當地政府違反中央政策規定之風險（2.545）」，顯示在道德風險方面，企業仍須加強企業社會責任之理念，進而藉由回饋社會提升企業之聲譽。

7. 就整體投資風險度而言：由 2016《TEEMA 調查報告》表 16-2 得知整體投資風險度綜合五項構面的評價為 2.564 分，其較 2015 年的 2.556 分高 0.008 分，並進一步看出歷年的《TEEMA 調查報告》之投資風險度平均值逐年提高，顯示中國大陸整體投資環境越趨險峻，導致台商布局中國大陸風險逐年提升。此外，在綜合細項中顯示，投資風險度最差評比為「經營風險（2.581）」，顯示台商在中國大陸布局面臨的多項重大考驗，諸如「當地適任人才及員工招募不易的風險」、「員工缺乏忠誠度造成人員流動率頻繁的風險」及「勞工成本上升幅度與速度高於企業可負擔風險」等風險，此三項細項構面評價為 45 項中，風險最高的前三名，顯示台商過往以追求低廉的勞工成本進而前往中國大陸布局，隨著中國大陸人力成本上揚及勞工權益的提升，此優勢已不復存在，因此台商逐漸往

表 16-1　2012-2016 TEEMA 中國大陸投資風險度指標評分與排名分析

投資風險度評估構面與指標	2012		2013		2014		2015		2016		2012 至 2016	
	評分	排名	評分	排名	評分	排名	評分	排名	評分	排名	平均	總排名
社會-01）當地發生員工抗議、抗爭事件頻繁的風險	2.301	23	2.364	22	2.525	25	2.550	18	2.557	21	2.459	21
社會-02）當地發生勞資或經貿糾紛不易排解的風險	2.315	25	2.384	27	2.572	35	2.627	39	2.632	41	2.506	29
社會-03）當地人身財產安全受到威脅的風險	2.206	7	2.270	5	2.476	11	2.513	5	2.509	5	2.395	6
法制-01）當地政府行政命令經常變動的風險	2.255	16	2.311	12	2.522	24	2.577	29	2.576	28	2.448	17
法制-02）違反對台商合法取得土地使用權承諾風險	2.189	6	2.290	6	2.481	12	2.534	12	2.543	11	2.407	8
法制-03）官員對法令、合同、規範執行不一致的風險	2.220	11	2.301	10	2.463	7	2.529	9	2.547	15	2.412	10
法制-04）與當地政府協商過程難以掌控的風險	2.237	14	2.336	16	2.507	20	2.567	25	2.584	33	2.446	16
法制-05）政府調解、仲裁糾紛對台商不公平程度風險	2.212	9	2.291	7	2.459	5	2.527	8	2.534	9	2.405	7
法制-06）機構無法有效執行司法及仲裁結果的風險	2.218	10	2.306	11	2.484	14	2.552	19	2.538	10	2.420	12
法制-07）當地政府以不當方式要求台商回饋的風險	2.174	3	2.246	2	2.412	2	2.477	2	2.477	2	2.357	2
法制-08）當地常以刑事方式處理經濟案件的風險	2.170	2	2.250	3	2.402	1	2.487	4	2.498	4	2.361	3
法制-09）當地政府在兩岸新政治關係下政策轉變之風險	-	-	-	-	-	-	-	-	2.566	23	2.566	40
經濟-01）當地外匯嚴格管制及利潤匯出不易的風險	2.289	21	2.366	23	2.511	21	2.578	30	2.573	26	2.463	23
經濟-02）當地的地方稅賦政策變動頻繁的風險	2.279	18	2.348	18	2.492	16	2.547	17	2.550	17	2.443	15
經濟-03）台商藉由當地銀行體系籌措與取得資金困難	2.332	29	2.414	32	2.551	32	2.588	35	2.597	39	2.496	28
經濟-04）當地政府對台商優惠政策無法兌現的風險	2.208	8	2.299	9	2.471	9	2.532	10	2.549	16	2.412	9
經濟-05）台商企業在當地發生經貿糾紛頻繁的風險	2.227	12	2.323	14	2.471	10	2.538	15	2.592	38	2.430	13
經濟-06）當地政府保護主義濃厚影響企業獲利的風險	2.242	15	2.341	17	2.482	13	2.557	20	2.573	25	2.439	14
經濟-07）當地政府收費、攤派、罰款項目繁多的風險	2.286	20	2.363	21	2.489	15	2.564	23	2.582	30	2.457	20
經濟-08）當地政府刪減優惠政策導致喪失投資優勢的風險	2.284	19	2.354	19	2.512	22	2.574	27	2.585	34	2.462	22
經營-01）當地水電、燃氣、能源供應不穩定的風險	2.265	17	2.333	15	2.504	19	2.563	22	2.589	36	2.451	18
經營-02）當地物流、運輸、通路狀況不易掌握的風險	2.177	4	2.293	8	2.460	6	2.519	6	2.521	7	2.394	5
經營-03）當地配套廠商供應不穩定的風險	2.229	13	2.315	13	2.463	8	2.535	14	2.543	12	2.417	11

表 16-1　2012-2016 TEEMA 中國大陸投資風險度指標評分與排名分析（續）

投資風險度評估構面與指標	2012		2013		2014		2015		2016		2012 至 2016	
	評分	排名	評分	排名	評分	排名	評分	排名	評分	排名	平均	總排名
經營-04）當地企業信用不佳欠債追索不易的風險	2.323	26	2.412	31	2.536	27	2.579	31	2.590	37	2.488	26
經營-05）員工道德操守造成台商企業營運損失的風險	2.33	28	2.417	33	2.547	31	2.593	37	2.586	35	2.495	27
經營-06）當地適任人才及員工招募不易的風險	2.379	30	2.448	36	2.593	36	2.648	42	2.696	45	2.553	37
經營-07）員工缺乏忠誠度造成人員流動率頻繁的風險	2.382	31	2.443	35	2.598	37	2.648	41	2.693	44	2.553	38
經營-08）當地經營企業維持人際網絡成本過高的風險	2.304	24	2.374	24	2.539	30	2.576	28	2.584	31	2.475	25
經營-09）當地政府干預台商企業經營運作的風險	2.149	1	2.241	1	2.414	3	2.453	1	2.441	1	2.340	1
經營-10）當地台商因經貿、稅務糾紛被羈押的風險	2.183	5	2.268	4	2.421	4	2.483	3	2.482	3	2.367	4
經營-11）貨物通關時，受當地海關行政阻擾的風險	2.293	22	2.362	20	2.503	18	2.567	26	2.551	19	2.455	19
經營-12）政府對內資與台資企業不公平待遇	2.328	27	2.378	25	2.521	23	2.581	32	2.556	20	2.473	24
經營-13）勞工成本上升幅度與速度高於企業可負擔風險	2.524	33	2.477	37	2.606	38	2.640	40	2.682	43	2.586	44
經營-14）原物料成本上升幅度過高造成企業虧損風險	2.492	32	2.402	30	2.537	28	2.588	36	2.612	40	2.526	33
經營-15）環保要求日益嚴峻造成經營成本增加風險	-	-	-	-	2.533	26	2.593	38	2.634	42	2.587	45
經營-16）當地政府不定時安檢及抽查導致企業延緩交貨	-	-	-	-	-	-	-	-	2.544	13	2.544	36
經營-17）當地霾害對企業經營造成負面影響的風險	-	-	-	-	-	-	-	-	2.516	6	2.516	30
轉型-01）當地投資結束營運所造成的退出障礙風險	-	-	2.398	28	2.538	29	2.565	24	2.571	24	2.518	32
轉型-02）台商進行轉型升級過程當地政府政策阻礙或限制	-	-	2.399	29	2.552	34	2.581	33	2.579	29	2.571	42
轉型-03）政府協助台商轉型升級政策落實不到位	-	-	2.430	34	2.551	33	2.583	34	2.584	32	2.573	43
轉型-04）台商因轉型升級造成企業供應鏈整合不到位	-	-	2.383	26	2.494	17	2.525	7	2.530	8	2.516	31
道德-01）當地政府違反中央政策規定之風險	-	-	-	-	-	-	2.535	13	2.545	14	2.540	34
道德-02）當地人民違反善良風俗的道德風險	-	-	-	-	-	-	2.547	16	2.565	22	2.556	39
道德-03）當地企業未盡企業社會責任之風險	-	-	-	-	-	-	2.560	21	2.575	27	2.568	41
道德-04）當地企業員工違反工作紀律之倫理風險	-	-	-	-	-	-	2.534	11	2.550	18	2.542	35

資料來源：本研究整理

三、四線城市移動，或前往東南亞國家尋求白地市場，以追求投資效益最大化，實現企業價值的成長。

8. 就投資風險度歷年排名變化而言：2016《TEEMA 調查報告》表 16-1 顯示，在 2012 年至 2016 年投資風險度評估指標進行排名比較分析，在高風險前十名當中，經營風險評估構面占有五名，其分別為「環保要求日益嚴峻造成經營成本增加風險」、「勞工成本上升幅度與速度高於企業可負擔風險」、「當地霾害對企業經營造成負面影響的風險」、「員工缺乏忠誠度造成人員流動率頻繁的風險」及「當地適任人才及員工招募不易的風險」，可明顯看出隨著中國大陸於「十三五規劃」中納入綠色發展理念，其環保意識逐漸抬頭，因此對於環保生態保護要求日趨嚴謹，而隨著環保政策的不斷完善，企業的投資成本亦跟著成長。此外，勞工問題亦持續影響台商投資布局之考量，過往低廉的勞動優勢帶領中國大陸成為世界工廠，然隨中國大陸經濟體制的轉變，招工及成本等問題逐漸浮出檯面，並對台商在中國大陸布局遭受到限制與阻礙，增加其投資風險。

表 16-2　2016 TEEMA 中國大陸投資風險度構面平均觀點評分與排名

投資風險度評估構面	2012 評分	2012 排名	2013 評分	2013 排名	2014 評分	2014 排名	2015 評分	2015 排名	2016 評分	2016 排名	2012至2016 評分	2012至2016 排名
❶社會風險	2.274	3	2.340	2	2.525	4	2.564	5	2.566	3	2.454	3
❷法制風險	2.209	1	2.291	1	2.466	1	2.531	1	2.535	1	2.406	1
❸經濟風險	2.268	2	2.351	3	2.497	2	2.560	3	2.575	5	2.450	2
❹經營風險	2.311	4	2.369	4	2.518	3	2.571	6	2.581	6	2.470	4
❺轉型風險	-	-	2.403	5	2.534	5	2.564	4	2.566	3	2.517	5
❻道德風險	-	-	-	-	-	-	2.544	2	2.559	2	2.551	6
平均值	2.266		2.351		2.508		2.556		2.564		2.475	

資料來源：本研究整理

二、2015-2016 TEEMA 中國大陸投資風險度比較分析

2016《TEEMA 調查報告》之 2015-2016 中國大陸投資風險度差異與排名變化分析如表 16-3 所示，在探討問卷對投資風險度透過 45 項評估指標，探討 TEEMA 2015-2016 中國大陸投資風險度六大構面，並對其六大構面進行差異分析，其結果與排名變化敘述如下：

1. 就 45 項評估指標而言：在 2016《TEEMA 調查報告》表 16-3 中，其投資風險度的 45 項評估之細項指標排名，除新增之三項細項指標外，原有的 42

項細項指標中有 31 項呈現上升的趨勢，由此可知中國大陸投資風險日漸提升，相較以往投資更為不易。

2. 就 45 項評估指標差異分析而言：從表 16-3 顯示，評估指標與 2015 年進行差異分析，而分數增加最多的構面為「經濟風險」及「道德風險」，其中以「台商企業在當地發生經貿糾紛頻繁的風險」為分數增加最多的指標，共上升 0.054 分；再者為「經營風險」構面，其以「當地適任人才及員工招募不易的風險」為最高，增加 0.048 分，顯示隨著人力成本的提升，招募所需人才難度亦有所提升。

3. 就十項最優指標排名變化分析而言：根據 2016《TEEMA 調查報告》表 16-3，顯示其指標變化分析以經營風險構面之「當地政府干預台商企業經營運作的風險（2.441）」的分數最佳，再者為法治風險構面之「當地政府以不當方式要求台商回饋的風險（2.477）」，與經營風險構面的「當地台商因經貿、稅務糾紛被羈押的風險（2.482）」為分別二、三名分數較優之細項指標。

4. 就十項最劣指標排名變化分析而言：在 2016《TEEMA 調查報告》表 16-3 中，投資風險度排名最劣前三名均在經營風險構面中，其依序分別為「當地適任人才及員工招募不易的風險（2.696）」、「員工缺乏忠誠度造成人員流動率頻繁的風險（2.693）」及「勞工成本上升幅度與速度高於企業可負擔風險（2.682）」，由此可知，台商在中國大陸整體投資方面，以經營方面遭遇到重大的風險。

5. 就六項評估構面而言：就 2016《TEEMA 調查報告》表 16-4 顯示，在其六項投資風險評估構面中，其依序排名為：（1）法治風險；（2）道德風險；（3）轉型風險及社會風險；（5）經濟風險（6）經營風險。同於 2015《TEEMA 調查報告》，法制風險構面仍為台商評價中最大的風險，顯示僅管中國大陸法制體制逐漸完善但仍有不足，導致台商布局中國大陸市場仍將法制風險視為最大的投資阻礙。

表 16-3　2015-2016 TEEMA 投資風險度差異與排名變化分析

投資風險度評估構面與指標	2015 評分	2016 評分	2015至2016 差異分析	排名 ▲	排名 ▼	排名 —
社會-01）當地發生員工抗議、抗爭事件頻繁的風險	2.550	2.557	+0.007	25	-	-
社會-02）當地發生勞資或經貿糾紛不易排解的風險	2.627	2.632	+0.005	28	-	-
社會-03）當地人身財產安全受到威脅的風險	2.513	2.509	-0.004	-	7	-

表 16-3　2015-2016 TEEMA 投資風險度差異與排名變化分析（續）

投資風險度評估構面與指標	2015 評分	2016 評分	2015至2016 差異分析	排名		
				▲	▼	–
法制-01）當地政府行政命令經常變動的風險	2.577	2.576	-0.001	-	9	-
法制-02）違反對台商合法取得土地使用權承諾風險	2.534	2.543	+0.009	21	-	-
法制-03）官員對法令、合同、規範執行不一致的風險	2.529	2.547	+0.018	10	-	-
法制-04）與當地政府協商過程難以掌控的風險	2.567	2.584	+0.017	11	-	-
法制-05）政府調解、仲裁糾紛對台商不公平程度風險	2.527	2.534	+0.007	24	-	-
法制-06）機構無法有效執行司法及仲裁結果的風險	2.552	2.538	-0.014	-	3	-
法制-07）當地政府以不當方式要求台商回饋的風險	2.477	2.477	0.000	-	-	1
法制-08）當地常以刑事方式處理經濟案件的風險	2.487	2.498	+0.011	18	-	-
法制-09）當地政府在兩岸新政治關係下政策轉變之風險	-	2.566	-	-	-	-
經濟-01）當地外匯嚴格管制及利潤匯出不易的風險	2.578	2.573	-0.005	-	6	-
經濟-02）當地的地方税賦政策變動頻繁的風險	2.547	2.550	+0.003	29		-
經濟-03）台商藉由當地銀行體系籌措與取得資金困難	2.588	2.597	+0.009	20		-
經濟-04）當地政府對台商優惠政策無法兑現的風險	2.532	2.549	+0.017	12		-
經濟-05）台商企業在當地發生經貿糾紛頻繁的風險	2.538	2.592	+0.054	1	-	-
經濟-06）當地政府保護主義濃厚影響企業獲利的風險	2.557	2.573	+0.016	13	-	-
經濟-07）當地政府收費、攤派、罰款項目繁多的風險	2.564	2.582	+0.018	9	-	-
經濟-08）當地政府刪減優惠政策導致喪失投資優勢的風險	2.574	2.585	+0.011	16	-	-
經營-01）當地水電、燃氣、能源供應不穩定的風險	2.563	2.589	+0.026	6	-	-
經營-02）當地物流、運輸、通路狀況不易掌握的風險	2.519	2.521	+0.002	30	-	-
經營-03）當地配套廠商供應不穩定的風險	2.535	2.543	+0.008	22	-	-
經營-04）當地企業信用不佳欠債追索不易的風險	2.579	2.590	+0.011	17	-	-

表 16-3　2015-2016 TEEMA 投資風險度差異與排名變化分析（續）

投資風險度評估構面與指標	2015 評分	2016 評分	2015至2016 差異分析	排名 ▲	排名 ▼	排名 —
經營-05）員工道德操守造成台商企業營運損失的風險	2.593	2.586	-0.007	-	5	-
經營-06）當地適任人才及員工招募不易的風險	2.648	2.696	+0.048	2	-	-
經營-07）員工缺乏忠誠度造成人員流動率頻繁的風險	2.648	2.693	+0.045	3	-	-
經營-08）當地經營企業維持人際網絡成本過高的風險	2.576	2.584	+0.008	23	-	-
經營-09）當地政府干預台商企業經營運作的風險	2.453	2.441	-0.012	-	4	-
經營-10）當地台商因經貿、税務糾紛被羈押的風險	2.483	2.482	-0.001	-	10	-
經營-11）貨物通關時，受當地海關行政阻擾的風險	2.567	2.551	-0.016	-	2	-
經營-12）政府對內資與台資企業不公平待遇	2.581	2.556	-0.025	-	1	-
經營-13）勞工成本上升幅度與速度高於企業可負擔風險	2.640	2.682	+0.042	4	-	-
經營-14）原物料成本上升幅度過高造成企業虧損風險	2.588	2.612	+0.024	7	-	-
經營-15）環保要求日益嚴峻造成經營成本增加風險	2.593	2.634	+0.041	5	-	-
經營-16）當地政府不定時安檢及抽查導致企業延緩交貨	-	2.544	-	-	-	-
經營-17）當地霾害對企業經營造成負面影響的風險	-	2.516	-	-	-	-
轉型-01）當地投資結束營運所造成的退出障礙風險	2.565	2.571	+0.006	26	-	-
轉型-02）台商進行轉型升級過程當地政府政策阻礙或限制	2.581	2.579	-0.002	-	8	-
轉型-03）政府協助台商轉型升級政策落實不到位	2.583	2.584	+0.001	31	-	-
轉型-04）台商因轉型升級造成企業供應鏈整合不到位	2.525	2.530	+0.005	27	-	-
道德-01）當地政府違反中央政策規定之風險	2.535	2.545	+0.010	19	-	
道德-02）當地人民違反善良風俗的道德風險	2.547	2.565	+0.018	8	-	
道德-03）當地企業未盡企業社會責任之風險	2.560	2.575	+0.015	15	-	
道德-04）當地企業員工違反工作紀律之倫理風險	2.534	2.550	+0.016	14	-	

資料來源：本研究整理

表 16-4　2015-2016 TEEMA 投資風險度細項指標變化排名分析

投資風險度構面	2015 評分	2016 評分	2015 至 2016 差異分析	名次	細項指標			
					指標數	▲	▼	新增
❶ 社會風險	2.564	2.566	+0.002	5	3	2	1	-
❷ 法制風險	2.531	2.535	+0.004	4	9	5	2	1
❸ 經濟風險	2.560	2.575	+0.015	1	8	7	1	-
❹ 經營風險	2.571	2.581	+0.010	3	17	10	5	2
❺ 轉型風險	2.564	2.566	+0.002	5	4	3	1	-
❻ 道德風險	2.544	2.559	+0.015	1	4	4	0	-
投資風險度平均	2.555	2.566	+0.011	-	45	31	10	3
百分比					100.00%	68.89%	22.22%	6.67%

資料來源：本研究整理

從表 16-5 可看出 2016《TEEMA 調查報告》的投資風險度排名十大最優指標，其前十名分別為「當地政府干預台商企業經營運作的風險」、「當地政府以不當方式要求台商回饋的風險」、「當地台商因經貿、稅務糾紛被羈押的風險」、「當地常以刑事方式處理經濟案件的風險」、「當地人身財產安全受到威脅的風險」、「當地霾害對企業經營造成負面影響的風險」、「當地物流、運輸、通路狀況不易掌握的風險」、「台商因轉型升級造成企業供應鏈整合不到位」、「政府調解、仲裁糾紛對台商不公平程度風險」及「機構無法有效執行司法及仲裁結果的風險」。其中，「機構無法有效執行司法及仲裁結果的風險」由 2015 年的 19 名提升至 2016 年的第十名，顯示中國大陸近年提倡「依法治國」成效逐漸明朗，各單位機關以更為公平、公正且公開之形式，仲裁各項法律結果。

表 16-5　2016 TEEMA 投資風險度排名十大最優指標

投資風險度排名十大最優指標	2015		2016	
	評分	排名	評分	排名
經營 -09）當地政府干預台商企業經營運作的風險	2.453	1	2.441	1
法制 -07）當地政府以不當方式要求台商回饋的風險	2.477	2	2.477	2
經營 -10）當地台商因經貿、稅務糾紛被羈押的風險	2.483	3	2.482	3
法制 -08）當地常以刑事方式處理經濟案件的風險	2.487	4	2.498	4
社會 -03）當地人身財產安全受到威脅的風險	2.513	5	2.509	5
經營 -17）當地霾害對企業經營造成負面影響的風險	-	-	2.516	6
經營 -02）當地物流、運輸、通路狀況不易掌握的風險	2.519	6	2.521	7
轉型 -04）台商因轉型升級造成企業供應鏈整合不到位	2.525	7	2.530	8
法制 -05）政府調解、仲裁糾紛對台商不公平程度風險	2.527	8	2.534	9
法制 -06）機構無法有效執行司法及仲裁結果的風險	2.552	19	2.538	10

資料來源：本研究整理

從表 16-6 可看出 2016《TEEMA 調查報告》之投資風險度排名十大劣勢指標，其為「當地適任人才及員工招募不易的風險」、「員工缺乏忠誠度造成人員流動率頻繁的風險」、「勞工成本上升幅度與速度高於企業可負擔風險」、「環保要求日益嚴峻造成經營成本增加風險」、「當地發生勞資或經貿糾紛不易排解的風險」、「原物料成本上升幅度過高造成企業虧損風險」、「台商藉由當地銀行體系籌措與取得資金困難」、「台商企業在當地發生經貿糾紛頻繁的風險」、「當地企業信用不佳欠債追索不易的風險」與「當地水電、燃氣、能源供應不穩定的風險」。其中，經濟風險構面中的「台商企業在當地發生經貿糾紛頻繁的風險」，從 2015 年的第 28 名升至 2016 年的第八名，由此可知，中國大陸在企業遇到經商糾紛的配套措施仍不夠完善，隨著案件的成長甚至有下滑的趨勢，使得台商風險隨之增高。此外，「當地水電、燃氣、能源供應不穩定的風險」從 2015 年的第 23 名上升至 2016 年的第十名，中國大陸在水電供應等設備仍稍顯不足，亦間接造成台商在中國大陸投資發展。

表 16-6　2016 TEEMA 投資風險度排名十大劣勢指標

投資風險度排名十大劣勢指標	2015		2016	
	評分	排名	評分	排名
經營 -06）當地適任人才及員工招募不易的風險	2.648	1	2.696	1
經營 -07）員工缺乏忠誠度造成人員流動率頻繁的風險	2.648	2	2.693	2
經營 -13）勞工成本上升幅度與速度高於企業可負擔風險	2.640	3	2.682	3
經營 -15）環保要求日益嚴峻造成經營成本增加風險	2.593	5	2.634	4
社會 -02）當地發生勞資或經貿糾紛不易排解的風險	2.627	4	2.632	5
經營 -14）原物料成本上升幅度過高造成企業虧損風險	2.588	7	2.612	6
經濟 -03）台商藉由當地銀行體系籌措與取得資金困難	2.588	9	2.597	7
經濟 -05）台商企業在當地發生經貿糾紛頻繁的風險	2.538	28	2.592	8
經營 -04）當地企業信用不佳欠債追索不易的風險	2.579	12	2.590	9
經營 -01）當地水電、燃氣、能源供應不穩定的風險	2.563	23	2.589	10

資料來源：本研究整理

從表 16-7 可看出 2016《TEEMA 調查報告》針對 2016 年整體投資風險調查細項指標與 2015 年進行比較分析，風險上升前十名依序為：（1）台商企業在當地發生經貿糾紛頻繁的風險（上升 0.054 分）；（2）當地適任人才及員工招募不易的風險（上升 0.048 分）；（3）員工缺乏忠誠度造成人員流動率頻繁的風險（上升 0.045 分）；（4）勞工成本上升幅度與速度高於企業可負擔風險（上升 0.042 分）；（5）環保要求日益嚴峻造成經營成本增加風險（上升 0.041 分）；（6）當地水電、燃氣、能源供應不穩定的風險（上升 0.026 分）；（7）原物料成本上升幅度過高造成企業虧損風險（上升 0.024 分）；（8）當地人民違反善良風俗的道德風險及當地政府收費、攤派、罰款項目繁多的風險與官員對法令、合同、規範執行不一致的風險（上升 0.018 分）；（9）與當地政府協商過程難以掌控的風險與當地政府對台商優惠政策無法兌現的風險（上升 0.017 分）；（10）當地政府保護主義濃厚影響企業獲利的風險與當地企業員工違反工作紀律之倫理風險（上升 0.016 分）。

表 16-7　2015-2016 TEEMA 投資風險度指標變化排名

投資風險度細項指標	2015 至 2016 差異分數	風險上升
經濟 -05）台商企業在當地發生經貿糾紛頻繁的風險	+0.054	1
經營 -06）當地適任人才及員工招募不易的風險	+0.048	2
經營 -07）員工缺乏忠誠度造成人員流動率頻繁的風險	+0.045	3
經營 -13）勞工成本上升幅度與速度高於企業可負擔風險	+0.042	4
經營 -15）環保要求日益嚴峻造成經營成本增加風險	+0.041	5
經營 -01）當地水電、燃氣、能源供應不穩定的風險	+0.026	6
經營 -14）原物料成本上升幅度過高造成企業虧損風險	+0.024	7
道德 -02）當地人民違反善良風俗的道德風險	+0.018	8
經濟 -07）當地政府收費、攤派、罰款項目繁多的風險	+0.018	8
法制 -03）官員對法令、合同、規範執行不一致的風險	+0.018	8
法制 -04）與當地政府協商過程難以掌控的風險	+0.017	9
經濟 -04）當地政府對台商優惠政策無法兌現的風險	+0.017	9
經濟 -06）當地政府保護主義濃厚影響企業獲利的風險	+0.016	10
道德 -04）當地企業員工違反工作紀律之倫理風險	+0.016	10

資料來源：本研究整理

三、2016 TEEMA 中國大陸城市投資風險度分析

表 16-8 為 2016《TEEMA 調查報告》列入評估的 112 個城市投資風險調查排名，有關投資風險度評論分述如下：

1. 就投資風險度十佳城市而言：2016《TEEMA 調查報告》投資風險度排名前十名的城市分別為：（1）蘇州工業區；（2）成都；（3）蘇州市區；（4）蘇州昆山；（5）杭州蕭山；（6）上海浦東；（7）廈門島外；（8）杭州市區；（9）蘇州新區；（10）上海閔行。其中，與 2015 年同時被列入前十名的城市分別為：蘇州工業區、成都、蘇州市區、蘇州昆山、杭州蕭山、上海浦東、廈門島外及蘇

州新區，這些城市仍為台商在中國大陸投資風險當中，風險相對較低的常勝軍城市，此外，杭州市區及上海閔行於 2015 年尚未進入前十名，而於 2016《TEEMA 調查報告》挺進前十名，可見這幾個城市在社會、法制、經濟、經營等風險下足功夫，訂定相關政策配套措施，得以獲得台商投資青睞。另一方面，繼上海浦東自 2015 年進入投資風險度十佳城市後，上海閔行亦於 2016 年進入前十名的行列。2016 年 6 月 2 日，根據中國大陸上海市委書記韓正表示：「開放發展為中國大陸未來發展方向，而上海擁有開放的投資優勢，並持續為外資企業營造更優渥的投資機遇。」顯示上海擁有優越且開放的投資環境，致使吸引外資企業能進駐布局，是故，上海相關城市評比進而提升。

2. 就投資風險度十劣城市而言：有關投資風險度排名後十名城市分別為：（1）贛州；（2）九江；（3）東莞厚街；（4）東莞長安；（5）太原；（6）東莞虎門；（7）東莞清溪；（8）吉安；（9）宜昌；（10）深圳寶安。其中，與 2015 年同時列為投資風險度十劣城市為：贛州、九江、東莞厚街、東莞長安、太原、東莞清溪、吉安及深圳寶安，此些城市其在六大評價構面當中，表現均不亮眼，持續蟬聯倒數評價十劣城市。此外，東莞虎門與宜昌於 2016 年亦跌落至倒數評價十劣城市。

四、2015-2016 TEEMA 中國大陸投資風險度差異分析

2016《TEEMA 調查報告》表 16-9 顯示，針對 2015 年與 2016 年列入評估的 112 個城市進行投資風險調查差異分析，茲將重要評論分述如下：

1. 就 2015-2016 投資風險度評分下降前十城市而言：從表 16-9 可知 2016 年與 2015 年之投資風險度調查城市差異分析，而投資風險度評分中，下降前十名的城市依序為：（1）哈爾濱（下降 0.359 分）；（2）中山（下降 0.323 分）；（3）吉安（下降 0.266 分）；（4）嘉興市區（下降 0.214 分）；（5）東莞市區（下降 0.178 分）；（6）成都（下降 0.177 分）；（7）惠州（下降 0.161 分）；（8）東莞松山湖（下降 0.148 分）；（9）唐山（下降 0.129 分）；（10）深圳市區（下降 0.106 分）。在哈爾濱的部分，其差異分析從 2015 年的 3.083 分下降至 2016 年的 2.724 分，顯示其六大評估構面項目皆有所改善，且成效顯著以致受到台商投資青睞。

2. 就 2015-2016 投資風險度評分上升前十城市而言：根據 2016《TEEMA 調查報告》表 16-9 顯示，可知 2016 年與 2015 年之投資風險度調查城市差異分析，而投資風險度評分中，上升城市依序為：（1）東莞厚街（上升 0.293 分）；（2）

表 16-8　2016 TEEMA 中國大陸城市投資風險度排名分析

排名	地區	城市	❶ 社會風險		❷ 法制風險		❸ 經濟風險		❹ 經營風險		❺ 轉型風險		❻ 道德風險		投資風險度	
			評分	排名	評分	排名	評分	排名	評分	排名	評分	排名	評分	排名	評分	加權分數
1	華東	蘇州工業區	1.822	2	1.767	1	1.667	1	1.884	2	1.742	2	1.858	3	1.792	99.277
2	西南	成　都	1.983	5	1.989	6	1.884	2	1.787	1	1.781	3	1.688	1	1.841	98.519
3	華東	蘇州市區	2.000	6	1.922	2	1.888	3	1.912	3	2.213	21	2.138	10	1.996	94.728
4	華東	蘇州昆山	2.090	16	2.086	13	2.136	16	2.011	4	1.875	5	1.911	4	2.020	92.766
5	華東	杭州蕭山	2.011	7	1.944	4	2.104	13	2.110	7	2.133	15	2.233	22	2.096	90.894
6	華東	上海浦東	2.079	13	2.122	16	2.107	14	2.171	13	2.048	10	2.060	7	2.106	89.913
7	華南	廈門島外	2.097	17	2.023	7	2.052	7	2.152	10	1.927	7	2.333	36	2.101	89.199
8	華東	杭州市區	2.049	12	2.134	18	2.158	19	2.163	12	2.059	12	2.088	8	2.119	88.664
9	華東	蘇州新區	1.947	4	1.978	5	2.175	23	2.160	11	2.300	28	2.210	18	2.143	87.148
10	華東	上海閔行	2.167	22	2.162	22	2.016	5	2.066	5	2.031	9	2.375	42	2.122	87.148
11	西北	西　安	2.032	9	2.075	10	2.060	8	2.127	9	2.395	36	2.315	35	2.165	85.810
12	華南	廈門島內	2.333	42	2.164	23	2.143	17	2.112	8	2.155	17	2.179	15	2.165	84.963
13	華東	無錫江陰	2.101	18	2.502	53	2.370	36	2.069	6	1.707	1	1.772	2	2.098	84.027
14	華東	上海市區	1.907	3	2.151	20	2.075	9	2.191	15	2.340	32	2.390	43	2.185	82.957
15	華東	南京江寧	2.233	26	2.156	21	2.100	11	2.256	23	2.275	26	2.225	20	2.206	82.511
16	西南	重　慶	2.263	33	2.327	34	2.311	32	2.182	14	2.098	13	1.947	5	2.190	82.154
17	華東	南　通	2.036	10	2.087	14	2.214	26	2.204	19	1.964	8	2.411	47	2.167	81.886
17	華東	連雲港	2.533	59	2.311	33	2.163	20	2.203	18	1.863	4	2.100	9	2.178	81.886
19	東北	大　連	2.200	23	1.930	3	2.263	27	2.265	24	2.267	25	2.333	36	2.218	80.103
20	華北	青　島	2.240	30	2.302	31	2.115	15	2.238	20	2.440	42	2.240	25	2.254	77.962
21	華中	合　肥	2.422	49	2.133	17	2.317	33	2.243	22	2.350	33	2.142	11	2.260	77.561
22	華東	淮　安	1.811	1	2.081	11	2.029	6	2.286	27	2.583	61	2.433	50	2.223	77.383
23	華東	無錫市區	2.250	31	2.381	42	2.147	18	2.271	25	2.295	27	2.286	30	2.266	76.090

表 16-8 2016 TEEMA 中國大陸城市投資風險度排名分析（續）

排名	地區	城市	❶社會風險		❷法制風險		❸經濟風險		❹經營風險		❺轉型風險		❻道德風險		投資風險度	
			評分	排名	評分	排名	評分	排名	評分	排名	評分	排名	評分	排名	評分	加權分數
24	華北	北京市區	2.107	19	2.400	45	2.425	42	2.351	33	2.120	14	2.050	6	2.269	75.644
25	華東	宿　遷	2.083	14	2.061	8	2.100	10	2.368	35	2.450	45	2.500	57	2.272	75.332
26	華東	南京市區	2.235	29	2.085	12	2.309	31	2.384	38	2.309	29	2.265	27	2.280	75.198
27	華東	寧波市區	2.545	60	2.222	27	1.972	4	2.201	17	2.432	40	2.489	55	2.270	74.707
28	華東	寧波慈溪	2.348	43	2.217	25	2.165	22	2.238	21	2.568	58	2.239	24	2.281	74.128
29	華東	寧波北侖	2.014	8	2.063	9	2.163	21	2.304	31	2.641	69	2.337	38	2.266	73.994
30	華北	北京亦庄	2.317	39	2.394	43	2.206	25	2.303	30	2.213	21	2.313	34	2.287	73.147
31	華北	廊　坊	2.139	21	2.222	26	2.505	54	2.297	29	2.365	34	2.219	19	2.310	72.344
32	華東	蘇州張家港	2.650	67	2.622	70	2.444	43	2.197	16	1.900	6	2.175	14	2.308	71.631
33	華中	馬鞍山	2.227	24	2.101	15	2.176	24	2.390	40	2.477	52	2.352	40	2.295	71.229
34	華東	揚　州	2.318	40	2.369	40	2.273	29	2.390	39	2.375	35	2.227	21	2.330	70.605
35	華北	天津濱海	2.083	14	2.228	28	2.100	11	2.456	49	2.438	41	2.550	61	2.325	69.357
36	華東	上海松江	2.037	11	2.142	19	2.424	41	2.709	78	2.139	16	2.194	16	2.337	68.376
37	華東	上海嘉定	2.407	47	2.525	55	2.465	46	2.408	42	2.056	11	2.208	17	2.354	68.019
38	華東	無錫宜興	2.300	37	2.678	78	2.419	40	2.285	26	2.163	19	2.300	31	2.356	67.528
39	西南	德　陽	2.233	26	2.256	30	2.500	53	2.356	34	2.450	44	2.350	39	2.371	66.414
40	華南	泉　州	2.228	25	2.398	44	2.388	37	2.424	47	2.447	43	2.303	33	2.379	65.522
41	西南	綿　陽	2.481	54	2.358	39	2.396	38	2.291	28	2.486	53	2.444	52	2.393	63.783
42	華東	蘇州吳江	2.505	56	2.509	54	2.488	50	2.421	45	2.250	23	2.234	23	2.402	63.560
43	西南	遂　寧	2.294	36	2.340	37	2.574	64	2.374	36	2.265	24	2.456	53	2.397	62.980
44	華中	蕪　湖	2.278	34	2.673	77	2.736	76	2.310	32	2.181	20	2.167	12	2.406	62.579
45	華南	深圳市區	2.303	38	2.308	32	2.460	45	2.409	44	2.489	54	2.489	55	2.417	60.795
46	華南	東莞松山湖	2.444	51	2.340	36	2.361	35	2.431	48	2.472	50	2.486	54	2.419	60.662
46	華中	南　昌	2.319	41	2.495	52	2.495	51	2.392	41	2.531	56	2.281	29	2.425	60.662

表 16-8　2016 TEEMA 中國大陸城市投資風險度排名分析（續）

排名	地區	城市	❶ 社會風險		❷ 法制風險		❸ 經濟風險		❹ 經營風險		❺ 轉型風險		❻ 道德風險		投資風險度	
			評分	排名	評分	排名	評分	排名	評分	排名	評分	排名	評分	排名	評分	加權分數
48	華東	嘉興市區	2.289	35	2.193	24	2.283	30	2.541	56	2.633	68	2.683	73	2.447	57.852
49	華東	蘇州太倉	2.385	46	2.526	56	2.635	67	2.527	54	2.327	30	2.269	28	2.465	57.540
50	華南	珠　海	2.627	65	2.477	51	2.471	48	2.512	52	2.412	37	2.441	51	2.484	56.336
51	西北	蘭　州	2.563	62	2.556	61	2.695	72	2.518	53	2.156	18	2.359	41	2.486	54.642
52	華中	鄭　州	2.696	74	2.899	96	2.609	65	2.379	37	2.337	31	2.261	26	2.510	53.973
53	華南	福州馬尾	2.250	31	2.333	35	2.263	27	2.582	61	2.663	70	2.888	88	2.506	53.884
54	華南	廣州市區	2.717	75	2.556	63	2.506	56	2.409	43	2.413	38	2.550	60	2.503	53.081
55	華北	濟　南	2.746	76	2.571	65	2.470	47	2.423	46	2.595	63	2.405	45	2.510	52.323
56	華東	鹽　城	2.352	44	2.228	29	2.444	44	2.611	63	2.708	80	2.597	64	2.507	51.922
57	華東	寧波奉化	2.233	28	2.344	38	2.519	57	2.641	68	2.575	59	2.663	70	2.525	50.718
58	華南	福州市區	2.561	61	2.474	50	2.546	61	2.604	62	2.579	60	2.395	44	2.533	50.138
59	華東	蘇州常熟	2.650	67	2.372	41	2.556	62	2.668	70	2.425	39	2.538	59	2.543	49.648
60	華北	唐　山	2.479	53	2.549	60	2.477	49	2.621	64	2.719	81	2.531	58	2.568	46.526
61	西南	南　寧	2.413	48	2.767	82	2.696	73	2.476	50	2.476	51	2.619	66	2.579	45.813
62	華東	寧波餘姚	2.796	79	2.457	48	2.340	34	2.667	69	2.778	84	2.625	67	2.593	45.768
63	華東	徐　州	2.361	45	2.454	47	2.505	54	2.745	81	2.625	67	2.583	63	2.573	45.501
64	華東	泰　州	2.111	20	2.531	58	2.653	69	2.556	58	2.833	89	2.847	86	2.612	42.692
65	華南	海　口	2.889	87	2.844	89	2.758	77	2.631	66	2.450	45	2.300	31	2.638	42.603
66	華東	常　州	2.685	71	2.580	66	2.535	59	2.748	83	2.583	61	2.417	48	2.600	42.112
67	華北	天津市區	2.597	64	2.417	46	2.542	60	2.679	73	2.698	75	2.698	76	2.610	41.845
68	華東	湖　州	2.578	63	2.533	59	2.417	39	2.733	80	2.750	82	2.750	80	2.629	40.908
69	華中	武漢漢陽	2.689	72	2.844	89	2.833	82	2.886	89	2.467	48	2.167	13	2.679	39.927
70	華北	泰　安	2.467	52	2.800	85	2.525	58	2.671	71	2.617	65	2.800	82	2.652	39.035

表 16-8 2016 TEEMA 中國大陸城市投資風險度排名分析（續）

排名	地區	城市	❶社會風險		❷法制風險		❸經濟風險		❹經營風險		❺轉型風險		❻道德風險		投資風險度	
			評分	排名	評分	排名	評分	排名	評分	排名	評分	排名	評分	排名	評分	加權分數
71	華北	煙 台	2.958	91	2.667	75	3.016	97	2.574	60	2.469	49	2.422	49	2.676	38.946
72	華南	廣州天河	2.627	65	2.529	57	2.566	63	2.696	75	2.809	88	2.691	74	2.654	37.831
73	華東	鎮 江	2.815	80	2.667	75	2.681	70	2.703	77	2.458	47	2.694	75	2.666	37.742
74	華南	東莞市區	2.981	92	2.759	81	2.632	66	2.562	59	2.778	83	2.611	65	2.687	37.118
75	華中	武漢武昌	2.850	84	2.628	71	2.650	68	2.529	55	2.838	91	2.725	77	2.676	37.029
76	華南	莆 田	2.833	83	2.809	86	2.819	80	2.552	57	2.500	55	2.819	83	2.705	36.538
77	華東	嘉興嘉善	2.867	85	2.789	83	2.894	86	2.512	51	2.663	71	2.738	78	2.722	35.557
78	華南	中 山	2.817	81	2.656	74	2.694	71	2.753	84	2.675	72	2.563	62	2.693	34.443
79	東北	哈爾濱	2.667	69	2.604	68	2.992	90	2.688	74	2.688	74	2.625	67	2.724	34.220
80	華北	威 海	2.489	55	2.459	49	2.783	78	2.702	76	2.783	85	2.967	98	2.712	34.086
81	華北	保 定	3.244	104	2.556	61	2.500	52	2.624	65	3.100	99	2.933	94	2.769	33.863
82	西南	貴 陽	2.433	50	2.600	67	2.831	81	2.676	72	3.000	96	2.900	90	2.754	32.079
83	華南	三 亞	2.784	78	2.569	64	2.816	79	2.747	82	2.676	73	2.853	87	2.743	31.589
84	華東	紹 興	2.933	90	2.889	94	3.006	95	2.638	67	2.538	57	2.750	81	2.781	29.939
85	華中	長 沙	2.515	57	2.874	91	3.045	99	3.019	97	2.614	64	2.409	46	2.800	29.627
86	西南	昆 明	2.517	58	2.689	79	3.006	94	2.732	79	3.238	105	2.738	78	2.836	26.283
87	華北	日 照	3.222	103	2.615	69	2.717	74	2.855	87	2.783	85	3.117	102	2.857	24.856
88	西南	北 海	3.130	98	2.889	93	2.722	75	2.833	85	2.833	89	2.903	93	2.859	23.028
89	東北	瀋 陽	2.875	86	2.986	98	2.995	92	2.995	95	2.698	76	2.677	71	2.889	22.849
90	西南	桂 林	2.900	88	3.022	101	3.000	93	2.835	86	2.700	77	2.838	84	2.883	22.225
91	華南	惠 州	3.148	100	2.790	84	3.007	96	2.987	93	2.917	93	2.681	72	2.921	20.798
92	華中	武漢漢口	2.911	89	2.652	73	2.917	89	2.925	91	3.033	97	3.033	99	2.914	20.798
93	華南	漳 州	2.824	82	2.882	92	2.860	83	2.896	90	2.838	92	3.059	101	2.895	20.575

表 16-8　2016 TEEMA 中國大陸城市投資風險度排名分析（續）

排名	地區	城市	❶社會風險		❷法制風險		❸經濟風險		❹經營風險		❺轉型風險		❻道德風險		投資風險度	
			評分	排名	評分	排名	評分	排名	評分	排名	評分	排名	評分	排名	評分	加權分數
94	東北	長 春	3.056	95	3.080	103	2.875	84	2.869	88	2.708	79	2.944	97	2.908	20.486
95	華東	溫 州	2.667	69	3.099	105	2.910	88	2.948	92	2.806	87	3.194	105	2.950	18.791
96	華北	石家莊	3.104	97	3.007	100	2.992	90	3.074	100	2.703	78	2.844	85	2.960	18.702
97	華南	佛 山	2.981	92	2.833	88	3.049	100	3.150	102	2.625	66	3.056	100	2.973	18.123
98	華南	江 門	2.778	77	2.652	72	2.908	87	3.153	103	3.183	103	3.267	106	3.013	17.944
99	華中	襄 陽	2.689	72	2.689	79	3.133	104	3.184	104	3.150	101	2.900	90	3.002	16.607
100	華南	深圳龍崗	3.417	108	2.995	99	2.885	85	2.995	94	3.104	100	2.938	96	3.023	15.670
101	華南	東莞石碣	3.000	94	2.822	87	3.025	98	3.020	98	3.250	106	2.900	92	3.006	15.046
102	華南	汕 頭	3.422	109	3.222	108	3.083	101	3.098	101	2.933	94	2.633	69	3.052	14.377
103	華南	深圳寶安	3.204	102	3.074	102	3.340	109	3.007	96	3.083	98	2.889	89	3.097	12.281
104	華中	宜 昌	3.067	96	3.096	104	3.100	102	3.345	109	2.950	95	2.933	94	3.110	10.631
105	華中	吉 安	3.188	101	3.118	106	3.133	103	3.070	99	3.234	104	3.141	104	3.137	9.428
106	華南	東莞清溪	3.521	111	2.889	94	3.258	107	3.313	108	3.156	102	3.125	103	3.207	7.822
107	華南	東莞虎門	3.333	106	2.972	97	3.266	108	3.246	107	3.281	107	3.281	107	3.228	6.708
108	華北	太 原	3.130	98	3.228	109	3.194	106	3.193	106	3.333	108	3.333	109	3.234	5.994
109	華南	東莞長安	3.458	110	3.188	107	3.156	105	3.191	105	3.531	110	3.297	108	3.277	5.459
110	華南	東莞厚街	3.356	107	3.533	112	3.717	112	3.514	111	3.417	109	3.367	110	3.505	2.338
111	華中	九 江	3.741	112	3.444	111	3.375	110	3.444	110	3.569	111	3.514	111	3.489	2.204
112	華中	贛 州	3.289	105	3.341	110	3.550	111	3.616	112	3.867	112	3.617	112	3.566	2.070

資料來源：本研究整理

廈門島外（上升 0.283 分）；（3）威海（上升 0.255 分）；（4）汕頭（上升 0.249 分）；（5）日照（上升 0.226 分）；（6）桂林（上升 0.221 分）；（7）瀋陽（上升 0.195 分）；（8）寧波餘姚（上升 0.190 分）；（9）徐州（上升 0.183 分）；（10）東莞虎門（上升 0.179 分）。在東莞厚街的部分，其差異分析從 2015 年的 3.212 分上升至 2016 年的 3.505 分，顯示其投資風險度不斷上揚，東莞過往台商布局中國大陸製造業之密集地，隨著勞工成本不斷上揚，廠商不斷轉往東南亞國家布局以尋求更低的勞工成本，因而造就東莞廠商出走，進而影響台商對東莞厚街投資風險評價之轉變。

表 16-9　2015-2016 TEEMA 中國大陸城市投資風險度評分差異

城 市	2015	2016	2015 至 2016	城 市	2015	2016	2015 至 2016
	評分	評分	評分差異		評分	評分	評分差異
哈爾濱	3.083	2.724	-0.359	廣州市區	2.531	2.503	-0.028
中 山	3.016	2.693	-0.323	蘇州太倉	2.490	2.465	-0.025
吉 安	3.403	3.137	-0.266	北京亦庄	2.311	2.287	-0.024
嘉興市區	2.661	2.447	-0.214	西 安	2.188	2.165	-0.023
東莞市區	2.865	2.687	-0.178	襄 陽	3.025	3.002	-0.023
成 都	2.018	1.841	-0.177	馬鞍山	2.317	2.295	-0.022
惠 州	3.082	2.921	-0.161	佛 山	2.992	2.973	-0.019
東莞松山湖	2.567	2.419	-0.148	上海浦東	2.124	2.106	-0.018
唐 山	2.697	2.568	-0.129	深圳寶安	3.110	3.097	-0.013
深圳市區	2.523	2.417	-0.106	重 慶	2.201	2.19	-0.011
泰 安	2.756	2.652	-0.104	福州馬尾	2.517	2.506	-0.011
鹽 城	2.605	2.507	-0.098	蘇州市區	2.005	1.996	-0.009
廊 坊	2.407	2.310	-0.097	連雲港	2.183	2.178	-0.005
長 春	2.992	2.908	-0.084	溫 州	2.950	2.950	0.000
江 門	3.090	3.013	-0.077	貴 陽	2.751	2.754	+0.003
宿 遷	2.345	2.272	-0.073	廈門島內	2.159	2.165	+0.006
無錫江陰	2.168	2.098	-0.070	寧波北侖	2.258	2.266	+0.008
深圳龍崗	3.081	3.023	-0.058	德 陽	2.363	2.371	+0.008
北 海	2.916	2.859	-0.057	北京市區	2.259	2.269	+0.010
杭州市區	2.176	2.119	-0.057	蘇州工業區	1.780	1.792	+0.012
寧波市區	2.327	2.270	-0.057	無錫市區	2.253	2.266	+0.013
東莞清溪	3.260	3.207	-0.053	南京江寧	2.192	2.206	+0.014
上海閔行	2.171	2.122	-0.049	上海嘉定	2.340	2.354	+0.014
蘇州昆山	2.063	2.020	-0.043	上海市區	2.169	2.185	+0.016
南 寧	2.619	2.579	-0.040	泉 州	2.362	2.379	+0.017

表 16-9　2015-2016 TEEMA 中國大陸城市投資風險度評分差異（續）

城市	2015 評分	2016 評分	2015 至 2016 評分差異	城市	2015 評分	2016 評分	2015 至 2016 評分差異
蘭　州	2.526	2.486	-0.040	三　亞	2.725	2.743	+0.018
昆　明	2.872	2.836	-0.036	遂　寧	2.373	2.397	+0.024
天津市區	2.644	2.610	-0.034	嘉興嘉善	2.698	2.722	+0.024
南　昌	2.458	2.425	-0.033	無錫宜興	2.330	2.356	+0.026
大　連	2.251	2.218	-0.033	蕪　湖	2.378	2.406	+0.028
武漢武昌	2.709	2.676	-0.033	泰　州	2.579	2.612	+0.033
合　肥	2.292	2.260	-0.032	寧波慈溪	2.246	2.281	+0.035
東莞石碣	3.037	3.006	-0.031	蘇州新區	2.106	2.143	+0.037
珠　海	2.446	2.484	+0.038	青　島	2.167	2.254	+0.087
武漢漢口	2.876	2.914	+0.038	莆　田	2.614	2.705	+0.091
武漢漢陽	2.639	2.679	+0.040	常　州	2.508	2.600	+0.092
南京市區	2.239	2.280	+0.041	綿　陽	2.296	2.393	+0.097
揚　州	2.289	2.330	+0.041	湖　州	2.527	2.629	+0.102
南　通	2.125	2.167	+0.042	九　江	3.386	3.489	+0.103
福州市區	2.488	2.533	+0.045	杭州蕭山	1.992	2.096	+0.104
廣州天河	2.608	2.654	+0.046	東莞長安	3.173	3.277	+0.104
蘇州吳江	2.356	2.402	+0.046	鎮　江	2.557	2.666	+0.109
鄭　州	2.462	2.510	+0.048	蘇州常熟	2.425	2.543	+0.118
太　原	3.185	3.234	+0.049	宜　昌	2.971	3.110	+0.139
海　口	2.588	2.638	+0.050	天津濱海	2.184	2.325	+0.141
煙　台	2.626	2.676	+0.050	寧波奉化	2.383	2.525	+0.142
贛　州	3.515	3.566	+0.051	東莞虎門	3.049	3.228	+0.179
濟　南	2.458	2.510	+0.052	徐　州	2.390	2.573	+0.183
石家莊	2.906	2.960	+0.054	寧波餘姚	2.403	2.593	+0.190
紹　興	2.720	2.781	+0.061	瀋　陽	2.694	2.889	+0.195
蘇州張家港	2.246	2.308	+0.062	桂　林	2.662	2.883	+0.221
上海松江	2.273	2.337	+0.064	日　照	2.631	2.857	+0.226
長　沙	2.727	2.800	+0.073	汕　頭	2.803	3.052	+0.249
淮　安	2.150	2.223	+0.073	威　海	2.457	2.712	+0.255
漳　州	2.814	2.895	+0.081	廈門島外	1.818	2.101	+0.283
保　定	2.683	2.769	+0.086	東莞厚街	3.212	3.505	+0.293

資料來源：本研究整理

五、2016TEEMA 中國大陸區域投資風險度分析

2016《TEEMA 調查報告》中，從表 16-10 可知中國大陸區域投資風險度分析排名，其 2016 年投資風險度評估綜合排名依序為：（1）西北地區；（2）華

東地區；（3）西南地區；（4）華北地區；（5）東北地區；（6）華南地區；（7）華中地區。

表 16-10　2016 TEEMA 中國大陸區域投資風險度排名分析

風險度構面	華南	華東	華北	華中	東北	西南	西北
❶社會風險	2.849	2.305	2.621	2.777	2.699	2.465	2.297
❷法制風險	2.707	2.323	2.576	2.785	2.650	2.524	2.315
❸經濟風險	2.779	2.324	2.634	2.862	2.781	2.592	2.378
❹經營風險	2.783	2.377	2.671	2.838	2.704	2.454	2.323
❺轉型風險	2.769	2.335	2.746	2.828	2.590	2.533	2.276
❻道德風險	2.755	2.375	2.715	2.689	2.645	2.488	2.337
風險度評分	2.774	2.340	2.661	2.797	2.678	2.509	2.321
風險度排名	6	2	4	7	5	3	1

2016《TEEMA 調查報告》整合近五年報告之中國大陸七大經濟區域排名，從表 16-11 可知西北地區投資風險度排名逐年提升，並於 2016 年擁抱第一名的寶座，而蟬聯多年冠軍的華東地區則降為第二名，顯示中國大陸為緩衝沿海地區過於密集之情況，近年政策逐步轉向內陸，加上中國大陸提出「一帶一路」之發展戰略，西北地區為「絲綢之路經濟帶」之主要突破口，企業紛紛前往投資布局，已取得先占卡位之優勢，因而造成台商對西北投資風險度評價之提升。

表 16-11　2012-2016 TEEMA 中國大陸區域投資風險度排名變化分析

地區	2012		2013		2014		2015		2016		2012 至 2016	
	評分	排名	評分	排名	評分	排名	評分	排名	評分	排名	總分	排名
❶華東地區	2.089	1	2.120	1	2.275	1	2.331	1	2.340	2	2.231	1
❷西北地區	2.628	7	2.379	3	2.560	5	2.352	2	2.321	1	2.448	2
❸華北地區	2.200	2	2.337	2	2.491	2	2.556	4	2.661	4	2.449	3
❹西南地區	2.425	3	2.391	4	2.498	3	2.508	3	2.509	3	2.466	4
❺東北地區	2.609	6	2.510	5	2.539	4	2.764	6	2.678	5	2.620	5
❻華中地區	2.441	4	2.525	6	2.770	7	2.771	7	2.797	7	2.661	6
❼華南地區	2.594	5	2.587	7	2.712	6	2.763	5	2.774	6	2.686	7

資料來源：本研究整理

第 17 章

2016 TEEMA 中國大陸台商推薦度

2016《TEEMA 調查報告》延續既有之「兩力兩度」研究評估模式，針對城市競爭力、投資環境力、投資風險度及台商推薦度進行分析，藉由調查台商對於中國大陸各地 112 個城市之觀點，進行城市綜合實力評估。其針對「台商推薦度」的部分，衡量的標準係針對前往中國大陸的企業作為研究調查之母體，透過台商對該城市投資的相關經驗做為評選基準，藉以提供企業未來前赴中國大陸投資之參考依據。其細項衡量指標係依據 2016《TEEMA 調查報告》，以十項衡量指標衡量「台商推薦度」，其中包括：（1）城市競爭力；（2）投資環境力；（3）投資風險度；（4）城市發展潛力；（5）城市投資效益；（6）國際接軌程度；（7）台商權益保護；（8）政府行政效率；（9）內銷市場前景；（10）整體生活品質。2016《TEEMA 調查報告》為完整呈現各項重要指標的變化趨勢，茲以十項衡量指標為比較基準，進行中國大陸 112 個城市台商推薦度排名。

一、2016TEEMA 中國大陸台商推薦度分析

2016《TEEMA 調查報告》依據對已在中國大陸投資的台商企業調查結果分析，2016 年台商推薦度與細項指標的城市排名順序，如表 17-1 所示，有關調查重要內涵分述如下：

1. 就推薦度前十佳城市而言：依 2016《TEEMA 調查報告》顯示，台商推薦度前十佳的城市依序為：（1）成都；（2）蘇州工業區；（3）廈門島外；（4）蘇州市區；（5）蘇州昆山；（6）杭州市區；（7）杭州蕭山；（8）上海浦東；（9）廈門島內；（10）青島。綜觀 2016 年台商推薦度數據結果，成都蟬連冠軍寶座，其地區生產總值高達 1.9 兆人民幣，大幅成長 9%，僅次於北京與上海。2016 年 5 月 24 日，根據成都市台辦主任戴淩表示：「近年來高度重視台胞權益保護工作，並制訂『馬上辦』工作機制及台商投訴協調機制，高效處理台商訴求。

投訴中心運行十多年來，平均每年處理台商投訴案件 90 餘件，為台商挽回經濟損失約兩億人民幣。」顯示成都除快速成長外亦有投資保障。而在 2015 年位居 13 名的杭州市區大幅上升七個名次攀升至第六名，關鍵因素為 2016 年杭州市區在轉型升級、創新驅動與重點改革皆有明顯成效，其全市生產總值破兆人民幣，成為全中國大陸第十個總量超兆元的城市，相較 2015 年成長 10.2%，增幅居全省第一、副省級以上城市第二。而在創新驅動部分，杭州市區一般公共預算科技支出成長 33.9%，並入選中國大陸十大創新生態城市，成為首批國家小微企業創業創新基地示範城市，以雙創發展基礎而言，呈現良好態勢。

2. 就推薦度前十劣城市而言：2016《TEEMA 調查報告》台商推薦度之結果顯示，最不推薦的十大城市依序為：（1）九江；（2）東莞厚街；（3）東莞長安；（4）東莞清溪；（5）吉安；（6）東莞虎門；（7）贛州；（8）宜昌；（9）深圳龍崗；（10）汕頭。在最不推薦十大城市中，東莞地區就包含四個城市，分別為第二名的東莞厚街、第三名的東莞長安、第四名的東莞清溪及第六名的東莞虎門，曾被譽為「世界工廠」的廣東東莞於近年爆發工廠倒閉潮，根據香港媒體《南早中文網》（2016）指出：「2014 年 11 月至 2015 年 11 月，東莞至少 4,000 家企業倒閉，而其中電子業因訂單流失嚴重，部分企業紛紛出走轉而內移或外移至東南亞地區，甚至印度及非洲。」而中國大陸媒體《新京報》2015 年 11 月的專題報導引述東莞官員表示：「由於勞動力成本上升及原材料土地價格增加，相較於其他地區，東莞優勢正在逐漸喪失。」此外，《中央通訊社》亦指出，東莞正在經歷的陣痛是中國大陸產業升級必經的過程，也是一個縮影。綜上所知，東莞面臨轉型潮及倒閉潮之嚴峻考驗，成為台商較不推薦之因素。

3. 台商推薦度十項指標分析而言：成都在 2016《TEEMA 調查報告》中，在台商推薦度中整體推薦度（4.265）保持榜首。其中投資效益（4.425）、國際接軌（4.175）、權益保護（4.475）、內銷市場（4.250）和生活品質（4.450）都在所有 112 個列入評估城市的首位。隨著中國大陸沿海地區趨近飽和，其逐漸往內陸移動，成都擁有良好的區位優勢，近年更強化對台商投資權益的保護，並成立「成都市人民政府台商投訴中心」專案負責台商相關投資糾紛之案件，根據成都市台灣同胞投資企業協會會長徐大偉（2016）表示：「成都約有 1,000 多間的台商投資，對台商權益保護工作更不遺餘力。」一語道出成都不斷強化對台商之保護政策，並成功吸引 1,000 多家廠商進駐布局。

表 17-1　2016 TEEMA 中國大陸城市台商推薦度細項指標排名分析

排名	城　市	地區	❶ 競爭力	❷ 環境力	❸ 風險度	❹ 發展潛力	❺ 投資效益	❻ 國際接軌	❼ 權益保護	❽ 行政效率	❾ 內銷市場	❿ 生活品質	台商推薦度	
1	成　都	西南	3.925	4.300	4.000	4.425	4.425	4.175	4.475	4.225	4.250	4.450	4.265	98.920
2	蘇州工業區	華東	4.067	4.567	4.500	4.500	4.233	4.100	4.267	4.367	3.733	4.200	4.253	98.385
3	廈門島外	華南	3.958	4.208	3.958	4.500	4.167	3.958	4.000	3.917	3.750	4.167	4.058	96.601
4	蘇州市區	華東	4.100	4.150	4.250	3.800	4.000	3.700	3.850	3.950	3.600	3.850	3.925	92.945
5	蘇州昆山	華東	3.686	3.957	3.514	3.843	3.886	3.871	3.914	4.000	3.957	4.143	3.877	91.429
6	杭州市區	華東	3.971	3.941	3.882	3.824	3.471	3.618	3.941	3.853	3.912	3.941	3.835	91.250
7	杭州蕭山	華東	3.967	3.833	3.833	3.900	3.567	3.767	3.733	3.733	3.800	3.833	3.797	90.269
8	上海浦東	華東	3.667	3.810	3.571	4.286	3.857	4.143	3.857	3.762	3.714	3.524	3.819	88.486
9	廈門島內	華南	3.476	3.524	3.571	3.905	4.000	4.095	4.143	3.905	3.714	3.762	3.810	87.505
10	青　島	華北	3.840	3.600	3.400	3.640	3.560	3.920	4.280	3.840	3.560	4.160	3.780	86.345
11	南　通	華東	3.750	3.893	3.786	3.786	3.571	3.679	3.714	3.750	3.464	3.750	3.714	85.632
12	重　慶	西南	3.576	3.636	3.394	3.818	3.788	3.667	3.939	3.818	3.848	3.758	3.724	84.205
13	南京市區	華東	3.588	3.765	3.588	3.706	3.647	3.882	3.824	3.824	3.471	3.824	3.712	84.205
14	連雲港	華東	3.800	3.700	3.900	3.850	3.700	3.450	3.600	3.900	3.500	3.300	3.670	83.581
15	西　安	西北	3.677	3.484	3.355	4.097	3.871	3.645	3.548	3.613	4.161	3.742	3.719	83.402
16	大　連	東北	3.733	3.400	3.767	3.733	4.200	3.667	3.667	3.467	3.700	3.500	3.683	83.402
17	蘇州新區	華東	3.640	4.000	3.600	3.960	3.440	3.640	3.800	3.640	3.320	3.880	3.692	83.046
18	上海市區	華東	3.720	3.480	3.440	3.720	3.520	4.320	3.880	3.680	3.360	3.840	3.696	82.600
18	淮　安	華東	3.467	3.700	3.667	3.333	3.800	3.500	3.867	4.067	3.667	3.900	3.697	82.600
20	上海閔行	華東	3.833	3.792	3.417	3.583	3.958	4.083	3.375	3.375	3.583	3.625	3.663	82.154
21	無錫市區	華東	3.500	3.393	3.643	3.857	3.643	3.464	3.786	3.857	3.429	3.786	3.636	80.192
22	寧波市區	華東	3.773	3.545	3.455	3.455	3.318	3.682	3.500	3.636	3.636	3.545	3.555	79.033
23	南京江寧	華東	3.350	3.500	3.350	3.400	3.900	3.600	3.700	3.800	3.750	3.800	3.615	78.498
23	無錫江陰	華東	3.652	3.565	3.565	3.783	3.609	3.304	3.652	3.478	3.609	3.478	3.570	78.498
25	廊　坊	華北	3.833	3.417	3.500	3.542	3.625	3.542	3.458	3.500	3.500	3.583	3.550	78.319

表 17-1　2016 TEEMA 中國大陸城市台商推薦度細項指標排名分析（續）

排名	城　市	地區	❶ 競爭力	❷ 環境力	❸ 風險度	❹ 發展潛力	❺ 投資效益	❻ 國際接軌	❼ 權益保護	❽ 行政效率	❾ 內銷市場	❿ 生活品質	台商推薦度	
26	寧波慈溪	華東	3.636	3.818	3.545	3.636	3.273	3.682	3.864	3.227	3.591	3.545	3.582	78.230
27	寧波北侖	華東	3.522	3.435	3.522	3.348	3.565	3.391	3.826	3.478	3.696	3.609	3.539	75.109
28	馬鞍山	華中	3.682	3.682	3.545	3.909	3.591	3.318	3.364	3.318	3.455	3.136	3.500	74.217
29	蘇州張家港	華東	3.350	3.550	3.500	3.700	3.800	3.650	4.250	3.400	3.000	3.250	3.545	73.593
30	上海松江	華東	3.833	3.722	3.278	3.889	3.333	3.500	3.278	3.167	3.278	3.389	3.467	72.344
31	宿　遷	華東	3.600	3.650	3.400	3.750	3.650	3.400	3.350	3.450	3.350	3.150	3.475	71.987
32	北京市區	華北	3.480	3.600	3.440	3.560	3.600	3.600	3.480	3.280	3.800	2.920	3.476	71.898
33	北京亦庄	華北	3.650	3.350	3.450	3.450	3.400	3.500	3.500	3.400	3.350	3.500	3.455	71.898
34	綿　陽	西南	3.667	3.444	3.333	3.556	3.167	3.444	3.444	3.722	3.500	3.333	3.461	70.828
35	合　肥	華中	3.633	3.467	3.267	3.533	3.367	3.200	3.500	3.367	3.600	3.367	3.430	69.401
36	天津濱海	華北	3.400	3.700	3.700	3.700	3.450	3.550	3.250	3.450	3.000	3.150	3.435	69.223
37	無錫宜興	華東	3.350	3.500	3.300	3.400	3.400	3.350	3.350	3.200	3.350	3.600	3.380	65.834
38	揚　州	華東	3.636	3.455	3.455	3.136	3.136	3.227	3.182	3.409	3.409	3.591	3.364	65.299
39	遂　寧	西南	3.706	3.588	3.353	3.412	3.176	3.176	3.176	3.353	3.471	3.118	3.353	65.121
40	德　陽	西南	3.700	3.350	2.750	3.250	3.200	3.050	3.350	3.450	3.650	3.750	3.350	63.694
41	上海嘉定	華東	3.222	3.222	3.333	3.444	3.222	3.556	3.111	3.167	3.278	3.667	3.322	60.840
42	威　海	華北	3.600	3.133	3.200	3.333	3.133	3.933	3.200	3.067	3.200	3.267	3.307	59.591
43	廣州市區	華南	3.350	3.000	3.400	3.350	3.450	3.300	3.000	3.300	3.350	3.200	3.270	59.413
44	蕪　湖	華中	3.389	2.722	3.222	3.389	3.222	3.278	3.611	3.222	4.000	2.944	3.300	58.700
45	濟　南	華北	3.810	3.143	3.238	3.476	3.000	2.905	3.143	3.333	3.143	3.381	3.257	58.432
46	蘇州吳江	華東	3.290	3.194	3.194	3.290	3.097	3.419	3.419	3.065	3.323	3.484	3.277	57.451
47	泉　州	華南	3.105	3.316	3.105	3.316	3.053	3.316	3.474	3.316	3.316	3.368	3.268	57.184
48	蘇州太倉	華東	3.231	3.308	3.269	3.308	3.308	3.308	3.269	3.231	3.115	3.231	3.258	56.827
49	珠　海	華南	3.235	3.176	3.000	3.412	3.353	3.176	2.824	3.118	3.176	3.471	3.194	53.884
50	唐　山	華北	3.625	3.188	3.500	3.000	3.125	3.188	3.063	3.063	3.000	3.188	3.194	53.616

表 17-1　2016 TEEMA 中國大陸城市台商推薦度細項指標排名分析（續）

排名	城　市	地區	❶ 競爭力	❷ 環境力	❸ 風險度	❹ 發展潛力	❺ 投資效益	❻ 國際接軌	❼ 權益保護	❽ 行政效率	❾ 內銷市場	❿ 生活品質	台商推薦度	
51	南　昌	華中	3.583	3.458	3.250	3.125	2.958	3.000	3.000	3.292	3.583	2.833	3.208	53.616
52	鎮　江	華東	3.222	2.889	3.278	3.389	3.111	3.000	3.111	3.500	3.167	3.222	3.189	53.349
53	寧波奉化	華東	2.800	3.050	3.200	3.400	3.450	3.450	3.150	2.900	3.400	2.950	3.175	53.260
54	鄭　州	華中	3.696	2.870	2.783	3.391	3.348	2.913	3.174	3.217	3.087	3.174	3.165	52.635
55	泰　州	華東	3.167	3.278	3.500	3.389	3.222	3.167	3.111	2.889	2.778	3.222	3.172	52.189
56	深圳市區	華南	3.000	3.091	2.727	2.955	3.136	3.455	3.136	3.182	3.591	3.364	3.164	51.922
57	常　州	華東	2.611	3.167	3.278	3.556	2.778	3.167	3.389	3.167	3.056	3.222	3.139	50.763
58	東莞松山湖	華南	3.500	3.111	3.222	2.944	3.056	3.167	3.389	3.000	3.167	2.889	3.144	50.317
59	嘉興嘉善	華東	3.000	2.850	3.000	3.150	3.050	3.200	3.200	3.300	3.450	3.100	3.130	50.138
60	鹽　城	華東	3.333	3.389	2.944	3.111	3.056	3.056	3.389	2.889	3.167	3.000	3.133	49.782
61	寧波餘姚	華東	3.500	3.000	2.889	3.111	2.944	3.000	3.222	3.222	2.833	3.056	3.078	46.749
62	福州馬尾	華南	3.200	3.050	2.850	3.350	3.050	3.250	2.950	3.250	2.600	3.350	3.090	46.749
63	嘉興市區	華東	3.000	2.867	3.000	3.133	3.067	3.067	3.133	3.133	3.333	2.800	3.053	44.698
64	武漢漢口	華中	3.733	2.600	2.867	2.867	3.067	2.933	3.267	3.333	2.867	2.733	3.027	44.609
65	天津市區	華北	2.875	2.750	3.167	2.917	3.250	2.958	3.167	3.167	3.167	3.167	3.058	44.609
66	福州市區	華南	3.000	2.947	3.158	3.263	2.737	2.947	3.474	2.947	3.053	2.947	3.047	44.163
67	蘇州常熟	華東	3.650	3.250	3.300	3.100	2.950	2.700	2.750	2.650	2.600	2.950	2.990	42.469
68	貴　陽	西南	3.700	2.800	2.850	3.550	3.300	2.650	2.600	2.650	2.950	2.650	2.970	42.201
69	三　亞	華南	3.294	2.824	2.765	3.059	3.294	3.235	2.765	3.118	2.588	3.059	3.000	41.131
70	東莞市區	華南	2.833	3.000	3.000	2.944	3.222	3.000	2.778	3.000	2.889	2.889	2.956	40.328
71	南　寧	西南	3.143	2.667	2.810	2.905	3.048	2.524	3.190	2.762	3.238	3.286	2.957	38.634
72	武漢漢陽	華中	3.600	2.867	2.933	2.733	2.667	2.800	3.267	2.733	2.933	2.800	2.933	38.366
73	徐　州	華東	2.750	2.958	2.833	3.083	2.792	2.708	2.958	2.875	3.083	3.083	2.913	37.296

表 17-1　2016 TEEMA 中國大陸城市台商推薦度細項指標排名分析（續）

排名	城市	地區	❶ 競爭力	❷ 環境力	❸ 風險度	❹ 發展潛力	❺ 投資效益	❻ 國際接軌	❼ 權益保護	❽ 行政效率	❾ 內銷市場	❿ 生活品質	台商推薦度	
74	蘭　州	西北	3.750	2.563	2.688	2.938	2.938	2.625	2.750	2.875	3.188	2.500	2.881	36.494
75	海　口	華南	2.933	3.067	2.800	2.733	2.667	3.200	2.800	2.800	2.867	3.067	2.893	36.048
76	湖　州	華東	2.667	2.933	2.733	2.867	3.000	3.067	2.933	2.933	2.733	3.000	2.887	35.156
77	煙　台	華北	3.063	2.813	2.688	2.938	2.625	2.875	2.750	3.000	3.125	3.063	2.894	34.532
78	桂　林	西南	3.500	2.800	2.550	2.900	2.700	2.900	2.950	2.750	2.850	2.900	2.880	34.086
79	昆　明	西南	3.250	3.150	3.150	2.850	2.800	2.650	2.850	2.600	2.550	2.800	2.865	33.729
80	泰　安	華北	3.467	2.867	2.800	2.733	2.867	2.800	3.000	2.733	2.667	2.667	2.860	33.194
81	莆　田	華南	2.667	2.833	2.778	3.111	2.611	3.222	3.000	2.778	2.778	2.611	2.839	32.748
82	北　海	西南	3.667	2.389	2.389	2.556	3.167	2.944	2.778	2.833	2.722	2.778	2.822	32.659
83	廣州天河	華南	2.941	2.824	2.941	2.706	3.294	2.471	2.706	2.471	2.882	3.000	2.824	32.659
84	紹　興	華東	2.900	2.700	2.950	2.850	2.900	2.550	2.850	2.700	2.700	2.900	2.800	30.251
85	石家莊	華北	3.750	2.813	2.563	2.625	2.563	2.438	2.813	2.125	2.750	2.750	2.719	28.289
86	中　山	華南	2.750	2.700	2.900	2.850	2.700	2.600	2.700	2.500	2.600	2.850	2.715	26.060
87	漳　州	華南	2.471	2.529	2.471	2.353	2.706	2.471	2.647	2.824	3.059	3.353	2.688	25.970
88	長　沙	華中	3.273	2.727	2.591	2.773	2.591	2.455	2.545	2.682	2.818	2.773	2.723	25.168
89	保　定	華北	2.667	2.667	2.867	2.600	2.400	3.067	2.333	2.867	2.667	2.733	2.687	24.544
90	日　照	華北	2.867	2.800	2.467	2.533	2.333	2.533	2.600	3.467	2.267	2.533	2.640	23.384
91	武漢武昌	華中	3.250	2.700	2.650	2.750	2.550	2.500	2.700	2.650	2.500	2.700	2.695	23.117
92	溫　州	華東	2.722	2.556	2.833	2.722	2.889	2.222	2.278	2.444	2.833	2.889	2.639	22.582
93	東莞石碣	華南	2.867	3.000	2.467	2.800	2.667	2.400	2.533	2.400	2.667	2.533	2.633	22.582
94	佛　山	華南	2.889	2.889	2.778	3.000	2.389	2.556	2.000	2.556	2.556	2.389	2.600	22.314
95	哈爾濱	東北	3.250	2.875	2.438	3.063	2.563	2.313	2.375	2.250	2.438	2.313	2.588	21.422

表 17-1　2016 TEEMA 中國大陸城市台商推薦度細項指標排名分析（續）

排名	城　市	地區	❶ 競爭力	❷ 環境力	❸ 風險度	❹ 發展潛力	❺ 投資效益	❻ 國際接軌	❼ 權益保護	❽ 行政效率	❾ 內銷市場	❿ 生活品質	台商推薦度	
96	瀋　陽	東北	3.333	2.500	2.375	2.417	2.458	2.375	2.083	2.167	3.042	2.917	2.567	20.530
97	長　春	東北	3.500	2.389	2.278	2.833	2.556	2.500	2.444	2.444	2.444	2.389	2.578	20.441
98	襄　陽	華中	3.267	2.267	2.333	2.667	2.400	2.067	2.533	2.733	2.333	2.867	2.547	18.212
99	江　門	華南	2.600	2.800	2.533	2.667	2.467	2.600	2.067	2.467	2.600	2.600	2.540	17.588
100	惠　州	華南	2.667	2.500	2.722	2.611	2.500	2.556	2.389	2.333	2.056	2.222	2.456	14.912
101	深圳寶安	華南	2.611	2.389	1.944	2.500	2.444	2.556	2.444	2.611	2.611	2.500	2.461	14.645
102	太　原	華北	3.278	2.278	2.389	2.389	2.722	2.056	2.278	2.500	2.056	2.111	2.406	14.288
103	汕　頭	華南	2.667	2.400	2.733	2.400	2.400	2.200	2.200	2.400	2.200	2.200	2.380	12.148
104	深圳龍崗	華南	2.667	2.375	2.167	2.583	2.458	2.375	2.292	2.375	2.458	2.208	2.396	11.702
105	宜　昌	華中	2.800	2.333	2.267	2.400	2.333	2.133	2.467	2.133	2.400	2.333	2.360	10.542
106	贛　州	華中	3.467	2.067	2.067	2.067	1.933	2.133	1.800	1.933	2.267	1.867	2.160	9.026
107	東莞虎門	華南	2.125	2.438	2.188	2.125	2.250	2.250	2.188	2.375	2.125	2.125	2.219	7.689
108	吉　安	華中	2.625	2.250	2.188	2.250	2.563	2.063	2.000	2.063	2.063	2.250	2.231	7.421
109	東莞清溪	華南	2.375	2.250	2.375	2.250	2.375	2.313	2.188	2.188	2.063	1.938	2.231	7.332
110	東莞長安	華南	2.125	1.875	2.000	2.125	2.188	2.188	2.063	2.125	1.938	1.938	2.056	4.121
111	東莞厚街	華南	1.867	1.733	2.000	2.267	2.133	2.067	1.667	1.933	1.800	1.733	1.920	2.694
112	九　江	華中	1.722	1.889	1.556	1.833	1.778	1.778	1.500	1.611	1.889	1.944	1.750	1.624

註：【1】問卷評分轉換：「非常同意＝5分」、「同意＝4分」、「沒意見＝3分」、「不同意＝2分」、「非常不同意＝1分」

【2】台商推薦度＝【城市競爭力 ×10%】＋【投資環境力 ×10%】＋【投資風險度 ×10%】＋【城市發展潛力 ×10%】＋【整體投資效益 ×10%】＋【國際接軌程度 ×10%】＋【台商權益保護 ×10%】＋【政府行政效率 ×10%】＋【內銷市場前景 ×10%】＋【整體生活品質 ×10%】

【3】台商推薦度評分越高，代表台商對該城市願意推薦給下一個來投資的台商之意願強度越高，換言之，也代表這個城市的台商推薦程度越高。

表 17-2　2016 TEEMA 中國大陸台商推薦度構面平均觀點評分與排名

台商推薦度評估構面	2012		2013		2014		2015		2016		2012至2016	
	評分	排名	評分	排名	評分	排名	評分	排名	評分	排名	評分	排名
❶城市競爭力	3.614	9	3.506	9	3.392	4	3.268	5	3.292	1	3.414	2
❷投資環境力	3.686	2	3.552	4	3.398	2	3.251	8	3.103	5	3.398	3
❸投資風險度	3.658	5	3.529	5	3.356	8	3.235	9	3.057	10	3.367	9
❹發展潛力	3.740	1	3.616	1	3.445	1	3.319	1	3.186	2	3.461	1
❺投資效益	3.663	4	3.553	3	3.393	3	3.261	7	3.109	3	3.396	4
❻國際接軌	3.598	10	3.495	10	3.327	10	3.228	10	3.083	9	3.346	10
❼權益保護	3.674	3	3.563	2	3.371	5	3.263	6	3.099	6	3.394	5
❽行政效率	3.627	8	3.527	6	3.359	6	3.276	4	3.083	8	3.374	8
❾內銷市場	3.648	7	3.509	8	3.347	9	3.302	3	3.085	7	3.378	7
❿生活品質	3.658	5	3.521	7	3.357	7	3.303	2	3.107	4	3.389	6
平均值	3.657		3.537		3.374		3.271		3.120		3.391	

二、2015-2016 TEEMA 中國大陸台商推薦度差異分析

2016《TEEMA 調查報告》延續 2015《TEEMA 調查報告》對台商推薦度評分加以探討，因 2016 年城市評比為 112 個，少於 2015 年城市評比 118 個，因此，為調查其差異程度，將六個城市剔除（台州、咸寧、洛陽、岳陽、鞍山、杭州余杭），不列入分析內。僅針對 2015 年與 2016 年同樣列入調查的 112 個城市進行台商推薦度差異分析，有 12 個城市之台商推薦度呈上升趨勢，占 112 個城市的 10.71%，而下滑的城市總共有 100 個，占整體 89.29%，茲將台商推薦度評分差異，分析結果重要內涵分述如下：

1. 就 2015-2016 台商推薦度評分上升城市而言：2016《TEEMA 調查報告》結果顯示，在台商推薦度評分上升最多前十個城市依序為：（1）嘉興嘉善（2.908 上升至 3.130）；（2）武漢漢口（2.813 上升至 3.027）；（3）太原（2.223 上升至 2.406）；（4）唐山（3.053 上升至 3.194）；（5）東莞市區（2.828 上升至 2.956）；（6）北海（2.713 上升至 2.822）；（7）東莞松山湖（3.113 上升至 3.144）；（8）江門（2.513 上升至 2.540）；（9）襄陽（2.522 上升至 2.547）；（10）贛州（2.139 上升至 2.160）。其中，評分上升幅度超過 0.2 有嘉興嘉善（2.908 上升至 3.130）和武漢漢口（2.813 上升至 3.027），主因嘉興嘉善的地理位置優越，坐落於上海、杭州及蘇州三座江南名城的正中央，屬於長江角地區的核心地帶，此外，嘉興嘉善於 2013 年 2 月 28 日獲得成為中國大陸唯一一個科學發展區域，並於 2016 年以「科學、統籌、創新」為發展目標，全力描繪

「十三五規劃」藍圖，著力建設一批支撐縣域科學發展示範點建設的重大交通運輸項目，為嘉興嘉善的社會經濟發展提供有力的支撐。隨著中國大陸持續推動「一帶一路」戰略，漢口成為重要節點城市之一，隨之而來的基礎建設投資亦為漢口帶來龐大的投資機遇。

2. 就 2015-2016 台商推薦度評分下降城市而言：依 2016《TEEMA 調查報告》顯示，在台商推薦度評分上，下降最多的前十個城市依序為：（1）保定（3.284 下降至 2.687）；（2）日照（3.163 下降至 2.640）；（3）東莞長安（2.567 下降至 2.056）；（4）瀋陽（3.038 下降至 2.567）；（5）莆田（3.295 下降至 2.839）；（6）徐州（3.343 下降至 2.913）；（7）天津濱海（3.838 下降至 3.435）；（8）煙台（3.288 下降至 2.894）；（9）寧波餘姚（3.447 下降至 3.078）；（10）寧波奉化（3.544 下降至 3.175）。其中，評分下降幅度超過 0.5 的城市共有三個，分別為東莞長安、日照及保定。2016 年 2 月 4 日，根據中國大陸環境保護部發布《2015 年中國環境公報》指出：「在中國大陸 74 個城市中，保定市為 2015 年空氣品質最差的城市。」顯示儘管中國大陸逐漸注重綠色生態保護，但保定市之空氣質量仍有待加強，並影響台商前往投資。此外，東莞過往為台商投資布局之重鎮，然近年隨成本上揚及法規日趨嚴謹，台資企業逐漸外移至東南亞國家以尋求更優惠投資環境，是故，台商對東莞長安之投資推薦度逐漸下滑。

表 17-3　2015-2016 TEEMA 中國大陸城市台商推薦度評分差異

城　市	2015	2016	2015 至 2016	城　市	2015	2016	2015 至 2016
	評分	評分	評分差異		評分	評分	評分差異
嘉興嘉善	2.908	3.130	+0.222	寧波慈溪	3.695	3.582	-0.113
武漢漢口	2.813	3.027	+0.214	東莞石碣	2.747	2.633	-0.114
太　原	2.223	2.406	+0.183	溫　州	2.756	2.639	-0.117
唐　山	3.053	3.194	+0.141	上海松江	3.585	3.467	-0.118
東莞市區	2.828	2.956	+0.128	吉　安	2.350	2.231	-0.119
北　海	2.713	2.822	+0.109	嘉興市區	3.181	3.053	-0.128
東莞松山湖	3.113	3.144	+0.031	無錫宜興	3.514	3.380	-0.134
江　門	2.513	2.540	+0.027	北京亦庄	3.595	3.455	-0.140
襄　陽	2.522	2.547	+0.025	深圳龍崗	2.536	2.396	-0.140
贛　州	2.139	2.160	+0.021	合　肥	3.575	3.430	-0.145
武漢漢陽	2.925	2.933	+0.008	哈爾濱	2.733	2.588	-0.145
三　亞	2.993	3.000	+0.007	中　山	2.868	2.715	-0.153

表 17-3　2015-2016 TEEMA 中國大陸城市台商推薦度評分差異（續）

城　市	2015 評分	2016 評分	2015 至 2016 評分差異	城　市	2015 評分	2016 評分	2015 至 2016 評分差異
天津市區	3.075	3.058	-0.017	蘇州昆山	4.030	3.877	-0.153
重　慶	3.745	3.724	-0.021	泉　州	3.424	3.268	-0.156
長　春	2.606	2.578	-0.028	上海閔行	3.821	3.663	-0.158
蘇州太倉	3.304	3.258	-0.046	佛　山	2.759	2.600	-0.159
杭州市區	3.885	3.835	-0.050	泰　州	3.300	3.139	-0.161
廣州市區	3.323	3.270	-0.053	桂　林	3.042	2.880	-0.162
深圳寶安	2.525	2.461	-0.064	昆　明	3.028	2.865	-0.163
貴　陽	3.037	2.970	-0.067	蕪　湖	3.463	3.300	-0.163
南京江寧	3.683	3.615	-0.068	寧波市區	3.720	3.555	-0.165
寧波北侖	3.610	3.539	-0.071	廈門島外	4.224	4.058	-0.166
石家莊	2.800	2.719	-0.081	惠　州	2.624	2.456	-0.168
連雲港	3.757	3.670	-0.087	綿　陽	3.631	3.461	-0.170
福州馬尾	3.180	3.090	-0.090	鹽　城	3.305	3.133	-0.172
福州市區	3.138	3.047	-0.091	東莞厚街	2.093	1.920	-0.173
宿　遷	3.567	3.475	-0.092	蘇州張家港	3.718	3.545	-0.173
無錫市區	3.728	3.636	-0.092	遂　寧	3.531	3.353	-0.178
濟　南	3.352	3.257	-0.095	淮　安	3.879	3.697	-0.182
大　連	3.781	3.683	-0.098	常　州	3.355	3.172	-0.183
南京市區	3.811	3.712	-0.099	威　海	3.493	3.307	-0.186
上海浦東	3.920	3.819	-0.101	馬鞍山	3.686	3.500	-0.186
南　寧	3.059	2.957	-0.102	上海市區	3.886	3.696	-0.190
西　安	3.822	3.719	-0.103	上海嘉定	3.514	3.322	-0.192
蘇州工業區	4.364	4.253	-0.111	廈門島內	4.008	3.810	-0.198
廊　坊	3.661	3.550	-0.111	東莞清溪	2.431	2.231	-0.200
泰　安	2.973	2.860	-0.113	長　沙	2.926	2.723	-0.203
蘇州常熟	3.195	2.990	-0.205	海　口	3.200	2.893	-0.307
深圳市區	3.372	3.164	-0.208	宜　昌	2.688	2.360	-0.328
南　昌	3.417	3.208	-0.209	杭州蕭山	4.131	3.797	-0.334
成　都	4.478	4.265	-0.213	東莞虎門	2.569	2.219	-0.35
南　通	3.931	3.714	-0.217	汕　頭	2.733	2.380	-0.353
紹　興	3.024	2.800	-0.224	漳　州	3.047	2.688	-0.359
蘇州吳江	3.504	3.277	-0.227	武漢武昌	3.058	2.695	-0.363

表 17-3　2015-2016 TEEMA 中國大陸城市台商推薦度評分差異（續）

城　　市	2015 評分	2016 評分	2015 至 2016 評分差異	城　　市	2015 評分	2016 評分	2015 至 2016 評分差異
北京市區	3.708	3.476	-0.232	湖　州	3.253	2.887	-0.366
鄭　州	3.400	3.165	-0.235	九　江	2.119	1.750	-0.369
蘇州市區	4.162	3.925	-0.237	寧波奉化	3.544	3.175	-0.369
德　陽	3.589	3.350	-0.239	寧波餘姚	3.447	3.078	-0.369
無錫江陰	3.811	3.570	-0.241	煙　台	3.288	2.894	-0.394
青　島	4.023	3.780	-0.243	天津濱海	3.838	3.435	-0.403
廣州天河	3.068	2.824	-0.244	徐　州	3.343	2.913	-0.430
蘭　州	3.135	2.881	-0.254	莆　田	3.295	2.839	-0.456
珠　海	3.450	3.194	-0.256	瀋　陽	3.038	2.567	-0.471
鎮　江	3.464	3.189	-0.275	東莞長安	2.567	2.056	-0.511
揚　州	3.646	3.364	-0.282	日　照	3.163	2.640	-0.523
蘇州新區	3.988	3.692	-0.296	保　定	3.284	2.687	-0.597

資料來源：本研究整理

第 18 章
2016 TEEMA 中國大陸城市綜合實力

2016《TEEMA 調查報告》城市綜合實力計算方式延續過去《TEEMA 調查報告》所評估之「兩力兩度」模式，構面如下：（1）城市競爭力；（2）投資環境力；（3）投資風險度；（4）台商推薦度四個構面，於此四個構面所獲得之原始分數，將原始分數的高低經過排列順序，透過百分位數轉換後計算其加權分數，除城市競爭力以 20.00 到 99.99 為百分位數加權計算外，其餘三個構面則以 1.00 到 99.99 為百分位數加權計算，再各別乘上構面的權重後，將四個構面之加總分數並予以排名，最後將獲得每一個城市的「城市綜合實力」綜合評分與推薦等級。鑒於「兩力兩度」構面之權重分配，分別為：（1）城市競爭力（15%）；（2）投資環境力（40%）；（3）投資風險度（30%）；（4）台商推薦度（15%）。

一、2016TEEMA 中國大陸城市綜合實力排名

2016《TEEMA 調查報告》調查中國大陸 112 個城市之城市綜合實力排名，如表 18-1 所示，依據「城市綜合實力」分數之結果，以 25 分為區隔，分為【A】、【B】、【C】、【D】四項「城市推薦等級」如下：（1）75 分以上城市為【A】級城市，為「極力推薦」等級城市；（2）50 分到 75 分（含）城市為【B】級城市，屬於「值得推薦」等級城市；（3）25 分到 50 分（含）之城市為【C】級城市，歸類於「可予推薦」等級城市；（4）25 分（含）以下之城市為【D】級城市，則為「暫不推薦」等級城市。2016《TEEMA 調查報告》城市綜合實力前十佳城市排名依序為：（1）蘇州工業區；（2）成都；（3）蘇州昆山；（4）蘇州市區；（5）杭州蕭山；（6）廈門島外；（7）杭州市區；（8）上海浦東；（9）上海市區；（10）蘇州新區。

有關 2016 年中國大陸「城市綜合實力」最佳十名城市與 2015 年調查結果

相比，可發現蘇州工業區依舊奪得桂冠，成都上升一個名次排名第二，而杭州市區則由 2015 年的第 14 名擠進 2016 年第七名，進步七個名次。另一方面，2016 年「城市綜合實力」排名最後十名則分別為：（1）九江；（2）贛州；（3）東莞厚街；（4）東莞長安；（5）吉安；（6）東莞虎門；（7）宜昌；（8）東莞清溪；（9）太原；（10）汕頭。

2016 年隨著中國大陸開始實施諸多政策及「一帶一路」策略推動影響，使中國大陸整體的投資環境有新的排名順序，部分「一帶一路」沿線以及西部城市亦因此產生些微變動。而東南沿海地區一直以來皆為重要的貿易窗口，並藉由轉型升級形成良好的投資環境，使得蘇州等沿海主要城市仍是企業投資的首選地區。因此，2016《TEEMA 調查報告》針對蘇州工業區、成都、蘇州昆山、蘇州市區、杭州蕭山等城市綜合實力前五名進行深入探究，分析各個城市所具備的不同競爭優勢。

1. 蘇州工業區：為中國大陸首位創立開放創新綜合試驗區，其深深圍繞在實施創新驅動的發展策略上，加速建設開放引領、創新驅動、經濟繁榮及環境優美等方面，創造出國際先進現代化的高科技產業新地標，成為中國大陸開放型經濟新體制的領頭羊。據 2016《TEEMA 調查報告》顯示，蘇州工業區於 2016 年的綜合城市實力排名第一，連續十年均列入城市綜合實力排行榜上的【A】級「極力推薦」城市，整體經商環境優勢已不容置疑，其投資環境優越理由分述如下：

❶理由一【創建智慧城市】：蘇州工業區在近年來不斷以「高效資訊感和智慧應用體系建設」為策略目標，堅持「互聯網 +」的創新思維，全力打造高標準的「6I」智慧園區，不斷鼓勵企業技術創新或模式創新，以促進資訊技術的跨界整合，實現具有全方面智慧城市的發展模式。此外，透過「一帶一路」及長江經濟帶等戰略規劃，建構起國際開放合作新平台，由新加坡與蘇州工業區共同開啟「雙區互動」的智慧城市，利用雙方的技術結合，運用在雲計算、移動網路及物聯網等產業領域，為智慧城市的驅動力獲得加速發展，進而帶動蘇州工業區周圍區域的投資成長。

❷理由二【推進創新驅動】：中國大陸國務院於 2015 年 10 月同意「蘇州工業園區開展開放創新綜合試驗總體方案」，深入實施創新驅動策略，並加快建構以科技創新為目標，進一步引領中國大陸開發區的轉型升級和創新發展。2016 年 5 月 14 日，蘇州工業園區科技資訊局長張東馳表示：「到 2016 年五月為止，蘇州工業園區已評出 899 個創新創業項目，已有 706 個完成註冊，投資率達 81.24%，而累積投資金額達 95 億人民幣。」此外，蘇州工業區將以「聚集

全球高端創新要素」為發展策略，進行全面地完善「人才＋資金＋組織與機制」的創新三維結構環境，致力打造具有全球領先水平的國際化創新體系。

❸理由三【產業結構升級】：為順應全球產業變革大趨勢，積極落實《中國製造 2025》政策，進而推動製造業高端化發展，從「園區製造」走向「園區智造」，培育新一代的電子資訊、高端製造設備、新能源及生物機械等產業領域，為蘇州工業區打造具有競爭力的先進製造業基地。2015 年，蘇州工業區在《推進供給側結構性改革培育發展新動能行動方案》報告提出，生物醫藥、奈米技術及雲計算等三項新興產業，其在 2015 年蘇州工業區的投資年產值達 941.3 億人民幣，年均成長率達 30%。由此可知，為增強產業整體競爭核心，不遺餘力推動產業結構的轉型升級，加快蘇州工業區高端製造業發展的新格局。

2. 成都：為中國大陸西南部最重要的主力城市之一，同時擁有物流、商貿、金融、科技、文化、教育中心、交通樞紐中心和國家統籌城鄉綜合配套改革的實驗區。此外，2016 年 5 月 30 日，中國大陸社會科學院財經戰略研究院以中國大陸 294 個城市做為評估發布《中國城市競爭力報告 No.14》，其中成都在宜商競爭力評比中位居第九名，而在可持續競爭力上也擠進第 15 名，且根據 2016《TEEMA 調查報告》亦顯示成都近幾年城市綜合實力排名不斷上升，2016 年更提升一名至第二名。隨著「十三五規劃」的開局之年及「一帶一路」的推動之下，可預見未來將有許多投資在這片熱土中結出碩果，其投資環境優越理由茲分述如下：

❶理由一【國際航空樞紐】：成都將繼北京及上海之後，在中國大陸第三個擁有「一市兩機場」的城市，極力打造一座智慧、人文及綠色的成都天府國際機場，並與原先的成都雙流國際機場一起協同運作，共同使航空樞紐地位有所上升。此外，根據成都市口岸與物流辦公室主任陳仲維（2016）表示：「目標在『十三五規劃』期間，把成都打造成複合型的國家級立體門戶樞紐城市。」由此可知，透過利用雙機場的優勢，鼓勵優先開通「一帶一路」沿線國家的國際航線，構建臨空經濟區域，發展出航空運輸、物流、高新技術及電子商務等產業領域，架設起通達歐洲、亞洲及中東的航空經濟網絡體系，使成都打造成西部唯一的「空中絲綢之路」。

❷理由二【外商投資激增】：成都將按照「十三五規劃」的「改革創新，轉型升級」總體策略，加快建設新川創新科技園、歐盟創新中心及中古生物產業園等國際合作平台，並全力打造中國大陸西南部先進製造業、金融中心及服務業的領軍城市，使外資企業在成都迎來新一輪發展機遇。根據四川省成都市《2015 年成都市外商投資企業主體發展情況報告》（2016）顯示，成都的外商

投資企業量達7,091間，而投資總額超越600億美元，此外，截至2016年5月24日，落戶成都的世界500強企業達301家，穩居中西部第一。富比士（Forbes）（2016）亦表示：「成都在未來十年為全球發展最快的城市。」由此可知，成都在一帶一路戰略的帶動下，為了實現國際性區域中心城市的根本目標，努力建設向外開放的門戶城市，吸引著眾多外資企業大量投資成都這座黃金城。

❸理由三【優化交通網絡】：成都將於「十三五規劃」期間，投入2,300億以上人民幣進行交通網絡布局，大力推進機場、鐵路、公路及交通信息化建設等，全面建構西部高效的綜合交通樞紐體系。2016年5月9日，根據海峽兩岸關係協會會長陳德銘表示：「目前中國大陸西部的交通網絡體系正逐步改善，且擁有著龐大的消費市場，台商應前往西部布局新藍海。」由此可知，隨著中國大陸大規模基礎建設設施的推進，西部地區以航空、鐵路及高速公路等三種交通工具，逐步形成立體交通網絡體系，打造「零距離換乘」的高效綜合交通系統，將吸引更多投資者目光。

3. 蘇州昆山：昆山為中國大陸台資企業投資最活躍和最密集的縣域，亦是兩岸經貿文化交流最頻繁的城市之一，此外，在「十三五規劃」中專門提及，將以互利共贏方式深化兩岸的經濟合作，並深化產業合作試驗區，是專為兩岸產業創新升級而打造的金融合作平台，做為台商和金融服務業的重要基地。根據2016《TEEMA調查報告》顯示，蘇州昆山的城市綜合實力排名由2015年的第六名上升至2016年第三名，其投資環境優越理由茲分列如下：

❶理由一【積極推進服務】：根據蘇州市政府2016年1月18發布之《政府工作報告》顯示：「積極推進崑山花橋國家現代服務業綜合試點，有助經濟穩步提高」，此外，根據昆山市商務局吳新明局長（2016）指出：「國家現代服務業試點之預期目標為，地方服務業成長值要占GDP高達80%以上，然而蘇州昆山花橋表現超越預期」其發表數據顯示，近三年來，昆山花橋國際商務城共63個入選試點專案，計畫總投資達64.96億元人民幣，2015年該區實現地方服務業增加176億元人民幣，占GDP比重達82.41%，成為帶動現代服務業日益茁壯的領頭羊。

❷理由二【推動高端製造】：以製造業起身的昆山，擁有中國大陸製造業全產業鏈的聚集優勢，且對傳統製造業來說，新技術革新將湧入龐大的市場需求，可說是推動機器人產業迅速發展的重要關鍵因素。此外，昆山政府自2015年開始就大力扶持機器人產業及智能發展等相關政策措施，建立起機器人產業基金，解決本地機器人產業的資金流動緊張問題等。根據昆山市機器人產業促進中心

（2016）指出，與中國大陸其他市域相較而言，昆山在發展機器人產業擁有雄厚基礎。由此可知，昆山抓住機器人產業這塊製造業頂端黃金，一步步前往轉型升級創新發展的新格局。

❸理由三【打造跨貿小鎮】：2015 年 10 月，昆山海峽兩岸電子商務經濟合作實驗區獲批設立，加之隨蘇州跨境電子商務綜合試驗區成立，蘇州昆山藉機在平台搭建、環境營造、產業集聚等方面積極推進，致力打造兩岸電商「跨貿小鎮」根據昆山市副市長金銘（2016）表示：「當今電子商務發展快速，其成為優化產業結構的重要動力，昆山欲將兩岸跨境電商做為發展新亮點。」位於花橋的「跨貿小鎮」以跨境貿易體驗館為特色，其占地面積達 1.1 萬平方公尺，運營方式採取線上貿易平台與線下體驗館相互結合，並積極引進跨境電商，預計三年內實現總產值十億人民幣以上。

4. 蘇州市區：蘇州市是中國大陸經濟高度發展的地區，亦是江蘇省經濟中心、工商業和物流中心城市，同時也是重要的金融、文化、藝術、教育和交通中心。2015 年蘇州市的地區生產總值高達 1 兆 4,500 億人民幣，同比成長 7.5% 僅次於上海、北京、廣州、深圳、天津和重慶，位居中國大陸全國地級市以上城市的第七位。根據《2015 年中國城市競爭力排行榜》，蘇州的綜合城市競爭力位居二線城市之首，直逼一線城市天津，顯示其發展快速。根據 2016《TEEMA 調查報告》顯示，蘇州市區城市綜合實力與 2015 年名次持平，仍舊保持第四名，其投資環境優越理由分述如下：

❶理由一【投資新興產業】：根據蘇州市政府發布 2015 年《政府工作報告》指出：「蘇州市積極對接『中國製造 2025』，大力發展新興產業，促進產業跨界融合，加快產業轉型升級。」可知，發展新興產業為推動蘇州產業邁向中高端水準的戰略抉擇。而根據蘇州市統計局公布 2016 年 1 至 4 月投資新興產業的數據顯示，八大新興產業投資呈現「六升二降」情況。其中投資成長的新興產業包含：新型平板顯示產業成長 72.%；智慧電網和物聯網產業成長 70.5%；節能環保產業成長 36.1%；生物技術和新醫藥產業成長 26.4%；新能源產業成長 22.4%；新材料產業成長 9.9%。由此可知，蘇州市新興產業投資呈現加速成長之態勢。

❷理由二【效率水準提升】：根據中國大陸政府的十八大報告要求「建設職能科學、結構優化、廉潔高效及人民滿意的服務型政府」其為地方服務型政府建設提出清晰要求並指明方向，然服務型政府建構便成為中國大陸行政體制改革的重要使命，亦是地方政府改革主要目標。然蘇州長年為列中國大陸各城市間投資及商務環境的評比前端，主要係因蘇州政府致力打造服務型政府，推出一站式服

務中心，從而成為中國大陸公認商業效率最高的城市之一，根據《2015 中國地方政府效率研究報告》顯示，在中國大陸經濟社會發展水準較高的 104 個重點城市，蘇州政府效率排名第三，僅次於東莞及深圳。

❸理由三【經濟穩定成長】：在中國大陸總體經濟環境面臨較大壓力的情況下，蘇州秉持五大發展理念，包含「去產能、去庫存、去槓桿、降成本、補短板」五大重點任務，並大力推進供給側結構性改革。根據蘇州市政府發布 2015 年《政府工作報告》所示，蘇州市各項經濟指標皆呈大幅提升的趨勢，其區域生產總值成長 7.5%、一般公共預算收入成長 8.1%、社會消費品零售成長 9%，顯示其經濟發展穩定成長。此外，對外貿易方面亦表現穩定，2015 年完成進出口總額 3,053.5 億美元，其中出口 1,814.6 億美元。綜上所知，其經濟發展狀況呈現穩定成長走勢。

5. 杭州蕭山：杭州蕭山經濟開發區成立於 1993 年，設有杭州江東國家新能源高新技術產業化基地、裝備製造國家新型工業化產業示範基地以及國家級杭州軟體產業基地等，亦有江東新城和蕭山高新技術產業園區兩個省級開發區。杭州於 2015 年獲批設立中國（杭州）跨境電子商務綜合試驗區和建設杭州國家自主創新示範區，為中國大陸創新發展發展注入強大動力，此外，杭州於 2016 年成為 G20 峰會舉辦城市，更成功獲得 2022 年亞運會主辦權。可知其未來發展將是一片光景。根據 2016《TEEMA 調查報告》顯示，杭州蕭山與 2015 年名次持平保持第五，其投資環境優越理由如下：

❶理由一【機遇推動經濟】：全世界最高規格的領導人會議之一 G20 峰會將於 2016 年 9 月在杭州舉行，而舉辦 G20 峰會往往對一個城市產生巨大影響，如墨西哥洛斯卡沃斯（Los Cabos）由一個普通的濱海小城變成世界聞名的『水火之城』。根據杭州蕭山區經信局局長裘國興（2016）表示：「蕭山將可藉由 G20 杭州峰會突破其經濟慣性，目前經濟轉型升級正從被動轉向主動轉型，亦將促進傳統製造業全面轉型。」此外，《浙江日報》（2016）亦指出，借 G20 杭州峰會之勢，蕭山推進傳統製造業綠色改造，實現企業產品智慧化、行銷網絡化與生產自動化。綜上所知，杭州蕭山將藉由此機遇推動經濟及產業轉型並再次騰飛。

❷理由二【企業積極轉型】：2015 年年初，杭州蕭山政府推出「千企業轉型三年行動」，根據《杭州日報》（2016）指出：「僅 2015 年，蕭山即下發三批共 3,203 個轉型升級項目，涉及 1,460 家企業，占全部企業的 90%。截至 2016 年 1 月 7 日止，已完成 80% 的千企轉型升級項目。」可知其政策發揮巨大的實質影響力。此外，於「千企業轉型三年行動」中，蕭山開出四大藥方，分別

為改造提升、產業轉型、兼併重組及載體升級。而重點推進「新能源汽車城」的建設被列入2016年蕭山區兩會政府工作報告中，並成為2016年蕭山產業轉型較為突出的兩個亮點之一，另一個為互聯網物流，亦將為蕭山成功打造一個全新的千億級產業鏈。

❸理由三【跨境電商繁榮】：當今的產業趨勢使傳統經濟飽受衝擊，許多位於蕭山的企業開始找尋二次創業，然跨境電商便成了新選擇，蕭山企業諸多產品皆出口國外，多年的外貿使之累積豐厚的海外資源，且蕭山富有得天獨厚的空港優勢，都為蕭山跨境電商迅速崛起奠定厚實基礎。蕭山藉著2015年中國大陸杭州跨境電子商務綜合試驗區設立的機會，搶占跨境電商發展先機，著力構建「一區四園」總體布局，積極推動以B2B「大貿」為重點的跨境電商產業發展。2015年跨境電商創造出口2.1億美元與進口8,300萬美元的驚人成績，可知，蕭山跨境電商發展繁榮之態勢。

為瞭解TEEMA 2012年至2016年中國大陸城市綜合實力排行及台商推薦投資等級之變化，2016《TEEMA調查報告》將2012年至2016年之結果整理如表18-2。由表可知，【A】、【B】、【C】、【D】四等級城市數分布，2016年列入【A】級的城市共有23個，占總受評城市數比例的20.54%；列入【B】級的城市共有38個，其占總受評城市數比例為33.92%；【C】級的城市共有35個，其占總受評城市數比例為31.26%；至於列入【D】級的城市僅有16個，所占比例最小，占14.28%。與2015年相比，【A】級「極力推薦」之城市數量比例小幅下滑，而【B】級「值得推薦」之城市數量比例略微上升，【C】級「可予推薦」之城市數量比例則持平，【D】級「暫不推薦」的城市數比例則微幅下降。結果顯示，【A】等級之城市與2015年結果相比，「極力推薦」的城市成員僅有些微變動，仍以中國大陸沿海地區為主，然而成都、西安及重慶等西部大城市，近年亦常駐於【A】級城市之列，隨著「十三五規劃」的開局之年，加上「一帶一路」政策逐步展開，未來將更具發潛力。

2016《TEEMA調查報告》亦以調查城市所在區域進行區隔，將其城市綜合實力推薦等級與該城市所屬之七大經濟區域分布進行比較，結果整理如表18-3。中國大陸七大經濟區域內，2016年台商「極力推薦」城市排名依序為：（1）華東地區16個（14%）；（2）華南、西南地區各兩個（2%）；（3）華北、西北及東北地區各一個（1%）。由此可知，華東地區依然是台商較喜愛之主要投資環境區域，值得注意的是，華中區域在2016年「極力推薦」城市中，由2015年的三個城市下降為零個，顯示其投資吸引力呈下降趨勢。

表 18-1　2016 TEEMA 中國大陸城市綜合實力排名分析

排名	城市	省市	區域	❶ 城市競爭力		❷ 投資環境力			❸ 投資風險度			❹ 台商推薦度			2016 城市綜合實力			2015 城市綜合實力			2015 至 2016 排名差異
				加權評分	排名	加權評分	百分位	排名	加權評分	百分位	排名	加權評分	百分位	排名	綜合評分	等級		綜合評分	等級	排名	
1	蘇州工業區	江蘇省	華東	81.032	9	3.885	95.486	3	1.792	99.277	1	4.253	98.385	2	94.890	A01	極力推薦	95.492	A01	1	0 ⇔
2	成　都	四川省	西南	81.068	8	3.886	94.238	4	1.841	98.519	2	4.265	98.920	1	94.249	A02		92.742	A03	3	1 ⬆
3	蘇州昆山	江蘇省	華東	81.032	9	3.938	97.270	1	2.020	92.766	4	3.877	91.429	5	92.607	A03		92.299	A06	6	3 ⬆
4	蘇州市區	江蘇省	華東	81.032	9	3.887	92.989	5	1.996	94.728	3	3.925	92.945	4	91.711	A04		92.699	A04	4	0 ⇔
5	杭州蕭山	浙江省	華東	82.786	7	3.811	92.633	6	2.096	90.894	5	3.797	90.269	7	90.279	A05		92.691	A05	5	0 ⇔
6	廈門島外	福建省	華南	65.093	29	3.890	95.620	2	2.101	89.199	7	4.058	96.601	3	89.262	A06		93.808	A02	2	-4 ⬇
7	杭州市區	浙江省	華東	82.786	7	3.697	85.810	11	2.119	88.664	8	3.835	91.250	6	87.029	A07		82.829	A14	14	7 ⬆
8	上海浦東	上海市	華東	85.659	3	3.702	84.473	12	2.106	89.913	6	3.819	88.486	8	86.885	A08		86.582	A09	9	1 ⬆
9	上海市區	上海市	華東	85.659	3	3.804	90.671	7	2.185	82.957	14	3.696	82.600	18	86.394	A09		84.619	A11	11	2 ⬆
10	蘇州新區	江蘇省	華東	81.032	9	3.697	86.747	10	2.143	87.148	9	3.692	83.046	17	85.455	A10		89.866	A07	7	-3 ⬇
11	青　島	山東省	華北	78.907	13	3.778	90.448	8	2.254	77.962	20	3.780	86.345	10	84.356	A11		87.735	A08	8	-3 ⬇
12	上海閔行	上海市	華東	85.659	3	3.608	80.326	19	2.122	87.148	10	3.663	82.154	20	83.447	A12		83.747	A13	13	1 ⬆
13	廈門島內	福建省	華南	65.093	29	3.723	87.416	9	2.165	84.963	12	3.810	87.505	9	83.345	A13		85.239	A10	10	-3 ⬇
14	西　安	陝西	西北	75.938	14	3.670	82.020	14	2.165	85.810	11	3.719	83.402	15	82.452	A14		81.342	A16	16	2 ⬆
15	無錫江陰	江蘇省	華東	74.968	17	3.662	80.772	17	2.098	84.027	13	3.570	78.498	23	80.537	A15		81.187	A17	17	2 ⬆
16	重　慶	重慶市	西南	80.450	11	3.592	77.695	23	2.190	82.154	16	3.724	84.205	12	80.422	A16		80.218	A20	20	4 ⬆
17	南　通	江蘇省	華東	69.891	23	3.618	80.905	16	2.167	81.886	17	3.714	85.632	11	80.257	A17		83.788	A12	12	-5 ⬇
18	南京市區	江蘇省	華東	80.454	10	3.677	82.377	13	2.280	75.198	26	3.712	84.205	13	80.209	A18		80.263	A19	19	1 ⬆
19	大　連	遼寧省	東北	72.686	19	3.575	77.962	21	2.218	80.103	19	3.683	83.402	16	78.629	A19		77.034	A22	22	3 ⬆
20	南京江寧	江蘇省	華東	80.454	10	3.547	74.886	26	2.206	82.511	15	3.615	78.498	23	78.550	A20		79.988	A21	21	1 ⬆
21	寧波市區	浙江省	華東	75.756	16	3.633	81.574	15	2.270	74.707	27	3.555	79.033	22	78.260	A21		77.027	A23	23	2 ⬆
22	無錫市區	江蘇省	華東	74.968	17	3.537	73.771	29	2.266	76.090	23	3.636	80.192	21	75.609	A22		76.614	A24	24	2 ⬆
23	淮　安	江蘇省	華東	49.763	56	3.607	80.772	17	2.223	77.383	22	3.697	82.600	18	75.378	A23		80.351	A18	18	-5 ⬇

表 18-1　2016 TEEMA 中國大陸城市綜合實力排名分析（續）

排名	城市	省市	區域	❶ 城市競爭力		❷ 投資環境力			❸ 投資風險度			❹ 台商推薦度			2016 城市綜合實力			2015 城市綜合實力			2015 至 2016 排名差異
				加權評分	排名	加權評分	百分位	排名	加權評分	百分位	排名	加權評分	百分位	排名	綜合評分	等級		綜合評分	等級	排名	
24	連雲港	江蘇省	華東	43.844	66	3.587	78.185	20	2.178	81.886	17	3.670	83.581	14	74.954	B01	值得推薦	76.038	A26	26	2 ↑
25	北京市區	北京市	華北	86.563	1	3.506	70.917	32	2.269	75.644	24	3.476	71.898	32	74.829	B02		75.784	A27	27	2 ↑
26	合　肥	安徽省	華中	71.680	20	3.567	75.644	25	2.260	77.561	21	3.430	69.401	35	74.688	B03		71.610	B06	33	7 ↑
27	北京亦庄	北京市	華北	86.563	1	3.508	70.650	33	2.287	73.147	30	3.455	71.898	33	73.973	B04		73.149	B02	29	2 ↑
28	寧波慈溪	浙江省	華東	75.756	16	3.483	70.204	35	2.281	74.128	28	3.582	78.230	26	73.418	B05		76.528	A25	25	-3 ↓
29	寧波北侖	浙江省	華東	75.756	16	3.496	70.561	34	2.266	73.994	29	3.539	75.109	27	73.052	B06		73.126	B03	30	1 ↑
30	廊　坊	河北省	華北	50.197	53	3.571	77.204	24	2.310	72.344	31	3.550	78.319	25	71.863	B07		60.996	B19	46	16 ↑
31	蘇州張家港	江蘇省	華東	81.032	9	3.442	66.191	39	2.308	71.631	32	3.545	73.593	29	71.159	B08		74.619	B01	28	-3 ↓
32	天津濱海	天津市	華北	83.541	6	3.484	68.554	37	2.325	69.357	35	3.435	69.223	36	71.143	B09		82.814	A15	15	-17 ↓
33	宿　遷	江蘇省	華東	43.468	67	3.571	77.873	22	2.272	75.332	25	3.475	71.987	31	71.067	B10		71.381	B07	34	1 ↑
34	馬鞍山	安徽省	華中	44.656	65	3.544	74.217	28	2.295	71.229	33	3.500	74.217	28	68.887	B11		68.340	B08	35	1 ↑
35	上海松江	上海市	華東	85.659	3	3.396	61.197	43	2.337	68.376	36	3.467	72.344	30	68.692	B12		72.791	B05	32	-3 ↓
36	無錫宜興	江蘇省	華東	74.968	17	3.460	68.063	38	2.356	67.528	38	3.380	65.834	37	68.604	B13		66.415	B11	38	2 ↑
37	揚　州	江蘇省	華東	57.683	44	3.511	72.077	30	2.330	70.605	34	3.364	65.299	38	68.459	B14		72.975	B04	31	-6 ↓
38	綿　陽	四川省	西南	42.417	72	3.533	74.217	27	2.393	63.783	41	3.461	70.828	34	65.808	B15		66.901	B10	37	-1 ↓
39	上海嘉定	上海市	華東	85.659	3	3.367	58.343	47	2.354	68.019	37	3.322	60.840	41	65.718	B16		65.531	B13	40	1 ↑
40	蘇州吳江	江蘇省	華東	81.032	9	3.394	61.063	44	2.402	63.560	42	3.277	57.451	46	64.266	B17		68.122	B09	36	-4 ↓
41	深圳市區	廣東省	華南	84.523	4	3.425	63.560	41	2.417	60.795	45	3.164	51.922	56	64.129	B18		63.074	B18	45	4 ↑
42	德　陽	四川省	西南	38.407	76	3.502	71.542	31	2.371	66.414	39	3.350	63.694	40	63.856	B19		63.802	B14	41	-1 ↓
43	泉　州	福建省	華南	65.231	28	3.399	60.974	45	2.379	65.522	40	3.268	57.184	47	62.408	B20		63.408	B17	44	1 ↑
44	蕪　湖	安徽省	華中	53.948	50	3.422	64.318	40	2.406	62.579	44	3.300	58.700	44	61.398	B21		63.754	B15	42	-2 ↓

表 18-1　2016 TEEMA 中國大陸城市綜合實力排名分析（續）

排名	城市	省市	區域	❶城市競爭力		❷投資環境力			❸投資風險度			❹台商推薦度			2016 城市綜合實力			2015 城市綜合實力			2015 至 2016 排名差異
				加權評分	排名	加權評分	百分位	排名	加權評分	百分位	排名	加權評分	百分位	排名	綜合評分	等級		綜合評分	等級	排名	
45	遂　寧	四川省	西南	34.178	77	3.477	68.732	36	2.397	62.980	43	3.353	65.121	39	61.282	B22	值得推薦	63.543	B16	43	-2 ↓
46	南　昌	江西省	華中	61.877	34	3.337	57.005	48	2.425	60.662	46	3.208	53.616	51	58.325	B23		57.466	B25	52	6 ↑
47	廣州市區	廣東省	華南	84.329	5	3.272	48.979	55	2.503	53.081	54	3.270	59.413	43	57.077	B24		58.783	B22	49	2 ↑
48	福州市區	福建省	華南	70.888	21	3.424	61.375	42	2.533	50.138	58	3.047	44.163	66	56.849	B25		57.942	B24	51	3 ↑
49	蘇州太倉	江蘇省	華東	81.032	9	3.252	46.928	59	2.465	57.540	49	3.258	56.827	48	56.712	B26		53.650	B33	60	11 ↑
50	鄭　州	河南省	華中	67.823	24	3.323	55.489	49	2.510	53.973	52	3.165	52.635	54	56.456	B27		56.174	B28	55	5 ↑
51	濟　南	山東省	華北	72.951	18	3.290	52.011	52	2.510	52.323	55	3.257	58.432	45	56.209	B28		55.632	B29	56	5 ↑
52	蘇州常熟	江蘇省	華東	81.032	9	3.300	51.431	53	2.543	49.648	59	2.990	42.469	67	53.992	B29		56.581	B27	54	2 ↑
53	東莞松山湖	廣東省	華南	64.097	32	3.241	46.036	62	2.419	60.662	46	3.144	50.317	58	53.775	B30		47.237	C02	66	13 ↑
54	寧波奉化	浙江省	華東	75.756	16	3.247	47.730	56	2.525	50.718	57	3.175	53.260	53	53.660	B31		66.320	B12	39	-15 ↓
55	嘉興市區	浙江省	華東	60.552	38	3.284	50.272	54	2.447	57.852	48	3.053	44.698	63	53.252	B32		47.485	C01	65	10 ↑
56	福州馬尾	福建省	華南	70.888	21	3.194	46.081	61	2.506	53.884	53	3.090	46.749	62	52.243	B33		51.922	B35	62	6 ↑
57	常　州	江蘇省	華東	67.467	25	3.292	52.412	51	2.600	42.112	66	3.139	50.763	57	51.333	B34		59.530	B20	47	-10 ↓
58	廣州天河	廣東省	華南	84.329	5	3.336	54.954	50	2.654	37.831	72	2.824	32.659	83	50.879	B35		46.087	C04	68	10 ↑
59	珠　海	廣東省	華南	60.450	39	3.199	42.023	68	2.484	56.336	50	3.194	53.884	49	50.860	B36		58.263	B23	50	-9 ↓
60	天津市區	天津市	華北	83.541	6	3.241	45.768	63	2.610	41.845	67	3.058	44.609	65	50.083	B37		47.072	C03	67	7 ↑
61	寧波餘姚	浙江省	華東	75.756	16	3.211	44.787	65	2.593	45.768	62	3.078	46.749	61	50.021	B38		59.276	B21	48	-13 ↓
62	唐　山	河北省	華北	59.171	41	3.209	44.921	64	2.568	46.526	60	3.194	53.616	50	48.844	C01	可予推薦	42.079	C12	76	14 ↑
63	長　沙	湖南省	華中	79.650	12	3.369	59.681	46	2.800	29.627	85	2.723	25.168	88	48.483	C02		41.529	C14	78	15 ↑
64	徐　州	江蘇省	華東	61.035	36	3.244	47.062	58	2.573	45.501	63	2.913	37.296	73	47.225	C03		55.557	B30	57	-7 ↓
65	威　海	山東省	華北	55.680	47	3.233	46.749	60	2.712	34.086	80	3.307	59.591	42	46.216	C04		53.963	B32	59	-6 ↓

表 18-1　2016 TEEMA 中國大陸城市綜合實力排名分析（續）

排名	城市	省市	區域	❶ 城市競爭力		❷ 投資環境力			❸ 投資風險度			❹ 台商推薦度			2016 城市綜合實力			2015 城市綜合實力			2015 至 2016 排名差異
				加權評分	排名	加權評分	百分位	排名	加權評分	百分位	排名	加權評分	百分位	排名	綜合評分	等級		綜合評分	等級	排名	
66	鹽　城	江蘇省	華東	55.207	48	3.125	36.672	77	2.507	51.922	56	3.133	49.782	60	45.994	C05	可予推薦	51.369	B37	64	-2 ↓
67	南　寧	廣 西	西南	57.082	46	3.192	44.475	66	2.579	45.813	61	2.957	38.634	71	45.891	C06		44.696	C07	71	4 ↑
68	泰　州	江蘇省	華東	53.612	51	3.191	42.870	67	2.612	42.692	64	3.172	52.189	55	45.826	C07		45.826	C05	69	1 ↑
69	煙　台	山東省	華北	66.461	26	3.234	47.106	57	2.676	38.946	71	2.894	34.532	77	45.675	C08		53.978	B31	58	-11 ↓
70	蘭　州	甘肅省	西北	48.168	60	3.051	37.653	75	2.486	54.642	51	2.881	36.494	74	44.153	C09		42.478	C10	74	4 ↑
71	鎮　江	江蘇省	華東	58.095	43	3.144	39.347	72	2.666	37.742	73	3.189	53.349	52	43.778	C10		53.237	B34	61	-10 ↓
72	嘉興嘉善	浙江省	華東	60.552	38	3.148	38.768	73	2.722	35.557	77	3.130	50.138	59	42.778	C11		37.302	C20	84	12 ↑
73	東莞市區	廣東省	華南	64.097	32	3.118	37.698	74	2.687	37.118	74	2.956	40.328	70	41.878	C12		36.742	C21	85	12 ↑
74	湖　州	浙江省	華東	49.467	58	3.166	41.399	69	2.629	40.908	68	2.887	35.156	76	41.525	C13		45.451	C06	70	-4 ↓
75	泰　安	山東省	華北	47.588	61	3.164	40.239	71	2.652	39.035	70	2.860	33.194	80	39.924	C14		35.743	C22	86	11 ↑
76	武漢武昌	湖北省	華中	85.938	2	3.048	30.340	84	2.676	37.029	75	2.695	23.117	91	39.603	C15		38.986	C16	80	4 ↑
77	貴　陽	貴州省	西南	61.084	35	3.128	35.959	78	2.754	32.079	82	2.970	42.201	68	39.500	C16		38.589	C17	81	4 ↑
78	海　口	海南省	華南	46.513	62	3.099	34.220	80	2.638	42.603	65	2.893	36.048	75	38.853	C17		41.713	C13	77	-1 ↓
79	紹　興	浙江省	華東	60.625	37	3.128	37.296	76	2.781	29.939	84	2.800	30.251	84	37.532	C18		35.471	C23	87	8 ↑
80	武漢漢陽	湖北省	華中	85.938	2	2.727	14.243	99	2.679	39.927	69	2.933	38.366	72	36.321	C19		38.496	C18	82	2 ↑
81	佛　山	廣東省	華南	70.384	22	3.166	41.399	70	2.973	18.123	97	2.600	22.314	94	35.901	C20		29.491	C30	94	13 ↑
82	三　亞	海南省	華南	39.777	75	3.075	35.156	79	2.743	31.589	83	3.000	41.131	69	35.675	C21		35.456	C24	88	6 ↑
83	武漢漢口	湖北省	華中	85.938	2	2.927	22.136	92	2.914	20.798	92	3.027	44.609	64	34.676	C22		33.724	C27	91	8 ↑
84	昆　明	雲南省	西南	65.984	27	3.044	29.582	86	2.836	26.283	86	2.865	33.729	79	34.675	C23		33.896	C26	90	6 ↑
85	莆　田	福建省	華南	43.437	68	3.024	29.939	85	2.705	36.538	76	2.839	32.748	81	34.365	C24		42.742	C09	73	-12 ↓
86	保　定	河北省	華北	49.654	57	3.063	32.570	81	2.769	33.863	81	2.687	24.544	89	34.316	C25		42.859	C08	72	-14 ↓

表 18-1　2016 TEEMA 中國大陸城市綜合實力排名分析（續）

排名	城市	省市	區域	❶ 城市競爭力		❷ 投資環境力			❸ 投資風險度			❹ 台商推薦度			2016 城市綜合實力			2015 城市綜合實力			2015 至 2016 排名差異
				加權評分	排名	加權評分	百分位	排名	加權評分	百分位	排名	加權評分	百分位	排名	綜合評分	等級		綜合評分	等級	排名	
87	哈爾濱	黑龍江	東北	65.080	30	2.931	26.639	90	2.724	34.220	79	2.588	21.422	95	33.897	C26	可予推薦	24.613	D01	100	13 ⬆
88	中山	廣東省	華南	53.996	49	2.973	26.773	89	2.693	34.443	78	2.715	26.060	86	33.050	C27		22.709	D02	101	13 ⬆
89	瀋陽	遼寧省	東北	75.872	15	2.986	27.442	88	2.889	22.849	89	2.567	20.530	96	32.292	C28		42.332	C11	75	-14 ⬇
90	長春	吉林省	東北	65.065	31	2.982	31.143	83	2.908	20.486	94	2.578	20.441	97	31.429	C29		28.625	C33	97	7 ⬆
91	日照	山東省	華北	42.760	70	3.078	32.481	82	2.857	24.856	87	2.640	23.384	90	30.371	C30		40.008	C15	79	-12 ⬇
92	漳州	福建省	華南	50.145	54	3.003	28.467	87	2.895	20.575	93	2.688	25.970	87	28.977	C31		34.641	C25	89	-3 ⬇
93	北海	廣西	西南	41.991	73	2.920	23.607	91	2.859	23.028	88	2.822	32.659	82	27.549	C32		22.441	D04	103	10 ⬆
94	石家莊	河北省	華北	62.331	33	2.835	19.683	95	2.960	18.702	96	2.719	28.289	85	27.077	C33		32.282	C29	93	-1 ⬇
95	桂林	廣西	西南	42.521	71	2.918	21.378	93	2.883	22.225	90	2.880	34.086	78	26.710	C34		33.270	C28	92	-3 ⬇
96	溫州	浙江省	華東	60.223	40	2.775	20.843	94	2.950	18.791	95	2.639	22.582	92	26.395	C35		25.924	C35	99	3 ⬆
97	東莞石碣	廣東省	華南	64.097	32	2.690	13.396	100	3.006	15.046	101	2.633	22.582	93	22.874	D01	暫不推薦	22.583	D03	102	5 ⬆
98	深圳寶安	廣東省	華南	84.523	4	2.532	10.186	105	3.097	12.281	103	2.461	14.645	101	22.634	D02		22.340	D05	104	6 ⬆
99	深圳龍崗	廣東省	華南	84.523	4	2.541	8.625	107	3.023	15.670	100	2.396	11.702	104	22.585	D03		21.452	D07	106	7 ⬆
100	惠州	廣東省	華南	58.381	42	2.688	13.351	101	2.921	20.798	91	2.456	14.912	100	22.574	D04		19.588	D10	109	9 ⬆
101	襄陽	湖北省	華中	49.938	55	2.825	18.301	96	3.002	16.607	99	2.547	18.212	98	22.525	D05		20.201	D09	108	7 ⬆
102	江門	廣東省	華南	44.672	64	2.779	15.982	97	3.013	17.944	98	2.540	17.588	99	21.115	D06		17.438	D13	112	10 ⬆
103	汕頭	廣東省	華南	42.866	69	2.775	15.626	98	3.052	14.377	102	2.380	12.148	103	18.815	D07		28.951	C32	96	-7 ⬇
104	太原	山西省	華北	57.132	45	2.642	11.969	103	3.234	5.994	108	2.406	14.288	102	17.299	D08		16.437	D15	114	10 ⬆
105	東莞清溪	廣東省	華南	64.097	32	2.574	9.517	106	3.207	7.822	106	2.231	7.332	109	16.868	D09		15.015	D16	115	10 ⬆

表 18-1　2016 TEEMA 中國大陸城市綜合實力排名分析（續）

排名	城市	省市	區域	❶城市競爭力		❷投資環境力			❸投資風險度			❹台商推薦度			2016 城市綜合實力			2015 城市綜合實力			2015 至 2016 排名差異
				加權評分	排名	加權評分	百分位	排名	加權評分	百分位	排名	加權評分	百分位	排名	綜合評分	等級		綜合評分	等級	排名	
106	宜　昌	湖北省	華中	50.338	52	2.608	10.453	104	3.110	10.631	104	2.360	10.542	105	16.503	D10	暫不推薦	21.479	D06	105	-1 ⬇
107	東莞虎門	廣東省	華南	64.097	32	2.519	7.778	108	3.228	6.708	107	2.219	7.689	107	15.891	D11		20.827	D08	107	0 ⇔
108	吉　安	江西省	華中	39.929	74	2.662	12.727	102	3.137	9.428	105	2.231	7.421	108	15.022	D12		8.784	D18	117	9 ⬆
109	東莞長安	廣東省	華南	64.097	32	2.286	4.523	109	3.277	5.459	109	2.056	4.121	110	13.679	D13		17.896	D12	111	2 ⬆
110	東莞厚街	廣東省	華南	64.097	32	2.192	2.784	111	3.505	2.338	110	1.920	2.694	111	11.833	D14		16.681	D14	113	3 ⬆
111	贛　州	江西省	華中	49.399	59	2.216	3.408	110	3.566	2.070	112	2.160	9.026	106	10.748	D15		8.339	D19	118	7 ⬆
112	九　江	江西省	華中	45.749	63	1.819	1.000	112	3.489	2.204	111	1.750	1.624	112	8.1670	D16		9.642	D17	116	4 ⬆

註：2015 年列入評選城市 112 個，A 級極力推薦城市為「27 個」、B 級值得推薦為「37 個」、C 級可予推薦為「35 個」、D 級暫不推薦為「19 個」；2016 年列入評選城市 112 個，A 級極力推薦城市為「23 個」、B 級值得推薦為「38 個」、C 級可予推薦為「35 個」、D 級暫不推薦為「16 個」

表 18-2　2012-2016 TEEMA 中國大陸城市綜合實力推薦等級彙總表

年度	2012	2013	2014	2015	2016
【A】極力推薦	蘇州昆山、天津濱海、杭州蕭山、廈門島外、蘇州新區、無錫江陰、大連、南京市區、廈門島內、杭州市區、揚州、蘇州張家港、寧波慈溪、淮安、南京江寧、蘇州工業區、成都、青島、蘇州市區、寧波市區、上海閔行、寧波北侖、重慶、南昌、上海市區、南通、無錫市區、連雲港。	蘇州昆山、杭州蕭山、南京江寧、蘇州市區、天津濱海、上海閔行、大連、青島、杭州市區、寧波市區、無錫市區、上海浦東、蘇州張家港、西安、蘇州工業區、成都、廈門島外、蘇州新區、重慶、無錫江陰、南京市區、廈門島內、寧波北侖、上海市區、南通、北京亦莊、淮安、揚州。	蘇州昆山、廈門島外、南京江寧、成都、無錫江陰、廈門島內、上海市區、寧波市區、南通、杭州市區、上海閔行、淮安、寧波慈溪、寧波北侖、蘇州工業區、蘇州新區、蘇州市區、杭州蕭山、青島、上海浦東、南京市區、天津濱海、西安、無錫市區、重慶、大連、蘇州張家港、合肥。	蘇州工業區、成都、杭州蕭山、蘇州新區、上海浦東、上海市區、上海閔行、天津濱海、無錫江陰、南京市區、南京江寧、寧波市區、寧波慈溪、北京市區。廈門島外、蘇州市區、蘇州昆山、青島、廈門島內、南通、杭州市區、西安、淮安、重慶、大連、無錫市區、連雲港、	蘇州工業區、蘇州昆山、杭州蕭山、杭州市區、上海市區、青島、廈門島內、無錫江陰、南通、大連、寧波市區、淮安。成都、蘇州市區、廈門島外、上海浦東、蘇州新區、上海閔行、西安、重慶、南京市區、南京江寧、無錫市區、
比率	28/109（25.68%）	28/112（25.00%）	28/115（24.35%）	27/118（22.88%）	23/112（20.54%）
【B】值得推薦	西安、合肥、徐州、上海浦東、蘇州吳江、廊坊、威海、寧波奉化、北京市區、煙台、常州、泉州、宿遷、杭州余杭、南寧、武漢漢口、濟南、鎮江、寧波餘姚、綿陽、無錫宜興、德陽、北京亦莊、鹽城、蕪湖、湖州、上海嘉定、鄭州、長沙、上海松江、武漢漢陽、桂林、	無錫宜興、上海松江、北京市區、蘇州吳江、德陽、徐州、蕪湖、鎮江、常州、馬鞍山、威海、蘇州太倉、湖州、蘇州常熟、泰州、廣州天河、杭州余杭、合肥、寧波慈溪、南昌、綿陽、連雲港、上海嘉定、鹽城、寧波奉化、寧波餘姚、濟南、廊坊、宿遷、煙台、長沙、珠海、泉州、廣州市區。	揚州、北京亦庄、蕪湖、上海松江、馬鞍山、綿陽、常州、德陽、上海嘉定、濟南、威海、蘇州太倉、鎮江、蘇州常熟、廣州市區、南昌、杭州余杭、東莞松山湖、唐山。北京市區、無錫宜興、寧波奉化、連雲港、廊坊、寧波餘姚、宿遷、蘇州吳江、遂寧、煙台、徐州、珠海、鹽城、泉州、鄭州、泰州、洛陽、瀋陽、	蘇州張家港、寧波北侖、上海松江、宿遷、蘇州吳江、無錫宜興、上海嘉定、蕪湖、泉州、廊坊、寧波餘姚、珠海、南昌、蘇州常熟、濟南、煙台、蘇州太倉、福州馬尾、鹽城。北京亦庄、揚州、合肥、馬鞍山、綿陽、寧波奉化、德陽、遂寧、深圳市區、常州、廣州市區、福州市區、杭州余杭、鄭州、徐州、威海、鎮江、洛陽、	連雲港、合肥、寧波慈溪、廊坊、天津濱海、馬鞍山、無錫宜興、綿陽、蘇州吳江、德陽、蕪湖、南昌、福州市區、鄭州、蘇州常熟、寧波奉化、福州馬尾、廣州天河、天津市區、北京市區、北京亦庄、寧波北侖、蘇州張家港、宿遷、上海松江、揚州、上海嘉定、深圳市區、泉州、遂寧、廣州市區、蘇州太倉、濟南、東莞松山湖、嘉興市區、常州、珠海、寧波餘姚。
比率	32/109（29.36%）	34/112（30.36%）	37/115（32.17%）	37/118（31.36%）	38/112（33.92%）

表 18-2　2012-2016 TEEMA 中國大陸城市綜合實力推薦等級彙總表（續）

年度	2012		2013		2014		2015		2016	
【C】勉予推薦	泰州、福州市區、漳州、保定、泰安、蘇州太倉、天津市區、嶽陽、廣州市區、紹興、昆明、石家莊、襄陽、瀋陽、海口、東莞虎門、	武漢武昌、日照、廣州天河、福州馬尾、嘉興市區、蘇州常熟、嘉興嘉善、汕頭、溫州、中山、珠海、深圳市區、東莞市區、莆田、佛山、東莞厚街、	鄭州、瀋陽、桂林、南寧、福州馬尾、漳州、莆田、嘉興市區、汕頭、中山、嘉興嘉善、天津市區、東莞市區、紹興、哈爾濱、長春、襄陽、蘭州。	唐山、武漢漢陽、保定、深圳市區、日照、武漢漢口、武漢武昌、泰安、嶽陽、福州市區、昆明、三亞、石家莊、佛山、深圳寶安、海口、溫州、	保定、嘉興市區、日照、福州馬尾、廣州天河、天津市區、三亞、桂林、長沙、武漢武昌、長春、哈爾濱、東莞市區、武漢漢口、中山、蘭州。	深圳市區、福州市區、湖州、漳州、莆田、泰安、昆明、南寧、海口、武漢漢陽、石家莊、嘉興嘉善、貴陽、紹興、汕頭、	嘉興市區、天津市區、泰州、南寧、莆田、瀋陽、海口、日照、貴陽、咸寧、東莞市區、紹興、漳州、武漢漢口、石家莊、台州。	東莞松山湖、廣州天河、湖州、保定、蘭州、唐山、長沙、武漢武昌、武漢漢陽、嘉興嘉善、泰安、三亞、昆明、桂林、佛山、	唐山、徐州、鹽城、泰州、蘭州、嘉興嘉善、湖州、武漢武昌、海口、武漢漢陽、三亞、昆明、保定、中山、長春、漳州、石家莊、溫州。	長沙、威海、南寧、煙台、鎮江、東莞市區、泰安、貴陽、紹興、佛山、武漢漢口、莆田、哈爾濱、瀋陽、日照、北海、桂林、
比率	32/109（29.36%）		35/112（31.25%）		31/115（26.96%）		35/118（29.66%）		35/112（31.26%）	
【D】暫不推薦	九江、東莞長安、深圳龍崗、東莞清溪、深圳寶安、江門、贛州、北海、蘭州。	東莞石碣、太原、惠州、宜昌、吉安、哈爾濱、長春、貴陽、	惠州、宜昌、東莞虎門、九江、東莞長安、吉安、贛州、貴陽。	深圳龍崗、太原、江門、東莞石碣、東莞厚街、東莞清溪、北海、	佛山、東莞虎門、東莞長安、宜昌、襄陽、東莞清溪、太原、東莞厚街、吉安、贛州。	東莞石碣、深圳寶安、深圳龍崗、惠州、溫州、岳陽、江門、九江、北海、	汕頭、鞍山、哈爾濱、東莞石碣、深圳寶安、深圳龍崗、襄陽、岳陽、江門、太原、九江、贛州。	長春、溫州、中山、北海、宜昌、東莞虎門、惠州、東莞長安、東莞厚街、東莞清溪、吉安、	東莞石碣、深圳龍崗、襄陽、汕頭、東莞清溪、東莞虎門、東莞長安、贛州、	深圳寶安、惠州、江門、太原、宜昌、吉安、東莞厚街、九江。
比率	17/109（15.60%）		15/112（13.39%）		19/115（16.52%）		19/118（16.10%）		16/112（14.28%）	

資料來源：本研究整理

表 18-3　2007-2016 TEEMA 中國大陸七大經濟區域之城市推薦等級百分比彙總表

地區	❶華南地區				❷華東地區				❸華中地區				❹華北地區				❺西南地區				❻西北地區				❼東北地區			
推薦等級	A	B	C	D	A	B	C	D	A	B	C	D	A	B	C	D	A	B	C	D	A	B	C	D	A	B	C	D
年度	極力推薦	值得推薦	勉予推薦	暫不推薦	極力推薦	值得推薦	勉予推薦	暫不推薦	極力推薦	值得推薦	勉予推薦	暫不推薦	極力推薦	值得推薦	勉予推薦	暫不推薦	極力推薦	值得推薦	勉予推薦	暫不推薦	極力推薦	值得推薦	勉予推薦	暫不推薦	極力推薦	值得推薦	勉予推薦	暫不推薦
2007	0	6	12	6	13	15	5	0	1	0	6	2	5	3	2	0	1	3	0	2	0	0	0	2	1	0	1	2
	0%	7%	14%	7%	15%	17%	6%	0%	1%	0%	7%	2%	6%	3%	2%	0%	1%	3%	0%	2%	0%	0%	0%	2%	1%	0%	1%	2%
2008	0	4	10	9	14	18	1	1	1	0	7	1	6	3	3	0	1	0	3	2	0	0	0	2	1	0	1	2
	0%	4%	11%	10%	16%	20%	1%	1%	1%	0%	8%	1%	7%	3%	3%	0%	1%	0%	3%	2%	0%	0%	0%	2%	1%	0%	1%	2%
2009	2	2	11	8	14	18	4	0	1	1	7	1	3	5	3	1	1	1	3	1	0	0	1	1	1	0	1	2
	2%	2%	12%	9%	15%	19%	4%	0%	1%	1%	8%	1%	3%	5%	3%	1%	1%	1%	3%	1%	0%	0%	1%	1%	1%	0%	1%	2%
2010	2	1	16	4	14	20	4	0	1	5	4	2	4	8	1	1	2	0	3	2	0	0	1	1	1	0	1	2
	2%	1%	16%	4%	14%	20%	4%	0%	1%	5%	4%	2%	4%	8%	1%	1%	2%	0%	3%	2%	0%	0%	1%	1%	1%	0%	1%	2%
2011	1	5	14	6	12	21	6	0	1	2	5	4	3	8	2	1	2	0	3	2	0	1	0	1	1	0	1	2
	1%	5%	13%	6%	12%	20%	6%	0%	1%	2%	5%	4%	3%	8%	2%	1%	2%	0%	3%	2%	0%	1%	0%	1%	1%	0%	1%	2%
2012	2	1	15	7	20	14	7	0	1	6	3	4	2	6	5	1	2	4	1	2	0	1	0	1	1	0	1	2
	2%	1%	14%	6%	18%	13%	6%	0%	1%	6%	3%	4%	2%	6%	5%	1%	2%	4%	1%	2%	0%	1%	0%	1%	1%	0%	1%	2%
2013	2	4	12	8	19	18	4	0	0	5	6	4	3	5	6	1	2	2	3	2	1	0	1	0	1	0	3	0
	2%	4%	11%	7%	17%	16%	4%	0%	0%	4%	5%	4%	3%	4%	5%	1%	2%	2%	3%	2%	1%	0%	1%	0%	1%	0%	3%	0%
2014	2	4	11	10	19	17	4	1	1	5	4	6	2	7	5	1	2	3	4	1	1	0	1	0	1	1	2	0
	2%	3%	10%	9%	17%	15%	3%	1%	1%	4%	3%	5%	2%	6%	4%	1%	2%	3%	3%	1%	1%	0%	1%	0%	1%	1%	2%	0%
2015	2	6	9	10	18	17	7	0	3	5	6	1	0	6	5	6	2	3	4	1	1	0	1	0	1	0	3	1
	2%	5%	8%	8%	15%	14%	6%	0%	3%	4%	5%	1%	0%	5%	4%	5%	2%	3%	3%	1%	1%	0%	1%	0%	1%	0%	3%	1%
2016	2	8	7	10	16	16	8	0	0	5	4	5	1	6	7	1	2	3	5	0	1	0	1	0	1	0	3	0
	2%	7%	6%	9%	14%	14%	7%	0%	0%	4%	4%	4%	1%	5%	6%	1%	2%	3%	4%	0%	1%	0%	1%	0%	1%	0%	3%	0%

表 18-4　2000-2016 TEEMA 中國大陸推薦城市排名變化

排名	城　市	省 市	區域	2000	2001	2002	2003	2004	2005	2006	2007	2008	2009	2010	2011	2012	2013	2014	2015	2016
1	蘇州工業區	江蘇省	華東	A01	A01	A01	A07	B01	A18	A01	A01	A01	A03	A06	A02	A04	A02	A02	A01	A01
2	成　都	四川省	西南	B05	B13	B07	A08	A03	A04	A16	A09	A09	A11	A12	A09	A06	A04	A07	A03	A02
3	蘇州昆山	江蘇省	華東	--	A02	A04	B24	A08	A03	A03	A02	A02	A01	A01	A01	A01	A01	A01	A06	A03
4	蘇州市區	江蘇省	華東	A01	A01	A01	A07	B01	A18	A06	A14	A19	A14	A11	A03	A10	A07	A06	A04	A04
5	杭州蕭山	浙江省	華東	A07	B21	A07	A01	A01	A02	A18	A03	A06	A07	A07	A12	A05	A03	A08	A05	A05
6	廈門島外	福建省	華南	B07	B10	B10	B03	B19	A16	A13	B06	B06	A12	A10	B02	A07	A06	A03	A02	A06
7	杭州市區	浙江省	華東	B10	B16	A05	A09	C02	B10	A04	A16	A23	A13	A23	A20	A19	A17	A19	A14	A07
8	上海浦東	上海市	華東	B13	B14	B05	B07	B12	A08	A14	B24	B24	B11	B10	B14	B07	A23	A12	A09	A08
9	上海市區	上海市	華東	B13	B14	B06	A04	B16	B01	B21	B26	B17	B10	A16	B05	A22	A20	A13	A11	A09
10	蘇州新區	江蘇省	華東	A01	A01	A01	A07	B01	A18	A11	A07	A04	A19	A22	A11	A09	A08	A04	A07	A10
11	青　島	山東省	華北	B09	B12	A08	A02	A14	A12	B01	A11	A22	A18	A09	A08	A08	A15	A10	A08	A11
12	上海閔行	上海市	華東	B13	B14	B06	B08	A02	A01	A12	A08	A12	A06	A05	A10	A14	A11	A21	A13	A12
13	廈門島內	福建省	華南	B07	B10	B10	B03	B19	A16	B12	B08	B11	A20	A24	A18	A17	A16	A11	A10	A13
14	西　安	陝西省	西北	C03	B32	D04	--	--	B08	C21	D10	D11	C29	C22	B10	B01	A27	A18	A16	A14
15	無錫江陰	江蘇省	華東	B17	A06	A02	A03	A06	A05	A05	A04	A05	A10	A13	A07	A11	A12	A09	A17	A15
16	重　慶	重慶市	西南	--	B19	C17	B16	B14	B11	C03	B25	C13	B01	A08	A06	A18	A10	A22	A20	A16
17	南　通	江蘇省	華東	--	--	--	--	B13	B19	D03	C23	C06	B16	B08	B09	A24	A22	A17	A12	A17
18	南京市區	江蘇省	華東	B14	B17	B15	B23	B02	A15	A08	B02	A13	B14	A15	A16	A15	A14	A14	A19	A18
19	大　連	遼寧省	東北	B04	B22	B09	A06	A10	A14	A19	A15	A14	A16	A21	A14	A13	A13	A24	A22	A19
20	南京江寧	江蘇省	華東	B14	B17	B15	B23	B02	B04	B16	A10	A07	A02	A03	A04	A02	A05	A05	A21	A20
21	寧波市區	浙江省	華東	A03	A05	A03	A05	B04	A13	B08	A21	B13	A15	A14	A17	A12	A19	A15	A23	A21
22	無錫市區	江蘇省	華東	B17	A06	A02	A03	C01	B05	C07	B07	A11	A21	B05	B06	A26	A21	A20	A24	A22
23	淮　安	江蘇省	華東	--	--	--	--	--	--	--	--	B12	B08	B04	B01	A27	A26	A23	A18	A23
24	連雲港	江蘇省	華東	--	--	--	--	--	--	--	--	--	B07	B18	B03	A28	B10	B08	A26	B01
25	北京市區	北京市	華北	B06	B20	C02	B19	B17	B02	B18	C06	C04	C13	B17	B30	B17	B05	B02	A27	B02
26	合　肥	安徽省	華中	--	--	--	--	--	B09	C12	C22	C02	B19	B15	B11	B03	B02	A28	B06	B03
27	北京亦庄	北京市	華北	B06	B20	C02	B19	C04	B20	A10	A19	A17	A09	A20	B07	B14	A24	B03	B02	B04
28	寧波慈溪	浙江省	華東	A03	--	--	--	--	--	--	--	--	B22	B14	B18	A25	B04	A25	A25	B05
29	寧波北侖	浙江省	華東	--	--	--	--	B04	A13	A02	A06	A15	A05	A19	B08	A16	A18	A27	B03	B06
30	廊　坊	河北省	華北	--	--	--	--	--	--	B05	A13	A16	B04	B16	B19	B11	B22	B10	B19	B07
31	蘇州張家港	江蘇省	華東	A01	A01	--	--	--	C04	B24	B11	B05	B02	B12	B15	A23	A25	A26	B01	B08
32	天津濱海	天津市	華北	B21	B05	B08	B24	A07	A07	A07	A05	A03	A04	A02	A05	A03	A09	A16	A15	B09
33	宿　遷	江蘇省	華東	--	--	--	--	--	--	--	--	--	--	--	--	B25	B24	B14	B07	B10
34	馬鞍山	安徽省	華中	--	--	--	--	--	--	--	--	--	--	--	--	--	B19	B09	B08	B11
35	上海松江	上海市	華東	B13	B14	B06	B05	B09	B03	B28	B22	B08	C08	B23	C06	B28	B03	B07	B05	B12

表 18-4　2000-2016 TEEMA 中國大陸推薦城市排名變化（續）

排名	城　市	省 市	區域	2000	2001	2002	2003	2004	2005	2006	2007	2008	2009	2010	2011	2012	2013	2014	2015	2016
36	無錫宜興	江蘇省	華東	B17	A06	A02	A03	--	--	B13	A18	A18	B05	B27	C04	B10	B01	B04	B11	B13
37	揚　州	江蘇省	華東	B03	B07	A06	A10	A04	A09	A09	A20	A08	A17	A18	A15	A21	A28	B01	B04	B14
38	綿　陽	四川省	西南	--	--	--	--	--	--	--	--	--	--	--	--	B08	B08	B11	B10	B15
39	上海嘉定	上海市	華東	A02	B14	B06	B18	C07	B25	C02	B23	B25	C17	B26	B26	B22	B12	B17	B13	B16
40	蘇州吳江	江蘇省	華東	A05	A03	B03	B25	B22	C03	C09	C03	B09	B25	B06	B23	B09	B07	B16	B09	B17
41	深圳市區	廣東省	華南	B20	B23	C14	C01	C20	C09	D01	C21	C18	D01	C26	D06	C24	C08	C02	B18	B18
42	德　陽	四川省	西南	--	--	--	--	--	--	--	--	--	--	--	--	B12	B09	B15	B14	B19
43	泉　州	福建省	華南	--	--	D03	D02	D05	B06	B04	B19	C17	C11	C05	B27	B23	B32	B28	B17	B20
44	蕪　湖	安徽省	華中	--	--	--	--	--	--	--	--	--	--	--	--	B18	B13	B05	B15	B21
45	遂　寧	四川省	西南	--	--	--	--	--	--	--	--	--	--	--	--	--	--	B18	B16	B22
46	南　昌	江西省	華中	--	B31	D05	--	A11	A10	A17	A12	A10	A08	A04	A13	A20	B06	B31	B25	B23
47	廣州市區	廣東省	華南	B11	B28	C12	B26	C11	C10	B17	C20	C20	C20	C21	C30	C17	B34	B29	B22	B24
48	福州市區	福建省	華南	C01	B01	C06	B09	C16	C07	C06	C16	C14	B26	C01	B17	C03	C20	C04	B24	B25
49	蘇州太倉	江蘇省	華東	A01	A01	--	--	B03	C05	B25	B21	B01	B18	B11	B29	C11	B23	B23	B33	B26
50	鄭　州	河南省	華中	--	B04	B11	B12	--	--	--	C24	--	--	B34	C19	B24	C01	B30	B28	B27
51	濟　南	山東省	華北	--	B25	C04	B15	A13	A11	A15	B04	B07	B09	A17	A19	B02	B20	B19	B29	B28
52	蘇州常熟	江蘇省	華東	--	--	--	--	--	B30	B02	B27	B14	B24	C04	C10	C12	B27	B27	B27	B29
53	東莞松山湖	廣東省	華南	--	--	--	--	--	--	--	--	--	--	--	--	--	--	B35	C02	B30
54	寧波奉化	浙江省	華東	A06	B26	B01	B01	B20	B14	B22	B20	B02	B12	B20	B22	B15	B16	B06	B12	B31
55	嘉興市區	浙江省	華東	--	--	--	--	A09	B07	B10	B12	B18	B17	B25	B33	C10	C15	C03	C01	B32
56	福州馬尾	福建省	華南	C01	B01	B01	B09	--	B24	C04	C13	C15	C15	C12	B20	C08	C09	C07	B35	B33
57	常　州	江蘇省	華東	B22	B06	C08	B11	B10	B17	B07	B15	B21	B03	B22	B16	B21	B17	B13	B20	B34
58	廣州天河	廣東省	華南	B11	B28	C12	--	C11	C10	A20	B01	C03	B23	B19	B31	C06	B31	C09	C04	B35
59	珠　海	廣東省	華南	B15	B24	B20	B06	B07	B29	B15	C05	B22	C05	C10	C14	C22	B30	B24	B23	B36
60	天津市區	天津市	華北	B21	B05	B08	B24	A07	A07	B09	B03	B19	C03	C11	C01	C13	C23	C11	C03	B37
61	寧波餘姚	浙江省	華東	A04	A04	C07	C09	B08	B23	B19	B05	B15	C04	C02	B24	B06	B18	B12	B21	B38
62	唐　山	河北省	華北	--	--	--	--	--	--	--	--	--	--	--	--	--	C02	B37	C12	C01
63	長　沙	湖南省	華中	--	B33	B13	--	C15	B21	C13	C01	C19	C26	C23	C23	B26	B28	C17	C14	C02
64	徐　州	江蘇省	華東	--	--	--	--	A05	A06	C08	B09	B04	B13	B03	B04	B05	B11	B22	B30	C03
65	威　海	山東省	華北	--	--	--	--	--	--	B06	A17	A21	B20	B01	B12	B13	B21	B21	B32	C04
66	鹽　城	江蘇省	華東	--	--	--	--	--	--	--	--	--	--	--	B25	B16	B14	B26	B37	C05
67	南　寧	廣 西	西南	--	B30	D01	C03	C08	--	--	D09	C22	C07	C09	C07	B29	C07	C16	C07	C06
68	泰　州	江蘇省	華東	--	--	--	D08	D07	C06	B23	C19	D13	B15	B33	B35	C01	B29	B32	C05	C07

表 18-4　2000-2016 TEEMA 中國大陸推薦城市排名變化（續）

排名	城市	省市	區域	2000	2001	2002	2003	2004	2005	2006	2007	2008	2009	2010	2011	2012	2013	2014	2015	2016
69	煙　台	山東省	華北	--	--	--	--	--	C14	B11	B10	A20	B06	B02	B21	B19	B26	B20	B31	C08
70	蘭　州	甘肅省	西北	--	--	--	--	--	--	--	D13	D15	D14	D12	D15	D17	C35	C31	C10	C09
71	鎮　江	江蘇省	華東	--	B18	C05	C04	--	--	--	C18	B03	A22	B07	B13	B04	B15	B25	B34	C10
72	嘉興嘉善	浙江省	華東	--	--	--	--	A09	B07	B10	B12	B18	B17	B32	C17	C14	C21	C24	C20	C11
73	東莞市區	廣東省	華南	B18	C03	D04	D05	D02	D05	D05	D05	D02	C30	C14	C15	C26	C25	C25	C21	C12
74	湖　州	浙江省	華東	--	--	--	--	--	--	--	--	--	--	--	--	B20	B25	C06	C06	C13
75	泰　安	山東省	華北	--	B11	--	--	--	--	--	--	B10	B21	B13	B34	C09	C16	C12	C22	C14
76	武漢武昌	湖北省	華中	B12	B09	C01	B21	B23	B13	B20	C10	C07	C25	B31	C09	C02	C14	C19	C16	C15
77	貴　陽	貴州省	西南	--	--	--	--	--	--	--	--	--	--	D08	D10	D16	D15	C26	C17	C16
78	海　口	海南省	華南	--	--	--	--	--	--	--	--	--	--	--	--	C29	C32	C18	C13	C17
79	紹　興	浙江省	華東	--	--	--	--	B06	--	--	B17	B23	B27	C03	C08	C19	C27	C28	C23	C18
80	武漢漢陽	湖北省	華中	B12	B09	C01	--	B23	B27	C14	C11	C11	C22	B30	C03	B30	C04	C20	C18	C19
81	佛　山	廣東省	華南	B02	--	C03	D01	C14	--	--	C04	C01	C12	C16	C18	C30	C28	D01	C30	C20
82	三　亞	海南省	華南	--	--	--	--	--	--	--	--	--	--	--	--	--	C24	C13	C24	C21
83	武漢漢口	湖北省	華中	B12	B09	C01	--	B23	B22	B27	C09	C21	C27	B29	B37	B31	C12	C27	C27	C22
84	昆　明	雲南省	西南	--	B27	C09	--	C10	C16	C05	B14	C10	C10	C19	C31	C21	C22	C14	C26	C23
85	莆　田	福建省	華南	--	--	D06	C07	B11	B12	--	B18	C25	C01	C30	C05	C28	C13	C10	C09	C24
86	保　定	河北省	華北	--	--	--	--	--	--	--	--	--	--	B21	B36	C07	C06	C01	C08	C25
87	哈爾濱	黑龍江	東北	D02	--	--	--	--	--	C20	D08	D14	D13	D10	D14	D12	C29	C23	D01	C26
88	中　山	廣東省	華南	B23	B08	B02	B01	B18	B18	B26	B16	B16	C06	C17	C27	C20	C19	C29	D02	C27
89	瀋　陽	遼寧省	東北	B16	--	B19	B17	--	C01	C15	D03	C05	C09	C25	C22	C27	C03	B36	C11	C28
90	長　春	吉林省	東北	--	--	--	--	--	--	--	C14	D09	D12	D07	D13	D14	C31	C21	C33	C29
91	日　照	山東省	華北	--	--	--	--	--	--	--	--	--	--	B09	B28	C04	C10	C05	C15	C30
92	漳　州	福建省	華南	--	--	B14	B13	B05	--	C10	C02	D08	C23	C13	C12	C05	C11	C08	C25	C31
93	北　海	廣　西	西南	--	--	--	--	--	D08	--	D14	D17	D10	D09	D12	D15	D14	D18	D04	C32
94	石家莊	河北省	華北	--	B35	B17	--	--	--	C11	C07	C23	C28	B28	C02	C23	C26	C22	C29	C33
95	桂　林	廣　西	西南	--	B29	B16	--	C03	C12	C17	B13	D05	C19	C06	C11	B32	C05	C15	C28	C34
96	溫　州	浙江省	華東	--	B15	C10	D04	--	--	--	C15	B20	C16	C15	C16	C18	C34	D10	C35	C35
97	東莞石碣	廣東省	華南	B18	C03	D04	D03	C09	C15	D02	D02	D07	D07	C20	C24	D02	D08	D02	D03	D01
98	深圳寶安	廣東省	華南	B20	B23	--	C05	C06	D03	C18	C17	C16	D02	D03	D07	D09	C30	D04	D05	D02
99	深圳龍崗	廣東省	華南	B20	B23	C13	B27	C05	D02	C16	D06	D01	D04	D04	D04	D05	D02	D06	D07	D03
100	惠　州	廣東省	華南	B19	B03	B12	B20	D01	D01	D04	D12	D10	D03	D02	D08	D06	D01	D08	D10	D04
101	襄　陽	湖北省	華中	--	--	--	--	--	--	--	--	--	--	C28	C29	C25	C33	D09	D09	D05
102	江　門	廣東省	華南	--	--	--	--	B15	B15	C01	C08	C08	D05	D05	D09	D11	D06	D14	D13	D06
103	汕　頭	廣東省	華南	C01	C01	B18	B02	A12	A17	B03	C26	D03	C14	C18	D01	C16	C17	C30	C32	D07

表 18-4　2000-2016 TEEMA 中國大陸推薦城市排名變化（續）

排名	城　市	省 市	區域	2000	2001	2002	2003	2004	2005	2006	2007	2008	2009	2010	2011	2012	2013	2014	2015	2016
104	太　原	山西省	華北	--	--	--	--	--	--	--	--	C24	D09	D06	D11	D04	D04	D13	D15	D08
105	東莞清溪	廣東省	華南	--	--	--	--	--	--	--	--	--	--	--	C21	D07	D12	D11	D16	D09
106	宜　昌	湖北省	華中	--	--	--	--	--	--	--	D04	D16	D11	D11	D16	D08	D03	D07	D06	D10
107	東莞虎門	廣東省	華南	B18	C03	D04	C06	D03	D04	C19	C12	D04	D06	C07	C20	C31	D05	D03	D08	D11
108	吉　安	江西省	華中	--	--	--	--	--	--	--	--	C09	C21	D01	C25	D10	D11	D17	D18	D12
109	東莞長安	廣東省	華南	B18	C03	D04		C18	C17	D06	D11	D12	C24	C08	C13	D03	D09	D05	D12	D13
110	東莞厚街	廣東省	華南	B18	C03	D04	C12	B21	B28	D07	D01	D06	D08	C28	D05	C32	D10	D15	D14	D14
111	贛　州	江西省	華中	--	--	--	--	--	--	--	--	--	C18	C27	D03	D13	D13	D19	D19	D15
112	九　江	江西省	華中	--	--	--	--	--	--	--	--	C12	C02	C24	D02	D01	D07	D16	D17	D16
-	台　州	浙江省	華東	--	--	--	--	--	--	--	--	--	--	--	--	--	--	--	C31	-
-	岳　陽	湖南省	華中	--	--	--	--	--	--	--	--	--	--	--	--	C15	C18	D12	D11	-
-	杭州余杭	浙江省	華東	--	--	--	--	--	--	--	--	--	--	B24	B32	B27	B33	B33	B26	-
-	咸　寧	湖北省	華中	--	--	--	--	--	--	--	--	--	--	--	--	--	--	--	C19	-
-	洛　陽	河南省	華中	--	--	--	--	--	--	--	--	--	--	--	--	--	--	B34	B36	-
-	鞍　山	遼省省	東北	--	--	--	--	--	--	--	--	--	--	--	--	--	--	--	C34	-

資料來源：本研究整理

註：【1】由於 2005 年「廣州市區」於 2006、2007、2008、2009、2010 年細分為「廣州天河」與「廣州市區」，因此 2006、2007、2008、2009、2010「廣州天河」與「廣州市區」對比的城市是 2005 的「廣州市區」。

【2】由於 2005 年「北京其他」於 2006 重新命名為「北京亦莊」，因此 2006、2007、2008、2009、2010「北京亦莊」對比的城市是 2005 的「北京其他」。

【3】由於 2005 年「天津」於 2006、2007、2008、2009、2010 年細分為「天津市區」與「天津濱海區」，因此 2006、2007、2008、2009、2010「天津市區」與「天津濱海區」對比的城市是 2005 的「天津」。

【4】由於 2005 年「廈門」於 2006 細分為「廈門島內」與「廈門島外」，因此 2006、2007、2008、2009、2010 年「廈門島內」與「廈門島外」對比的城市是 2005 的「廈門」。

【5】由於 2005 年「蘇州市區」於 2006 年細分為「蘇州市區」、「蘇州新區」與「蘇州工業區」，因此 2006、2007、2008、2009、2010「蘇州市區」、「蘇州新區」與「蘇州工業區」對比的城市是 2005 的「蘇州市區」。

【6】由於 2005 年「寧波市區」於 2006 年細分為「寧波市區」與「寧波北侖區」，因此 2006、2007、2008、2009、2010「寧波市區」與「寧波北侖區」對比的城市是 2005 的「寧波市區」。

【7】由於 2003 年「南京」於 2004 年細分為「南京市區」與「南京江寧」，因此 2004、2005、2006、2007、2008、2009、2010「南京市區」與「南京江寧」對比的城市是 2003 的「南京」。

【8】由於 2003 年「無錫」於 2004 年細分為「無錫市區」、「無錫江陰」、「無錫宜興」，因此 2004、2005、2006、2007、2008、2009、2010「無錫市區」、「無錫江陰」、「無錫宜興」對比的城市是 2003 的「無錫」。

【9】由於 2009 年「嘉興」於 2010 年細分為「嘉興市區」與「嘉興嘉善」，因此 2010「嘉興市區」與「嘉興嘉善」對比城市是 2009 的「嘉興」。

二、2015-2016 TEEMA 城市推薦等級變遷分析

根據 2016《TEEMA 調查報告》2015 年與 2016 年城市綜合實力及城市綜合實力推薦等級綜合比較結果，根據圖 18-1 至圖 18-4 可看出重要資訊如下述：

1. 2016 調查評估城市的區域劃分：2016《TEEMA 調查報告》城市劃分如下：（1）「蘇州市」：分成蘇州工業區、蘇州昆山、蘇州市區、蘇州新區、蘇州張家港、蘇州吳江、蘇州太倉、蘇州常熟八區；（2）「上海市」：分成上海閔行、上海市區、上海浦東、上海嘉定、上海松江五區；（3）「東莞市」：分成東莞長安、東莞市區、東莞虎門、東莞清溪、東莞石碣、東莞厚街、東莞松山湖七區；（4）「寧波市」：分成寧波市區、寧波北侖、寧波慈溪、寧波奉化、寧波餘姚五區；（5）「深圳市」：分成深圳龍崗、深圳市區、深圳寶安三區；（6）「無錫市」：分成無錫江陰、無錫市區、無錫宜興三區；（7）「武漢市」：分成武漢漢口、武漢漢陽、武漢武昌三區；（8）「杭州市」：分成杭州蕭山、杭州市區兩區；（9）「福州市」：分成福州市區、福州馬尾兩區；（10）「廈門市」：分成廈門島內、廈門島外兩區；（11）「南京市」：分成南京市區、南京江寧兩區；（12）「北京市」：分成北京市區、北京亦庄兩區；（13）「天津市」：分成天津市區、天津濱海兩區；（14）「嘉興市」：分為嘉興市區與嘉興嘉善兩區；（15）「廣州市」：分為廣州天河與廣州市區兩區。

2. 2015-2016 調查評估城市的投資環境變動：2016 年列入《TEEMA 調查報告》分析 112 個城市，相較於 2015 年的 118 個成市，總共減少六個城市，分為：（1）台州；（2）岳陽；（3）杭州余杭；（4）咸寧；（5）洛陽；（6）鞍山。

3. 2015-2016 城市綜合實力推薦的投資環境變動：2016 年《TEEMA 調查報告》2015 年、2016 年兩年皆列入【A】級「極力推薦」等級之城市共 23 個，所占占 2016 年【A】級城市比例達 100%。而 2015 年、2016 兩年均列入【B】級「值得推薦」的城市共有 30 個，占 2016 年【B】級城市的 78.94%，與 2015 年的 81.08% 相比，有小幅下降的趨勢。再者，兩年度共有 27 個城市皆列入【C】級「可予推薦」，占 2016 年【C】級城市 77.14%，較 2015 年所占的亦是比例 77.14%，可知排名穩定無變化。最後兩年度皆列入【D】級「暫不推薦」的城市則有 15 個，占 2016 年【D】級城市 93.75%，較 2015 年所占的比例 78.94% 有上升趨勢，由此可知，【B】、【C】等級其今年變動幅度小於【A】、【D】等級之變動幅度。

4. 2015-2016【A】級「極力推薦」城市投資環境變動：綜觀 2015 年至 2016 年《TEEMA 調查報告》中列入【A】級「極力推薦」前十名城市，依序為：

（1）蘇州工業區（A01）；成都（2）（A02）；（3）蘇州昆山（A03）；（4）蘇州市區（A04）；（5）杭州蕭山（A05）；（6）廈門島外（A06）；（7）杭州市區（A07）；（8）上海浦東（A08）；（9）上海市區（A09）；（10）蘇州新區（A10）。2016 年【A】級「極力推薦」城市並無任何新增城市。此外，在 2015 年屬於【A】級「極力推薦」城市，於 2016 年下滑至【B】級「值得推薦」等級者有：連雲港（A26→B01）；北京市區（A27→B02）；寧波慈溪（A25→B05）及天津濱海（A15 → B09）。

5. 2015-2016【D】級「暫不推薦」城市投資環境變動：2016 年《TEEMA 調查報告》結果顯示，位居【D】級「暫不推薦」的倒數十名城市分別為：（1）九江（D16）；（2）贛州（D15）；（3）東莞厚街（D14）；（4）東莞長安（D13）；（5）吉安（D12）；（6）東莞虎門（D11）；（7）宜昌（D10）；（8）東莞清溪（D09）；（9）太原（D08）；（10）汕頭（D07）。其中以汕頭（C32→D07）下降幅度最高，自 2015 年的第 96 名至 2016 年降到第 103 名，落差高達八名，需特別注意。

圖 18-1　2015-2016 TEEMA「極力推薦」等級城市變遷圖

圖 18-2　2015-2016 TEEMA「值得推薦」等級城市變遷圖

2015城市地位

A級	2015	4
B01	連 雲 港	(A26)
B03	北京市區	(A27)
B05	寧波慈溪	(A25)
B09	天津濱海	(A15)

C級	2015	4
B30	東莞松山湖	(C02)
B32	嘉興市區	(C01)
B35	廣州天河	(C04)
B37	天津市區	(C03)

2015至2016維持地位

B級	2015至2016		30
B03	合　肥	B20	泉　州
B04	北京亦莊	B21	蕪　湖
B06	寧波北崙	B22	遂　寧
B07	廊　坊	B23	南　昌
B08	蘇州張家港	B24	廣州市區
B10	宿　遷	B25	福州市區
B11	馬 鞍 山	B26	蘇州太倉
B12	上海松江	B27	鄭　州
B13	無錫宜興	B28	濟　南
B14	揚　州	B29	蘇州常熟
B15	綿　陽	B31	寧波奉化
B16	上海嘉定	B33	福州馬尾
B17	蘇州吳江	B34	常　州
B18	深圳市區	B36	珠　海
B19	德　陽	B38	寧波餘姚

2016城市地位

C級	2015	5
C03	徐　州	(B30)
C04	威　海	(B32)
C05	鹽　城	(B37)
C08	煙　台	(B31)
C10	鎮　江	(B34)

圖 18-3　2015-2016 TEEMA「可予推薦」等級城市變遷圖

2015城市地位

B級	2015	5
C03	徐　州	(B30)
C04	威　海	(B32)
C05	鹽　城	(B37)
C08	煙　台	(B31)
C10	鎮　江	(B34)

D級	2015	3
C26	哈 爾 濱	(D01)
C27	中　山	(D02)
C32	北　海	(D04)

2015至2016維持地位

C級	2015至2016		27
C01	唐　山	C20	佛　山
C02	長　沙	C21	三　亞
C06	南　寧	C22	武漢漢口
C07	泰　州	C23	昆　明
C09	蘭　州	C24	莆　田
C10	嘉興嘉善	C25	保　定
C12	東莞市區	C28	瀋　陽
C13	湖　州	C29	長　春
C14	泰　安	C30	日　照
C15	武漢武昌	C31	漳　州
C16	貴　陽	C33	石 家 莊
C17	海　口	C34	桂　林
C18	紹　興	C35	溫　州
C19	武漢漢陽		

2016城市地位

B級	2016	4
B30	東莞松山湖	(C02)
B32	嘉興市區	(C01)
B35	廣州天河	(C04)
B37	天津市區	(C03)

D級	2016	1
D07	汕　頭	(C32)

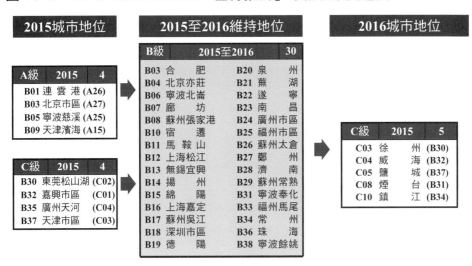

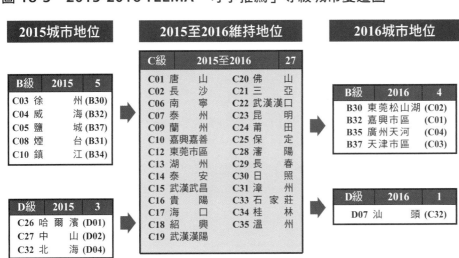

圖 18-4　2015-2016 TEEMA「暫不推薦」等級城市變遷圖

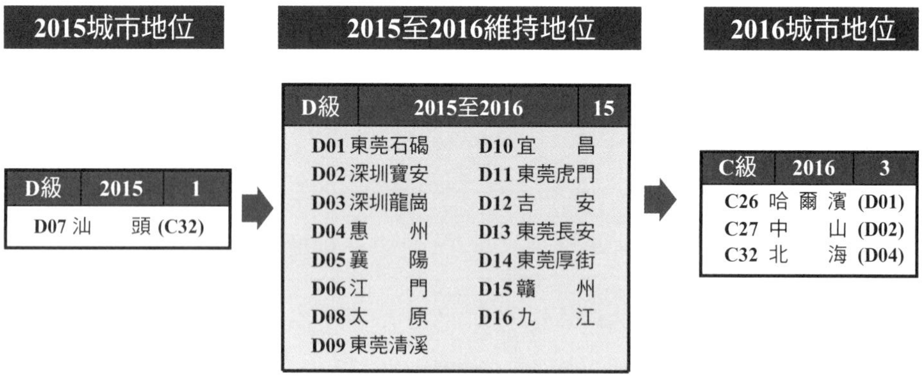

三、2016 TEEMA 中國大陸 11 大經濟區城市綜合實力排名

2016《TEEMA 調查報告》研究分析中國大陸 112 個城市之其城市綜合實力，歸納為 11 個經濟區域，並針對經濟區域內各別城市之「兩力兩度」分數加權平均後，所得之各經濟區域的區域綜合實力排名，如圖 18-17 所示。

根據圖 18-17 所示，可看出「西三角經濟區」經加權後在中國大陸 11 大經濟區域的城市綜合實力排名中獨占鰲頭，加權總分為 74.761，且如圖 18-6 所示西三角經濟區域共計有六個城市納入評比，唯成都、西安及重慶的排名較 2015 年有所上升，皆屬極力推薦的【A】等級評比，分數分別為 94.249 分、82.452 分及 80.422 分。隨著 2013 年提出之中國大陸「一帶一路」戰略，紛紛吸引許多跨國企業驅動西進策略前往布局。根據中國大陸西安市商務局（2016）指出：「已有 105 家世界 500 強企業在西安設立 193 個公司或分支機構。在重慶亦有世界 500 強企業松下電器坐落於此。」可知，西三角經濟區積極聯合打造內陸型改革開放新高地、創建國家全面創新改革試驗區及建設絲綢之路經濟帶新起點，將努力營造良好投資環境，吸引更多外資企業前往投資。

由圖 18-17 可知，「長三角經濟區」經加權後得分為 67.486 分，在中國大陸 11 大經濟區域的綜合實力中排名位居第二，根據圖 18-7 可知，長三角經濟區此次共有 43 個城市納入評比，並與 2015 年相比依舊共計 16 個城市列入極力推薦的【A】級評比城市，其中排名在前五名分別為蘇州工業區、蘇州昆山、蘇州市區、杭州蕭山及杭州市區，其中蘇州更占據五名中的三名，其主要因素為迎接「十三五規劃」的到來，中國大陸政府政策極力推廣眾創空間，實施產業轉型升級，因此蘇州除致力產業升級之外亦積極發展基礎建設，同時在「一帶一路」戰略位居東部重鎮，從而確立蘇州產業競爭力。

由圖 18-17 可知，「西部地區」經加權後在中國大陸 11 大經濟區域的綜合實力中位列第三，加權分數為 55.587 分， 根據 20-11 可知，2016 共計有 12 個城市列入評比，列入極力推薦之【A】級評比的城市分別為成都、西安及重慶，其綜合實力分數分別為 94.748 分、82.452 分及 80.422 分。此外，除了綿陽、遂寧、德陽及桂林四個城市外，其餘區域內城市的綜合實力排名皆呈現攀升，其主要是因隨著「十三五規劃」的開局之年，中國大陸政府積極推展「一帶一路」政策，使西部地區各城市扮演著連結東、西部交通和經濟文化交流的主要樞紐，尤其是「一帶一路」沿線城市，將此形成龐大經濟效益。

由圖 18-17 可知，「環渤海經濟區」經加權後在中國大陸 11 大經濟區域的綜合實力中位列第四，加權分數為 51.947 分，根據圖 18-9 可知，本次評比中黃三角經濟區計有 17 個城市納入評比，其中被列為極力推薦之【A】級評比城市分別為青島及大連，其綜合實力加權分數依序為 84.356 分及 78.629 分，此外，廊坊、唐山、泰安及太原等城市之評比在 2016 年都有超過十名的突破性成長。其因於環渤海經濟區由華北、東北及西北三大區域結合而成，擁有優越的地理位置，和豐富的自然資源，為中國大陸最具綜合優勢和發展潛力的經濟區，在對外開放及現代化建設中皆具有重要戰略位置。

由圖 18-17 可知，「黃三角經濟區」經加權後在中國大陸 11 大經濟區域的綜合實力中位列第五名，加權分數為 50.459 分，相較於 2015 年衰退一名，根據圖 18-8 可知，黃三角經濟區內計有六個城市納入評比，除了泰安排名上升外，其餘五個城市排名皆下降，而其中被列為極力推薦之【A】級評比城市僅有青島，其綜合實力加權分數為 84.356 分，於六個城市中表現較為突出因素為中國大陸與韓國簽訂「中韓自由貿易協定」後，青島將扮演與韓國經濟合作的示範城市，在未來將持續成為帶動黃三角經濟區成長的領頭羊。

此外，圖 18-6 至圖 18-17 經濟區綜合實力排名示意方式，如圖 18-5 說明如下述：（1）第一欄位為 2016《TEEMA 調查報告》列入該經濟區評比城市之排名；（2）第二欄位是 2016 年被列入評比城市之名稱；（3）第三欄位則是該城市在 2016《TEEMA 調查報告》之城市綜合實力分數；（4）第四欄位則為 2015-2016《TEEMA 調查報告》推薦等級變化；（5）第五欄位是 2015-2016《TEEMA 調查報告》排名之變化。

圖 18-5　2016 TEEMA 經濟區城市綜合實力排名示意圖

該區域經濟城市排名	列入評估城市名稱	2016城市綜合實力	2015至2016推薦等級變化	2015至2016排名變化
01	蘇州工業區	97.89	A01→ A01	0 持平

圖 18-6　2016 TEEMA 西三角經濟區城市綜合實力排名

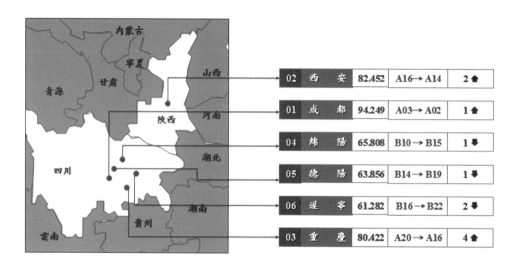

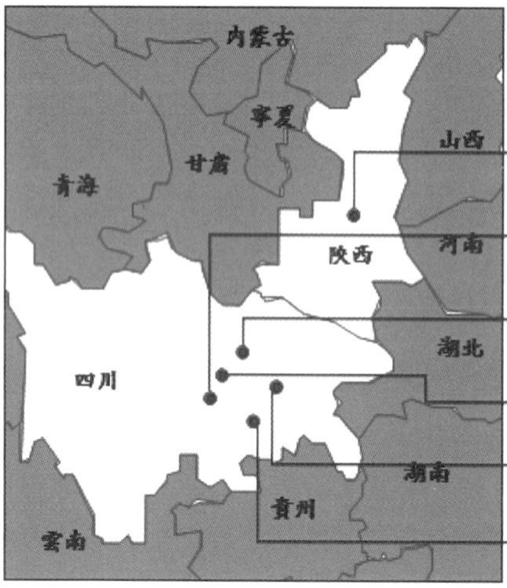

02	西　安	82.452	A16→A14	2↑
01	成　都	94.249	A03→A02	1↑
04	綿　陽	65.808	B10→B15	1↓
05	德　陽	63.856	B14→B19	1↓
06	遂　寧	61.282	B16→B22	2↓
03	重　慶	80.422	A20→A16	4↑

圖 18-7　2016 TEEMA 長三角經濟區城市綜合實力排名

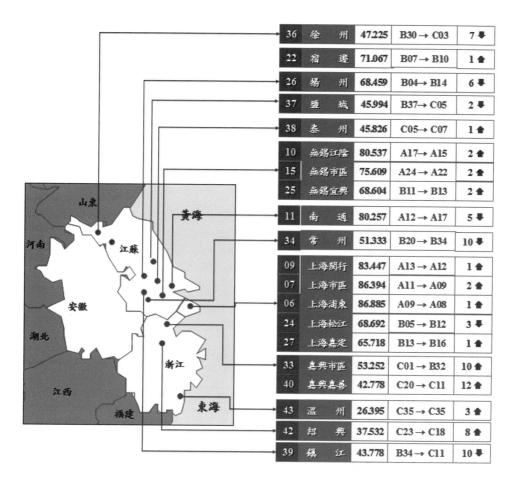

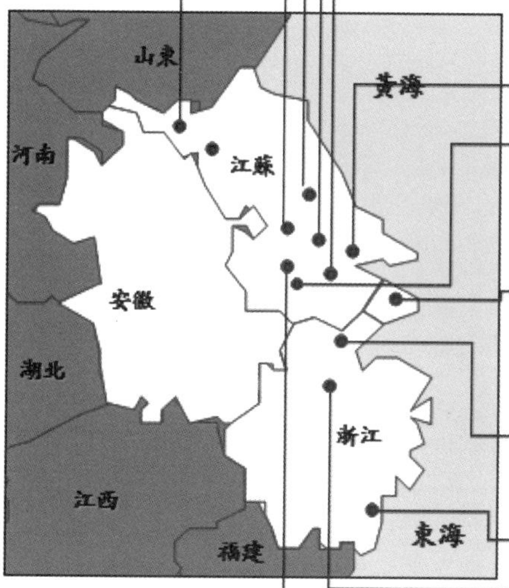

36	徐州	47.225	B30→C03	7↓
22	宿遷	71.067	B07→B10	1↑
26	揚州	68.459	B04→B14	6↓
37	鹽城	45.994	B37→C05	2↓
38	泰州	45.826	C05→C07	1↑
10	無錫江陰	80.537	A17→A15	2↑
15	無錫市區	75.609	A24→A22	2↑
25	無錫宜興	68.604	B11→B13	2↑
11	南通	80.257	A12→A17	5↓
34	常州	51.333	B20→B34	10↓
09	上海閔行	83.447	A13→A12	1↑
07	上海市區	86.394	A11→A09	2↑
06	上海浦東	86.885	A09→A08	1↑
24	上海松江	68.692	B05→B12	3↓
27	上海嘉定	65.718	B13→B16	1↑
33	嘉興市區	53.252	C01→B32	10↑
40	嘉興嘉善	42.778	C20→C11	12↑
43	溫州	26.395	C35→C35	3↑
42	紹興	37.532	C23→C18	8↑
39	鎮江	43.778	B34→C11	10↓

圖 18-7　2016 TEEMA 長三角經濟區城市綜合實力排名（續）

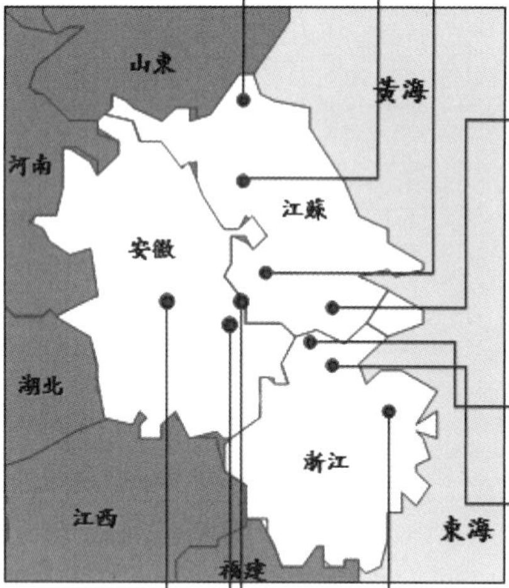

17	連雲港	74.954	A26→B01	2 ↑
16	淮安	75.378	A18→A23	5 ↓
13	南京江寧	78.550	A21→A20	1 ↑
12	南京市區	80.209	A19→A18	1 ↑
02	蘇州昆山	92.607	A06→A03	3 ↑
01	蘇州工業區	94.890	A01→A01	持平
03	蘇州市區	91.711	A04→A04	持平
08	蘇州新區	85.455	A07→A10	3 ↓
28	蘇州吳江	64.266	B09→B17	4 ↓
30	蘇州太倉	56.712	B33→B26	11 ↑
21	蘇州張家港	71.159	B01→B08	3 ↓
31	蘇州常熟	53.992	B27→B29	2 ↑
41	湖州	41.525	C06→C13	4 ↓
04	杭州蕭山	90.279	A05→A05	持平
05	杭州市區	87.029	A14→A07	7 ↑
14	寧波市區	78.260	A23→A21	2 ↑
20	寧波北侖	73.052	B03→B06	1 ↑
32	寧波奉化	53.660	B12→B31	15 ↓
19	寧波慈溪	73.418	A25→B05	3 ↓
35	寧波餘姚	50.021	B21→B38	13 ↓
23	馬鞍山	68.887	B08→B11	1 ↑
29	蕪湖	61.398	B15→B21	2 ↓
18	合肥	74.688	B06→B03	7 ↑

圖 18-8　2016 TEEMA 黃三角經濟區城市綜合實力排名

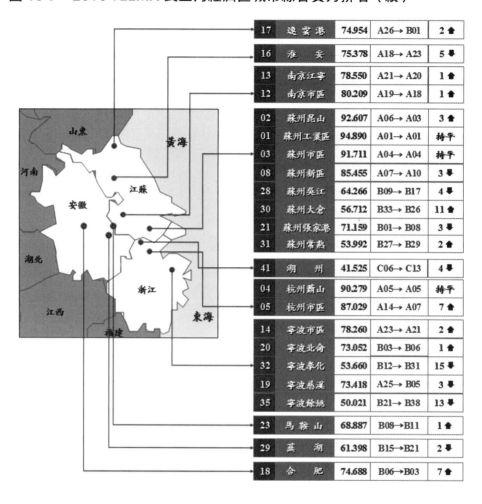

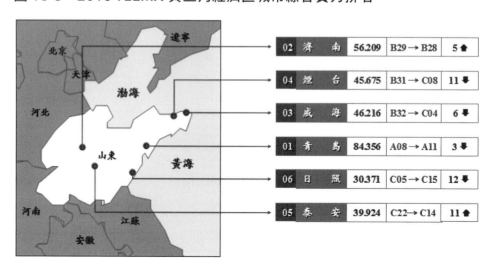

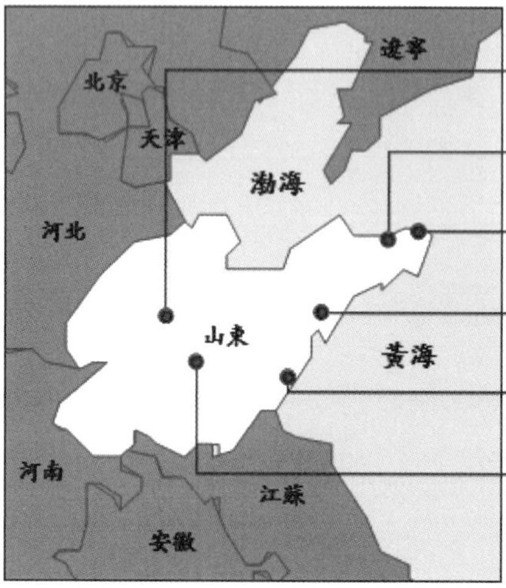

02	濟南	56.209	B29→B28	5 ↑
04	煙台	45.675	B31→C08	11 ↓
03	威海	46.216	B32→C04	6 ↓
01	青島	84.356	A08→A11	3 ↓
06	日照	30.371	C05→C15	12 ↓
05	泰安	39.924	C22→C14	11 ↑

圖 18-9　2016 TEEMA 環渤海經濟區城市綜合實力排名

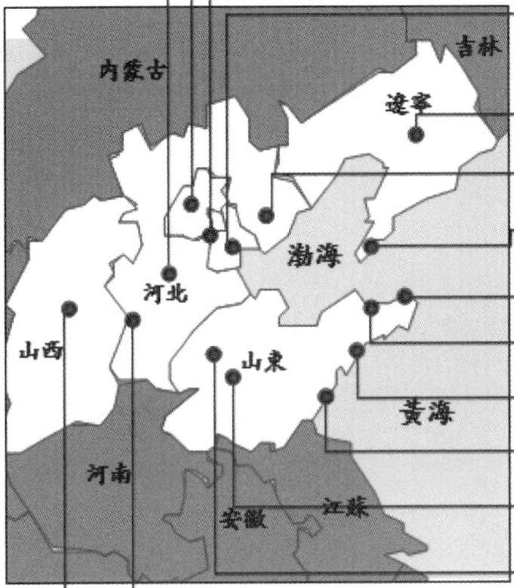

13	保　定	34.316	C08→C23	14 ↓
04	北京亦庄	73.973	B02→B04	2 ↑
03	北京市區	74.829	A27→B02	2 ↑
05	廊　坊	71.863	B19→B07	16 ↑
06	天津濱海	71.143	A15→B09	17 ↓
08	天津市區	50.083	C03→B37	7 ↑
14	瀋　陽	32.292	C11→C28	14 ↓
09	唐　山	48.844	C12→C01	16 ↑
02	大　連	78.629	A22→A19	3 ↑
10	威　海	46.216	B32→C04	6 ↓
11	煙　台	45.675	B31→C08	11 ↓
01	青　島	84.356	A08→A11	3 ↓
15	日　照	30.371	C15→C30	12 ↓
12	泰　安	39.924	C22→C14	11 ↑
07	濟　南	56.209	B29→B28	5 ↑
16	石家莊	27.077	C29→C33	1 ↓
17	太　原	17.299	D15→D08	10 ↑

圖 18-10　2016 TEEMA 中三角經濟區城市綜合實力排名

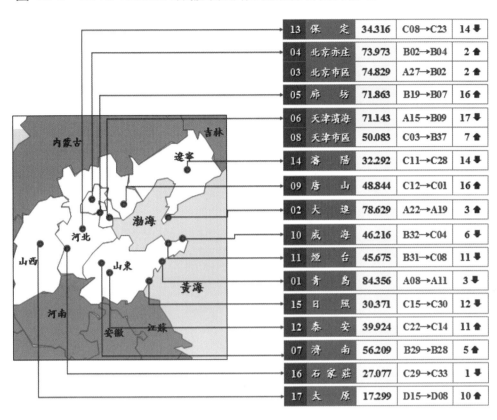

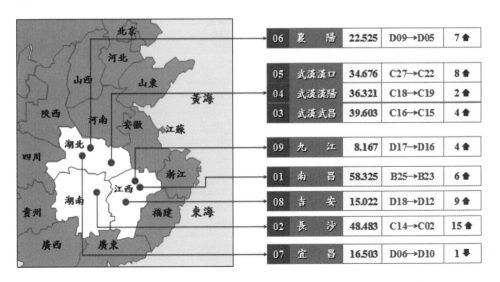

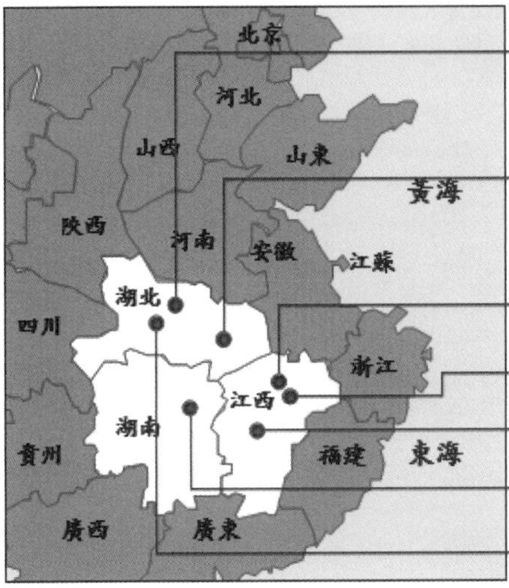

06	襄　陽	22.525	D09→D05	7 ↑
05	武漢漢口	34.676	C27→C22	8 ↑
04	武漢漢陽	36.321	C18→C19	2 ↑
03	武漢武昌	39.603	C16→C15	4 ↑
09	九　江	8.167	D17→D16	4 ↑
01	南　昌	58.325	B25→B23	6 ↑
08	吉　安	15.022	D18→D12	9 ↑
02	長　沙	48.483	C14→C02	15 ↑
07	宜　昌	16.503	D06→D10	1 ↓

圖 18-11　2016 TEEMA 西部地區城市綜合實力排名

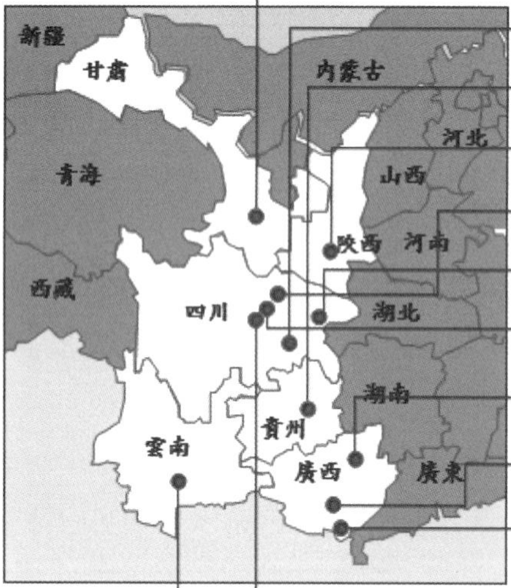

08	蘭　州	44.153	C10→C09	4 ⬆
03	重　慶	80.422	A20→A16	4 ⬆
09	貴　陽	39.500	C17→C16	4 ⬆
02	西　安	82.452	A16→A14	2 ⬆
04	綿　陽	65.808	B10→B15	1 ⬇
06	遂　寧	61.282	B16→B22	2 ⬇
05	德　陽	63.856	B14→B19	1 ⬇
12	桂　林	26.710	C28→C34	3 ⬇
07	南　寧	45.891	C07→C06	4 ⬆
11	北　海	27.549	D04→C32	10 ⬆
01	成　都	94.249	A03→A02	1 ⬆
10	昆　明	34.675	C26→C23	6 ⬆

圖 18-12　2016 TEEMA 海西經濟帶城市綜合實力排名

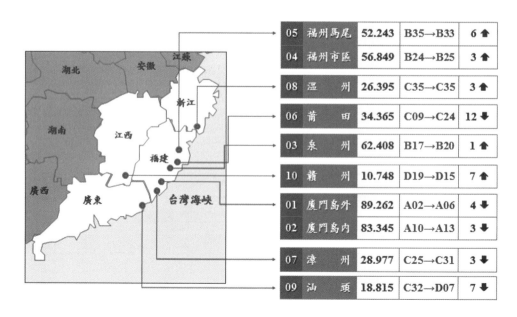

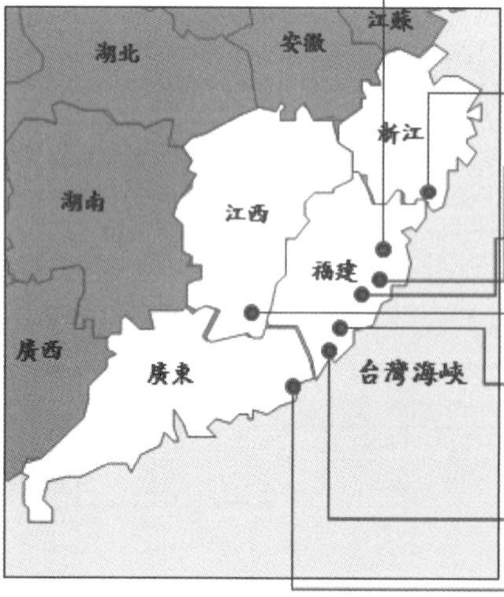

05	福州馬尾	52.243	B35→B33	6 ⬆
04	福州市區	56.849	B24→B25	3 ⬆
08	溫　州	26.395	C35→C35	3 ⬆
06	莆　田	34.365	C09→C24	12 ⬇
03	泉　州	62.408	B17→B20	1 ⬆
10	贛　州	10.748	D19→D15	7 ⬆
01	廈門島外	89.262	A02→A06	4 ⬇
02	廈門島內	83.345	A10→A13	3 ⬇
07	漳　州	28.977	C25→C31	3 ⬇
09	汕　頭	18.815	C32→D07	7 ⬇

圖 18-13　2016 TEEMA 中部地區城市綜合實力排名

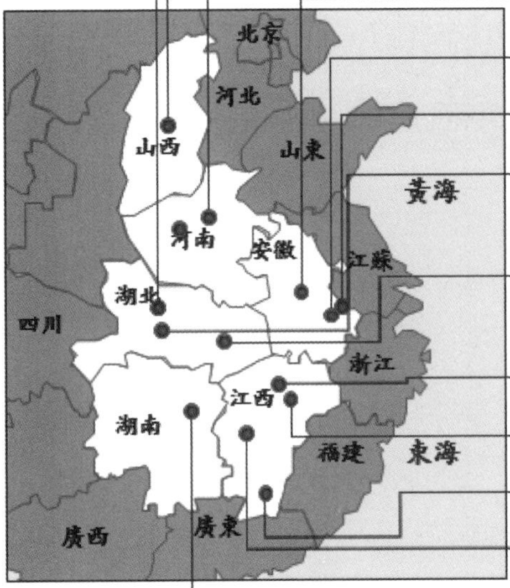

10	襄陽	22.525	D09→D05	7 ↑
11	太原	17.299	D15→D08	10 ↑
05	鄭州	56.456	B28→B27	5 ↑
01	合肥	74.688	B06→B03	7 ↑
03	蕪湖	61.398	B15→B21	2 ↓
02	馬鞍山	68.887	B08→B11	1 ↑
12	宜昌	16.503	D06→D10	1 ↓
09	武漢漢口	34.676	C27→C22	8 ↑
08	武漢漢陽	36.321	C18→C19	2 ↑
07	武漢武昌	39.603	C16→C15	4 ↑
15	九江	8.167	D17→D16	4 ↑
04	南昌	58.325	B25→B23	6 ↑
14	贛州	10.748	D19→D15	7 ↑
13	吉安	15.022	D18→D12	9 ↑
06	長沙	48.483	C14→C02	15 ↑

圖 18-14　2016 TEEMA 泛北部灣城市綜合實力排名

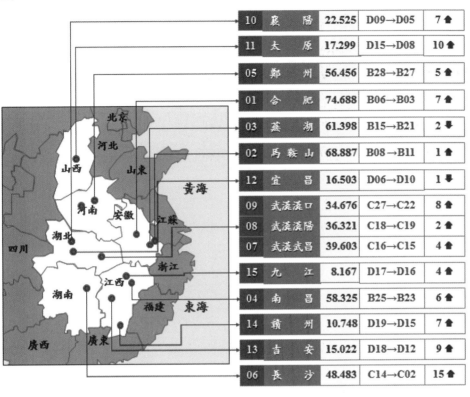

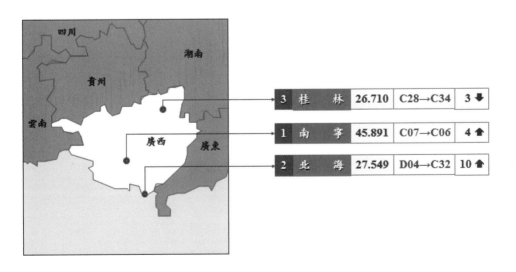

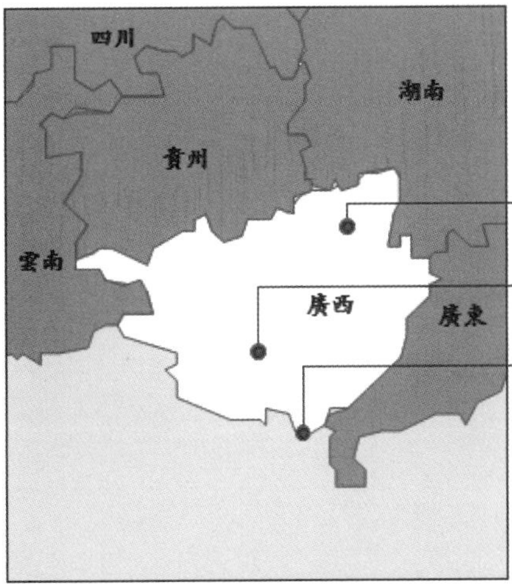

3	桂林	26.710	C28→C34	3 ↓
1	南寧	45.891	C07→C06	4 ↑
2	北海	27.549	D04→C32	10 ↑

圖 18-15　2016 TEEMA 東北地區城市綜合實力排名

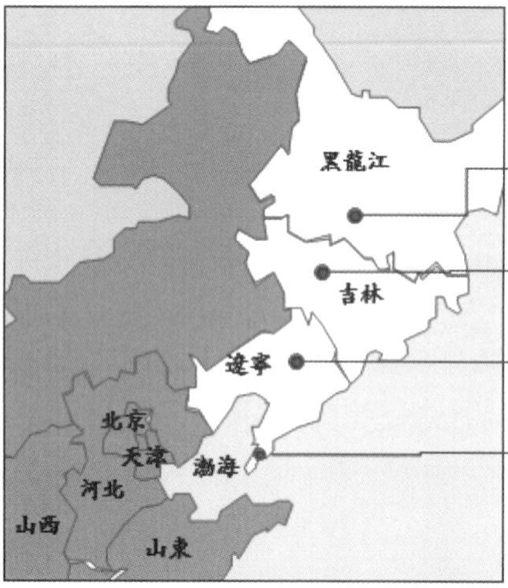

2	哈爾濱	33.897	D01→C26	13 ⬆
4	長春	31.429	C33→C29	7 ⬆
3	瀋陽	32.292	C11→C28	14 ⬇
1	大連	78.629	A22→A19	3 ⬆

圖 18-16　2016 TEEMA 珠三角經濟區城市綜合實力排名

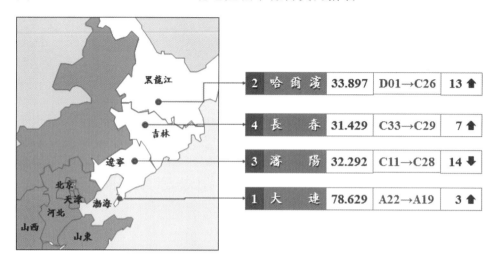

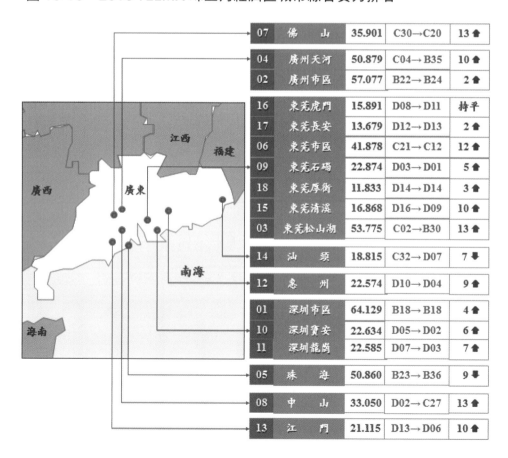

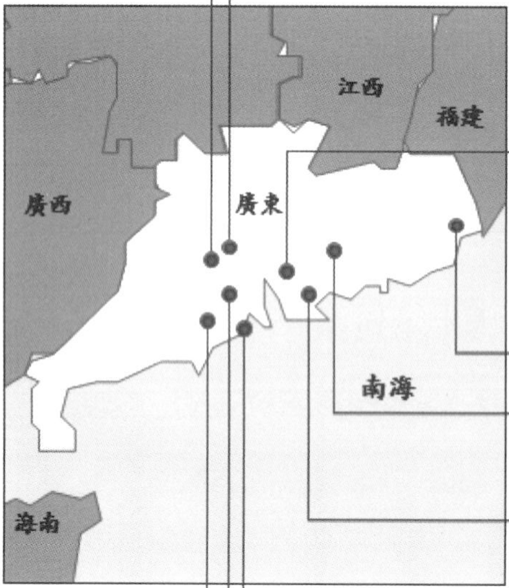

07	佛山	35.901	C30→C20	13 ⬆
04	廣州天河	50.879	C04→B35	10 ⬆
02	廣州市區	57.077	B22→B24	2 ⬆
16	東莞虎門	15.891	D08→D11	持平
17	東莞長安	13.679	D12→D13	2 ⬆
06	東莞市區	41.878	C21→C12	12 ⬆
09	東莞石碣	22.874	D03→D01	5 ⬆
18	東莞厚街	11.833	D14→D14	3 ⬆
15	東莞清溪	16.868	D16→D09	10 ⬆
03	東莞松山湖	53.775	C02→B30	13 ⬆
14	汕頭	18.815	C32→D07	7 ⬇
12	惠州	22.574	D10→D04	9 ⬆
01	深圳市區	64.129	B18→B18	4 ⬆
10	深圳寶安	22.634	D05→D02	6 ⬆
11	深圳龍崗	22.585	D07→D03	7 ⬆
05	珠海	50.860	B23→B36	9 ⬇
08	中山	33.050	D02→C27	13 ⬆
13	江門	21.115	D13→D06	10 ⬆

圖 18-17　2016 TEEMA 中國大陸 11 大經濟區區域綜合實力排名

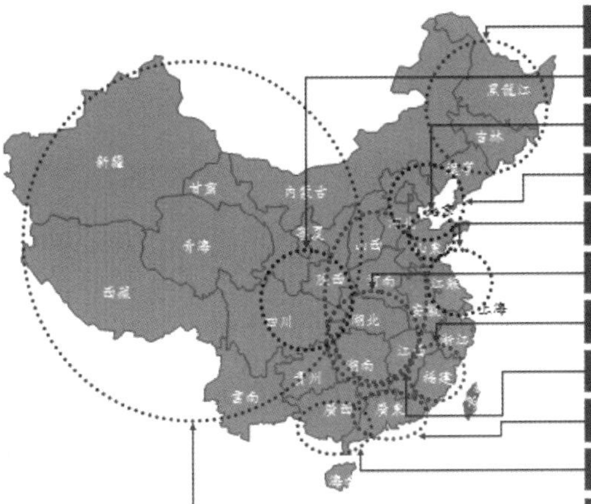

排名	經濟區域	城市綜合實力	評估城市數	2015-2016 排名變化
07	東北地區	44.062	4	07→07
01	西三角經濟區	74.761	6	01→01
05	黃三角經濟區	50.459	6	04→05
04	環渤海經濟區	51.947	17	05→04
02	長三角經濟區	67.486	43	02→02
11	中三角經濟區	31.069	9	08→11
06	海西經濟帶	46.341	10	06→06
08	中部地區	37.940	15	09→08
10	珠三角經濟區	32.023	18	11→10
09	泛北部灣	33.383	3	10→09
03	西部地區	55.587	12	03→03

四、2015-2016 TEEMA 城市綜合實力排名上升幅度最優城市分析

根據 2015-2016《TEEMA 調查報告》針對 112 個列入評估調查之城市，進行城市綜合實力上升幅度排名，如表 18-5 所示，2015-2016 城市綜合實力推薦排名上升前十名城市依序為：（1）廊坊；（2）長沙；（3）唐山；（4）東莞松山湖；（5）佛山；（6）哈爾濱；（7）中山；（8）嘉興嘉善；（9）東莞市區；（10）蘇州太倉，其中廊坊升幅最大，排名上升 16 名，再者為長沙排名上升 15 名，此外，東莞松山湖亦表現優異，其推薦等級由 2015 年「可予推薦」C02 進階至 2016 年「值得推薦」B30，2010 年 10 月，東莞松山湖被中國大陸科技部批准升格為國家級高新技術產業開發區，成為東莞智造、科技創新的最佳平台，引領東莞產業轉型升級，更吸引華為、宇龍通訊等具代表性企業進駐，發揮群聚與輻射效應，此外，亦成立松山湖台灣高科技園，具有基礎設施完善、交通運輸便捷、高端產業群聚等發展優勢，對於謀求轉型升級的電子資訊及生物科技產業之台商具有很大吸引力，其亦是中國大陸 13 個海峽兩岸青年創業基地之一，為兩岸青年合作創業提供良好的發展平台，更提供政策優惠、硬體配套措施扶持青年就業與創業。

表 18-5　2015-2016 TEEMA 城市綜合實力推薦排名上升分析

排名	城市	2015		2016		2015至2016
		排名	推薦等級	排名	推薦等級	排名等級差異
❶	廊　坊	B19	值得推薦	B07	值得推薦	⬆16（B→B）
❷	長　沙	C14	可予推薦	C02	可予推薦	⬆15（C→C）
❸	唐　山	C12	可予推薦	C01	可予推薦	⬆14（C→C）
❹	東莞松山湖	C02	可予推薦	B30	值得推薦	⬆13（C→B）
❹	佛　山	C30	可予推薦	C20	可予推薦	⬆13（C→C）
❹	哈爾濱	D01	暫不推薦	C26	可予推薦	⬆13（D→C）
❹	中　山	D02	暫不推薦	C27	可予推薦	⬆13（D→C）
❽	嘉興嘉善	C20	可予推薦	C11	可予推薦	⬆12（C→C）
❽	東莞市區	C21	可予推薦	C12	可予推薦	⬆12（C→C）
❾	蘇州太倉	B33	值得推薦	B26	值得推薦	⬆11（B→B）
❾	泰　安	C22	可予推薦	C14	可予推薦	⬆11（C→C）

五、2015-2016 TEEMA 城市綜合實力排名下降幅度最大城市分析

2015-2016《TEEMA 調查報告》進行城市綜合實力下降幅度排名，如表 18-6 所示，下降前十名城市依序為：（1）天津濱海；（2）寧波奉化；（3）保定；（4）瀋陽；（5）寧波餘姚；（6）莆田；（7）日照；（8）鎮江；（9）常州；（10）煙台。其中，天津濱海下滑 17 名，由 A15 到 B09，主要乃是因天津濱海於 2015 年八月發生爆炸事件，造成天津港運作停擺，部分台商亦面臨停產或辦停產狀態，造受嚴重損失。

表 18-6　2015-2016 TEEMA 城市綜合實力推薦排名下降分析

排名	城市	2015		2016		2015至2016
		排名	推薦等級	排名	推薦等級	排名等級差異
❶	天津濱海	A15	極力推薦	B09	值得推薦	⬇17（A→B）
❷	寧波奉化	B12	值得推薦	B31	值得推薦	⬇15（B→B）
❸	保　定	C08	可予推薦	C25	可予推薦	⬇14（C→C）
❸	瀋　陽	C11	可予推薦	C28	可予推薦	⬇14（C→C）
❺	寧波餘姚	B21	值得推薦	B38	值得推薦	⬇13（B→B）
❻	莆　田	C09	可予推薦	C24	可予推薦	⬇12（C→C）
❻	日　照	C15	可予推薦	C30	可予推薦	⬇12（C→C）
❽	鎮　江	B34	值得推薦	C10	可予推薦	⬇10（B→C）
❽	常　州	B20	值得推薦	B34	值得推薦	⬇10（B→B）
❽	煙　台	B31	值得推薦	C07	可予推薦	⬇10（B→C）
❾	珠　海	B23	值得推薦	B36	值得推薦	⬇09（B→B）

第 19 章

2016 TEEMA 單項指標 10 佳城市排行

2016《TEEMA 調查報告》除透過「兩力兩度」評估模式分析出「城市競爭力」、「投資環境力」、「投資風險度」與「台商推薦度」，並整理出最終之「城市綜合投資實力」等五項排行外，亦特別針對台商關切主題進行單項評估排名，茲將 2016《TEEMA 調查報告》之 20 個單項指標排列如下：

（1）當地**政府行政透明度**城市排行

（2）當地對**台商投資承諾實現度**城市排行

（3）當地**政府解決台商經貿糾紛滿意度**最優城市排行

（4）當地**台商人身安全程度**最優城市排行

（5）當地**台商企業獲利程度**最優城市排行

（6）當地**金融環境自由化**最優城市排行

（7）當地政府**歡迎台商投資的熱情度**排行

（8）最具**誠信道德與價值觀**的城市排行

（9）最適宜**內銷內貿**城市排行

（10）最**重視自主創新**城市排行

（11）當地**政府對台商智慧財產權保護**最優城市排行

（12）當地**政府鼓勵台商自創品牌**最優城市排行

（13）當地**政府支持台商企業轉型升級力度**最優城市排行

（14）當地**政府支持兩岸企業策略聯盟**最優城市排行

（15）當地**政府獎勵戰略性新興產業**最優城市排行

（16）當地**政府鼓勵節能減排降耗力度**最優城市排行

（17）最具**生產基地移轉優勢**城市排行

（18）最適發展**文化創意產業**之城市排行

（19）最具**智慧型發展**城市排行

（20）最具**解決台商經營困境**之城市排行

有關 2016《TEEMA 調查報告》20 項單項指標前十城市排名，如表 19-1 所示，以作為台商未來布局參考，除瞭解當地投資環境與風險外，亦應結合企業自身發展特性，進而找出最適布局城市。

回顧歷年《TEEMA 調查報告》單項指標前十城市排名，蘇州城市多名列前茅，2016 年亦不例外，蘇州昆山於 20 個單項指標中，有 17 個單項指標皆位於前十之列，並於三個單項指標名列第一；蘇州工業區在 20 個單項指標中，有 16 個單項指標排名前十位，更於六個單項指標排名第一；蘇州市區在 20 個單項指標中，有 11 個單項指標排名前十位；而蘇州新區亦在 20 個單項指標中，有九個單項指標排名前十位。

此外，西三角的成都、西安、重慶三城市表現亦不容小覷，成都在 20 個單項指標中，有 17 個單項指標排名前十位，更奪下「當地台商人身安全程度」、「當地政府歡迎台商投資」、「支持台商轉型升級力度」、「最具生產基地移轉優勢」四個單項指標第一名；至於重慶在 20 個單項指標中，有十個單項指標排名前十位，西安則有八個單項指標排名前十位。西三角囊括西南、西北最具經濟發展潛力、科研技術支撐之地區，匯聚了經濟、人口和要素資源，成為推進西部大開發的重要基礎，在土地成本、勞動力取得、消費需求市場、產業配套具發展優勢，加之，受益於中國大陸提出「一帶一路」倡議（一帶：絲綢之路經濟帶；一路：21 世紀海上絲綢之路），使得成都、重慶及西安等西部重鎮戰略地位明確，紛紛吸引跨國企業搶灘布局，統計至 2016 年 5 月，落戶成都的世界 500 強達 301 家、重慶 262 家、西安 146 家，招商產生磁吸效應帶動新一波西進熱潮。

值得注意的是，2016《TEEMA 調查報告》單項指標十佳城市排名可發現，雖大多數的單項指標仍以長三角城市為主，但中西部城市占比較往年有所提升，除成都、重慶、西安外，更有合肥、蕪湖、馬鞍山、長沙、鄭州、武漢漢口、武漢漢陽等城市列入，預示著未來隨著長江經濟帶、促進中部地區崛起規劃發展，中國大陸區域經濟持續邁向平衡發展，中西部城市未來發展潛力不容忽視。

表19-1　2016 TEEMA中國大陸單項主題十大城市排名

單項主題排名			❶	❷	❸	❹	❺	❻	❼	❽	❾	❿
01	當地政府行政透明程度	城市	蘇州工業區	蘇州昆山	蘇州市區	廈門島外	成　都	南　通	杭州蕭山	廈門島內	淮　安	青　島
		評分	4.228	4.207	4.113	4.107	4.098	4.067	4.054	4.032	4.003	3.996
02	對台商投資承諾實現度	城市	蘇州昆山	蘇州工業區	廈門島外	成　都	杭州市區	蘇州市區	南　通	無錫江陰	西　安	重　慶
		評分	4.242	4.211	4.175	4.154	4.132	4.128	4.117	4.109	4.082	4.032
03	解決台商經貿糾紛程度	城市	蘇州工業區	蘇州昆山	蘇州新區	杭州蕭山	廈門島外	上海浦東	廈門島內	青　島	淮　安	無錫江陰
		評分	4.251	4.214	4.209	4.176	4.155	4.121	4.065	4.037	4.011	3.971
04	當地台商人身安全程度	城市	成　都	蘇州工業區	蘇州昆山	杭州蕭山	上海浦東	廈門島內	上海市區	杭州市區	無錫江陰	上海閔行
		評分	4.313	4.275	4.258	4.216	4.168	4.133	4.119	4.082	4.053	4.010
05	當地台商企業獲利程度	城市	蘇州工業區	廈門島外	成　都	蘇州昆山	蘇州新區	蘇州市區	杭州市區	青　島	廈門島內	南　通
		評分	4.241	4.214	4.185	4.150	4.133	4.106	4.068	4.043	4.011	3.958
06	當地金融環境之自由化	城市	上海浦東	蘇州昆山	蘇州市區	蘇州工業區	廈門島外	成　都	廈門島內	重　慶	上海市區	寧波市區
		評分	4.405	4.358	4.331	4.263	4.237	4.171	4.145	4.119	4.097	4.051
07	當地政府歡迎台商投資	城市	成　都	西　安	南　通	重　慶	淮　安	蘇州昆山	蘇州工業區	廈門島外	合　肥	青　島
		評分	4.416	4.320	4.265	4.216	4.188	4.112	4.108	4.093	4.052	3.984
08	最具誠信道德與價值觀	城市	蘇州昆山	廈門島外	蘇州工業區	杭州蕭山	蘇州市區	成　都	杭州市區	蘇州新區	大　連	合　肥
		評分	4.311	4.284	4.253	4.215	4.176	4.133	4.121	4.094	4.044	4.011
09	適宜內銷內貿城市	城市	北京市區	上海市區	成　都	廣州市區	重　慶	深圳市區	蘇州市區	西　安	武漢漢陽	長　沙
		評分	4.301	4.274	4.216	4.172	4.128	4.096	4.011	3.972	3.868	3.834
10	最重視自主創新的城市	城市	蘇州工業區	蘇州昆山	成　都	上海浦東	杭州蕭山	重　慶	北京亦莊	深圳市區	無錫江陰	蘇州新區
		評分	4.296	4.237	4.185	4.132	4.116	4.101	4.072	4.056	4.031	4.015

表19-1　2016 TEEMA中國大陸單項主題十大城市排名（續）

單項主題排名			❶	❷	❸	❹	❺	❻	❼	❽	❾	❿
11	對台商智慧財產權保護	城市	蘇州工業區	蘇州昆山	上海浦東	廈門島外	蘇州市區	成　都	上海閔行	無錫江陰	青　島	蘇州新區
		評分	4.196	4.172	4.141	4.115	4.106	4.092	4.074	4.052	4.029	4.006
12	政府鼓勵台商自創品牌	城市	蘇州新區	成　都	蘇州昆山	廈門島外	上海市區	重　慶	上海浦東	西　安	寧波市區	大　連
		評分	4.251	4.212	4.203	4.182	4.154	4.132	4.110	4.072	4.046	4.025
13	支持台商轉型升級力度	城市	成　都	蘇州昆山	蘇州工業區	杭州蕭山	上海浦東	東莞松山湖	蘇州新區	廈門島外	淮　安	南　通
		評分	4.274	4.248	4.230	4.195	4.173	4.134	4.103	4.082	4.043	3.932
14	支持兩岸企業策略聯盟	城市	廈門島外	蘇州工業區	蘇州昆山	成　都	蘇州市區	南　通	無錫江陰	重　慶	淮　安	馬鞍山
		評分	4.304	4.256	4.238	4.168	4.131	4.094	4.076	4.051	4.025	3.986
15	獎勵戰略性新興產業	城市	蘇州昆山	成　都	蘇州新區	蘇州工業區	廈門島外	深圳市區	重　慶	上海浦東	東莞松山湖	西　安
		評分	4.263	4.184	4.172	4.157	4.109	4.076	4.035	4.016	3.982	3.943
16	鼓勵節能減排降耗力度	城市	蘇州市區	北京市區	上海市區	蘇州昆山	蘇州工業區	杭州蕭山	廈門島外	青　島	杭州市區	無錫江陰
		評分	4.311	4.265	4.228	4.213	4.186	4.167	4.144	4.113	4.075	4.052
17	最具生產基地移轉優	城市	成　都	西　安	重　慶	合　肥	綿　陽	鄭　州	馬鞍山	蕪　湖	長　沙	武漢漢口
		評分	4.182	4.161	4.112	4.107	4.067	4.032	4.011	3.992	3.954	3.863
18	最適合發展文化創意	城市	上海市區	北京市區	杭州市區	深圳市區	蘇州市區	廣州市區	成　都	廈門島內	南京市區	西　安
		評分	4.364	4.321	4.282	4.254	4.225	4.183	4.162	4.121	4.085	4.052
19	最具智慧型發展城市	城市	上海市區	蘇州昆山	北京市區	杭州市區	南京市區	青　島	成　都	廣州市區	重　慶	大　連
		評分	4.275	4.249	4.211	4.156	4.125	4.114	4.106	4.076	4.035	3.967
20	最具解決台商經營困境	城市	蘇州工業區	成　都	蘇州昆山	廈門島外	蘇州新區	杭州蕭山	南　通	廈門島內	淮　安	蘇州市區
		評分	4.301	4.312	4.286	4.240	4.175	4.152	4.113	4.094	4.068	4.031

資料來源：本研究整理

第 20 章

2016 TEEMA 中國大陸區域發展力排名

一、2016《TEEMA 調查報告》區域發展力兩力兩度模式

2016《TEEMA 調查報告》延續 2015《TEEMA 調查報告》針對 11 大經濟區域進行「區域發展力」排名。有關區域發展力之「兩力兩度」評估模式乃是指：（1）區域政策力：包括中央支持力度、區域定位層級、城市間連結力、國家級活動度與政府行政效率等五項指標；（2）區域環境力：包括內需市場潛力、區位投資吸引力、基礎建設完備度、人力資本匹配度、區域國際化程度及區域治安良善度六項細項指標；（3）區域整合度：則有產業群聚整合度、區域資源共享度、技術人才完備度、生活素質均衡度、供應鏈整合度五項指標；（4）區域永續度：包括自主創新能力、科技研發實力、可持續發展度、環境保護度與資源聚集能力五項指標。有關 2016《TEEMA 調查報告》區域發展力之「兩力兩度」評估構面與指標如圖 20-1 所示。

二、2016 TEEMA 中國大陸區域發展力排名

2016《TEEMA 調查報告》針對中國大陸主要台商密集城市所屬之經濟區域，相關領域專家進行調查匯整出「11 大區域發展力調查評估（TEEMA Area11）」，區域發展力的專家評估對象主要是以：（1）中國大陸台商會會長及重要經營幹部；（2）在中國大陸投資主要企業高管及負責人；（3）對中國大陸具有深入研究的學者專家，共計 65 人，並透過結構式問卷方式，請每位專家針對其所熟知的經濟區域填寫該區的樣本評估，共回收有效樣本 362 份進行第一輪平均值計算，得出 TEEMA Area11 排名，再經由德爾菲法（Delphi method）進行第二輪的匿名調查，經初步微調後，將第二輪調查收斂結果說明如下：

「中國大陸 11 大經濟區區域發展力排名」前五名依序為：（1）長三角經濟區；（2）西三角經濟區；（3）環渤海經濟區；（4）海西經濟區；（5）中

圖 20-1　2016 TEEMA 區域發展力「兩力兩度」評估模式構面與指標

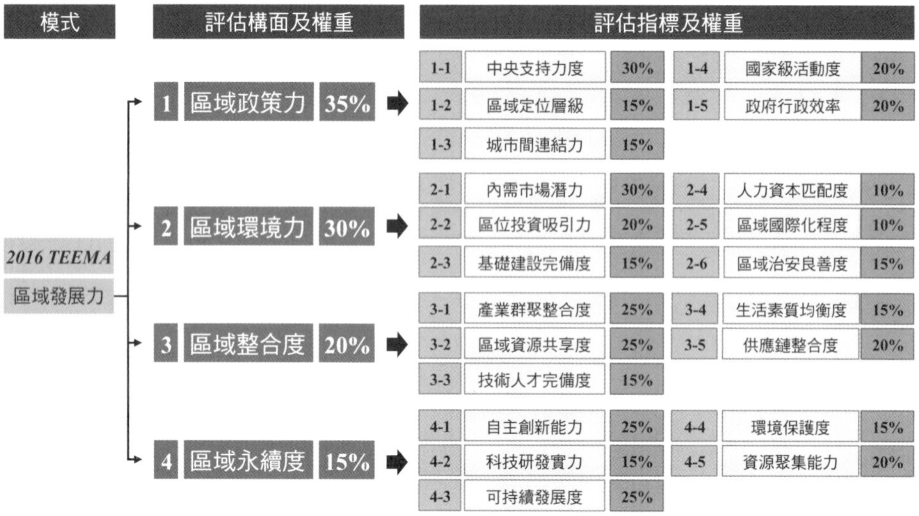

三角經濟區。西三角包含：四川、陝西與重慶更是西部開發重要平台，近年中國大陸政府也積極建設三地等基礎設施，根據 2016 年 5 月 16 日中國大陸海協會長陳德銘表示：「西部地區規劃雛型已大致構建完成，在交通基礎建設上如：高鐵、機場或高速公路等已趨於完善，在基本貨物運輸成本要素上已相對降低。」顯示西三角與西部區域交通連接上相對完善。另，在中國大陸政府政策配套也相對完善，並給予布局開拓者很大的政策福利，根據 2016 年 3 月 18 日中國大陸對外經貿大學外國直接投資研究中心主任盧進勇表示：「如要西部地區要注入更多外商投資進駐投資，在政策優惠上一定需要有為之一亮的政策紅利，諸如：企業稅收之彈性、產業的開放或是土地、用電等資源優惠等。」顯示政策紅利將大幅吸引外商投資進駐投資，進而但帶動區域發展。最後，在未來西部開發將有利與「一帶一路」上對接歐洲打造新絲綢之路，根據 2015 年 12 月 15 日中國大陸商務部新聞發言人沈丹陽表示：「中國大陸在經貿談話中，希冀與歐盟共同打造新絲綢之路，進行深化合作。」顯示中國大陸從境內開展至境外，都有明顯強烈的企圖心，因此台資企業應積極布局強占先機。

2016「中國大陸 11 大經濟區區域發展力排名」第六名至第 11 名分別為黃三角經濟區、東北地區、中部地區、泛北部灣、珠三角經濟區、西部地區。根據 2016《TEEMA 調查報告》區域發展力兩力兩度四個構面詳細結果與排名如表 20-1、表 20-2、表 20-3、表 20-4 與表 20-5 所示，玆論述如下：

❶區域政策力排名：根據表 20-1 所示，可知排名前五名的經濟區域依序為：（1）長三角經濟區；（2）西三角經濟區；（3）海西經濟帶；（4）環渤海經濟區；（5）中三角經濟區。

❷區域環境力排名：由表 20-2 所示，可知排名在前五名的經濟區域依序為：（1）長三角經濟區；（2）西三角經濟區；（3）環渤海經濟區；（4）中三角經濟區；（5）海西經濟帶。

❸區域整合度排名：根據表 20-3 所示，可知排名在前五名的經濟區域依序為：（1）長三角經濟區；（2）西三角經濟區；（3）環渤海經濟區；（4）海西經濟區；（5）黃三角經濟區。

❹區域永續度排名：由表 20-4 所示，可知排名在前五名的經濟區域依序為：（1）長三角經濟區；（2）西三角經濟區；（3）環渤海經濟區；（4）海西經濟區；（5）中三角經濟區。

「區域發展力」係藉由上述之區域政策力、區域環境力、區域整合度與區域永續度的「兩力兩度」評估模式，分別乘以其之權重，計算「區域發展力」之評價。四項評估構面權重如下：（1）區域政策力占 35%；（2）區域環境力占 30%；（3）區域整合度占 20%；（4）區域永續度占 15%。由表 20-5 可知「區域發展力」經權重排名依序是，長三角經濟區排名第一，其次為西三角經濟區、環渤海及海西經濟區，而第五名則是中三角經濟區。此外，表 20-5 中並列入 2011-2016 年中國大陸十一大經濟區區域發展力之分數變化，以供參照。

表 20-1　2016 TEEMA 中國大陸 11 大經濟區區域政策力排名

排名	經濟區	❶ 政策支持力度	❷ 區域定位層級	❸ 城市間連結力	❹ 國家級活動度	❺ 政府行政效率	區域政策力	
							加權評分	百分位
1	長三角	4.253	4.119	3.907	4.217	3.853	4.070	99.000
2	西三角	4.245	3.843	3.754	3.997	3.805	3.929	94.245
3	海西經濟帶	3.567	3.567	3.432	3.401	3.321	3.458	78.355
4	環渤海	3.685	3.612	3.333	3.217	3.306	3.431	77.444
5	中三角	3.386	3.329	3.241	3.101	3.215	3.254	71.502
6	黃三角	3.198	3.333	3.219	3.117	3.058	3.185	69.162
7	東北地區	3.115	3.021	2.976	2.332	2.678	2.824	57.001
8	中部地區	3.231	3.112	2.336	2.406	2.522	2.721	53.527
9	珠三角	2.715	2.598	2.593	2.865	2.785	2.711	53.183
10	泛北部灣	2.864	2.636	2.583	2.751	2.669	2.701	52.826
11	西部地區	2.814	2.604	2.520	2.623	2.523	2.617	50.000

資料來源：本研究整理

註：區域政策力＝【政策支持力度×30%】＋【區域定位層級×15%】＋【城市間連結力×15%】＋【國家級活動度×20%】＋【政府行政效率×20%】

表20-2　2016 TEEMA中國大陸11大經濟區區域環境力排名

排名	經濟區	❶ 內需市場潛力	❷ 區位投資吸引力	❸ 基礎建設完備度	❹ 人力資本匹配度	❺ 區域國際化程度	❻ 區域治安良善度	區域環境力	
								加權評分	百分位
1	長三角	3.983	3.865	3.956	3.718	4.114	4.125	3.963	99.000
2	西三角	4.005	3.957	3.715	3.505	3.598	3.536	3.791	93.175
3	環渤海	3.563	3.781	3.618	3.325	3.201	3.445	3.537	84.603
4	中三角	3.345	3.301	3.196	3.188	3.345	3.193	3.275	75.758
5	海西經濟帶	3.011	3.208	3.695	3.194	3.151	3.346	3.236	74.413
6	黃三角	3.102	3.007	3.212	3.183	3.205	3.333	3.153	71.609
7	中部地區	3.121	3.117	3.101	3.007	3.298	3.146	3.127	70.754
8	泛北部灣	2.938	3.214	3.093	2.936	2.749	3.224	3.040	67.814
9	東北地區	2.617	2.865	3.197	2.669	3.125	3.338	2.918	63.675
10	珠三角	2.956	2.548	3.333	2.684	2.912	2.852	2.884	62.527
11	西部地區	2.638	2.503	2.414	2.335	2.411	2.562	2.513	50.000

資料來源：本研究整理

註：區域環境力＝【內需市場潛力 ×30%】＋【區位投資吸引力 ×20%】＋【基礎建設完備度 ×15%】＋【人力資本匹配度 ×10%】＋【區域國際化程度 ×10%】＋【區域治安良善度 ×15%】

表20-3　2016 TEEMA中國大陸11大經濟區區域整合度排名

排名	經濟區	❶ 產業群聚整合度	❷ 區域資源共享度	❸ 技術人才完備度	❹ 生活素質均衡度	❺ 供應鏈整合度	區域整合度	
							加權評分	百分位
1	長三角	4.135	4.208	3.845	4.056	3.995	4.070	99.000
2	西三角	3.913	3.617	3.509	3.336	3.453	3.600	83.701
3	環渤海	3.447	3.319	3.201	3.785	3.113	3.362	75.960
4	海西經濟帶	3.552	3.368	3.117	3.333	3.136	3.325	74.746
5	黃三角	3.098	3.156	2.856	3.152	3.085	3.082	66.837
6	中三角	3.335	3.014	2.958	3.003	2.983	3.078	66.716
7	東北地區	3.015	3.132	3.235	2.985	2.913	3.052	65.881
8	珠三角	3.146	3.084	2.688	3.125	3.102	3.050	65.800
9	泛北部灣	3.201	2.684	2.951	2.933	2.956	2.945	62.389
10	中部地區	2.610	2.563	2.861	2.693	2.719	2.670	53.442
11	西部地區	2.386	2.653	2.675	2.564	2.594	2.564	50.000

資料來源：本研究整理

註：區域整合度＝【產業群聚整合度×25%】＋【區域資源共享度×25%】＋【技術人才完備度×15%】＋【生活素質均衡度×15%】＋【供應鏈整合度×20%】

表20-4　2016 TEEMA中國大陸11大經濟區區域永續度排名

排名	經濟區	❶ 自主創新能力	❷ 科技研發實力	❸ 產業可持續發展度	❹ 環境保護度	❺ 資源聚集能力	區域永續度	
							加權評分	百分位
1	長三角	4.035	3.853	3.846	3.795	3.956	3.909	99.000
2	西三角	3.911	3.657	3.560	3.613	3.806	3.719	91.560
3	環渤海	3.133	3.267	3.358	3.216	3.154	3.226	72.154
4	海西經濟帶	3.231	3.104	3.006	3.126	3.221	3.138	68.692
5	中三角	3.104	3.085	3.112	2.913	2.842	3.022	64.136
6	東北地區	3.103	3.116	2.985	3.001	2.717	2.983	62.596
7	黃三角	3.031	2.698	2.193	3.099	3.105	2.797	55.266
8	中部地區	2.734	2.701	2.805	2.916	2.813	2.790	55.004
9	泛北部灣	2.693	2.563	2.701	2.669	2.706	2.675	50.466
10	珠三角	2.769	2.613	2.717	2.551	2.603	2.667	50.159
11	西部地區	2.803	2.747	2.606	2.713	2.457	2.663	50.000

資料來源：本研究整理

註：區域永續度＝【自主創新能力 ×25%】＋【科技研發實力 ×15%】＋【產業可持續發展度 ×25%】＋【環境保護度 ×15%】＋【資源聚集能力 ×20%】

表20-5　2016 TEEMA中國大陸11大經濟區區域發展力排名

排名	經濟區	❶區域政策力			❷區域環境力			❸區域整合度			❹區域永續度			區域發展力					
		平均值	加權分數	排名	平均值	加權分數	排名	平均值	加權分數	排名	平均值	加權分數	排名	2016	2015	2014	2013	2012	2011
1	長三角	4.070	99.000	1	3.963	99.000	1	4.070	99.000	1	3.909	99.000	1	99.000	99.000	99.000	99.000	99.000	98.373
2	西三角	3.929	94.245	2	3.791	93.175	2	3.600	83.701	2	3.719	91.560	2	91.412	87.714	87.535	85.872	86.018	93.004
3	環渤海	3.431	77.444	4	3.537	84.603	3	3.362	75.960	3	3.226	72.154	3	78.501	79.909	81.444	80.638	82.407	89.167
4	海西經濟帶	3.458	78.355	3	3.236	74.413	5	3.325	74.746	4	3.138	68.692	4	75.001	74.934	74.703	71.703	76.297	85.294
5	中三角	3.254	71.502	5	3.275	75.758	4	3.078	66.716	6	3.022	64.136	5	70.717	69.919	72.201	70.514	-	-
6	黃三角	3.185	69.162	6	3.153	71.609	6	3.082	66.837	5	2.797	55.266	7	67.346	68.705	73.150	71.348	79.467	85.348
7	東北地區	2.824	57.001	7	2.918	63.675	9	3.052	65.881	7	2.983	62.596	6	61.619	61.379	63.085	61.513	50.000	52.512
8	中部地區	2.721	53.527	8	3.127	70.754	7	2.670	53.442	10	2.790	55.004	8	58.900	59.668	60.374	60.207	68.220	71.093
9	泛北部灣	2.701	52.826	10	3.040	67.814	8	2.945	62.389	9	2.675	50.466	9	58.881	57.033	58.434	59.594	71.810	71.744
10	珠三角	2.711	53.183	9	2.884	62.527	10	3.050	65.800	8	2.667	50.159	10	58.056	57.473	56.637	57.129	64.720	63.980
11	西部地區	2.617	50.000	11	2.513	50.000	11	2.564	50.000	11	2.663	50.000	11	50.000	50.000	50.417	50.097	52.851	53.740

資料來源：本研究整理

註：區域發展力＝【區域政策力×35%】＋【區域環境力×30%】＋【區域整合度×20%】＋【區域永續度×15%】

6

TEEMA 調查報告新總結

第 21 章

2016 TEEMA 調查報告趨勢發現

2016《TEEMA 調查報告》延續 2000-2015《TEEMA 調查報告》多年的研究方法及研究結構，以城市競爭力、投資環境力之「兩力」及投資風險度、台商推薦度之「兩度」為核心研究構面。茲將 2016《TEEMA 調查報告》研究成果發現與趨勢歸納如下：

一、本年 TEEMA 調查報告「兩力兩度」分析

依據 2016《TEEMA 調查報告》調查結果，經兩力兩度模式計算，並結合排名變化歸納 13 大發現如下：

發現一：受惠於「一帶一路效應」之城市其綜合實力呈上升

根據 2016《TEEMA 調查報告》「中國大陸城市綜合實力排名」顯示，受惠於「一帶一路」效應，其輻射城市綜合實力均呈現上升趨勢，其中「一帶」城市：西安（A16 → A14，上升 2 個名次）、蘭州（C10 → C09，上升 4 個名次）；武漢漢口（C27 → C22，上升 8 個名次）及長沙（C14 → C02，上升 15 個名次）；而「一路」城市：北海（D04 → C32，上升 10 個名次）、泉州（B17 → B20，上升 1 個名次）、福州馬尾（B35 → B33，上升 6 個名次）、廣州天河（C04 → B35，上升 10 個名次）及三亞（C24 → C21，上升 6 個名次）。根據長沙市政府副秘書長塗文清（2016）表示：「長沙為『一帶一路』的節點城市，亦屬於開放型的經濟高地，為引進外商企業的主要來源區域。」顯示長沙擁有優異的地理位置及開放的投資環境，並藉由配合「一帶一路」戰略的實施，將有效吸引企業進入布局，並成為企業對外發展的橋頭堡。而「一帶一路」共包含 65 個沿線國家，其經濟規模達 21 兆美元，未來台商可追尋此策略以尋求企業第二曲線的發展。

發現二：受惠於「互聯網 + 效應」之城市綜合實力均呈上升

根據 2016《TEEMA 調查報告》可知，受惠於互聯網 + 效應許多中國大陸城

市包含：上海市區（A11 → A09，上升 2 個名次）、杭州市區（A14 → A07，上升 7 個名次）、成都（A03 → A02，上升 1 個名次）、重慶（A20 → A16，上升 4 個名次）、武漢武昌（C16 → C15，上升 4 個名次）、武漢漢口（C27 → C22，上升 8 個名次）、長沙（C14 → C02，上升 15 個名次）等皆呈現上升的態勢。2016 年 6 月 16 日，根據騰訊研究院發布《中國「互聯網 +」指數（2016）》指出：「2016 年中國大陸『互聯網 +』十大城市分別為北京、深圳、廣州、上海、杭州、成都、重慶、武漢、長沙及福州。」由此次排名顯示包含上海、杭州、成都、重慶、武漢及長沙等與 2016《TEEMA 調查報告》結果不謀而合，這意味著上述城市極力打造「互聯網 +」之投資環境，並獲得企業之認可。

發現三：受惠於「中國製造 2025」轉型城市綜合實力呈上升

隨著中國大陸提出「中國製造 2025」，拉起中國大陸朝向製造強國的第一個十年發展的大幕，製造業由「中國製造」轉型為「中國智造」，以提高產品附加價值，促進整體經濟快速成長，亦使得東莞、泉州、深圳、佛山等城市搶占製造業新一輪競爭制高點。根據 2016《TEEMA 調查報告》可知，多數城市受惠於製造往創造的轉型，其城市綜合實力因而提升，諸如：東莞松山湖（C02 → B30，上升 13 個名次）、唐山（C12 → C01，上升 14 個名次）、佛山（C30 → C20，上升 13 個名次）、泉州（B17 → B20，上升 1 個名次）、杭州市區（A14 → A07，上升 7 個名次）、深圳市區（維持 B18，上升 4 個名次），其中，中國大陸將唐山定位為工業製造基地城市，唐山擁有優越的地理位置，因此逐漸成為中國大陸重工業基地的中心。根據中車集團公司副總經理徐宗祥（2016）表示：「唐山市積極響應中國大陸政策風向，中車集團將於唐山打造中國大陸一流的智能裝備產業園區。」顯示唐山隨著政策的轉向成功吸引智能製造的企業前往布局。此外，東莞市亦跟隨中國大陸之「中國製造 2025」戰略相繼提出多項企業轉型政策，試圖幫助企業轉型智能製造，以降低企業生產成本並提升企業產品價值。

發現四：受惠於「眾創空間效應」之城市其綜合實力呈上升

2016 年中國大陸國務院發布《關於發展眾創空間推進大眾創新創業的指導意見》，將「大眾創業、萬眾創新」視為中國大陸未來經濟發展的動能，以提供低成本、全方位及專業化服務，以打造出產學研緊密結合的眾創空間。2016《TEEMA 調查報告》「中國大陸城市綜合實力排名」顯示，由轉型為創新導向的城市其排名呈現上升態勢，其包杭州市區（A14 → A07，上升 7 個名次）、北京市區（A27 → B02，上升 2 個名次）、上海市區（A11 → A09，上升 2 個名次）及深圳市區（與 2015 年排名等級相同為 B18，上升 4 個名次）。根據 2015

年 5 月 6 日亞太文化創意產業協會發布《兩岸城市文化創意產業競爭力研究報告 2015》指出，在全中國大陸 39 個評比城市中，北京、上海及深圳各占據前三名。此外，經濟學人（The Economist）（2015）指出：「深圳是全球 4,300 個經濟特區中最突出的成功典範，從山寨走到創客模式，以引以為傲的創新驅動發展，創造深圳奇蹟。」顯示以上這四座城市充分發揮創新引領和驅動作用，有效地支撐中國大陸經濟結構調整與產業的轉型升級，已成為創新創業者的重要陣地。

發現五：受惠於「跨境電商效應」之城市其綜合實力呈上升

過往人們手提皮箱走遍全世界的外銷模式已逐漸式微，而網際網路的出現取代舊有的經商模式，成為現代通商絲路。2016《TEEMA 調查報告》「中國大陸城市綜合實力排名」顯示，受惠於跨境電商效應之城市其包含：上海市區（A11 → A09，上升 2 個名次）、深圳市區（與 2015 年排名等級相同為 B18，上升 4 個名次）、杭州市區（A14 → A07，上升 7 個名次）、廣州市區（B22 → B24，上升 2 個名次）、重慶（A20 → A16，上升 4 個名次）及大連（A22 → A19，上升 3 個名次），此外，上述城市皆已率先設立跨境電子商務綜合試驗區，以建立其全產業鏈的服務體系。根據國際顧問公司 Accenture（2016）指出，2014 年全球跨境電商 B2C 的電商消費者總數為 3.09 億人，估計 2020 年將一舉突破九億人口大關，更預測中國大陸將成為全球最大的跨境電商消費市場。綜上所知，隨著中國大陸跨境電商發展逐漸成熟，此廣大市場力量不容忽視。

發現六：受惠於「雙創驅動效應」之城市其綜合實力呈上升

中國大陸國務院總理李克強於《2015 年政府工作報告》中提出「大眾創業、萬眾創新」之概念，鼓勵創客與企業勇於創業創新，預示著中國大陸創新驅動時代來臨，根據聯合國教科文組織（United Nations Educational, Scientific and Cultural Organization；UNESCO）（2016）發布《創意城市網絡》（Creative Cities Network）指出：「中國大陸目前有北京、上海、深圳、蘇州、杭州、成都、景德鎮及佛山市七個城市加入創意城市網絡。」此外，根據 2016《TEEMA 調查報告》可知，榮獲設計之都的城市諸如：上海市區（A11 → A09，上升 2 個名次）；及榮獲藝術之都的城市諸如：杭州市區（A14 → A07，上升 7 個名次）；榮獲美食之都的城市諸如：成都（A03 → A02，上升 1 個名次）、佛山（A30 → A20，上升 13 個名次），隨著中國大陸於「十三五規劃」中提出以創新為主要發展動能，各地亦吹起創新的風潮。根據中國大陸科技部（2016）指出：「佛山市約有 34 家企業孵化器，至 2015 年止共有十家已列入國家級級科技企業孵化器的行列。」顯示佛山不斷加強創新動能的實施力度，並藉由政策幫助企業實現轉型升級之目標。

發現七：17 年來城市綜合實力排名第一之城市均坐落於長三角

觀察 2000-2016 年《TEEMA 調查報告》可發現，奪得城市綜合實力首位的城市均屬於長三角城市，其中，蘇州工業園自 2006 年列入評估，共有五年位列第一（2006-2008、2015-2016），蘇州昆山於 2009-2014 蟬聯六次第一，蘇州市區於 2000-2002 三年奪得首位，杭州蕭山於 2003-2004 兩年位列第一，而上海閔行則於 2005 年排名第一位。20 世紀 90 年代初，台商掀起第一波對中國大陸投資的浪潮，以蘇州、杭州、上海、寧波為中心的長三角便成為台商投資中國大陸的新熱點，江蘇省更連續 12 年為台商投資額第一的省份。多年來，長三角城市群一直是中國大陸經濟最具活力、創新能力最強、開放程度最高、吸引外來人口最多的區域之一，2015 年長三角地區貨物進出口總額及實際利用外資總額各占全國的 32% 和 55%，經濟實力不容小覷。台商仍看好長三角投資環境優勢，諸如：健全政策法制、高效行政效率、高開放包容度、產業群聚優勢、社會治安優良、高國際化水準、區位一體化發展等。加之，長三角為「一帶一路」戰略與「長江經濟帶」的重要匯集地，具舉足輕重的戰略地位，未來成長前景看好。

發現八：成都連續列入 A 級極力推薦次數僅次於無錫江陰、杭州蕭山

根據 2000-2016 年《TEEMA 調查報告》17 年調查顯示，無錫江陰連續 16 年列入 A 級極力推薦城市等級，杭州蕭山連續 15 年列入 A 級極力推薦城市等級。然由表 21-1 可發現，連續列入 A 級極力推薦的前十城市，長三角城市佔 8 位，環渤海 2 位，多屬沿海發展地區，值得關注的是，成都以西部城市之姿連續 14 年列入 A 級極力推薦城市排名第三，近年來成都致力建設與優化投資環境有目共睹，根據《2015 年成都市外商投資企業主體發展情況報告》顯示：「成都市外商投資企業總數為 7091 戶，投資金額高達 600 億美元，就外商投資企業數、投資金額以及註冊資本均為中西部城市前茅」，而根據新一線城市研究所發布《2016 中國城市商業魅力排行榜》，成都位居 15 新一線城市之首，投資空間廣大、交通網絡便捷、市場需求提升，未來將帶給企業更多的投資機會。

表 21-1　2000-2016《TEEMA 調查報告》連續列入 A 級極力推薦城市

序號	城　市	區 域	A 級次數	連續年度
❶	無錫江陰	長三角	16 年	2001-2016
❷	杭州蕭山	長三角	15 年	2002-2016
❸	成　都	西三角	14 年	2003-2016
❸	大　連	環渤海	14 年	2003-2016
❺	蘇州昆山	長三角	13 年	2004-2016
❺	上海閔行	長三角	13 年	2004-2016
❼	蘇州工業區	長三角	12 年	2005-2016
❼	蘇州新區	長三角	12 年	2005-2016
❾	杭州市區	長三角	11 年	2006-2016
❿	青　島	環渤海	10 年	2007-2016
❿	南京江寧	長三角	10 年	2007-2016

發現九：中國大陸「四大自貿區」所轄之城市綜合實力呈上升

中國大陸自 2013 年首度於上海建立自由貿易區後，並持續建構福建、廣東及天津等，發展至今已陸續取得成效，並帶動區域內城市實力的提升。根據 2016《TEEMA 調查報告》可知，四大自貿區城市包含：上海浦東（A09 → A08，上升 1 個名次）、廣州天河（C04 → B35，上升 7 個名次）及天津市區（C03 → B37，上升 4 個名次）等皆呈現上升的態勢。根據天津市自由貿易區研究院執行院長劉恩專（2016）表示：「天津在自貿區及京津冀一體化等戰略的實施下，可發揮口岸優勢進而帶動整體發展。」顯示天津擁有優良的地理位置，並可成為中國大陸首都北京最主要的對外發展港口，藉由天津自貿區之推動，將更進一步強化天津的城市競爭力。

發現十：西三角城市綜合實力呈上升

中國大陸自改革開放後，雖然經濟崛起飛快，但卻面臨區域經濟發展不平衡之問題，為解決此一發展困境，中國大陸將建構「西三角」經濟區作為西部大開發的重大戰略，成為繼珠三角、長三角、環渤海之後引領中國大陸經濟成長的第四極，帶領內陸城市發展。由 2016《TEEMA 調查報告》「中國大陸城市綜合實力排名」顯示，西三角核心城市綜合實力均呈上升，其中成都（A03 → A02，上升 1 個名次）、西安（A16 → A14，上升 2 個名次）及重慶（A20 → A16，上升 4 個名次）。此外，西三角城市列入 A 級極力推薦等級次數逐年增加，成都連續 14 年，重慶達七年，西安亦有四年，且近三年排名均呈現上升趨勢。西部地區具備勞動成本、土地成本、城鎮化發展、市場消費需求等優勢，且隨著「一帶一路」戰略的推進，未來中國大陸西部經濟將進入「騰飛期」，均成為企業搶進布局西部地區的重要因素。

表 21-2　西三角核心城市連續四年均列入極力推薦城市之列

城　市	A 級次數	連續年度
成　都	14 年	2003-2016
重　慶	7 年	2010-2016
西　安	4 年	2009-2016

發現十一：中三角核心城市綜合實力呈上升

1995 年長江「中三角」概念首次被提出，2015 年 4 月 15 日，國務院批覆同意《長江中游城市群發展規劃》，希冀長江中游城市群成為中國大陸經濟新的增長點，2016 年 3 月 5 日國務院總理李克強亦於政府工作報告指出：「2016 年要深入推進一帶一路建設，落實京津冀協同發展及加快長江經濟帶建設」，顯示長江經濟帶上升為大陸國家戰略，以「武漢、長沙、南昌」做為核心城市的中三角地位日益提升。由 2016《TEEMA 調查報告》可發現屬於中三角核心城市的城市綜合實力均有所提升，諸如：武漢武昌（C16 → C15，上升 4 個名次）、武漢漢陽（C18 → C19，上升 2 個名次）、武漢漢口（C27 → C22，上升 8 個名次）、長沙（C14 → C02，上升 15 個名次）及南昌（B25 → B23，上升 6 個名次），顯示中三角經濟實力崛起，繼而引領中部城市發展。

發現十二：中國大陸城市投資環境力台商評價連續八年呈下降趨勢

根據 2016《TEEMA 調查報告》可知，2016 年投資環境力平均值為 3.230，呈現八年連續下降的態勢，並與 2015《TEEMA 調查報告》十大構面進行對比可得知，在投資環境力十大構面中，除「內需環境」構面有些微上升其餘九大構面皆呈現下降的趨勢。其中，在所有細項指標中下降幅度最大的前三名，分別為「經營環境」構面中的：（1）同業、同行間公平且正當競爭的環境條件；（2）當地的基層勞力供應充裕程度；（3）台商企業在當地之勞資關係和諧程度。根據鴻海董事長郭台銘（2015）表示：「全球經貿逐漸呈現競爭加合作的局勢，中國大陸應提供更為公平公正的投資平台以達雙贏之目標。」顯示台商於中國大陸投資仍無法受到公平公正的待遇，隨著中國大陸企業不斷崛起，將更壓縮台商於中國大陸之布局空間，以致產生台商企業出走之現象。

發現十三：中國大陸城市投資風險度台商評價連續五年呈上升趨勢

根據 2016《TEEMA 調查報告》投資風險度平均評分數為 2.564 分，已連續五年呈現上升趨勢，並與 2015《TEEMA 調查報告》投資風險度六大構面進行對比可得知六大構面皆持續攀升，顯示中國大陸整體投資風險依然不斷提升。而在所有投資風險細項指標中，上升幅度前三名依序為：（1）經濟風險：台商企業在當地發生經貿糾紛頻繁的風險；（2）經營風險：當地適任人才及員工招募不易的風險；（3）經營風險：員工缺乏忠誠度造成人員流動率頻繁的風險。根據中國大陸國際經濟貿易仲裁委員會副主任兼秘書長于健龍（2015）表示：「隨著兩岸經貿合作的熱絡，同時也造就經貿糾紛案件數量的提升，因此對訴訟及仲裁解決平台的需求將進一步增加。」顯示企業在投資布局時勢必會遇到經貿糾紛與摩擦，隨台商不斷於中國大陸投資布局，此風險亦跟著成長，然隨著案件的成長將會有更多的解決平台誕生，台商應善用資源以解決糾紛。

發現十四：中國大陸城市台商推薦度台商評價連續六年呈下降趨勢

根據 2016《TEEMA 調查報告》可知，2016 年台商推薦度平均值為 3.120，呈現六年連續下降的態勢，並與 2015《TEEMA 調查報告》十大構面進行對比可得知，在台商推薦度十大構面中，除「城市競爭力」構面有些微上升其餘九大構面皆呈現下降的趨勢。其中，在所有構面中下降幅度最大的為「行政效率」及「內銷市場」，分別從原先的第四名及第三名下降至第八名及第七名。中國大陸擁有龐大的人口紅利因而造就廣大的內需市場，並成功吸引各國企業爭相前往布局，然隨著中國大陸經濟逐漸步入新常態，其內銷市場逐漸放緩，並在各國企業爭相布局的態勢下，各行業競爭越趨激烈。另一方面，中國大陸近年推動依法治國及國企改革等策略，試圖改變過往中國大陸行政不彰之情況，但任何政策之推動皆有過渡期，發展至今成效尚未顯現，仍有待各企業陸續觀察追蹤。

二、就「中國大陸台商經營管理現況」分析

2016《TEEMA 調查報告》針對中國大陸台商經營管理現況分析，歸納台商對中國大陸經營六項趨勢，茲分述如下：

趨勢一：台商增加對中國大陸布局之意願連續六年下降趨勢

中國大陸在過去為國際爭相投資的經濟重地，然於變化快速的全球環境之下，已造成中國大陸經濟結構性的改變，其潛在的風險至今逐漸浮出，相對影響台商於中國大陸的布局。根據 2016《TEEMA 調查報告》針對企業未來布局規劃可發現，其中「擴大對大陸投資生產」比例從 2011 年 50.95%，2012 年 49.39%，2013 年的 46.12%，2014 年的 40.28%， 2015 年的 38.96%，直到 2016 年的 36.28%，逐年呈現下滑趨勢，而根據經濟部投審會（2016）表示：「由台商對中國大陸投資件數連三年負成長的現象，可看出台商於中國大陸投資環境逐

漸惡化，其下降幅度至 2015 年已達 -17.2%。此外，台灣對海外其他國家投資金額亦首度超越中國大陸。」顯示中國大陸投資環境每況愈下，台商逐漸將投資重心轉向東南亞，藉以分散投資風險。

趨勢二：中國大陸台商願意返台上市意願連續七年上升趨勢

面對中國大陸推行去產能的供給側改革，又因紅色供應鏈掀起兩岸產業的激烈競爭，中國大陸隨之積極垂直整合台灣產業。在投資風險與日俱增的中國大陸，諸多台商陸續回台申請上市，期許能夠籌措較多資源以利投資布局。根據 2016《TEEMA 調查報告》受訪企業「希望回台上市融資」2010-2016 年比例逐年上升，2010 年為 1.41%；2011 年為 2.54%；2012 年為 2.92%；2013 年為 4.08%；2014 年為 6.29%； 2015 年為 6.85%；而到 2016 年升至 6.91%，呈現連續七年上升之趨勢。根據富蘭德林證券董事總經理淩岩聘（2016）表示：「回台商上市將會是台商的必經之路，而台灣資本市場優勢包含快速的上市申請時間、可預期的申請程序、相對穩定的股市，以上優勢皆可作為台商發展的後盾。」可知，台商回台上市融資將有較高之效率與穩定的發展，使中國大陸台商紛紛提高返台上市意願與動力。

趨勢三：中國大陸台商經營績效連續五年呈現下降趨勢

從 2016《TEEMA 調查報告》中，可知台商在中國大陸經營績效項目，2010 年台商在中國大陸事業淨利成長之負成長部分，於 -50% 以上之比例為 1.29%；2011 年比例為 2.75%；2012 年比例為 3.30%；2013 年比例為 4.27%；2014 年比例為 4.07%；2015 年比例為 4.74%；2016 年比例為 4.99%。而在淨利負成長 -10% 至 -50% 部分，2010 年比例為 5.11%；2011 年比例升為 16.54%；2012 年為 25.02%；2013 年為 24.90%；2014 年為 30.85%；2015 年為 34.35%，到 2016 年比例至 33.28%。根據北京清華大學台資企業研究中心（2016）表示：「台商於中國大陸遭遇的困難日趨嚴峻，以勞動成本為例，相較 2000 年每位員工月薪僅達 300 元人民幣，如今則漲至 3,000 元人民幣，許多台商企業將面臨倒閉危機。」綜上所述，台商在中國大陸的經營績效每況愈下，顯示台商在中國大陸經營面臨風險與困境。

趨勢四：中國大陸台商未來經營預期連續四年呈現悲觀趨勢

全球環境快速變遷，致使中國大陸經濟環境亦受到牽連，中國大陸國家統計局（2016）指出：「2015 年中國大陸 GDP 首度降至 6.9%。」根據 2016《TEEMA 調查報告》有關台商預測 2016 年中國大陸淨利成長，可知 2016 年台商未來經營預期連續四年呈現悲觀趨勢，在正成長比例方面，2012-2016 年呈連續下滑趨勢，即2012年為35.55%；2013年為29.09%；2014年為23.60%；2015年為22.83%；而到2016年降為20.81。反之，負成長比例方面，2012-2016年呈連續上升趨勢，即2012年為39.70%；2013年為52.71%；2014年為60.10%；2015年為62.62%；而到2016年升為67.34%。此外，根據行政院經濟部（2016）中國大陸投資統計數據顯示：「2016年上半年核准對中國大陸投資件數較2015年同期減少幅度達21.53%，而投資金額減少幅度超過11.53%，此外，台商對中國大陸投資件數連續三年呈現負成長，且幅度持續擴大。」由此可知，台商對未來經營預期逐年下降，近幾年皆呈現悲觀之態勢。

趨勢五：中國大陸台商經貿糾紛比例連續五年呈現上升趨勢

從2016《TEEMA調查報告》可看出台商在中國大陸經貿糾紛發生比例逐年上升，2012年發生糾紛比例為119.91%；2013年為127.63%；2014年為140.63%；2015年為140.89%，而2016年更提升至141.46%。隨著兩岸互動綿密，亦使得經貿糾紛日益提升，諸如：中國大陸人力成本上升及招募與管理不易等問題，造成「勞資糾紛」爭議頻傳，嚴重影響台商於中國大陸經商的布局意願。然中國大陸正面臨經濟產業結構轉變，過去的成本優勢已逐漸消失，加上中國大陸企業崛起，台商於中國大陸發展經營碰到更多阻礙，導致於爭取自身權益之時，易與中國大陸經貿方發生衝突，造成企業獲利下降。大陸特別是上海地區動輒扣押台商證件，限制人身自由，更為台商所詬商。

趨勢六：中國大陸台商經貿糾紛解決滿意度連續六年下降

近年來，兩岸在經貿互動上日趨頻繁，使台商在中國大陸投資糾紛日益增加，而台商紛紛透過司法途徑、當地政府、仲裁、台商協會或私人等相關管道進行溝通協調，由2011-2016歷年《TEEMA調查報告》，可探究台商對於經貿糾紛解決之滿意度，呈現連續六年下降態勢，其滿意度為：2011年69.38%；2012年為62.93%；2013年為58.48%；2014年57.16%；2015年為54.51%，到2016年下滑至53.82%。此外，在「非常滿意」數據分析中，以「台商協會」比例為最高29.72%，次為「司法途徑」18.42%，再者為「仲裁」16.44%；反之，在「非常不滿意」數據中「當地政府」22.41%則為滿意度最差之管道。顯示，台商在中國大陸遭遇經貿糾紛的困境使滿意度逐年下降。根據2016年海基會協處台商經貿糾紛案件處理統計數據顯示，受理台商申訴案件截至2016年5月底累計7,262件，其中人身安全投訴案件3,504件，財產法益投訴案件3,758件，顯示，當地政府管道解決糾紛力道不足，諸多案件皆訴諸台商協會為主。

第 22 章

2016 TEEMA 調查報告建議建言

2016《TEEMA 調查報告》經由 112 個城市之「城市競爭力」、「投資環境力」、「投資風險度」、「台商推薦度」、「城市綜合實力」以及「城市綜合實力推薦等級」等六項分析排行，特針對台商企業、台灣政府及中國大陸政府提出建言與建議，茲分述如後：

一、2016《TEEMA 調查報告》對台商企業建議

依據 2016《TEEMA 調查報告》總體分析與台商意見之彙總，針對台商企業提出七大建議，茲分述如後：

建議一：預應全球經濟新平庸妥善規劃第二曲線策略

隨著全球經濟持續呈現「新平庸」態勢，VIX 恐慌指數和黑天鵝指數（CBOE SKEW Index）呈現波動性的不穩定趨勢，花旗集團的經濟驚奇指數亦顯示進入七年衰退週期，美國與中國大陸的製造業採購經理人指數（PMI）皆表現不佳，全球經濟復甦追蹤指數（TIGER）更進入負值，而標準普爾高盛商品指數（S&P GSCI Commodity Index）則創下歷史新低，皆凸顯全球經濟的高度不確定性和疲弱的成長動能，意味著企業不應期待能以過去常態性競爭的商業觀點，布局現在動態性競爭的商業環境，繼而面對高度不確定的未來。根據英國管理大師 Handy（2015）認為：「個體應在第一曲線到達顛峰前，運用先前累積的資源和能量著手醞釀第二曲線，確保自身具備持續性的成長動能。」而策略大師 McGrath（2015）更指出：「在快速變遷且充滿破壞式競爭的快經濟時代中，企業生命週期受到嚴重壓縮，企業不能再僅以長期競爭優勢觀點經營企業，而需靈活善用短暫的瞬時競爭優勢，視情況相應採取資源調度、持續再造、良性割捨等作為。」顯示隨商業環境變遷迅速、劇烈且高度不確定性，過往常態性競爭態勢下的長期競爭優勢策略，已不再適用。因此，建議台資企業審視現有業態、商業模式、競

爭策略和每項問題，靈活運用短暫的瞬時競爭優勢和資源，加速醞釀第二曲線，並適時採取換軌策略和良性割捨以換取企業生存空間。

建議二：預應兩岸政治新情勢妥擬投資風險規避策略

根據總統蔡英文於2016年6月8日表示：「未來將致力維持現狀，建構具一致性、可持續、可預測的兩岸關係。」一語道出新執政團隊對於兩岸關係的基本思路，然而因兩岸當前執政團隊尚未達成信任基礎，因此，隨著台灣新政府於2016年5月20日上台，以及中國大陸預計於2017年召開「十九大」會議的前置布局影響，兩岸政治關係從前政府時代的穩定互惠交流和穩定投資架構，逐漸走向保守觀望的「冷和平」態勢，雙方政府對內和對外的一舉一動，皆互相牽連對方敏感神經，提高企業往來兩岸布局的不確定性。此外，隨著全球地緣政治風險升溫，以及全球各國選舉和政經政策影響，亦左右著兩岸情勢。面對兩岸關係進入高度不確定性的發展態勢及全球商業環境競爭越趨複雜，建議台資企業一面維持高度風險意識，盡量規避政治風險，一面將重心放在產品創新、經營管理等層面，提高自身於競合賽局中的互補性，以及商業關係網絡的居中性，建構多邊和多環狀的平台策略，靈活配置資源，此外，依循「親近政策、遠離政治」方針，相應中國大陸產業經濟政策而布局，並秉持「協力同發展、聚力創未來」精神，協同中國大陸企業進行策略聯盟，積極融入兩岸產業關係網絡，開創自身對於整體網絡的互補性，爭取中國大陸市場和其延伸國家市場的商機，從而為兩岸產業發展和民間福祉鋪路。

建議三：預應中國大陸十三五規劃妥擬產業布局新商機

隨著中國大陸「十三五」規劃如火如荼展開，其將延續中國大陸「十二五」規劃六大產業（資訊技術、新能源汽車、生物技術、綠色低碳、高階設備製造與材料、數位創意），並增加12大戰略性新興產業（即先進半導體、機器人、材料製造、智能系統、新世代航空裝備、空間技術綜合服務系統、智慧交通、精準醫療、高效儲能與分布式能源系統、智慧材料、高效節能環保、虛擬實境與互動影視），以實踐小康社會為核心目標，確立「創新、協調、綠色、開放、共享」核心價值，並著眼於科技創新、轉型升級、生態環境、基礎設施和民生改善，透過中國大陸政府政策力量，帶動企業轉型升級契機，以及引爆市場潛在商機。因此，建議台資企業可針對中國大陸「十三五」規劃帶動的18大產業，妥擬策略預期布局，台資製造業應朝高附加價值方向發展，透過引進開發先進技術，帶動其餘台資服務業者相應發展，進而將相關產品、服務串聯形成協同生態體系，縱然無法直接參與特定產業而獲取利潤，亦可透過強化自身對特定產業的互補性而間接獲利，並順勢搭上「中國製造2025」和「一帶一路」規劃，一面針對既有業態轉型升級，一面提高中國大陸台資企業的國際化連結。

建議四：預應中國大陸一帶一路布局掌握新興政策紅利

「單打獨鬥時代結束了，聯合艦隊的時代來臨」，未來台商全球布局必須緊握一帶一路政策紅利。2015 年 3 月 28 日，中國大陸國家發展改革委、外交部和商務部聯合發布《推動共建絲綢之路經濟帶和 21 世紀海上絲綢之路的願景與行動》，期以「絲綢之路經濟帶」和「21 世紀海上絲綢之路」的整體共同發展，創造沿線國家及城市的互利共贏，為「親近政策」思維的台資企業勾勒出布局新方向。根據全國台企聯榮譽會長郭山輝（2016）表示：「台商即早便在中國大陸投資，產品相對具有高品質及創意性，因而受到消費者的認同，在『一帶一路』戰略中，台灣能藉由現有優勢參與『絲綢之路經濟帶』建設，將產品銷至西部國家及市場。」由此可知，對於中國大陸西向延伸的陸路「絲綢之路經濟帶」，以及向南延伸的「21 世紀海上絲綢之路」，除將引發龐大商機，亦帶動產業板塊的重構。因此，建議台商應重新調整自身定位和業態，把握機會從中開發有利自身的利基市場，並思索協同各地具互補性的企業（亦可能是競爭者）伺機布局，以競合模式取代競爭模式、以策略聯盟取代單打獨鬥、以協同生態思維取代線性生產，進而發揮生態網絡綜效，進而跟搭上中國大陸政策順風車，向「一帶一路」規劃沿線及延伸的市場開拓台資企業新天地。

建議五：預應中國大陸供給側改革妥擬轉型升級策略

根據 2015 年 12 月 18 日中國大陸召開中央經濟工作會議之結論，中國大陸未來將強化「供給側結構性改革」推動的速度和強度，並將「三去一降一補」（去產能、去庫存、去槓桿、降成本、補短板）視為主要任務，以提高中國大陸產品的供給品質，優化整體要素配置、擴大發展效能、提升服務價值，解決中國大陸目前所面臨產能過剩、生產效率低落等困局。小米科技創辦人雷軍（2016）指出：「供給側改革預示中國大陸企業將朝向可提供足以與國際企業媲美的產品。」顯示供給側改革將改變中國大陸的產業生態，台資企業應抓緊轉型契機，順勢「卡位」中國大陸的新興紅色生態網絡，建構對生態網絡有互補性的核心競爭力。台資企業近年相對於中國大陸企業雖漸失優勢，然而台資企業於「優化生產要素組合」、「精細與深度產品加工」、「技術創新變革」、「服務價值體系建構」等層面仍具諸多優勢條件，有利於「供給側改革」推動之際搶食商機，惟根據中國大陸全國台企聯會長郭山輝（2016）表示：「若台商一昧堅持製造業為主的模式，恐將無法在中國大陸永續發展。」一語道出隨著「供給側改革」推展，雖帶給台資企業新的商機，然若台資企業無法順勢轉型，僅固守既有的經營模式，將難以長久立足於中國大陸市場。有鑒於此，建議台資企業趁勢於「供給側改革」推動之際，搶占短期的「機會財」，並透過技術、服務和商業模式的創新轉型，以及與外部企業策略聯盟、合資等策略布局，將短期優勢轉化為長期優勢。

建議六：預應中國大陸供應鏈崛起建構策略聯盟新模式

隨著中國大陸長年來累積龐大資本，以及近年諸多中國大陸企業積極響應「走出去」戰略，不但促使中國大陸企業投入資源，透過企業內部成長方式循序涉入微笑曲線兩端領域，亦透過企業外部成長方式，對全球各國企業展開合資、併購、策略聯盟等策略作為，而台灣企業亦面臨中國大陸企業併購，諸如：廈門蒙發利按摩椅公司收購台灣品牌FUJI按摩椅所屬的Ｘ泰健康科技、納愛斯集團收購台灣的妙管家等，逐漸改變台灣產業的藍圖和光譜，導致台灣面臨全球產業鏈地位遭到侵蝕的隱憂，此外，雖非每項中國大陸企業的併購案都順利達成，除部分併購因涉及國家利益遭否決，亦出現併購後卻未履行合約而遭解約，然隨著中國大陸持續收購全球頂尖企業或部門，將間接影響台資企業的生存空間，因此台資企業應謹慎應對中國大陸企業銀彈攻勢。隨著跨界競爭日益頻繁，產業疆界逐漸消融，以往「產業導向」的產業競爭逐漸轉向「產品導向」的競技場競爭，面對中國大陸企業透過「實權基金」＋上市紅利積極透過收購、交叉持股等作為擴展紅色供應鏈，建議台資企業應轉以「產品導向」的心態布局協作生態圈，並重新思索自身的獲利模式和競爭核心，透過合資、交叉持股等模式與具互補性的兩岸企業合作，締結優勢互補的策略聯盟，從而分散布局風險和建構多環狀平台策略，從供應鏈鍊解危機僵局中突圍並取得競爭利基。

建議七：預應中國大陸生態環境建設研擬綠色智造策略

綠色經濟（Green Economy）已成為當今全球永續發展之課題，中國大陸除將「綠色發展」列為十三五規劃的五大發展理念之一，更於《中國製造2025》明確提出全面推行綠色製造，2016年4月18日，中國工業和信息化部編制《綠色製造工程實施指南（2016-2020年）》並正式發布「綠色製造2016專項行動實施方案」，主要內容包含綠化傳統製造業、加速實施綠色製造工程、全面推行綠色製造及構建綠色製造體系。根據韋康博（2016）出版《工業4.0：從製造業到「智」造業，下一波產業革命如何顛覆全世界？》指出：「全面工廠智慧化、自動化、智能化已從德國席捲而來，此將徹底變革科技業、製造業與消費品產業等諸多領域，讓企業資源更加優化、提高能源效率」。此外，根據德勤會計師事務所（Deloitte）（2016）《2016全球製造業競爭力指數》報告顯示：「受訪企業執行長皆認為構成未來競爭力的關鍵因素為先進的製造技術，但往往忽視全生命週期的綠色發展而缺乏永續性。」隨著中國大陸積極推動生態環境建設，建議台商企業以環保科技、節能減碳與智能製造為發展主軸，諸如：電動車、再生能源、智慧科技等，妥擬綠色製造策略以達成減少資源過度浪費，朝循環發展、低碳發展、綠色發展之路邁進。

二、2016《TEEMA 調查報告》對台灣政府之建言

依據 2016《TEEMA 調查報告》總體分析與台商意見之彙總，針對台灣政府提六項建言，茲分述如下：

建言一：建請政府積極推動參與 TPP 與 RCEP 之國際經濟組織

面對全球經濟區域化整合的趨勢，台灣因國際政經局勢因素影響，在推動自由貿易協定（FTA）和參與區域經濟整合（RTA）的進程緩慢，然隨著區域經濟夥伴協定（RCEP）和跨太平洋夥伴協定（TPP）逐漸成形，若台灣無法參與區域經濟整合，亦無龐大的自由貿易協定（FTA）作為後盾，將陷入被區域經貿體系壁壘孤立的困境，蔡英文總統（2016）於就職典禮表示：「未來將致力於強化台灣經濟活力與自主性，加強與全球及區域經濟連結，積極參與多邊及雙邊經濟合作及自由貿易談判，包括 TPP、RCEP 等。」而根據中經院 WTO 與 RTA 中心副執行長李淳於 2016 年 6 月 23 日表示：「因東協十國將陸續於五年內加入 TPP，加入 TPP 對台灣長期發展極為重要，而若能進入 RCEP，將對台灣有即時性的幫助。惟因兩岸關係和 RCEP 尚未完成談判，台灣加入 RCEP 極具挑戰，但若能加入 TPP，將有助台灣進入 RCEP。」一語道出台灣參與經濟整合的急迫性和重要性，此外，隨著全球經濟貿易持續疲軟，世界貿易組織（WTO）於 2016 年 6 月 21 日提出警示：「全球保護主義逐漸抬頭，2016 年全球貿易成長將進入放緩的第五年，成為 1980 年代後最困頓的時期。」一語道出各國保護主義逐漸興起，若台灣被具排他性的區域經濟整合拒於門外，將為貿易為主的台灣經濟造成嚴重衝擊，亦將提高台灣產業外移的可能性。因此，建請政府持續爭取洽簽自由貿易協定和參與區域經濟整合，改善台灣國際經貿環境，避免被邊緣化危機。

建言二：建請政府推動新南向政策結合 21 世紀海上絲綢之路發揮綜效

新加坡國立大學亞洲競爭力研究所所長陳企業（2015）曾說：「小國應跟隨大國腳步，掌握東協與一帶一路崛起。」可說是台灣目前經貿局勢最佳寫照，2016 年 5 月 20 日總統蔡英文在就職大典上強調：「台灣政府非常重視東協市場，並於總統府內新設『新南向辦公室』解決台商布局所面臨的需求和難題。此外，此舉亦不會影響政府對於台商在中國大陸市場投資布局的重視。」顯示新政府對於台資企業布局東協市場的重視，且亦承諾不會排擠現有對台資企業布局中國大陸的資源協助。然而，根據 2016 年 6 月 6 日藍濤亞洲公司總裁黃齊元表示：「中國大陸透過『海上絲綢之路』創造巨大的投資，並已整合連結東協市場發揮綜效。台灣政府雖對東協市場報予極高期待，還針對此市場發布諸多誘人的協議，

但都以東協各點布局居多，而對與中國大陸合作則較無著墨。」中國文化大學教授邱毅亦於2016年6月13日表示：「台灣政府因政治口號而進入東協市場，卻未與中國大陸『21世紀海上絲綢之路』形成呼應配套戰略。」顯示雖『新南向』政策與中國大陸『海上絲綢之路』有所交疊，政府卻似未有合作動作，漸喪失兩岸對外經貿政策分進合擊的可能性。因此，建請台灣政府推動布局『新南向』政策之際，亦應考量中國大陸『21世紀海上絲綢之路』以形成相應布局，從而成為扭轉台灣低迷經貿成長的新引擎。

建言三：建請政府因應兩岸新情勢協助台商穩定過度新舉措

隨著2016年5月20日台灣新舊政府交接，兩岸溝通聯繫機制呈現停擺狀態，兩岸政局逐漸進入互相觀望的「冷和平」態勢，英國《經濟學人》（2016）表示：「未來兩岸關係恐難撥雲見日，動蕩顛簸、對抗摩擦恐將成為常態，其亦指出新政府尚未上任蜜月期就已經結束。」此外，根據中國大陸國台辦前副主任王在希（2016）指出：「隨著新政府執政，兩岸關係將『由熱變冷』，兩岸事務首長互訪與兩會制度化協商恐面臨中斷，熱線機制名存實亡，此外，陸客赴台旅遊人數驟降外，官方互訪活動勢必減少。」顯示未來兩岸關係發展充滿變數，進而使台資企業布局中國大陸不確定性逐漸提高，然因近年兩岸經貿關係緊密，任何舉動都將皆牽一髮動全身，哈爾濱台商協會常務副會長徐正文於2016年6月8日更指出：「台灣政府若想降低對中國大陸的依賴度以分散經貿風險，應先妥擬完善配套措施，否則任何貿然之舉都將引發深遠的衝擊。」一語道出台資企業對於兩岸政府政策的憂心，以及因環境不確性而漸趨保守的投資態度。此外，台企聯會長王屏生（2016）表示：「台灣應消除意識形態力拚經濟發展，現今全球都在關注中國大陸市場時，台灣不該捨大求小、捨近求遠，更何況中國大陸在區域經濟亦是無法避免的市場，勇敢的台灣就應勇敢面對中國大陸，搭上新一波發展順風車。」因此，建請政府預應兩岸關係變化，研擬配套方案協助台資企業運營調整，並在兩岸既有的發展基礎上，積極建構友善的溝通協調機制。

建言四：建請政府政策規劃注重政策延續性與一致性

綜觀全球產業經貿發展軌跡，諸多產業和經濟政策常需要長時間推動方能見效，然因台灣每隔四年即面臨政權輪替的不確定性，使政策反覆、不連貫、政府承諾度低，導致諸多重要的長期發展政策的延續性和成效性備受考驗，亦間接促使執政團隊對於短期政策與長期政策的權重失衡，從而增加企業經營布局和產業發展的不確定性，不利台灣整體發展。根據歐洲在台商務協會（European Chamber of Commerce Taiwan）（2016）指出：「台灣歷經多次政黨輪替，國內政黨對立情形相當嚴重，不論是中央或地方政府，只要換黨執政，推翻或否定前朝政策幾乎是必行作為，政策不連貫性與不確定因素過多，進而使得投資者卻步」，因此，建請政府未來在產業經濟政策規劃上，可考慮參考韓國「國家目標法制化」作法，透過產、官、學、研共同研擬相關辦法和配套措施，並與各界充分溝通塑造國家全體共同目標，從而制定專法形成法源依據，形塑重要發展政策的延續性，避免在短期階段性政策目標達成後即無後續進展，以及降低國家長期發展政策受政權輪替波動影響。

建言五：建請政府完善引才留才機制解決人才外移問題

根據瑞士洛桑國際管理學院（IMD）於 2015 年 11 月 20 日提出《2015 年 IMD 世界人才報告》（IMD World Talent Report 2015）顯示：「台灣雖較 2014 年進步四名至 23 名，然因缺乏靈活彈性之人力規劃，仍有進步空間，其中又以引才方面亟待加強。」此外，根據歐洲商會（ECCT）（2015）發布《政策建議書》顯示：「台灣於在亞太七國中，對人才吸引力敬陪末座」，歐洲商會理事長白邦德（Bernd Barkey）（2015）即表示：「台灣對外應放寬外籍人士來台限制，對內應調整勞資雙方的心態和關係，打造利於留才和引才的環境。」一語道出台灣因不合時宜的法規限制和緊張的勞資關係，陷入難以與他國競逐人才資源的困境，然除了人才吸引力不足外，台灣人才流失問題亦值得重視，根據牛津經濟研究院（Oxford Economics）（2014）《2021 年國際人才報告》（Global Talent 2021）指出：「台灣由於低生育率、人口嚴重老化、政府與企業的人才培育等問題，預測在 2021 年將出現嚴重人才供需落差，台灣人才外流將居 46 國之首，且每十個外流人才，就有六人是專業人才。」面對此一嚴重的人才流失懸崖，建請政府傾聽各方意見，召集產、官、學、研單位研擬相關辦法，預應環境調整法律規範，積極協調、舒緩勞資關係，建構國家級的育才、引才和留才的系統性人力資源競爭方案，從而避免人才斷層危機。

建言六：建請政府成立單一對話窗口完善台商回流機制

面對全球產業環境變化，以及台灣經濟動能疲弱，經濟部自 2012 年起即發起「鮭魚返鄉計畫」，希冀透過台資企業回流布局，提高整體產業競爭力，從而帶動台灣經貿轉型，建構台灣經貿成長第二曲線，如何讓台商將全球利潤回流台灣深耕布局，實是台灣政府不容忽視的重要課題。根據 2016《TEEMA 調查報告》發現，台商「希望回台投資」意願比例由 2014 年的 6.18% 逐年提升至 2016 年的 6.33%，然而，根據實際統計發現，台資企業回台投資數量一直不如預期，近年台商回台投資成長幅度漸緩，根據投資業務處（2016）統計資料顯示：「2015 年台商回台投資達 44 件，較 2014 年下降 4.34%」，根據工業總會理事長許勝雄於（2015）表示：「許多台商企業並非不願回流，而是返台投資遭遇缺工、缺電、缺人才、缺土地與缺水的『五缺』困境。」凸顯政府雖鼓勵台資企業回台投資，卻缺乏整體性的規劃和配套措施，亦缺乏閒置和錯置資源活化機制。因此，建請政府成立單一窗口和專責單位，整合、協調各級單位資源，確定立明確的法律規範，並以專案方式主動協調返台企業、當地民間組織、環保單位等相關單位，逐步完善台資企業回流投資機制。

三、2016《TEEMA 調查報告》對中國大陸政府之建議

根據 2016《TEEMA 調查報告》研究成果及相關分析，茲將對中國大陸政府提出五大建言分述如下：

建議一：建請中國大陸政府攜手台商布局一帶一路

自中國大陸於 2013 年提出「一帶一路」戰略藍圖後，至今已吸引諸多全球企業興趣，然而誠如韓愈於《馬説》一文所云：「世有伯樂，然後有千里馬。千里馬常有，而伯樂不常有。」許多台資企業雖有意願參與，然而因缺乏管道和資金，以及「一帶一路」規劃多涉及由各國政府力量參與的工程事項，導致台資企業苦無門路，而海基會董事長林中森（2016）即表示：「『一帶一路』戰略受到諸多台商高度關注，盼望中國大陸政府能以政策方面協助，引導台商共同參與此計劃，期待兩岸互相扶持，共利雙贏。」面對此態勢，中國大陸海協會會長陳德銘（2016）釋出善意指出：「台商可就『一帶一路』規劃的發展，找尋更多機遇，未來海協會將率領台商考察西部之發展，共同探討未來合作可行性。」顯示全球經貿低迷的局勢，以及兩岸漸趨『冷和平』互動態勢下，中國大陸政府對台資企業仍保持善意和重視，並為兩岸企業合作共贏奠定良好基礎。因此，建請中國大陸政府於「一帶一路」規劃中，在鼓勵中國大陸企業挺進布局的同時，亦攜手台商企業共同布局沿線市場，引領台商融入區域經濟整合，奠定兩岸企業轉型升級的新契機，以及兩岸企業協同生態圈共同布局白地和藍海市場的新典範。

建議二：建請中國大陸政府開放台商國民待遇

近年來隨著中國大陸法規逐漸完善，陸續取消多項投資優惠政策，以促成本國企業穩固發展，進而造成台商投資經營成本提升，因此台商紛紛提出建請中國大陸政府給予台商國民待遇。台商在中國大陸征戰二十逾載，對中國大陸經濟成長亦有貢獻，但至今仍舊被視為外資企業，導致台商融資、稅務及政府採購方面皆無法與陸資企業享受同等待遇。根據全國台灣同胞投資企業聯誼會榮譽會長郭山輝（2015）表示：「台商近年持續爭取於中國大陸發展中享有國民優惠，並針對中國大陸重點戰略給予先行先試之待遇。」此外，旺旺集團副董事長胡志強（2016）亦指出：「為強化兩岸經貿互動交流，建請中國大陸政府提供台商國民待遇，並給

予政策協助，引導台商共同參與一帶一路規劃及十三五規劃，加速台商參與區域經濟整合。」然根據海協會長陳德銘（2016）表示：「台商至今仍未享有國民待遇，最大主因在於兩岸尚未簽署和平協議，仍有些問題尚待解決，需要兩岸共同合作朝此目標邁進」，建請中國大陸政府開放台商國民待遇，並擬定相關政策，消除競爭限制與進入門檻，並以公平公正原則打造更優異的投資環境。

建議三：建請中國大陸政府肯定台商貢獻保障投資權益

過去幾十年來，台商在兩岸經貿交流上持續扮演著正面且重要角色，中國大陸國家主席習近平亦曾多次表示：「台資企業協助推進中國大陸改革和經濟發展，為兩岸經貿互動交流和兩岸關係和平發展作出諸多貢獻」。根據政大國家發展研究所教授童振源（2010）發表〈台商對中國經濟發展的貢獻：1988-2008年〉論文顯示：「台商除為中國大陸創造千萬以上的就業人口外，自1992年至2007年，台商在中國大陸繳納的稅負總額高達1,222億美元，佔同時期中國大陸財政稅收總額的3.71%，此外，台商在中國大陸貿易總額為1兆9653億美元，佔同期中國大陸貿易總額的13.87%」，此外，就東莞發展而言，過去全盛時期，台商對東莞經濟貢獻高達46%，即使近幾年面對轉型升級壓力，目前對東莞的經濟貢獻仍有33%。然隨著台灣新政府上任，使兩岸關係持續僵化，使得台商在中國大陸經營面臨進退維谷之困境，諸多台商紛紛對此一局勢表示擔憂，根據台企聯會長王屏生（2016）即表示：「兩岸關係若不好，台商投資肯定會受到衝擊」，兩岸關係不明確性提升，中國大陸官員已明顯減少赴台互動交流，長久下來對台商而言並非好事，兩岸關係若持續降溫，可能使中國大陸政府降低對台商政策支持與招商歡迎程度，抑或是政策承諾度的維持。對此，建請中國大陸政府能秉持「政經分離原則」，肯定台商對中國大陸經濟成長的貢獻，並以台商作為兩岸經貿溝通的紐帶，加大對台商扶持力度，並保護台商在中國大陸投資權益，為台商開創和平穩定的經營環境，創造「兩岸合，利天下」之雙贏局面。

建議四：建請中國大陸政府降低稅賦提升台商競爭力

近幾年來，中國大陸工資及土地成本不斷上揚，加上各種的社會福利及管制，讓過往擁有低成本的「世界工廠」早已赴之以去，對台商前往布局，只有難上加難。根據信評機構 Business Insider（2016）表示：「中國大陸稅率排名全球第13名，被列入高稅賦國家之一。」2015年11月24日，世界銀行（WB）公布《2016年全球繳納稅款調查報告》（Paying Taxes 2016）亦指出：「中國大陸及越南的勞工稅額皆高於其他亞洲地區。」此外，根據勤業眾信（Deloitte）（2016）發布亞太各國查稅嚴厲程度調查顯示：「中國大陸與印度同被亞太地區受訪之企業列為查稅最嚴厲的國家。」顯示不管是外資企業，或是台商在前往中國大陸進行投資時，除面臨高額賦稅的負擔，加之嚴厲的查稅機制，恐造就企業紛紛轉往別處布局。因此，中國大陸政府應採行大規模的降稅或解除管制等措施，降低企業的成本重擔，以增加台商在中國大陸的市場競爭力。

建議五：建請中國大陸政府提高小額貿易金額活絡兩岸經貿

自 2015 年起中國大陸單方面關閉「兩岸小額貿易運送管道」後，衍生出諸多限制門檻，如中國大陸各地區域郵寄運費不一、正式通關門檻高等眾多繁雜的法令，使台灣許多出口的貨品受到限制無法正常運送於中國大陸。國民黨副主席胡志強（2016）於第八屆海峽論壇大會表示：「為使兩岸經貿更活躍，建議可提高兩岸小額貿易金額與增加貿易口岸。」此外，國務院台灣事務辦公室（2016）亦指出，以福建為例，從 2007 至 2014 年，對台小額貿易年均成長 23.4%，高於兩岸一般貿易成長，中國大陸未來積極採取相關措施，使對台的小額貿易健康發展，以維持兩岸密切的經貿往來。綜上所述，小額貿易擁有運輸便捷及成本低等優勢，為台商對外出口必需品的首選地，因此，若中國大陸政府提高小額貿易金額對活絡兩岸經貿具有極大幫助。

建議六：建請中國大陸政府重視兩岸經貿糾紛保障台商人身安全

中國大陸自改革開放以降，諸多台資企業因不同的原因，紛紛搶進布局，然因中國大陸民情複雜、地域遼闊，各級政府擁有一定程度的裁量權以因地制宜治理，然卻因此產生資訊不對稱、溝通誤解和法規誤判等問題，對外資和台資企業造成諸多困擾，不時衍生台資企業遭到不平對待的消息，更有台商因不熟悉中國大陸法規政策而身陷囹圄。2016《TEEMA 調查報告》調查亦顯示：「中國大陸台商經貿糾紛比例連續五年呈上升趨勢，且台商對經貿糾紛解決滿意度連續六年下降。」凸顯出「中國大陸政府是否提供台資企業投資權益保障」議題對於台資企業經營布局的急迫性和重要性。此外，雖因《兩岸投資保障與促進協議》於 2013 年元月生效而對台資企業的權益保障有所改善，然因《兩岸投資保障與促進協議》為調解性質（註：須雙方有所共識，且非具強制性質的仲裁），以及兩岸政府漸呈「冷和平」態勢，導致過去兩岸經貿「民間反應、兩岸接洽、官方協調」模式面臨中斷危機，增添台資企業於中國大陸經營的不確定性，台商地位不如以往。因此，建請中國大陸政府秉持「依法治國」精神，重視台資企業布局中國大陸之經貿糾紛問題，保障台商基本人身安全，並落實《兩岸投資保障與促進協議》核心價值，秉持其所建構之投資待遇和義務，透過落實法律，以及與企業充分溝通，建構具備公平性和基本權益保障的經商環境。另外對於許多未受公平對待或地方保護主義限制的台商問題，包括動輒限制人身自由等情勢，建請大陸中央台辦能付予更多的職能，扮演更積極協助的角色。

第 23 章

2016 TEEMA 調查報告參考文獻

一、中文研究報告

1. 中國互聯網信息中心（2015），**2014中國互聯網發展報告**。
2. 中國建投投資研究院（2014），**投資藍皮書：中國投資發展報告（2014）**。
3. 中國美國商會（2015），**年度商務環境調查報告**。
4. 中國與全球化研究中心（2014），**國際人才藍皮書‧中國大陸留學發展報告**。
5. 中國語音產業聯盟（2013），**中國智慧語音產業發展白皮書**。
6. 中國德國商會（2014），**2014年德國在華企業商業信心調查報告**。
7. 中華徵信所（2014），**台灣地區中型集團企業研究**。
8. 北京大學文化產業研究院（2014），**2014中國文化產業年度發展報告**。
9. 台北市進出口商業同業公會（2011），**2011全球重要暨新興市場貿易環境及風險調查報告**。
10. 台北市進出口商業同業公會（2012），**2012全球重要暨新興市場貿易環境及風險調查報告**。
11. 台北市進出口商業同業公會（2013），**2013全球重要暨新興市場貿易環境及風險調查報告**。
12. 台北市進出口商業同業公會（2014），**2014全球重要暨新興市場貿易環境及風險調查報告**。
13. 台北市進出口商業同業公會（2015），**2015全球重要暨新興市場貿易環境及風險調查報告**。
14. 台北市歐洲商務協會（2014），**2015年度建議書：擘劃台灣未來**。
15. 台北美國商會（2014），**2014年台灣白皮書：台灣承諾進行貿易自由化**。
16. 台北美國商會（2015），**2015年台灣白皮書：台灣與TPP：事不宜遲**。
17. 台灣區電機電子工業同業公會（2003），**當商機遇上風險：2003年中國大陸地區投資環境與風險調查**，商周編輯顧問股份有限公司。
18. 台灣區電機電子工業同業公會（2004），**兩力兩度見商機：2004年中國大陸地區投資環境與風險調查**，商周編輯顧問股份有限公司。
19. 台灣區電機電子工業同業公會（2005），**內銷內貿領商機：2005年中國大陸地區投資環境與風險調查**，商周編輯顧問股份有限公司。
20. 台灣區電機電子工業同業公會（2006），**自主創新興商機：2006年中國大陸地區投資環境與風險調查**，商周編輯顧問股份有限公司。

21. 台灣區電機電子工業同業公會（2007），**自創品牌贏商機：2007年中國大陸地區投資環境與風險調查**，商周編輯顧問股份有限公司。
22. 台灣區電機電子工業同業公會（2008），**蛻變升級謀商機：2008年中國大陸地區投資環境與風險調查**，商周編輯顧問股份有限公司。
23. 台灣區電機電子工業同業公會（2009），**兩岸合贏創商機：2009年中國大陸地區投資環境與風險調查**，商周編輯顧問股份有限公司。
24. 台灣區電機電子工業同業公會（2009），**東協布局新契機：2009東南亞暨印度投資環境與風險調查**。
25. 台灣區電機電子工業同業公會（2010），**新興產業覓商機：2010中國大陸地區投資環境與風險調查**，商周編輯顧問股份有限公司。
26. 台灣區電機電子工業同業公會（2011），**十二五規劃逐商機：2011中國大陸地區投資環境與風險調查**，商周編輯顧問股份有限公司。
27. 台灣區電機電子工業同業公會（2011），**東協印度覓新機：2009東南亞暨印度投資環境與風險調查**。
28. 台灣區電機電子工業同業公會（2012），**第二曲線繪商機：2012中國大陸地區投資環境與風險調查**，商周編輯顧問股份有限公司。
29. 台灣區電機電子工業同業公會（2013），**大陸改革拓商機：2013中國大陸地區投資環境與風險調查**，商周編輯顧問股份有限公司。
30. 台灣區電機電子工業同業公會（2014），**習李改革擘商機：2014中國大陸地區投資環境與風險調查**，商周編輯顧問股份有限公司。
31. 台灣區電機電子工業同業公會（2015），**兩岸平台展商機：2015中國大陸地區投資環境與風險調查**，商周編輯顧問股份有限公司。
32. 台灣經濟研究院（2014），**亞太自由貿易區對台灣經濟發展的利弊分析**。
33. 安永會計師事務所（2015），**聚焦「一帶一路」新機遇：金融鋪路、基建先行**。
34. 彭博（2015），**全球創新指標**。
35. 湯森路透（2015），**中國企業全球化的機遇與挑戰**。
36. 資誠聯合會計師事務所（2016），**2015年中國企業併購市場回顧與2016年展望**。

二、中文書籍

1. 王伯達（2014），**再見，世界工廠：後QE時代的中國經濟與全球變局**，先覺。
2. 王燕京（2013），**中國經濟：危機剛開始**，領袖出版社。
3. 吳敬璉（2013），**中國經濟改革二十講**，生活・讀書・新知三聯書店。
4. 吳敬璉（2016），**供給側改革：經濟轉型重塑中國布局**，中國文史出版社。
5. 吳敬璉、林毅夫（2016），**讀懂十三五**，中信出版社。
6. 吳敬璉、俞可平等（2011），**中國未來30年：十七位國際知名學者為中國未來的發展趨勢把脈**，靈活文化。
7. 汪在滿（2012），**大困局：中國城市危與機**，山西人民出版社。
8. 周艷輝主編（2012），**處在十字路口的中國**，靈活文化。
9. 時代編輯部（2013），**習近平改革的挑戰：我們能期待更好的中國？**，上奇時代。
10. 馬化騰（2013），**互聯網+：中國經濟成長新引擎**，天下文化。
11. 陳威如、余卓軒（2013），**平台革命：席捲全球社交、購物、遊戲、媒體的商業模式創新**，商周出版。

12. 陶冬（2014），**陶冬預言中國經濟未來十年的危與機**，高寶文化。
13. 馮並（2015），**一帶一路：全球發展的中國邏輯**，高寶。
14. 葉檀（2013），**中國經濟站在了十字路口？**，北京大學出版社。
15. 遲福林（2013），**改革紅利十八大後轉型與改革的五大趨勢**，中國經濟出版社。
16. 謝國忠（2013），**不確定的世界：全球經濟旋渦和中國經濟的未來**，商務印書館。

三、中文期刊、報章雜誌

1. 《今週刊》（2016），**兩岸三地1000大企業關鍵報告**。
2. 《天下雜誌》（2013），**中國地方債，如何穩住不爆？**，第522期，5月號。
3. 《天下雜誌》（2015），**一帶一路，商機與威脅**，第571期，4月號。
4. 《天下雜誌》（2015），**習近平經濟學來了**，第573期，5月號。
5. 《天下雜誌》（2016），**互聯網+顛覆世界**，第598期，5月號。
6. 《台灣經濟研究月刊》（2013），**前瞻亞太區域整合新趨勢**，第36卷，第2期。
7. 《商業周刊》（2015），**阿里巴巴來台淘米記**，第1459期，10月號。
8. 《經濟日報》（2013），**兩岸應以創新思維攜手走出去**，12/02。
9. 《遠見雜誌》（2015），**景氣急凍，猛藥在哪裡**，第351期，9月號。
10. 《遠見雜誌》（2016），**跟上十三五錢潮**，第356期，2月號。

四、翻譯書籍

1. Backaler J.（2014），***China Goes West*：*Everything You Need to Know about Chinese Companies Going Global***，**中國走向西方：中國企業走向全球面面觀**。
2. Brandenburger A. and B. Nalebuff（2015），***Co-opetition***，黃婉華、馮勃翰譯，**競合策略：商業運作的真實力量**，雲夢千里出版。
3. Chevalier M.（2010），***Luxury China*：*market opportunities and potential***，徐邵敏譯，**搶攻3億中國富豪**，台北市：時報文化。
4. Collins J.（2013），**Great by Choice：Uncertainty, Chaos, and Luck-Why Some Thrive Despite Them All**，齊若蘭譯，**十倍勝，絕不單靠運氣：如何在不確定、動盪不安環境中，依舊表現卓越？**，遠流出版社。
5. Dambisa Moyo（2013），***Winner Take All: China's Race for Resources and What It Means for the World***，黃中憲譯，**當中國買下全世界：全球資源布局戰的最大贏家，如何掌控世界商品的供需網絡**，野人出版。
6. Evans D.（2013），***Risk Intelligence*：*How to Live with Uncertainty***，石曉燕譯，**風險思維**，北京：中信出版社。
7. Ferguson and Kissinger（2012），***Does the 21st Century Belong to China?***，廖彥博譯，**中國將稱霸21世紀嗎？**，時報出版。
8. Handy C.（2016），***The Second Curve*：*Thoughts on Reinventing Society***，**第二曲線：英國管理大師韓第的16個思索，預見社會與個人新出路**，台北：天下文化。
9. Jacques M.（2010），***When China Rules the World*：*The Rise of the Middle Kingdom and the End of the Western World***，李隆生譯，**當中國統治世界**，聯經出版公司
10. Mahbubani K.（2008），***The New Asian Hemisphere*：*The Irresistible Shift of Global Power to the East***，羅耀宗譯，**亞半球大國崛起：亞洲強權再起的衝突與挑戰**，天下雜誌出版。

11. McGrath R.（2015），**The End of Competitive Advantage：How to Keep Your Strategy Moving as Fast as Your Business**，洪慧芳譯，**瞬時競爭策略：快經濟時代的新常態**，天下雜誌。
12. Moore G.（2012），***Escape Velocity：Free Your Company's Future from the Pull of the Past***，羅耀宗譯，**換軌策略：再創高成長的新五力分析**，天下雜誌。
13. Morrison I.（1996），***The second curve：managing the velocity of charge***，溫蒂雅譯，**第二曲線：企業永續成長的未來學**，商周出版。
14. O'Neill J.（2012），***The Growth Map:Economic Opportunity in the BRICs and Beyond***，齊若蘭、洪慧芳譯，**高成長八國：金磚四國與其他經濟體的新機會**，天下文化。
15. Olson M. and Derek B.（2010），***Stall Points***，粟志敏譯，**為什麼雪球滾不大**，中國人民大學出版社。
16. Rifkin J.（2015），***The Zero Marginal Cost Society：The Internet of Things, the Collaborative Commons, and the Eclipse of Capitalism***，陳儀譯，**物聯網革命：共享經濟與零邊際成本社會的崛起**，商周出版。
17. Simon M.（2013），***Hidden Champions of the 21st Century: The Success Strategies of Unknown World Market Leaders***，張非冰譯，**隱形冠軍：21世紀最被低估的競爭優勢**，天下雜誌。
18. Subamanian A.（2012），***Eclipse：Living in the Shadow of China's Economic Dominance***，王柯倫譯，**黯然失色：生活在中國經濟統治的陰影下**，中信出版社。
19. Sull D.（2009），***The Upside of Turbulence：Seizing Opportunity in an Uncertain World***，洪慧芳譯，**哪些企業不會倒？：在變局中維持不敗、再創優勢的關鍵**，天下雜誌。
20. Taleb N.（2008），***The Black Swan***，**黑天鵝效應：如何及早發現最不可能發生但總是發生的事**，大塊文化。
21. 野中郁次郎、徐方啟、金顯哲（2014），**アジア最強の経営を考える**，鄭世彬譯，**亞洲企業正在征服全世界：中日韓企業打敗美式管理的嶄新經營模式**，台北市：城邦商業週刊。

五、英文出版刊物、專書、研究報告

1. A.T. Kearney（2014），***Global Services Location Index***。
2. A.T. Kearney（2016），***2016 FDI Confidence Index***。
3. A.T. Kearney（2016），***2016 Global Retail Development Index***。
4. Asian Development Bank（2016），***Asian Development Outlook***。
5. BCG（2014），***Global Manufacturing Cost-Competitiveness Index***。
6. Bloomberg（2014），***30 Most Innovative Countries***。
7. Brand Finance（2016），***Global 500***。
8. Brookings Institution（2015），***Tracking Indices for the Global Economic Recovery***。
9. Business Monitor International（2016），***The political risk map of 2016***。
10. Coface（2016），***Coface quarterly sector risks survey***。
11. Credit Suisse（2015），***Core Views***。
12. Deutsche Bank（2015），***Focus Germany***。
13. Economist Intelligence Unit（2015），***Global Outlook Report***。

14. EIU（2016），***Global Outlook Report***。
15. Ernst & Young（2015），***European Attractiveness Survey 2015***。
16. European Commission（2015），***European Economic Forecast - Spring***。
17. Forbes（2015），***The World's Most Powerful People 2015***。
18. Franklin Templeton Investments（2015），***2015 Global Investor Sentiment Survey***。
19. Germanys Ifoinstitute for economic research（2015），***World Economic Climate***。
20. Global Insight（2016），***World Overview***。
21. Goldman Sachs（2016），***Global Economics Weekly***。
22. Heritage Foundation（2015），***2015 Index of Economic Freedom***。
23. HSBC（2015），***Trade Winds 2015***。
24. International Institute for Management Development（2015），***2015 World Competitiveness Yearbook***。
25. International Institute for Strategic Studies（2016），***The Military Balance 2016***。
26. International Monetary Fund（2016），***World Economic Outlook***。
27. Johnson School（2015），***Cracking the Emerging Markets Enigma***。
28. Legatum Institute（2015），***The 2015 Legatum Prosperity Index***。
29. Marsh（2015），***Marsh's Political Risk Map 2015***。
30. Millward Brown（2015），***BrandZ Top 100 Most Valuable Global Brands 2015***。
31. Oxford Economics（2014），***Global Talent 2021***。
32. Quacquarelli Symonds（2016），***Higher Education System Strength Rankings***。
33. Scotiabank（2015），***Global Forecast Update***。
34. Stockholm International Peace Research Institute（2015），***Trends International Arms Transfers 2015***。
35. The Economist（2016），***Global Risk 2016***。
36. The Organization for Economic Cooperation and Development（2016），***Global Economic Outlook***。
37. The Word Bank（2016），***Global Economic Prospects***。
38. The World Bank（2015），***Doing Business 2016***。
39. The United Nations（2016），***World Economic Situation and Prospects 2016***。
40. Transparency International（2015），***Corruption Perceptions Index***。
41. United Bank of Switzerland（2016），***Climate change: a risk to the global middle class***。
42. United Nations Conference on Trade and Development（2016），***Global Investment Trends and Prospects***。
43. World Brand Lab（2015），***The World's 500 Most Influential Brands***。
44. World Economic Forum（2015），***The Global Competitiveness Report 2015–2016***。
45. World Economic Forum（2015），***The Global Information Technology Report 2015***。
46. World Economic Forum（2016），***Global Risks Report 2016***。
47. World Intellectual Property Organization（2016），***Global Innovation Index 2015***。
48. World Intellectual Property Organization（2016），***World Intellectual Property Indicators 2015***。
49. World Trade Organization（2015），***World Trade Report***。

十三五規劃躍商機

——2016年中國大陸地區投資環境與風險調查

作　　者◎台灣區電機電子工業同業公會
理 事 長◎郭台強
副理事長◎李詩欽・歐正明・鄭富雄
秘 書 長◎林以專
副秘書長◎羅懷家
地　　址◎台北市內湖區民權東路六段109號6樓
電　　話◎（02）8792-6666
傳　　真◎（02）8792-6140
總 編 輯◎李國榮
文字編輯◎蔡松慧・阮大宏・田美雲・羅友燦・林彥文・王佩瑩・楊儒堃
　　　　　黃瑛奇・黃興邦・陳怡君・曲天合・高立航・劉曉甄
美術編輯◎吳怡嫻
出　　版◎商周編輯顧問股份有限公司
地　　址◎台北市中山區民生東路二段141號6樓
電　　話◎（02）2505-6789
傳　　真◎（02）2505-6773
劃　　撥◎台灣區電機電子工業同業公會（帳號：50000105）
總 經 銷◎農學股份有限公司
印　　刷◎科樂印刷事業股份有限公司

ISBN
出版日期◎2016年8月初版1刷
定　　價◎600元